# はらわたが煮えくりかえる

## ── 情動の身体知覚説

ジェシー・プリンツ 著
源河亨 訳

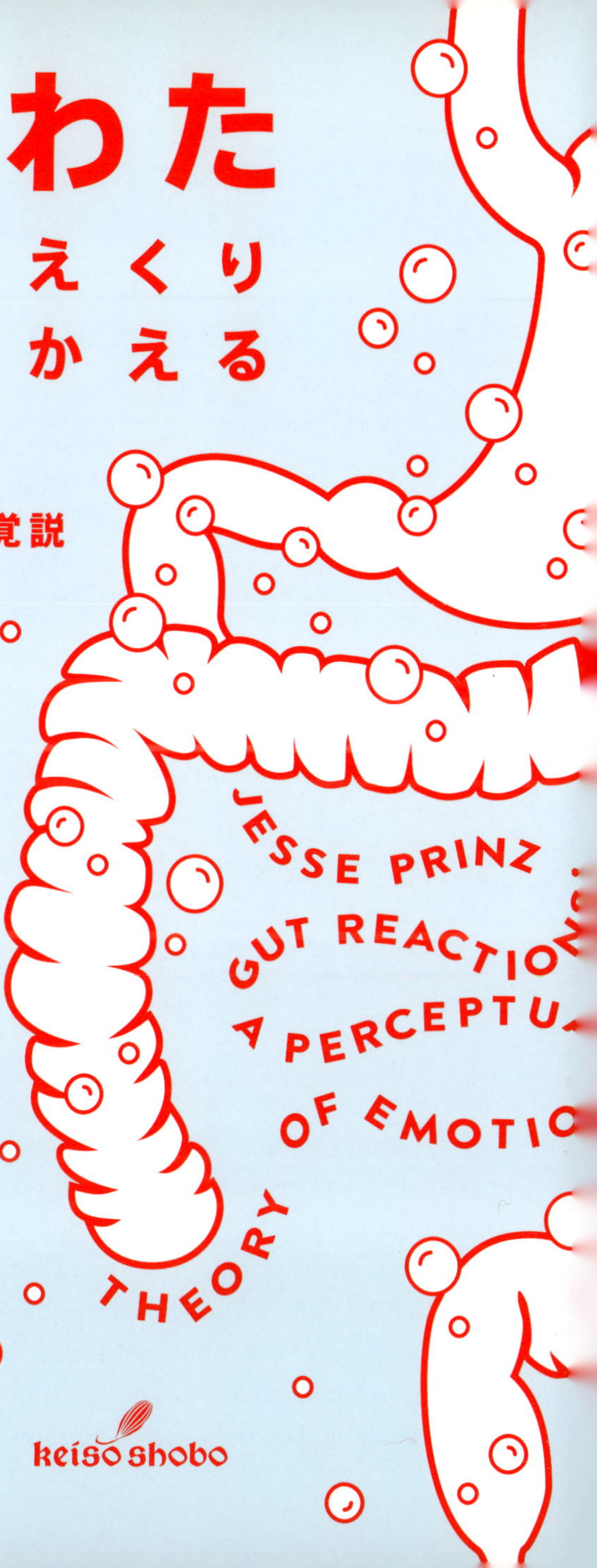


keiso shobo

For Rachel

Original Title:

*Gut Reactions: A Perceptual Theory of Emotion*

by Jesse J. Prinz 

# はじめに――はらわたが煮えくりかえる

いまや、心情や情動は胃に宿ること知られている。
――アンブローズ・ビアス

情動は人の生活の中心にある。人はある種の情動をもつため、別種の情動をもたないようにするために生きているのだ。勝利のスリル、敗北の苦しみ、旧友と過ごす午後の満足感、後悔の苦悩。もし情動がなければ、単調な活動・反射的行動・繰り返ししかないだろう。このように情動の重要性は明白であるにもかかわらず、認知科学の研究では、情動が常に目立ったトピックだったわけではない。認知科学は心についての網羅的な学際研究であると言われており、その標準的なテキストでは、知覚、注意、記憶、カテゴリー化、言語、そして意識にも章がさかれている。にもかかわらず奇妙なことに、情動を扱う章がないことが多い。その理由の一つとして、認知科学は心をある種のコンピュータとして理解することに長年力を注いでいることが挙げられるだろう。それに反して、情動をコンピュータの観点から理解するのは難しいのである。別の理由として、情動は精神分析などの臨床心理学で広く研究されてきたことが挙げられる。認知科学者たちは、心の障害の研究者から距離を取ろうとしてきたのだ。

だが、認知科学で扱われていないあいだも、情動研究は盛んだった。単に、生粋の認知学者たちの注目を集めていなかっただけなのである。しかし状況は変わりつつある。近年の研究の進展、とくに神経科学の進展は、情動を研究の中心へと連れ戻した。そして、情動研究への関心が高まるにつれ、新しい研究者は、ベテランの研究者が昔から知っていたいくつかの根深い断絶を知るようになった。情動が何であるかについて合意のとれた見解はほとんどない。情動研究者の数だけ情動理論があるのだ。

本書で私は、情動理論のリストに新たなものを追加する。だが、こうした試みが得策なのか疑う人がいるかもしれない。すでに多くの理論があるのだから、さらに増やす必要などあるのだろうか。もちろん、あると思っていなければ私はこの本を書かなかった。新しい理論を付け加えるが必要があるのは、まさに、すでに多くの理論があるためなのだ。既存の理論のいくつかは、情動のある側面を強調したために、別の側面が扱えなくなっている。また、あまりに多くの側面を扱おうとして、さまざまな要素を無理やりくっつけてしまっている理論もある。そんななか私が擁護する理論は、部分的に、総合を試みている。つまり、説明力が大きいシンプルな理論を提示するつもりだ。この試みは、情動に関する文献でみられる多くの論争を調停しようというものになるだろう。この理論は、認知主義と非認知主義のあいだのギャップ、そして、生物学的還元主義と社会的構成主義のあいだのギャップを橋渡しする。また、この理論はプロクルステス的なものでもある。つまり、情動とは何かを説明するために必要ない部分を切り捨てるのだ。

私が擁護する理論はまったく新しいものではない。むしろそれは、ウィリアム・ジェームズとカール・ランゲが提唱し、近年ではアントニオ・ダマシオが復活させた理論の変形版である。こうした伝統では、情動は身体パターンの変化の知覚だと考えられている。平たく言えば、情動は「内臓の反応（gut reactions）」なのだ。だが、こうした理論が哲学や心理学で人気になったことは一度もない。というのも、この種の理論は、情動理論が説明すべき多くの事柄を説明できないと考えられてきたからである。とくに目立ったところでは、情動に備わる重要性を説明できないと言われてきた。たとえば情動は、推論や行為、目的の選択に寄与する。また、情動は判断が引き金となって生じるものであり、さらに、文化的な影響を受けるものである。そのうえ情動は、道徳性などの高尚な領域に関するわれわれの理解で中心的な位置を占めている（それについては今後の著作で論じるつもりだ［★1］）。だが、内臓の震え・発作・苦痛が、一体どうやってこうした役割を果たすというのか。本書の目的は、こうした疑問に答えることである。そのために私は、ジェームズ流の理論を洗練させて擁護する。つまり、新しい理論を増やすのではなく、古い理論を修正すれば他の多くの理論と競合できるものになることを示すのだ。

ありがたいことに、本書の執筆中には多くの意見や支援を得られた。オックスフォード大学出版局のロバート・ミラーとデイヴィッド・チャーマーズは、辛抱強く、親切で、親身になってくれた。また幸運なことに、ポール・グリフィスやアーロン・ベン－ゼイブ、オックスフォード出版局の匿名の読者から、草稿に対する非常に有益で詳細なコメントをもらえた。それらの素晴らしいアドバイスを私が完全に理解できていないために、本書には不十分な点がいくつも残ったかもしれない。また、ジョナサン・プリンツには非常に多くのタイプミスを指摘してもらった。そしてポール・グリフィスには、彼と交わした非常に多くの有益な議論や寛大について、さらに感謝したい。彼が行ってきた情動研究は、私だけでなく、この分野に新たに取り組んだ人にも重要なインスピレーションを与えただろう。また、ボブ・ソロモンが長年取り組んでいる情動研究からも支援や着想を得られたことに感謝したい。

他にも、とても多くの人と交わした有益な議論から成果を得ることができた。キャシー・ブラッドフィールド、ルイス・チャーランド、アンディ・クラーク、ティム・クレイン、ジョー・クルス、ボブ・ゴードン、パット・グリーンスパン、マッテオ・マメリ、バタヤ・メスキータ、サイモン・ムーア、ドミニク・マーフィー、デイヴィッド・パピノー、ハンナ・ピッカード、ジェシカ・フェラン、リチャード・サミュエルズ、ローラ・サイザー、バリー・スミス、チャンドラ・スリパーダ、スティーヴン・スティッチ、ワシントン大学の情動ジャーナルクラブのメンバー、グリフィスの情動ゼミの学生、ワシントン大学とカリフォルニア工科大学での私の情動の授業に出席していた学生、また、ワシントン大学、カリフォルニア工科大学、ロンドン大学、ノースキャロライナ大学チャペルヒル校の素晴らしい同僚からの支援にも感謝したい。

私は本書の素材をさまざまなキャンパスで発表した。カリフォルニア工科大学、チャペルヒル校、マウント・ホリヨーク大学、スターリング大学、サセックス大学、ミズーリ大学セントルイス校、ヨーク大学、ユニバーシティ・カレッジ・ロンドン、ウィリアムズ大学、イェール大学。また、学会でも発表を行った。アメリカ哲学界会、国際意識科学会、国際情動学会、キングス・カレッジでの情動・進化・合理性についての会合、王立哲学会での哲学と情動についての会合。これらに参加していたすべての聴衆に感謝したい。

最後に、家族にはとくに感謝しなければならない。両親と兄は情操教育の家庭教師として私のかんしゃくに耐えてくれた。そして本書の執筆になくてはならなかった、愛するレイチェル・バーンスタインに。

訳注

★1　Prinz, J.（2007）*The Emotional Construction of Morals*, Oxford: Oxford University Press.

はらわたが煮えくりかえる　目次

目　次

# 凡例

・本書はJesse Prinz, *Gut Reactions: A Perceptual Theory of Emotion*, Oxford University Press, 2004の全訳である。誤植と思われるところは文脈や参照文献を参照したうえで訂正して訳出した。
・〔 〕はすべて訳者による補足である。
・原注は＊1、訳注は★1のように表記し、それぞれの章ごとの通し番号で記した。注はいずれも章末にまとめてある。
・原文のイタリック体については、強調点は傍点で、用語の導入は「 」で記した。
・本文中の引用に関しては、邦訳がある場合にはそれを参考にし、適宜手を加えた。
・本文で挙げられている文献のうち、邦訳のあるものは可能な限り付記した。

# 第1章　導　入――情念の切り分け

## 情動がもつさまざまな要素

情動はふつう外界の出来事によって引き出される。たとえば、コンテストで勝ったときには特定の情動反応が生じるが、負けたときにはまったく別の情動反応が生じるだろう。そうした出来事が起こったときに生じる内的変化を全部挙げてみよう。まず思考が生じる。おそらくそれは、熱望していた賞を獲った、どうしても欲しかった賞が他人に獲られた、と気づくことだ。次に、生理的な変化が押し寄せてくる。賞を獲ったと気づくと、思わず口が開いてにやけ、顔が紅潮し、目が輝き、興奮で心臓がドキドキするだろう。反対に、落選したと聞いたら、うなだれ、目に涙が溢れ、喉が詰まるだろう。また、二つの出来事は注意や記憶に異なる影響をもたらす。勝利によって開けた新しい可能性にしびれて、自分をとりまく状況が輝いてみえるかもしれない。さらに、過去に何かを達成した記憶が呼び起こされ、自画自賛で頭が一杯になるかもしれない。反対に、敗北でまわりがくすんだ灰色に映ったり、落ち込んだときの記憶がよみがえってきたり、痛ましい自己イメージのつらさで息苦しくなったりするかもしれない。また、こうした出来事は何らかの行動を掻き立てる。勝利で飛び上がりたくなり、敗北で隠れ場所を探したくなる。もちろん、こうした変化はすべて、意識的な感じ（feeling）によってもたらされもする。天にも昇るような震え、耐え難い痛み、などである。

いま挙げた二つの出来事のように、情動エピソードはふつう、思考、身体変化、行動傾向、注意などの心的処理の変化、意識的な感じ、といった多くの要素を含んでいる。では、こうした要素のうちのどれが情動であるのだろうか。コンテストで賞を獲って「高揚する」としよう。この「高揚」は、情動エピソードのどの部分を指しているのだろうか。次々と生じるさまざまな変化のうちのどれか一部分だけが情動として突出しているのだろうか。高揚は感じなのか、思考なのか、行動傾向なのか。それとも、情動用語は一つではなく複数の要素を指しているのだろうか。あるいは、こうしたエピソード全体を指しているのだろうか。また、さまざまな変化のうちの一部を別のものに取り替えてしまっても、もともとあった情動はそのまま残るのだろうか。それとも、そうしたエピソードのどの部分を取り去っても、情動はそのままであるのか。あるいは、いくつかの部分は情動にとって本質的なのだろうか。こうした疑問を「部分の問題」と呼ぶことにしよう。

## さまざまな情動理論

### 部分から理論へ

さまざまな情動理論は、部分の問題にそれぞれ異なる答えを出している。情動エピソードのなかのどれか単一の部分だけを情動とみなす理論もあれば、すべてを情動に含めるものもある。素朴心理学（心についての常識的・日常的な考え）では、意識的な感じが特別視される傾向にある。われわれは普段、感じを情動の本質とみなしている。感じられないものが高揚であるはずがないというのだ。こうした素朴な考えを検証するために、ヤーク・パンクセップは、さまざまな社会的・職業的地位の人々に、情動に関わるさまざまな要素（感じ、思考、自律神経系の変化など）を重要な順にランクづけしてもらう調査を行った

(Panksepp 2000)。その結果は、ほとんどの人は感じを最も重視しているというものだった。そうしなかったのは、なんと、大学で哲学を専攻しているグループだけであり、そのグループは思考を最も重要なものとみなしていた。

哲学のバイアスは脇に置くとして、日常的な直観にしたがえば、情動は感じにすぎないと言いたくなる。たとえば、気持ちが高揚するとは特定の感じをもつことだと考えられるのである。この考えを「感じ説」と呼ぶことにしよう。

情動の感じはどこからやってくるのだろうか。一つの答えは「身体から」というものである。常識的な考えからすれば〔それとは逆で〕、身体変化は情動が経験された後で初めてやってくるとみなされることが多い。高揚感を得た後で鼓動が速くなったり、恥ずかしさを感じた後で顔が赤くなったりすると考えられるのである。だが、一九世紀の終わりに、ウィリアム・ジェームズとカール・ランゲ〔*1〕は、それぞれ独自に、常識は順序を取り違えているという結論に達した（James 1884, Lange 1885）。つまり、鼓動が速くなった後で高揚感を得るといったように、情動経験よりも先に身体変化があるというのである。ジェームズとランゲが正しいなら、情動経験はさまざまな身体変化の経験だということになる。われわれは、鼓動の速まり、笑った顔、肺の収縮、筋肉の緊張、手に汗をにぎること、等々を感じているのだ。この章の冒頭で、情動は震えや痛みとして感じられることを示唆したが、こうした感じは身体変化によっても促されるかもしれない。震えの感じは皮膚が粟立つことから生じるかもしれないし、痛みは消化経路の痙攣から生じるのかもしれない。

こうした考えを裏づけるために、ジェームズとランゲは、次のことを想像するよう促している。まず、ある情動を感じる場面を想像し、次に、その情動に対応する身体状態をそっくり取り去る想像をしてみよう。鼓動が速まるのを感じずに高揚感を得るとはどういうことだろうか。ジェームズとランゲは、身体を

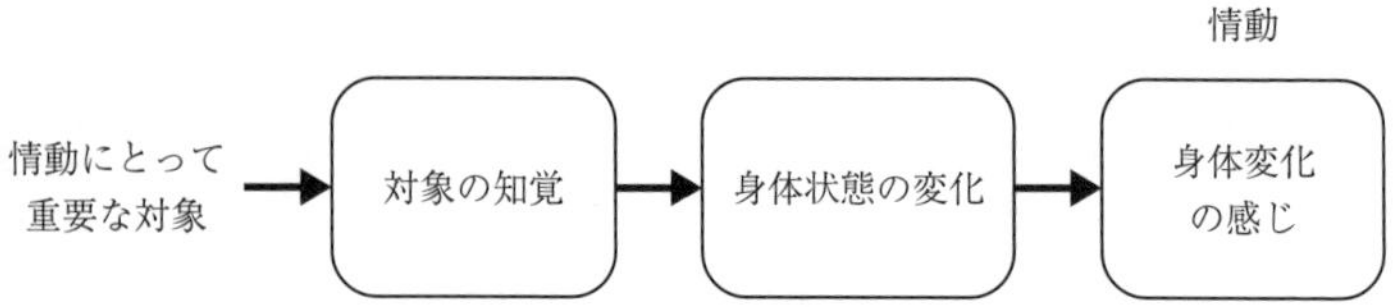


図1.1　身体感じ説

取り払ってみる想像から、自らの理論が強く支持されると考えた。つまり、身体的な感じがなくなってしまえば、情動経験には何も残っていないように思われるというのだ。

　情動の源泉に関するジェームズとランゲの提案は、感じ説と組み合わせることができる。情動が感じであり、情動的な感じが身体変化を感じることだとすれば、情動は身体状態の変化の感じだということになる。ジェームズによれば、「［身体］変化の感じとして生じるのが情動なのである」(James 1884 p. 190)〔＊2〕。この考えを「身体感じ説」と呼ぶことにしよう（図1・1を参照）。

　情動を研究する人々は「身体的（ソマティック）」という用語を広い意味で用いることが多い。狭い意味の「身体システム」は、神経システムのなかの筋肉の情報を受け取る部分を指す。だが目下の文脈では、「身体的」を身体のあらゆる部分をも含むものとして用いる。身体状態は、呼吸器系・循環器系・消化器系・筋骨格系・内分泌系も含み、身体変化は、表情の変化・鼓動の速まり・ホルモンの分泌なども含むのだ。情動経験を支える身体状態の範囲として、ランゲは血流を統制する血管運動系に注目しているが、ジェームズはもっと広いものを想定し、内臓や表情、さらには道具的行為（何らかの目的を達成するための行為）（震え、涙から、激怒して殴りかかることまで）の変化にも言及している。

　身体感じ説は、神経科学者のアントニオ・ダマシオの影響によって近年息を吹き返した（Damasio 1994）。ジェームズと同じく、ダマシオも情動経験は身体変化の経験であると主張しているが、ダマシオの理論はジェイムズのものとはいくつか違いがある。第一に、ダマシオは情動を支える身体状態に「内部環境」の状態を含めている。情動は、内分泌系によって引き起こされるホルモンレベルでの変化など、脳における化学的なレベルの変化も記録できるというのである。

第二にダマシオは、身体変化がなくとも、身体変化に通常関わっている脳中枢が活動すれば、情動反応が生じうることを強調している。脳は、身体変化が実際に生じていなくても、さまざまな身体変化が生じたときと同じ状態になりうるのである。この点は、網膜が刺激されていなくとも赤いリンゴの視覚イメージを形成できるという考えと類比的である。脳の感覚野は内因性の刺激によっても活動しうるのだ。ダマシオは、身体に関わる脳領域に内因性の刺激を送る経路を「あたかもループ」と呼んでいる。この経路が使われると、脳は、身体があたかも情動に関わる影響を受けているかのように機能するというのだ。とはいえジェームズも論文の脚注で、ダマシオが言うあたかもループの存在を予見することを書いている。

> 皮質中枢はふつう実際の身体変化のために生じる臓器の感覚……を知覚するためのものだが、脳の障害によってそこが直接的に興奮させられ、変化があるという幻覚が生じることも、もちろんありうる。……昏睡や恍惚はそうしたものであり、言うまでもなく、日常的に経験される夢もそうだ。（James 1884: 199 n. 4）

だがジェームズは、普段経験されている情動も身体なしに生じる可能性を考慮してはいない。その点でダマシオはジェームズよりも一歩先に進んでいる。ダマシオは、身体を経由せずに情動が生じることはよくあると考えているのだ。たとえば、視覚イメージを形成したときに視覚中枢が活動するように、情動経験をイメージすることで身体に関わる脳領域が活動するというのである。どちらの場合でも、（対象を見たり

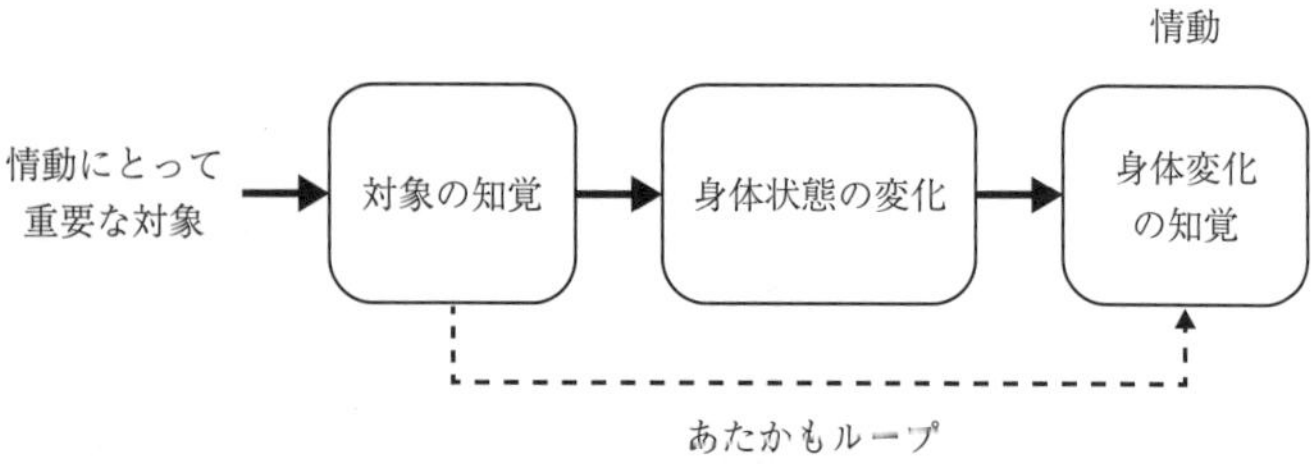

図1.2　ダマシオの身体説

身体変化が生じたりすることで）実際に刺激されている必要はないのだ。

ダマシオとジェームズの第三の違いは最も重要である。ダマシオは、ジェームズと同じく情動的な感じは身体変化の感じだと主張しているが、情動は感じだけではないとも考えている（Damasio 1994）。脳は、意識的な気づきが伴わない身体状態も記録できるというのである。ダマシオによれば、身体状態の変化に対する非意識的な神経反応も情動なのである。情動は意識的でありうるが、必ずしもそうとは限らないというのだ。そのためダマシオの理論は、情動の身体説であり、そして、情動的な感じは身体に由来すると言われているが、〔感じではない情動もあるので〕情動と身体の感じとを同一視してはいない（図1・2）。

情動と身体反応の結びつきは偶然ではない。以前に述べたように、情動と共に生じる身体変化の多くは、行動反応のための備えとなる。筋肉の変化は運動の備えであり、鼓動の速まりは体に血をめぐらせる。身体変化と情動の結びつきについて最もよい見解を与えたのはダーウィンである（Darwin 1872/1998）。たとえばダーウィンは、恐怖を感じたときに毛が逆立つのは、人間の祖先である有毛哺乳類が毛を逆立てて体の見かけを大きくし、捕食者を追い払っていたためではないかと推測している。

ジェームズもダマシオもダーウィンから着想を得たと述べているが、情動と身体反応の結びつきに関するダーウィンの見解からは、別種の理論を作ることもできる。情動を身体変化に対する神経反応と同一視するのではなく、身体変化によって傾向づけられる行動と同一視できるかもしれない。

ギルバート・ライルはそうした見解をとっていた。ライルによれば、情動用語は、さまざまな使用法が可能ではあるものの、ふつうは内的な感じや内的エピソードを指していない（Ryle 1949 chap. 4）。指されているのはたいてい、さまざまな行動をとる「義務」または傾向性だというのである。ライルによれば、「パニックに陥るとは、しばらくのあいだ、体をこわばらせたり叫んだりしがちになることや、言葉を詰まらせたり避難梯子がどこにあるかを思い出せなかったりすることなのである」（Ryle 1949, p. 97）。また、行動主義者であるB・F・スキナーの著作にも同様の考えがみてとれる。「一般に情動として挙げられるものは、行動が生じる確率への影響という点から行動を分類するうえで役立つものである」（Skinner 1953, p. 162）。同じ箇所でスキナーが挙げている例は、「『怒っている』人は、相手を殴ったり侮辱したり怪我をさせる確率が高く、手助けしたり好意を示したり慰めたり口説いたりする確率が低い」というものである。こうした考えは「行動説」と呼べるだろう。

行動主義の創始者であるJ・B・ワトソンは少々異なった行動説を主張している。ワトソンによれば、ある種の情動にはそれと結びついた生得的な行動傾向がある（Watson 1919）。たとえば乳幼児は、拘束されたときには苦痛を、優しくなでられたときには喜びを示し、身動きをとれなくされたときに泣き、甘やかされたときに笑う。ワトソンはライルよりも急進的であり、ライルのように泣いたり笑ったりする傾向性と情動を同一視するのではなく、泣くことや笑うことを強化刺激への反応とみなしている。つまり、情動は行動の傾向性ではなく、報酬や罰に対する行動反応だというのである。この考えは「行動的条件づけ説」と呼べるだろう。

他方で、行動反応に訴えるのは制限が強すぎると考える研究者もいる。情動は反応に変化をもたらすが、そうした反応のすべてが目に見える行動なわけではない。近年、情動が心のなかの操作に与える影響が注目を集めてきている。行動主義を嫌う人々は内的な状態や過程を引き合いに出すし、現代の認知科学者は、われわれが行っていることを内的なものに訴えずに説明するのは不可能だと考えている。とはいえ、行動的条件づけ説は、内的状態に言及することを好む近年の研究者に取り入れられることもある。たとえばロールズがそうだ（Rolls 1999）。ロールズはワトソンと同じく、情動を報酬や罰に対する反応と定義しているが、ワトソンとは異なり、情動を内的状態とみなしている。ロールズによれば、反応が報酬や罰と結びついているように、情動も依然として報酬や罰と緊密に結びついている。

他方で、情動と行動の結びつきを断つ研究者もいる。認知科学者は、カテゴリー分け・記憶・注意・推論に関わる内的システムについての詳細な理論を発展させてきたが、こうした能力と情動とのあいだには体系的な相互作用がある。記憶の研究では、ある出来事を思い出そうとしているとき、その出来事が生じたときにもっていた情動と同じ情動状態にあれば、当該の出来事が思い出しやすくなることが知られている（Bower 1981）。またカテゴリー分けについての研究では、正の（ポジティブな）情動はステレオタイプの使用を促進することが多いと言われている（Bless, Schwarz, & Kemmelmeier 1996）。さらに正の情動は、偏見がなく、楽観的で、クリエイティブな推論を手助けする。その情動によって、既知の事柄を新しい事例に応用するような問題解決がはかどるのだ（Isen, Daubman, & Nowicki 1987）。他方で、負の（ネガティブな）情動は注意を偏狭なものにしてしまう。不安があると恐れている事柄に注意を向けてしまうし（MacLeod & Mathews, 1991; Ohman, Flykt, & Esteves, 2001）、悲しいと自分の欠点を悲観しがちになり、その欠点が目につきやすくなる。他にも、鬱によって生じる「抑鬱リアリズム」という現象が知られているが、それは、負の情動によって自己をより正確に捉えられるようになるというものである（Alloy & Abrahamson 1988）。たとえば、偶然に成功することが多い課題を行うとき、落ち込んでいる人は落ち込んでいない人よりも、その課題を自分で成功させたという錯覚に陥ることが少ない。また、別の研究者は注意・記憶・推論といった能力の体系的な変化と情動を同一視している。こうした考えは「処理モード説」と呼べるだろう。オートリーとジョンソン－レアードは、処理モード説で、怒り・不安・幸福・悲しみといった重要な情動が説明できると主張している（Oatley and Johnson-Laird 1987；気分についての処理モード説としてはSizer 2001を参照）。

これまで、情動を、感じ、身体状態への神経反応、行動反応、認知的操作への影響と同一視する理論をみてきた。ここで、情動反応と思考を関係づける理論がまだ扱われていないことが気になるだろう。思考は情動エピソードを形作る目立った要因であることが多い。たとえば誰かにデートに誘われた場合、あなたはほぼ間違いなく、その誘いに関する信念や欲求をもつだろう。その信念・欲求には、結果として生じる情動に多大な影響を与えるものがある。たとえば、誘った人が危ないストーカーだと思っていたら恐怖を感じるだろうし、その誘いが冗談だと思ったら怒るだろう。また、自分もデートしたいと思っていたなら喜ぶはずだ。こうした例から、情動にはある種の思考が伴う場合が多いことがわかる。この考えを一般化して、情動にとって思考あるいは「認知」が本質的だと主張する研究者もいる。この考えを情動の「認知説」と呼ぶことにしよう。

「純粋な認知説」は情動と思考を同一視する。この考えでは、たとえば恐怖は、危険があるという信念やそれを避けたいという欲求であると定義されるかもしれない。以前に、哲学専攻の学生は情動にとって思考が不可欠だと考える傾向にあると述べたが、それからすると、哲学者が認知説を熱心に擁護しているのは不思議ではない。

最初期の純粋認知説はストア派にみられる。紀元前三世紀のクリュシッポスは、情動を素早く形成される信念とみなしていた。たとえば、賞を獲ったときの高揚は、その賞は良いという判断と同一だというのだ（Diogenes Laertius 1925を参照）。こうした純粋認知説はかなり熱心な支持を集め続けている。たとえばベッドフォードは、情動と感じを同一視することに反対し、単なる感じは情動とは違って、合理的な考慮によって改められないと主張している（Bedford 1957, Ritcher 1965も参照）。ベッドフォードは、情動は認知的でなければならないと考えているのだ。ソロモンも認知説を擁護し、情動はわれわれの世界に構造を与える価値判断だと述べている（Solomon 1976）。怒りには何かが間違っているという強固な判断が関わるが、そうした判断は世界を、特定のあり方をしているものとして提示するのである（ソロモンなら「判断は世界をそのように組み立てる」と言うかもしれない）。

ヌスバウムもストア派の考えにしたがい、情動を、「価値負荷的な見かけ」を承認する判断と定義している（Nussbaum 2001）。価値負荷的な見かけとは、出来事を価値づける解釈のようなものである。たとえば、家族の誰かが死ぬことは、繁栄が困難になる重大な損失とみなされるかもしれない。ここまでは通常の認知説だが、私が理解した限りでは、ヌスバウムはさらなる要件を加えている。その要件とは、見かけが価値負荷的なものであるためには、その見かけが正当化されているという趣旨の別の判断が形成される必要があるというものである。この主張のために、彼女の理論は単なる認知説ではなくメタ認知説になっている。つまり、情動には判断についての判断が必要なのである。

認知説の支持者には、判断（あるいは信念）だけでは情動にならず、欲求や願望も必要だと主張する人もいる。たとえばゴードンは、情動には願望が満たされるか満たされないかが関わると述べている（Gordon 1987, Wollheim 1999も参照）。また、ワーナーも欲求に訴えているが、欲求を使って楽しみについて以下のような分析を与えている（Warner 1980）。

Xがϕの経験ないし活動を楽しむのは次のときかつそのときに限る。

1　XがΦする。

2　XがΦすることで、自身に次のことが生じる。Φすることはある種の性質をもつと信じる。Φすることでそうした性質が生じることを望む。

3　Xはその欲求をそれ自体のためにもっている〔別の何かを達成するためにその欲求をもっているのではない〕。

ほとんどの哲学的分析には反例が挙げられるように、この提案にも反例が挙げられる。この提案によれば、われわれが何かを楽しむのは、それが望ましい性質をもっているとわれわれが信じているときに限られる。だがこの提案は、楽しみをもつことに対してあまりにも多くの認知的要求を課しているようにみえる。直観的には、人間（あるいは動物）は、あるものについての信念を何ももたずにそれを楽しみうるし、何かが望ましい性質をもっているという信念は楽しむことの結果として生じうるものであって、その逆ではないだろう。

認知説の支持者には、信念や欲求を越えたものを考えている人もいる。たとえばアーモン－ジョーンズは、情動を「想像に基づいた思考」と定義している（Armon-Jones 1989）。情動をもつことは何かについて判断することではなく、その何かが特定の性質をもっているかのように想像することだというのである。つまり、情動をもつとは解釈することなのだ。たとえば、あるものを恐れるとは、それは危険だと解釈することなのである。他方でロビンソンやロバーツは、解釈と欲求的要素を組み合わせた理論を展開している（Robinson 1983, Roberts 1988）。ロバーツによれば、情動は、欲求・利益・愛着・嫌悪といった大事な関心事に基づく解釈である。そしてロビンソンによれば、情動は欲求によって引き起こされ、脚色された解釈である。

表1.1　情動エピソードに含まれるさまざまな要素と情動を同一視する理論

| 情動が関わるエピソードの要素 | 情動理論 |
|---|---|
| 意識経験 | 感じ説 |
| 身体や表情の変化 | 身体説 |
| 行動傾向 | 行動説 |
| 認知的処理への影響 | 処理モード説 |
| 思考 | 純粋な認知説 |

他方で、哲学者は、「認知」という用語を信念や判断だけを指すものに制限する場合もある（たとえばNash 1989）。この用法では、解釈説や欲求説は純粋な認知説ではないことになる。とはいえ、欲求が信念に還元できるならもちろん話は別だ。ひょっとすると欲求は、何かがよいと信じることにすぎないかもしれない。こうした還元主義を擁護する哲学者もいる（たとえば、Lewis 1988の批判に対する応答として提出されたHájek and Petie 2004）。だが、欲求が信念に還元されることを否定する哲学者でも、欲求を広い意味での認知状態として扱う傾向がある（この点は第2章で検討する）。たとえばスタンペは、何かを望むとは、「信じる（believing）」とは異なる意味で、それが良いように「みえる（seem）」場合であると述べている（Stampe 1987）。このように「認知」を広い意味で用いるなら、欲求や解釈をもちだす理論も純粋な認知説と言えるだろう。こうした理論もたいてい、情動を信念や判断に還元する理論と同じく、情動を身体変化・感じ・行動傾向と同一視しない。

ざっとみてきたように、情動エピソードの典型例にみられる目立った部分は、どれもいずれかの理論で情動の本質とみなされている。この点は表1・1にまとめた。

### 複合理論

ここまでみてきたほとんどの理論は、情動エピソードに含まれるどれか一つの要素と情動とを同一視していた。しかし、少なくとも一つ例外ある。身体感じ説は、その名前が示す通り感じ説であり、情動は意識的経験だと主張している。だが一方でこの理論は、情動は身体状態への反応だとも述べている。そのためこの理論は、意識的感じに言及せず単純に情動と身体反応を同一視する理論とは異なっている。この理論は、表1・1の一番目と二番目の理論のどちらにも基づいている[＊3]。身体感じ説は複合理論なのである。

情動研究の歴史をみてみれば、理論の複合は例外ではなく、むしろよくあることがわかる。かなり巧妙な複合理論を最初に作った人として、アリストテレスが挙げられるだろう。アリストテレスは『弁論術』のなかで、情動には、落胆や楽しみといった感情[★1]的感じと、何らかの行動をとりたいという欲求の両方が含まれていると主張している。たとえば怒りは、復讐したいという痛ましい欲求だと述べている。欲求が広い意味での認知とみなされ、そして、痛ましさが感じだとすると、アリストテレスは感じ説と認知説の両方をとっていることになる[＊4]。さらに、ここでの欲求はある種の行動をとりたいという欲求であるため、この理論は行動説とも言える。さらには、アリストテレスが情動と身体の役割を同一視していることを示す証拠もいくつかある。アリストテレスは『デ・アニマ』のなかで、情動を含む心的状態は質料と形相の両方に関わると述べている。質料として取り上げられているのは身体であり、そして、形相は心的状態が果たす役割や機能として理解できる。たとえばアリストテレスは、怒りは心臓で沸き立った血液によって生じるのではないかと考えていた。したがって情動は、感じられ、行動を仕向けるような、身体についての認知状態なのである。

デカルトも別種の複合理論を主張していた（Descartes 1649/1988）。彼によれば、情動は、（脳にある）感覚器官が良いものや悪いものを探知し、それによって身体反応のための備えができたときに生じるものである。そして、感覚から行為への移行は、身体と脳の連絡をとりもつ動物精気という微粒子によって行われると主張していた。デカルトはまた、動物精気は松果体を通して脳と魂の連絡をとりもつと考えていた。そして、情動（あるいは「情念」）は、感覚器官と行為のあいだをとりもつ動物精気の運動を魂が知覚したときに生じると考えていた。したがって、情動経験は、身体が行為に備えることの経験なのである。この点でデカルトはジェームズ‐ランゲ説の先駆けだと言える。しかし、デカルトの立場は純粋な身体説ではない。というのも、多くの情動には行為したいという意思や思考が含まれていると述べているからである。デカルトの定義によれば、たとえば恐れとは、あることを成し遂げるのは難しいと信じつつもそれを望むことである。また、憎しみは有害だと考えられたものを避けたいという意思を含んでいると言われている。この点でデカルトはジェームズよりもアリストテレスに近いようにみえる。

デイヴィッド・ヒュームの情動理論も複合理論とみなせる（Hume 1739/1978）。ヒュームは情動を「印象」とみなしていたが、彼の用語法では印象は意識的な感じである。ヒュームの定義をより正確に言えば、情動とは、別の印象ないし観念によって引き起こされる二階の印象である。たとえば、突進してくるイノシシに遭遇したとき、そのイノシシの視覚的イメージである印象が形成されるが、それによって引き起こされる別の印象が恐れの感じなのだ。またヒュームによれば、情動はその原因となる印象を表象していないし、それどころか、いかなる外的条件（たとえば、突進してくるイノシシ）も表象していない。情動は何も表象しておらず、「情念は……いかなる表象的質ももたない」（Hume 1739/1988, II. iii. 3）。情動は感じなのである。しかし、ヒュームが情動を単なる感じとみなしていると言うのは正しくない。彼はまた、情動は動機づけとなる力をもっていると考えていた。情動には、行為を強いる特別な感じとしての欲求が含まれるというである。恐れには逃げたいという欲求の感じが含まれているだろうが、ヒュームにとって逃げたいという欲求は行動傾向である。それは、他の条件が同じであるならば、その行為をわれわれに強いる力をもっている。そのため、ヒュームは感じ説と行動説の両方を採用していたというのが正確だろう。それだけでなくヒュームは、情動はさまざまな印象や観念の原因や結果になると述べている。というのも、情動と他の感じを区別するために、印象の原因や結果となる観念が必要になる場合があるからだ。たとえばヒュームは、誇りを、自己についての考えを引き起こす感じと定義している。そして自己は、単一ないし複合的な観念と定義される[★2]。すると、ある情動が誇りとみなされるのは、その情動が生じたときに、自己に関する観念も心に浮かんでいる場合のみだということになる。こうした観点からすると、ヒュームは認知説に分類されると言えるだろう。彼の理論には、感じ、行動、思考が関わっているのだ。

アリストテレスやデカルト、ひょっとするとヒュームも、情動についての「純粋でない認知説」を擁護していると言えるかもしれない。彼らは認知を情動の中心に据えているが、別種の状態も情動に関係づけているのだ。純粋でない認知説の他の擁護者としては、スピノザが挙げられる（Spinoza 1677/1994）。スピノザによれば、情動は快や苦痛を伴った思考である。つまり、情動は感じを伴った認知状態なのである。こうした見解は何人かの哲学者によって擁護され続けている。たとえばグリーンスパンは、情動は価値判断と「感情状態」の合成物だと論じているが、彼女の定義によると感情状態は心地良さや不快さの感じである（Greenspan 1988）。恐れは、危険が迫ってきたと考えるときの不快さなのである。またナッシュは、情動には価値判断と注意の集中が含まれると論じている（Nash 1989）。怒っている人は、自分が不当な扱いを受けたと信じており、腹立たしく思われる状況に執拗に焦点を合わせることが多い。ナッシュはこの見解を純粋認知説と呼んでいるが、本書の分類では、認知説と処理モード説を合わせた複合理論になる。

心理学者たちも純粋でない認知説を擁護しているが、情動の認知的要素と非認知的要素が生じる順番について特別な想定を置く人もいる。たとえば、シャクターとシンガーの理論を考えてみよう（Schachter and Singer 1962）。彼らによれば、情動には身体変化（「生理的状態」）と、身体変化についての認知的解釈の両方が含まれる。そしてこの理論では、まず身体変化が生じ、その次に認知的解釈が生じると言われている。通常の条件下では、知覚された出来事が〔生理的な〕覚醒状態を引き起こし、その次に、その覚醒状態が知覚された出来事に由来するものと解釈される。覚醒状態が情動に関わる重要なものとして「ラベルづけ」されるのである。たとえば心臓の鼓動が速くなったとき、その原因が高揚にあるとみなされると、

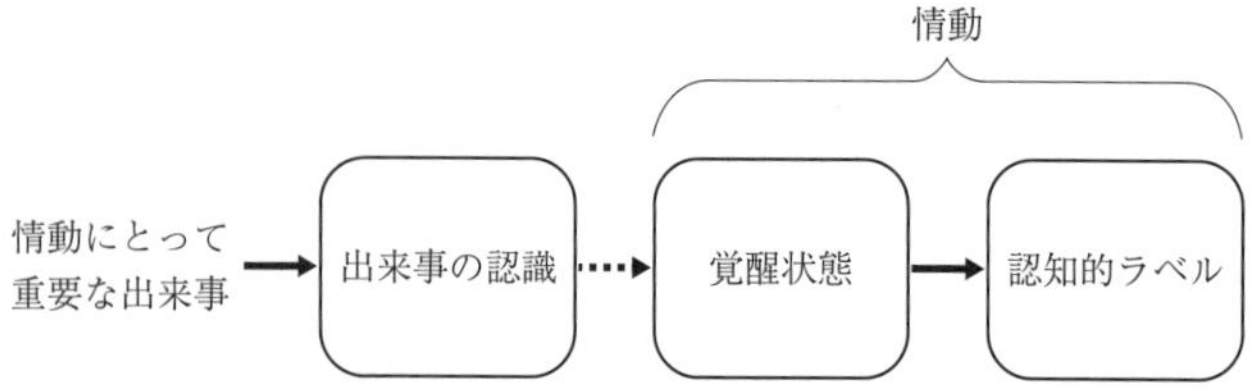


破線の矢印は、覚醒状態がその原因とみなされる出来事の知覚によって引き起こされるとは限らないことを示している。

図1.3　シャクターとシンガーの認知的ラベルづけ説

高揚が生じることになる。だが、恐怖や怒りといった異なるラベルを与えられれば、鼓動の速まりは異なる情動の構成要素となる。他方で、情動的な重要性が何も与えられないなら、何の情動ともみなされない。この考えを「認知的ラベルづけ説」と呼ぼう（図1・3）。

　認知的ラベルづけ説からは興味深い予測が出てくる。それは、覚醒状態を実際に引き起こしたのはある出来事だとしても、それとは別の情動的に重要な出来事がその情動を引き起こしたと解釈されうるということだ。言い換えると、情動が何らかの外的出来事のせいで生じたとラベルづけされる覚醒状態であるなら、誤った原因帰属によって情動が生じる可能性があるのだ。この可能性は図1・3の破線で示してある。シャクターとシンガーの有名な実験では、こうした誤帰属が生じることを示し、それによって認知的ラベルづけ説の正しさを示そうと試みられている。

　その実験の被験者は、視力を向上させる効果を調べている特殊なビタミンだと聞かされた物質を注射される。そして視力検査の前に、薬の効果がでるまで待合室で二〇分間座って待つように言われる。だが、注射されたのは実はアドレナリンで、それによって自律神経系の反応が高まり、鼓動が速まったり呼吸がはげしくなったりする。被験者には、注射された物質にこうした副作用があると聞かされる人とそうでない人がいる。その後、すべての被験者は次の二つの条件のうちのどちらかに置かれる。

　一方の条件の被験者は、待合室で質問用紙に回答するように言われる。初めの質問はまったくあたりさわりのないものだが、質問は次第に不愉快なものになっていく。不愉快な質問は、たとえば、「あなたの母親は（父親以外の）何人の男性と浮気したか」というものであり、それに対する選択肢は「(a)四人以下、(b)五から九人、(c)一〇人以上」となっている。また、待合室には仕掛け人がおり、その人は質問に答えていくうちにどんどんいらいらしていき、最終的に質問用紙を破り捨てて部屋から出ていってしまう。これが怒り条件である。他方の条件の被験者は、待合室でまったく異なる経験をする。そこに質問紙はないのだが、仕掛け人がいて、その人は紙飛行機を折っていたり、テーブルの上に立っていたり、フラフープで遊んでいたりする。これが幸せ条件である。

被験者は全員、これらの条件に置かれているあいだ観察されている。注射の効果を聞かされている被験者は、どちらの条件でもあまり情動反応をみせない。だが、薬が身体にもたらす影響を聞かされていない被験者は、二つの条件で異なる反応をみせる。怒り条件の場合、効果を聞かされていない被験者は、仕掛け人の愚痴に同意したり憤慨したりするように、負の情動反応をみせる。他方で、効果を聞かされていない幸せ条件の被験者は、楽しんでいる様子をみせ、仕掛け人と一緒にふざけたりする。こうした結果からシャクターとシンガーは、情動は身体状態の解釈に依存すると主張している。彼らによれば、注射によってもたらされる身体状態はどの被験者も同じだが、それを怒りのサインと解釈する人がいたり、幸せのサインだと解釈する人がいたり、単なる薬の副作用だと解釈する人がいたりするのである。こうした身体状態へのラベルづけには文脈や背景的知識が用いられており、そして、そのラベルづけの過程は認知的なものと考えられている。シャクターとシンガーの理論は第3章でまた扱おう。

シャクターとシンガーは、自律神経系統の反応は認知的なラベルづけより先に生じると暗に述べているが、純粋でない認知説のなかには順番が逆だと主張するものもある。それによると、情動が生じるのは、まず、われわれが状況に対する思考を形成し、そして、その思考が別の状態（感じ・身体変化・行動傾向・

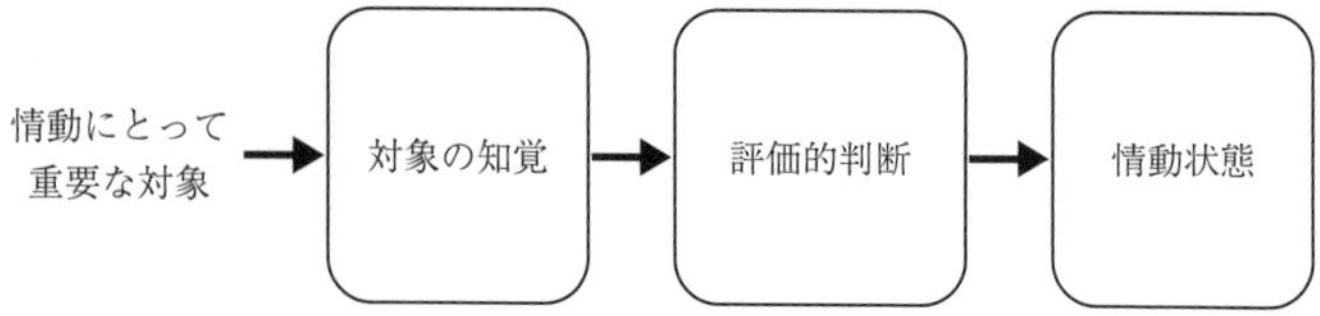


図 1.4　認知的原因説の基本構造

それらの複合体といったものかもしれない）を生じさせたときである。この考えを「認知的原因説」と呼ぼう（図１・４）。

認知的原因説は心理学者に非常に人気がある（哲学者にも支持者がいる。たとえばLyons 1980）。心理学で広く受け入れられている認知的原因説は、「多次元評価説（dimensional appraisal theory）」と呼ばれるものであり、特別の注目を集めている。

### 多次元評価説

「評価（appraisal）」という用語は、マグダ・アーノルドの影響によって情動研究で流通するようになった（Arnold 1960）。アーノルドの用法によれば、何かを評価するとは、その対象を、自分に何らかの重要な影響を与えるものとみなすことである（1960, p. 171）。多次元評価説では、情動はすべて評価的判断を含むと言われる。つまり、自分に影響を与える状況に直面しているという判断を含むと考えられているのだ。そして、評価的判断は共通するいくつかの評価次元から成り立っていると言われている。アーノルドは三つの次元を挙げているが、それによれば、われわれは、〔第一に〕自分がいる状況が有益か有害か、〔第二に〕その状況に関わる対象が存在しているのかどうか、〔第三に〕そうした対象を獲得したり避けたりすることは容易か困難か、を考慮している。こうした評価的質問に対して異なる答えが与えられれば、異なる情動が生み出されることになる。たとえば、高揚あるいは「喜び」は、有益な、対象が存在しており、それが獲得しやすい、ということから成り立っている。多次元評価説の一般的な構造は図１・５に記した。

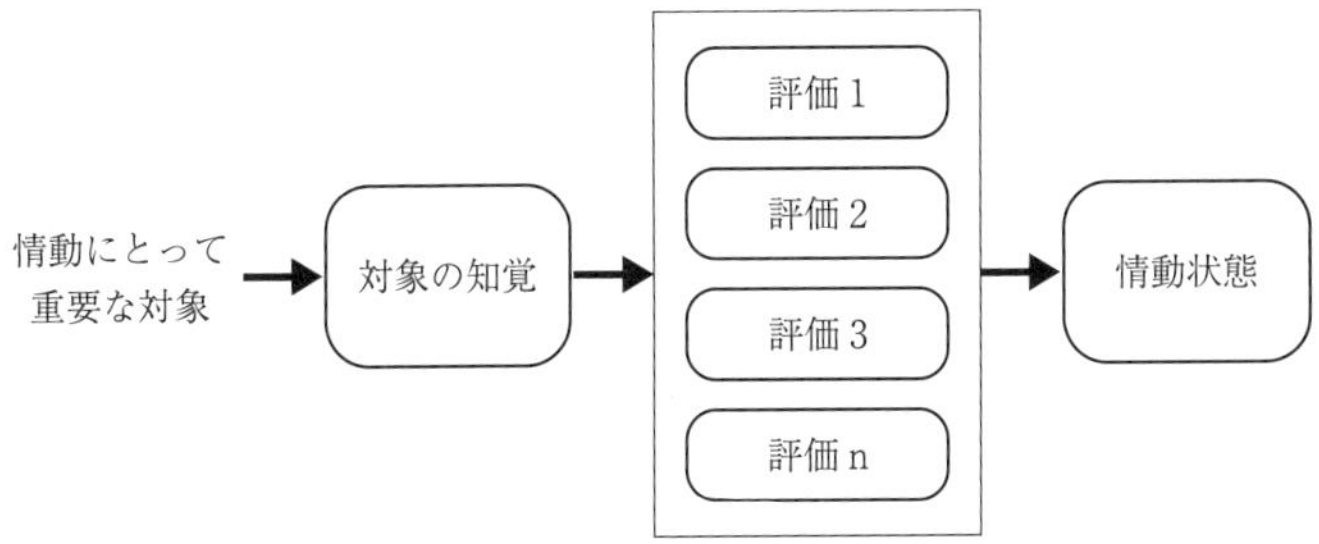


図 1.5　多次元評価説の構造

だが、アーノルドに対する批判として、三つの単純な次元ではすべての情動を十分に詳しく区別できない、という点が指摘されている。たとえば、怒りと嫌悪は異なる情動だが、どちらも、有害な、対象が存在し、それが避けがたい、ということを含んでいるだろう。とはいえ、こうした批判は多次元評価説にとって致命的なものではなく、アーノルドが挙げた次元だけでは足りないということしか示していない。この問題に対処してそれぞれの情動の違いをよりきめ細かく区別できるように、新しい評価次元を追加する人もいる。

かなり高度に洗練された多次元評価説の一つとして、リチャード・ラザルスの理論が挙げられる。ラザルスの定義によると、評価とは、主体の福利〔ウェルビーイング／良いあり方〕と関連した、主体と環境の関係についての価値づけである（Lazarus 1991）。彼はアーノルドの二倍の数の評価次元を挙げている。最初の三つの評価は情動的な重要性を決めるものであり（一次評価と呼ばれる）、次の三つの評価は主体の対処方針に関わるものである（二次評価と呼ばれる）。

ラザルスの第一の次元は「目標との関連」であり、そこでは、問題となる対象・状況・出来事との関わり合いが自分の目標に関連するかどうかが検討される。無関係なら情動は生じない。第二の次元は「目標との一致」であり、関わり合いが目標の達成を妨害するのか促進するのかが検討される。妨害するなら負の情動が生じ、促進するなら正の情動が生じる。第三の次元は「自己との関与タイプ」であり、この次元では関わり合いによって問題となるものは何かが特定される。問題になりそうなものの候補としては、自分のアイデンティティ、道徳的価値、人生の目標、他人の福利などが挙げられる。第四の次元では「非難か賞賛か」であり、関わり合いに関係する誰に（あるいは何に）責任があるか、そして、それに対して賞賛するか非難するかが判定される。第五の次元「対処能力」では、関わり合いの結果として生じるものを扱えるかどうかが判定される。最後の次元は「将来の見込み」であり、物事が自分の目標とおおよそ一致するように変わる可能性が見積もられる。

怒りを例にして評価次元を説明しよう。ラザルスによれば、怒りが生じるのは以下のような評価が下されたときである。

怒りを生み出す評価
目標との関連：関連している
目標との一致：一致していない
自己との関与タイプ：自尊心、社会的信頼、アイデンティティ
非難か賞賛か：誰かが非難されるべき
対処能力：攻撃できる
将来の見込み：攻撃によってより目標に適うようになると予測される

同じ評価次元に異なる値を割り振ると異なる情動になる。これを補完するためにさらなる評価次元や値の幅を増やすことができるだろうが、ラザルスの理論ではアーノルドの理論よりも多くの組み合わせを作ることができる。

表1.2　ラザルスの中心的関係テーマ（Lazarus 1991, Table 3. 4, p. 122）

| 情動 | 中心的関係テーマ |
|---|---|
| 怒り | 自分や自分のものに対する侮辱的な侵害。 |
| 不安 | 不確かな実存的脅威に直面している。 |
| 恐怖 | 直接的・具体的・圧倒的な身の危険に直面している。 |
| 罪悪感 | 道徳義務に反している。 |
| 恥 | 自分の理想にかなっていない。 |
| 悲しみ | 取り返しのつかない喪失を経験する。 |
| 羨望 | 他人のものを欲しがる。 |
| 嫉妬 | 他人からの愛情を失ったりそれが脅かされたりするために、第三者に腹を立てる。 |
| 嫌悪 | （比喩的な意味で）消化の悪いものや考えを抱いたり、それに近づきすぎたりする。 |
| 幸福 | 目標の実現にそれなりに近づく。 |
| 誇り | 自分自身あるいは自分が属するグループが価値ある対象を得たり、成功したりすることで、自己のアイデンティティが高められる。 |
| 安堵 | 目標に一致しない悲惨な状況が改善されたり取り除かれたりする。 |
| 希望 | 最悪の状況を恐れ、それよりましな状況を切望する。 |
| 愛情 | 愛を結ぶ関係に参加する。通常は相互関係だが、必ずしもそうである必要はない。 |
| 憐れみ | 他人の苦難に心を動かされ助けたいと望む。 |



ラザルスは、六つの次元からできたものを「分子評価」と呼んでいる。分子評価は、人々が情動をもつ前に下している実際の判断に対応すると考えられている。また、こうした判断を要約することもできる。たとえば、怒りと結びついた分子評価は、自分が侮辱的な侵害を受けているという認識、と要約される。ラザルスはこうした要約を「モル評価」と呼んでいる。モル評価はわれわれが実際に下している判断ではなく、実際の判断の要点である。モル評価はラザルスが「中心的関係テーマ」と呼ぶものを表しているが、中心的関係テーマとは、福利に関わる関係である。ラザルスが挙げた中心的関係テーマのリストを表1・2に記した。

モル評価と分子評価の違いは、マーの分析のレベルの区別（Marr 1982）という観点から理解できるだろう。マーは心的システムを次の三つのレベルに分けている。まず、心的システムが遂行するよう設計されている課題（計算論的レベル）、そして、その課題を果たすために用いられる規則や表象（アルゴリズムレベル）最後に、その規則や表象が実装される物理的素材（実装レベル）である。モル評価はマーが言う計算論的レベルに相当するだろう。中心的関係テーマは明確に表明された態度ではなく、それぞれの情動の対応物として区別すべき基本的な状況を捉えたものである。つまり、より明確に表されたいくつかの特定の評価を要約したものなのである。そして、分子評価はマーのアルゴリズムレベルに相当するだろう。それは、情動状態が生じるうえで実際に用いられている表象である。

ラザルスの中心的関係テーマのリストをみると、評価説がとても多くの研究者の関心を集めている理由がわかる。まず、情動は意味をもつという根強い直観をわれわれはもっている。情動は単なる気まぐれな感じではなく、われわれと世界との関係をわれわれに伝え、われわれの確信を示し、人生においてさまざまな決断を下すときの明確な要因となっているのである。ほとんどの評価説の研究者は、人が情動をもつうえで実際に用いられている評価はラザルスが定式化したリストよりも複雑だとは考えている。だが、そこで挙げられているテーマはそれぞれの情動の本質を否定しがたいかたちで表しているだろう。

多次元評価説は現代の情動研究において支配的な理論の一つである。同様の理論は、リベラ、ウェイナー、シェーラー、ローズマン、スミスとエルスワース、フライダ、などによって展開されている（Rivera 1984, Weiner 1985, Scherer 1984, Roseman 1984, Smith and Ellsworth 1985, Frijda 1986）。具体的な評価次元がどのようなものであるかについて研究者ごとの相違はあるものの、一致している点も多い。またローズマンとスピンデルとジョーズによれば、どの評価説における特定の評価次元も別の評価説のいずれかの評価次元に対応づけることができる（Roseman, Spindel, and Jose 1990）。とはいえ、次元の詳細な特徴づけは目下の目的にとって大事ではない。大事なのは、これらの理論が基本的なところで何にコミットしているかである。こうした研究者は、情動は評価の後に続くものであると考え、そして、評価は認知的状態であるとみなし、そのうえで評価をいくつかの異なる次元に分けている。次章では、こうした理論的コミットメントのすべてに反論しよう。

## 部分から多数へ

### 多数の問題

アーノルドもラザルスも認知的原因説を支持していると言うことができる。というのも、情動は評価によって引き起こされると主張しているからだ。この考えでは、多次元の評価過程の結果として生じていないものは情動とみなされない。だがこのことは、情動と評価が同一であることを意味しているわけではない。純粋な認知説とは異なり、アーノルドもラザルスも、自分たちが提案した認知的評価と情動を同一視すべきだとは言っていない。むしろ評価は情動の一部ではなくその原因だと示唆しているのである。それと同時に両者は、評価を情動に不可欠な必要条件だとみなしている。この点を理解するには、ゴードンが挙げたアナロジーを考えてみるのがいいだろう（Gordon 1987）。ゴードンによると、一部の認知説にとって情動は日焼けのようなものである。日焼けの一部に太陽は含まれてないが、あるもの〔やけど〕が日焼けであるためには、太陽によって引き起こされたものでなければならない。日焼けにとって太陽は因果的な必要条件なのである。同様に、ラザルスとアーノルドによれば、評価は情動の因果的な必要条件である。評価によって引き起こされているものだけが情動とみなされ、さらに、特定の評価によって引き起こされたものが特定の情動だとみなされるのである。

評価が情動に不可欠な必要条件でしかないなら、情動そのものは一体何なのか。ラザルスとアーノルドではその答えが少し異なる。ラザルスによれば、情動は「認知的評価……に対する生理学的反応である」

(Lazarus 1991, p. 38)。この考えからすると、ラザルスは身体説と認知説の複合理論をとっているとみなせる。しかしラザルスはここで話をやめず、情動は行動傾向も含むとも述べている (p. 40)。彼の複合理論には行動説も含まれるのである。

アーノルドの定義によれば、情動とは、有益だと判断された対象に向けられたり、危険だから離れたほうがいいと判断された対象に向けられたりした、感じられる行動傾向である。さらに彼女は、情動には生理的変化が伴うと述べている (Arnold 1960, p. 182)。したがって彼女の理論は、思考、感じ、行動傾向、身体状態を組み合わせたものだということになる。

他にも同じくらい野心的な複合理論がある。それは、これまで検討してきた情動エピソードのさまざまな要素のすべてが情動に含まれると主張する。その一例はニコ・フライダの理論である (Frijda 1986)。フライダは〔さまざまな要素のなかで〕とくに行動傾向と情動を同一視しているが、行動傾向には思考や感じ、身体変化も含まれうると述べている。また、ポール・エクマンも同様の理論を提示している (Ekman 2003)。エクマンは彼が「感情プログラム」と呼ぶものと情動とを同一視している。感情プログラムは、さまざまな環境の条件に対する、進化的に決定された複合的な反応だと言われている。その反応には、表情、生理的変化、価値づけ、行動傾向などが含まれうる。こうした複合理論を「包括説」を呼ぶことにしよう[*5]。

ひょっとすると、包括説はさまざまな情動理論のなかで最も野心的かもしれない。この理論を支持する研究者は、情動反応にみられるすべての側面を扱えるようにしたいと思っているのである。さまざまな要素を扱える理論が好ましいと考えるのは十分納得がいく。というのも、情動エピソードは複雑であり、そのなかから一つの要素だけを取り出してそれと情動と同一視してしまうと、〔もともとあった〕複雑さがみえにくくなるおそれがあるからだ。これに対し、情動を複合的な状態と定義すると、その複雑さをそのまま捉えられるのである。

しかし、包括説には代償が伴う。すべての要素を情動に含めることによって、情動とは一体何であるかがわかりにくくなるおそれがあるのだ。また、さまざまな要素がどのようにして〔情動として一つに〕まとまっているのかもわかりにくくなってしまうかもしれない。〔包括説とは異なり〕さまざまな要素のうちの一部だけを特別視する理論は、情動を理解するうえで最も根本的な特徴に焦点を合わせることができる。さまざまな要素のうちのどれかを特別視しない包括説は、以下で説明する「多数の問題」に苦しむことになるだろう。

多数の問題は部分の問題と対になるものである。部分の問題は、情動エピソードのなかのどの要素が特定の情動の実例であるためにとって本質的なのか、というものだった。それに対して包括説は、すべて本質的だと答えようとしている。ここで直面するのが多数の問題である。それは、もしすべての部分が本質的だとしたら、そうした部分はどのようにして一貫した全体としてまとまっているのか、というものである。言い換えれば、部分の問題は情動の本質的な要素はどれかということを問題にしていたが、多数の問題はさまざまな要素をすべて本質的にするような本質的な機能は何かということを問題にしているのである。

複合理論のいくつかは多数の問題にうまく答えることができる。それを理解するには、複合理論を三つのカテゴリーに分けるのがいいだろう。一つめは、情動を単一の状態とみなすが、その状態は情動の要素のリストに挙げられていた二つ以上のものに対応すると主張するものである。これを「多機能複合説」と呼ぼう。その一例は身体感じ説である。この理論は、身体反応と感じがまとまった「身体反応の感じ」というものがあると主張している。また、アリストテレスの理論はより包括的な多機能複合説である。アリストテレスによれば、それぞれの情動は、感じ、欲求、行動傾向、身体変化が統合されたものである。これらは〔情動という〕単一の状態がもつ分離できる異なる部分ではなく、単一の状態の異なる側面なのだ。

別の戦略の複合理論も可能である。たとえば、情動は、異なるいくつかの状態から構成された構造的なものだと定義できるかもしれない。こうした考えを「多要素複合説」と呼ぼう。シャクターとシンガーの理論はこのカテゴリーに分類される。彼らによれば、情動は身体状態と認知的ラベルを組み合わせたものである。その二つはコインの表と裏〔単一のものの異なる側面〕ではなく、独立に生じうる切り離された要素である。また、エクマンの感情プログラム説はより包括的な多要素複合説だと言える。彼によれば、情動は多くの部分をもちうるのである。そして、ベン - ゼイブは別種の多要素的複合説を主張している（Ben Ze'ev 2000）。彼によれば、情動は四つの部分からなる。経験の意識的な質である「感じ」、「動機づけないし行動傾向」、情動の対象を記述する判断としての「認知」、そして、情動を互いに区別する評価としての「価値づけ」である。

第三の複合理論は、情動に関わるさまざまな要素のうちの一部をそれぞれの情動と同一視するが、必要条件があることを強調する。これを「必要条件複合説」と呼ぼう。こうした理論としてはラザルスとアーノルドのものが挙げられる。両者は、情動が認知を必要とすることと強調しつつも、認知と情動が同一であることを否定している。認知的評価は情動が生じるための因果的な必要条件なのである。さらに、アーノルドとラザルスは、情動を引き起こした評価に言及することなく情動の同一性条件を特定することはできないと考えている。つまり、評価は情動を個別化する〔怒りや悲しみといったそれぞれの情動を区別する〕ための必要条件なのである。ヒュームの見解も、情動を原因や結果となるある種の観念に伴う感じと定義している点で、このカテゴリーに分類されるだろう。

多機能複合説は多数の問題に最も明快な答えを与える。多数の問題は、「情動を形作る多くの部分はどのようにまとまっているのか」というものだった。多機能複合説では、部分は実のところ分離できないものであり、部分と思われるものは実際には一貫した同一の状態の異なる側面だということになる。多要素複合説や必要条件複合説は、この点で多機能複合説よりも明快ではない。それらは、分離できるさまざまな部分を情動に結びつけているため、さまざまな部分がどのようにして一貫したまとまりを作っているのかが問題になってしまうのである。多要素複合説や必要条件複合説では多数問題に答えられないと考える理由はないのだが、どのように答えるのかが見ものになる。

包括説となる複合理論を擁護する人は、多数の問題に答えるために次のような取り決めを行う場合がある。それは、情動のさまざまな特徴のうちのある特徴が中心となり、他の特徴はその周りを取り囲んでいる、というものだ。たとえばラザルスは、情動は必ずいくつかの要素を含んでおり、そのなかでも評価は中心的であると述べている。情動にとって中心的なのは、福利と関連する物事を特定する役割だというのだ。また、すでにみたようにフライダは、包括説をとるうえで行動傾向を特別視している。多数の問題は「情動の要素はどのようにまとまっているのか」を問題にしていたが、それに対する〔こうした包括説の〕答えは、「特定の要素が鍵となってまとまっている」というものである。その要素を特定しようとする試みは、部分の問題と同じようなものになるだろう。部分の問題から多数の問題が導かれたが、そこからまた部分の問題に戻ったのだ。

## 以降の予告

以降の章で私は、相互に関連したこれら二つの問題に対処しようという既存の主要な試みは誤っていると主張する。しかし、私の主な目的は批判ではなく、建設的なものである。つまり、情動についての積極的な理論を提案したいのだ。私は、次の一〇個の問題を順に取り上げ、それを通して自分の考えを展開する。

1 情動は必ず認知を含むのか？
2 もし情動が何かを表象するなら、何を表象するのか？
3 情動は自然種なのか？
4 ある種の情動は普遍的なもので、生物学的な基盤をもつのか？
5 情動は文化的に決定されうるのか？
6 情動は他の感情的なものとどう関わるのか？
7 正の情動と負の情動を分けるのは何か？
8 情動的意識の基礎は何か？
9 情動は知覚の一種なのか？
10 情動は多くの要素的部分をもつのか？

一番目の問題に対する私の答えは、情動は認知的ではない、というものである。情動の認知説は広く普及しているが、根本的に間違っている（第2章）。しかし第3章では、情動は認知的ではないものの、広く普及している認知説が主張しているように、中心的関係テーマを表象すると主張する。その次に、情動はひとまとまりのクラスを形成しているのかという問題を扱う（第4章）。影響力のある考えによればそうしたクラスはないのだが、私はその考えを退け、そうしたクラスがあると主張する。第5章と第6章では、情動は「生まれか育ちか」論争を検討する。私は、われわれが関心をもつ情動はすべて両方の側面をもつと考えている。私の情動理論は社会的構成主義の一種だが、情動は生物学的に基本的な情動を核として形成されるとも主張する。また私は、認知的なものを過度に強調している、影響力のある構成主義的理論を拒否する。第8章では、動機づけや気分といった感情的なものと情動を関連づける。そこでは、気分は情動の特殊な下位分類だと主張する。また、動機づけは情動とは独立のクラスの心的状態だが、情動は実際に動機を与える要素をもっていると主張する。そうした要素は感情価に関する議論のなかで説明する（第7章）。また私は、正の情動と負の情動は意識的な感じによって区別されうるという見解に反論する。情動的意識については、第9章で詳しく扱おう。私は、情動的意識をその他の意識と統一的に説明できる理論を提示する。

九番目の問題に対する答えは、私の理論に含まれた各部分に一貫性を与えるものになる。私は、情動は文字通り知覚の一種だと考えている。この考えは、ジェームズやランゲ、ダマシオといった、情動と身体を関連づける人の理論と噛み合う。彼らと同じく私も身体説を擁護するのである。だが一方で、既存の身体説はあまりにも多くの問題に答えないままでいることが多いようにみえる。とくに、身体説では、情動がなぜ意味をもっており、理解可能であり、合理的であるようにみえるのかが説明されていない。こうした欠点を補うためには、情動は単なる身体の知覚ではなく、われわれと世界との関係の知覚でもあることを示す必要がある。本書は、身体説にあいた大きな穴を塞ぐ試みであり、また、身体と心と世界とを結びつける試みでもある。

本書の最後では、締め括りとして部分の問題と多数の問題に手短に立ち戻る。私は、以下の章で練り上げる理論を使ってその問題に答えるが、私の答えは、情動は多くの部分の集まりというよりも、比較的単純なものだというものである。情動は単純なものだが、複雑な結果と情報処理の役割をもっている。情動は、多数の部分をもつことなく多数でありうるのだ。

## 原注

＊1　ランゲはデンマークの生理学者である。ジェームズはもちろん心理学の先駆者であり、アメリカの心理学におけるプラグマティズム的潮流に中心的に寄与した人物である。

＊2　エルスワースは、一般的にジェームズの見解とみなされているものは実は少し異なると主張している（Ellsworth 1994）。後の著作（James 1884）においてジェームズは、情動には思考が必要とされることが多いと示唆している。ここから、情動的な感じは身体の感覚だが、情動そのものには感じに先行する判断が含まれるという解釈が示唆される。しかし、この解釈を批判するライゼンザインとマイヤーとシュッツヴォールによれば、ジェームズは一八八四年の論文でも『心理学の諸原理』（James 1880）でも、情動と身体感覚を同一視している（Reisenzein, Meyer, and Schützwohl 1995）。私はライゼンザインの解釈が正しいと考えている。思考は通常は情動より先に生じるだろうが、情動の構成要素ではないだろう。

＊3　身体変化は行動反応の備えとなるという点から、一般的に、身体説は行動説と緊密に関連するとも考えられている。しかし、身体説は行動説とは異なる。というのも、身体状態への神経反応と身体状態によって可能になる行動傾向は異なるものだからだ。

＊4　アリストテレスの主張は次のようにも解釈できるかもしれない。すなわち、怒りは自分が軽んじられているという趣旨の信念を必要とする、というのである。こうした信念は情動の欲求的要素から切り離すことができるかもしれない。

＊5　包括説の擁護者は次の二通りに分かれる。一つは、情動の実例は必ず、これまで検討してきたすべての要素を含むと主張するものである。もう一つは、それぞれの情動の実例はさまざまな要素のうちの少なくともいくつかを必ず含むと主張するものである。後者の場合、さまざまな種類の要素がさまざまな状況において情動を実現することが認められる。こう主張する哲学理論としてはピッチャー（Pitcher 1965）を参照。ピッチャーによれば、情動は信念や行動の傾向性、感じを含みうるが、これらのうちのどれも情動が生じるために不可欠なもので

はない〔情動はそうした要素のどれかを必ず含んでいる必要があるが、どれか特定のものがつねに含まれている必要はない〕。エルスターも似た路線をとり、情動に関わる多くの特徴を挙げているが、これらすべてが情動にとって不可欠だとは主張していない（Elster 1999）。彼はグリフィス（Griffiths 1997）と同じく、情動は自然種ではないかもしれないと考えている。

訳注

★1 本書ではemotionの訳語に「情動」をあて、「感情」はaffectの訳語として用いる。訳語の方針については訳者解説を参照。

★2 ヒュームによれば、自己の観念は、知覚印象・観念の集まり、いわゆる「知覚の束」にすぎない。

# 第2章　考えられていない感じ

## 情動と認知

二つの恐怖の物語

友達がハイキングに行こうと誘ってきた。あなたはひどいヘビ恐怖症なのでアウトドアはあまり好きではないが、しぶしぶ行くことにした。出発してしまえば懸念はすぐどこかに行ってしまい、楽しくなった。だが突然、視界の端に映った影のなかに、とぐろを巻いた長いものがちらりと見えた。あなたは固まり、鼓動が速まり、息が詰まり、目を見開いた。

別の状況を想像してみよう。あなたは最終試験を受けようとしている学生である。その試験の結果で今期の成績が決まり、成績が悪いと、念願の特別上級プログラムへ編入できなくなる。教授が問題冊子を配り始め、青色の問題冊子の束をもってあなたに近づいてくる。あなたは固まり、鼓動が速まり、息が詰まり、目を見開いた。

これら二つの状況はとてもよく似ているように思われるが、重要な違いがある。一つめの状況では、恐怖の反応は目に映ったものによって引き起こされている。あなたはヘビが危険であると信じているだろうが、そうした明示的な考えがその瞬間のあなたの反応を引き起こしたとはかぎらない。むしろ、反応を引き起こしたのはヘビの見えである。ひょっとすると、実はそれはヘビではなく、束になったロープや植物のつる、あるいはただの影かもしれない。また、そこにいるヘビは無害だと確信しているかもしれない。それでもあなたは恐怖の反応を示すのである。

二つめの状況では、青い問題冊子を見たことがあなたの恐怖を引き起こしたのかもしれないが、冊子そのものは恐ろしくはない。青い問題冊子を別の機会に見ても何とも思わないだろう。しかしこの状況では、その冊子は恐ろしいものであり、青でなく別の色だったとしても恐ろしかったに違いない。問題冊子の実際の見た目は重要ではない。この場合の反応は、試験の結果で今後自分がどうなるかについての信念と直結している。こうした信念をもっていなかったり、試験の結果を気にしていなかったりしたら、問題冊子を恐れなかっただろう。

簡単に言えば、二つめの恐怖は一つめの恐怖よりも認知的であるようにみえる。その理由は二つある。第一に、恐怖の対象である試験は、明らかに、認知なしに認識・理解されうるものではない。ヘビを見かけによって認識するのはたやすいが、試験の認識には文化的な知識や言語能力、文脈的な情報が必要になる。第二に、対象と恐怖の反応の結びつきは、二番目の事例の方がより認知的にみえる。ヘビ恐怖症の人が対象をヘビと同定すると、自動的に恐怖の反応が現れる。他方で、対象を試験として同定しても、試験が何らかの脅威をもたらすという信念がなければ、恐怖は生じないだろう。

これらの事例に対する直観が示唆するのは、情動に含まれる認知的要素には度合いがあるということだ。この洞察に基づいて、情動には最小限に認知的なものから高度に認知的なものまで、連続的な幅があると考えたくなるかもしれない。情動研究者のなかには、情動はいかなる認知的要素も含まずに生じうると主張する人もいる。他方で、この主張に反対し、情動は必ず本質的に認知的だと主張する人もいる。第1章では後者を認知説と呼んでいたが、それに合わせて前者を非認知説と呼ぶことにしよう。両陣営の分断は、情動研究における主要な分断の一つである。本章と次章で私は、両陣営の調停を目指す。

### 哲学と心理学の認知説

第1章で認知説をいくらか紹介したが、認知説の主張やさまざまな認知説の共通点についてもう少し説明した方がいいだろう。哲学者が主張してきた認知説と心理学者が主張してきた認知説には相違点があるが、共通点も多くある。

認知説をとる哲学者の多くは、情動に含まれる認知は命題的態度だと考えている。命題的態度とは命題の表象からなる心的状態であり、その命題に向けられた態度である。命題とは事態であり、「雨が降っている」、「ニクソンは大統領である」、「ジョーンズはローマに旅行する」といった平叙文を用いて記述できるものである。こうした命題に向けられる態度には、信じる、想定する、望む、などがある。主体がある命題に対して信じる（あるいは想定する、望む）という態度をとる場合、その結果として信念（あるいは想定、願望）が生じる。こうした命題的態度は that（日本語の場合「と／こと」）に続く文（つまり that 節）を使って帰属させることができる。ジョーンズは、自分がローマに旅行すると信じている（Jones believes that she will travel to Rome）、自分がローマに旅行することを望んでいる（desires that she will travel to Rome）、自分がローマに旅行することが実現することを願っている（wants it to be the case that she will travel to Rome）、等々。どの事例でも、「自分がローマに旅行すること（that she will travel to Rome）」という that 節は同じ事態を表している。この事態は、ジョーンズの心的状態の「命題的対象」である。

情動は命題的態度であるという仮説には曖昧なところがある。一方でこの仮説は、情動は命題的対象に向けられうる、ということを意味していると理解できる。この点に関して比較的異論はない。ある人が、海にサメがたくさんいるのではないかと恐れたり、教育予算が削減されたことに怒ったり、サーカスが街に来たことを喜んでいる、ということは、ほとんどの人が認める。これらはすべて命題的態度である。情動は命題的対象に向けられた態度なのである。

だが、情動は命題的態度であるという仮説には別の解釈も可能であり、それがここでの私の一番の懸念である。その解釈は、情動は命題的態度から構成されているというものだ。ジョーンズは海にサメがたくさんいるのではないかと恐れていると言うときに暗に意味されているのは、彼女は海にサメがたくさんいるという心的に表象された命題をもっており、それに加えて、その命題に向けられた情動（恐怖）をもっている、ということである。恐怖は命題的対象とは独立なものであるが、この場合にはたまたま結びついていると考えることができるのだ。そのため、情動は命題的態度から構成されているという仮説からすると、恐怖という情動そのものは、一つ以上の that 節を用いて表現しうる心的状態から構成されている、ということになる。ある考えでは、情動は信念に還元できると言われるかもしれないし、こうした方針をかなり単純化した立場では、恐怖は危険が迫っているという信念であると考えられるかもしれない。そうすると、ジョーンズは海にサメがたくさんいるのではないかと恐れているということは、二つの命題的態度から構成されていることになる。つまり、海にサメがたくさんいるという信念（あるいは想定）と、危険が迫っているという信念である。二つの命題的態度のうち後者を適当なものに取り替えると、たとえば、怒りになるだろう。

こうした意味で情動と命題的態度を同一視する哲学者のあいだでも、命題的態度が何であるかについての意見が分かれている。情動は信念に（たとえば、危険が迫っているという信念）に還元できると考える人もいれば、情動には願望（たとえば、危険から逃げたいという願望）が含まれていると考える人もいる。また、情動をもつことは信念や欲求をもつことより思考を抱くことに近いと考えている人もいる。というのも、危険が迫っていると信じることなしに危険が迫っていると考える場合もあるからである（Greenspan 1988）。同様に、あるものを危険だと信じたり望んだりすることなく、それを恐怖することもあるように思われる。

主体に命題的態度を帰属させる場合、その主体は帰属される that 節に現れる語に対応する概念をもっていると想定されている。「ジョーンズは自分がローマに旅行すると信じている」と言うとき、ジョーンズはローマや旅行や自分自身（that 節に現れる主語）についての概念をもっていると想定されている。そのため、もし命題的態度が情動の構成要素になっているなら、情動をもつためには、命題的態度を帰属させるために用いられる概念をもっている必要があるということになるだろう。もし恐怖が、危険が迫っているという信念であるなら、恐怖するためには危険概念や迫っている概念をもっていなければならない。そのため認知説を支持する人は、情動には概念が必要とされるという主張に暗にコミットしていることになる。この考えを「概念化仮説」と呼ぼう。

認知説を擁護する哲学者はたいてい、情動を構成する認知的状態に用いられる概念が何かについて、ほとんど何も言わない。恐怖に危険概念が含まれているとして、その概念は、危険について冷静に考えているときに用いられているものとまったく同じものなのだろうか。たとえば、ジョーンズがアマゾンへの一人旅は危険であると信じつつ、実際にアマゾンに行くつもりはないとしてみよう。このとき、彼女はアマゾン旅行を怖がっていない。そうすると、怖がっていない危険について考えているときに用いられている危険概念と、生命の危機を感じているときに用いられている危険概念は、まったく同じものなのか、という疑問がわく。もし同じであるなら、その概念とは一体どういうものなのか。哲学と心理学で広く受け入れられている考えによれば、ほとんどの概念は複合的なものである（別の複数の概念から構成されている）(Prinz 2002、唯一の例外としては Fodor 1998 を参照)。たとえば危険の概念は、潜在性の概念と害の概念に「分解」できるかもしれない。そうすると、害がどういうものかを理解せずに危険はどういうものかを理解することは不可能だということになる。すると、恐怖には危険についての信念や解釈が含まれていると言う哲学者は次のことを暗に意味していることになる。すなわち、恐怖は別の複数の概念から構成されている危険概念を含む、ということだ。そうすると、概念化仮説は、情動は豊かな概念的構造をもつという主張を暗黙的に含意していることになるだろう。

他方で、心理学者が擁護している認知説は、一見したところ哲学者の認知説と少なくとも三つの点で異なっている。第一の違いは、心理学者はふつう命題的態度よりも評価に言及する点である。とはいえ、こうした語彙の違いは表面的なものであるかもしれない。ほとんどの心理学者は、評価は判断の形式をしていると考えている。たとえばラザルスは、怒りを構成する評価は、自分や自分の所有物が侮辱的な侵害を受けているという判断に要約できると述べている（Lazarus 1991）。そして、判断はまぎれもなく命題的態度である。そうすると、侮辱的な侵害を受けているという判断を形成するためには、侮辱や侵害を受けることについての概念が必要とされるようにみえる。

第二の表面上の違いは、心理学者は哲学者とは異なり、判断を情動の構成要素ではなく前提条件とみなすことが多い点である（第1章でみた必要条件複合説を思いだそう）。たとえばラザルスは、情動は評価的判断と同一のものではなく、評価的判断によって引き起こされるものだと主張している（Lazarus 1991）。だが彼は、そうした認知的原因は情動が生じるために不可欠であり、また、さまざまな情動を互いに区別するためにも必要だと考えている。この点で、ラザルスの理論は哲学の命題的態度説と似通っている。どの情動も対応する命題的態度なしに生じることはないのだ。哲学と心理学に中立的に言えば、認知説を擁護する人は、（情動は命題的態度を構成要素としてもつと言うより）情動は命題的態度と結びついていると想定していると言えるかもしれない。

第三の表面上の違いは、心理学者は哲学者とは異なり、情動の認知的側面を高度に構造化されたものだとみなすことが多いという点である。ラザルスによると、怒りには、屈辱的な侵害を受けているという判断以上のものが含まれている。その判断は間違いなく怒りの要約として適切なものだが、実際のところ怒りの判断は（第1章で述べた）六つの「分子」評価に分解される。それは、対処能力・目標・避難などについての評価が関わっていた。（第1章で述べた）ラザルスの評価次元のそれぞれは、どれもそれ自体で判断だとみなせる。情動をもつときには一組の複数の判断が形成されており、それらの判断はどれも、それを主体に帰属させるために用いられる語に対応する概念を必要とする。

ラザルスをはじめとした心理学者たちは、すべての情動の基礎には同じ評価次元があると考えている。だが、哲学者は通常はそう考えていない（例外はBen-Ze'ev 2000）。とはいえ、認知説を擁護する哲学者と心理学者は、情動には概念が必要だと考えている点では似ている。情動が高度に構造化された評価の組み合わせに依存するものならば、情動をもつためにはそうした評価の記述によって指されている概念をもつことが必要となる。哲学者と同じく心理学者も、概念化仮説に暗黙的にコミットしているのである。両者の認知説に違いはあるものの、こうした類似点の方が重要だ。

哲学と心理学の認知説は、他にも二つの主張が一致している。第一に、認知説はすべて、情動に含まれる認知的要素は身体変化と同一ではないし、身体変化を記録する内的状態とも同一ではないと主張している。なかには、情動は何の身体的要素もなしに生じうると主張する認知説もある（たとえば、Nussbaum 2001やSolomon 1976を参照。この論点については第4章で扱う）。身体的要素は情動に不可欠だと認める認知説でも、身体的でない認知的状態も同様に不可欠であることを強調する（たとえばLazarus 1991やLyons 1980）。また、どの認知説も、情動に付帯している身体的要素は命題的態度や評価といった要素から区別すべきだと主張する。情動と結びつく認知的要素は、身体変化や身体変化を記録する内的状態以上のものとみなされている。要するに、認知説の擁護者は、情動と結びついた認知的要素は身体から切り離されていると考える点で一致しているのだ。この考えを「非身体性仮説」と呼ぼう。

認知説をまとめるもう一つの主張は、「評価仮説」と呼べるものである。すでに述べたように、心理学者の認知説ではふつう情動と評価が同一視される。評価は、有機体の福利に関わるような、有機体と環境のあいだの関係の表象である。この定義からすると、哲学者が擁護する認知説も評価説に分類されるだろう。情動と命題的態度を同一視する哲学者は通常、命題的態度は有機体の福利に関わる関係を表象すると考えている。哲学者は情動に関わる認知を、すべての情動に共通する複数の評価次元に分解したりはしないが、彼らが挙げている命題的態度はたいてい、ラザルスの中心的関係テーマの表にある要約された評価と非常に似ている（表1・2を参照）。認知を強調する哲学者も心理学者も、たとえば、恐怖と結びつく認知的状態は危険を表象すると考えている（たとえば、グリーンスパンとラザルスを比べてみよう）。さらに、哲学者も心理学者も、さまざまな情動はそうした評価によって区別できると考えることが多い。つまり、それぞれの情動はおおよそ、それぞれの情動が指し示しているテーマ（危険・侵害・不義・自己実現など）によって区別されるというのだ。

いま挙げた三つの仮説（概念化・非身体性・評価）によって、情動の命題的態度説と多次元評価説をまとめることができる。では他の認知説はどうだろうか。とくに、心理学の認知的ラベルづけ説と哲学の解釈説（第1章を参照）はどうなのか考えてみよう。ラベルづけ説によれば、情動をもつことは、〔生理的〕覚醒という一般的な状態に情動ラベルを貼り付けることである。他方で解釈説によれば、情動をもつこととは、対象がある性質をもっているとみなすことである（たとえば、ヘビを恐れるとは、ヘビを危険だとみなすことである）。これらの理論も、概念化・非身体性・評価仮説を含むと言えるだろうか。

ラベルづけ説と解釈説の擁護者が概念化仮説を受け入れているのは確かだと思われる。というのも、解釈やラベルづけには、対象をある概念のものに割り当てることが含まれるからだ。また両者は非身体性仮説も受け入れているようにみえる。シャクターとシンガーのラベルづけ説では、情動の認知的要素それ自体は身体状態ではないと考えられている。認知的要素は、身体状態へのラベルなのである。そして解釈説の支持者は、身体状態は情動に偶然的に付帯するものでしかないと考えることが多いので（たとえばArmon-Jones 1989）、解釈は非身体的なものとみなされる。

だが、評価仮説については少々事情が込み入っている。まず、解釈の方は評価とみなしていいだろう。ジョーンズがヘビを危険なものと解釈する場合、彼女はヘビを自分の福利に関わる関係をもつものとして表象している。他方で、認知的ラベルづけ説がこうした型にはまるのかというと、少し難しい。ラベルは評価であると明確には言えないようにみえる。というのも、身体状態に怒りというラベルを貼るとき、そのラベルは身体状態の表象であって、環境とわれわれとの関係の表象ではないようにみえるからだ。とはいえ、もう少し詳しく考えてみるとラベルも評価だと言えるかもしれない。シャクターとシンガーの考えによると、ラベルは、構造化されていないタグではなく原因帰属である。特定の覚醒状態に怒りというラベルを貼るとき、写真に見出しをつけるのと同じようにしてその状態に単に「怒り」という単語をつけているわけではない。われわれは、われわれと環境との関係の結果として覚醒状態に対する判断を形成しているのである。認知的ラベルづけ説によれば、怒りが生じるのは、鼓動の速まりを自分が危険にさらされていることの証拠として解釈したときである。この解釈が正しいなら、シャクターとシンガーはラベルを評価的判断とみなしていることになる。ラベルづけ説も評価仮説と整合的なのだ。

本章では、解釈説とラベルづけ説についてはあまり取り上げない。というのも、どちらの理論も、他の主流の認知説と核となる多くの想定を共有しているからである。解釈説は上述の三つの核となる仮説をすべて受け入れているだろうし、ラベルづけ説は少なくとも二つ（ひょっとすると三つ）の仮説を受け入れている。そのため、以下では主に、命題的態度説と多次元評価説を検討したい。どちらの理論も、情動には概念化された非身体性の評価が必要だと確信しており、その点で明らかに団結している。だが、その確信を「認知的」の定義として受け取ってはならない。以下で私は、認知とはどういうものかについてさらに検討しよう。そこでポイントとなるのは、「認知的」と形容される多くの理論は、情動に何が含まれているかについて似たような見解をもっている、ということである。次節では、こうした見解を裏付けるといわれる証拠について検討しよう。そして次に、〔命題的態度説と多次元評価説の〕構成要素とされていた仮説を拒否できる認知説が可能であるかを検討する。

## 認知説を裏付ける証拠の検討

哲学者と心理学者とでは、認知説を支持するための方法論が異なる場合が多い。哲学者は伝統的に反省という手法を使って議論してきており、実験や質的なデータ分析に頼っていない。哲学者は「経験的な」観察に依拠しないとよく言われる。そして、反省はときに概念分析と同一視される。概念分析とは、問題となる特定のトピックについて考えるときにわれわれが使っている概念を分析することである。実験的手法を用いずに概念適用についての直観をテストするためには、思考実験〔仮想的な状況を想定すること〕が使える。とはいえ、思考実験は経験的でないと言うのは少々ミスリーディングだろう。哲学者は、自分の心的状態を精査したり、行動パターンを観察したり、言語がどのように用いられているかについて綿密な注意を払ったりしているのだ。

認知説を支持する哲学の議論にはさまざまなものがある。議論の出発点の一つは、われわれは合理性に関わる語彙を使って情動を判定することが多い、という主張である〔Bedford 1957; Pitcher 1965〕。たとえば、普段われわれは、この怒りは正当なものである、侮辱する根拠がある、道徳的な正しさに共感する、と言ったりする。また、情動は非合理的な場合もある。親切に対して恐怖するのは不適切もしくは理にかなっていない。こうした判定カテゴリー〔理にかなっているか、合理的か、保証されているか、等々〕は、ふつう、命題的態度やそれに類する認知的状態にのみ適用される。かゆみやくすぐったさ、残像や激痛が合理的または非合理的であるとは言われない。身体感覚は、ウィルフリド・セラーズやジョン・マクダウェルが言う「理由の空間」に属すものではないのだ。

だが、こうした議論は決定的ではない。というのも、われわれが普段そうした判定カテゴリーを使って情動を表現するからといって、そうしたカテゴリーが実際に情動に適用可能だということが示されるわけではないからだ。ひょっとすると、情動が合理性の観点から説明できるという考えは間違っているかもしれない。実際のところ、さきほどの考えとは反対に、情動は意味をもたず、理にかなった推論を邪魔する受動的なものだと考える伝統もある。また別の意見として、合理的な説明可能性を命題的態度や解釈のみに制限するのが間違っていると言われるかもしれない。こうした応答は第10章で取り上げよう。

認知説を支持する二つめの哲学的議論は、情動は何かに向けられている、という主張から始まる(Pitcher 1965)。以前の例で言えば、海にサメがたくさんいるのではないかと恐れたり、サーカスが街にやってくるのを喜んだりする、ということだ。だが、感じや身体感覚が何かについてのものであることは可能なのだろうか。痛みやかゆみはどのようにして命題的対象をもちうるのだろうか。もし情動が信念や欲求、解釈といったものであるなら、こうした「ついて性」を説明するのはたやすい。信念や解釈などは志向的な状態である。自分が危険にさらされているという信念は、海にサメがたくさんいるという事実に向けられうるものである。

この議論は後の章でも取り上げるが、とりあえずここでは反例を挙げておこう。そのために、何かによって気持ち悪くなる場合を考えてみよう。たとえば、多くの性犯罪者が軽い刑罰しか受けていないという事実によって気持ちが悪くなるかもしれない。このことは比喩以上のものである。こうした事実について考えることで、文字通り気持ち悪くなることがあるのだ。そして、そうした事実についての考えと気持ち悪さの結びつきは、因果的なものに尽くされない。この場合、主体は問題のある状況に対して気持ちが悪くなっている。気持ち悪さの感じは何かについてのものであり、その何かによって単に引き起こされただけのものではないのだ。だがここで、気持ち悪さの感じは命題的態度であると結論するのはおかしい。気持ち悪さが命題的対象に向けられることは、気持ち悪さそれ自体が命題的な形式をしていることを示しているわけではない。それと同様に、情動が命題的対象をもつということは、情動は命題的態度やそれに類する認知的状態から構成されていなければならないということを示してはしないのである。

認知説を擁護する別の方針として、情動は秩序立ったグループを作っているということに訴えたものがあるかもしれない。たとえば、怒りと愛情は他人に向けられたものであり、罪悪感や誇りは自分に向けられたものである。恐怖や楽しみは生物にも無生物にも向けられる。期待や恐怖は未来に向けられているが、後悔や安堵は過去に向けられている。こうしたグループ分けに訴えて、情動は命題的態度から構成されていると説明したくなるし、さらに、いくつかの態度は同じ概念をもっていると取り決めたくなる[＊1]。つまり、後悔と安堵は過去の概念を含んでおり、誇りと罪悪感は自己の概念を含んでいるかもしれないのだ。

この戦略の問題は、こうしたグループ分けが必ず成り立つわけではないことである。無生物に怒ることもあるし（コンピュータを叩いたことはあるだろうか?）、他人の行動に誇りや罪悪感をもつこともある（「あなたを誇りに思う」、「攻撃を受けて多くの人は助からなかったのに自分が助かったことに罪悪感を感じる」）。また、未来の出来事を後悔したり（「パーティーをキャンセルしなくてはならないことを後悔している」）、過去のことについて恐怖を感じたりもする（「コンロをつけっぱなしにしてきかもしれないのが怖い」）。こうした恐怖や後悔を扱うために、ゴードンは、これらの情動は過去や未来が関わるのではなく、恐怖には不確かさが関わり、後悔には確かさが関わると述べている（Gordon 1987）。だが、この提案にも反論できる。というのも、不確かなものを後悔できるように思われるし（パーティーをキャンセルしなければならないかもしれないのを後悔している）、恐怖は、被害を受けることが確実である場合にとくに強いものとなる。いずれにせよ、情動がいつ適用されるのかについて概念的に正しいことがあっても、それは情動が概念を含むことの証明にはならない。たとえば、困難な目標を達成したときに暖かな快さを感じ、道徳違反を犯しときに不快な痛みを感じるとしよう。そうした感じが生じたときに自己の概念が行使されなければ、その感じは誇りや罪悪感とはみなせないのだろうか。あるいは、犬が自己の概念をもっていないとしてみよう。そして、カーペットをぐちゃぐちゃにしてしまった犬が頭を下げている場合を想像してみよう。この犬が恥じているということは概念的に不可能なのだろうか。私はそうは思わない。情動がさまざまなクラスにまとめられるという事実からが推論できるのは、せいぜい、情動が生じる状況がさまざまなクラスに分けられるということである。確かに、ある種の情動は自己と関わる状況で生じるものだが、だからといって、その情動をもつためには自己の概念が必要であるとか、その情動には自己の概念が含まれるということにはならないのである。

認知説を擁護する哲学の議論は、様相〔可能性や必然性〕に関する直観に基づいている場合が多い。哲学者は、自己について考えることなしには罪悪感が生じることは不可能である、とか、誰かが侮辱されていると判断することなしに怒りが生じるのは不可能である、と強調するだろう。こうした断定は直観に基づいている。哲学者はまず、特定の概念や命題的態度なしに情動が生じる状況を想像してみる。その状況が想像できない場合、概念や命題的態度と情動とのつながりは分析的であると取り決めるだろう。言い換えると、罪悪感が自己の概念を含むことは概念的に正しいと言うのである。

だが、直観に訴える議論にはリスクがともなう（広範囲な批判としては、たとえばGriffiths 1997を参照）。第一に、直観は個人ごとに異なっていたり、理論からのバイアスを受けたりする。コミットしている理論が違えば、情動についての用語は同じでも、その使い方が異なるかもしれない。ある哲学者は、誰かが間違った行為を犯していると信じることなしに、その人に怒りを向けることはできないという直観をもっている。だが、私はこの直観をもっていない。たとえばある人が「この薬を使えば、他人の間違いについての何の信念ももつことなく怒りを感じることができる」と言ったとしよう。私には、このことはまったく問題なく理解可能だと思われる。だが、別の哲学者は理解できないと言うかもしれない。その人は、その薬は実際に怒りを生じさせているのではなく、あたかも怒っているような感じにさせているだけなのだと主張するだろう。それに対する私の応答は、怒りのような感じがするならそれはもう怒りだ、というものになる。こうした場合、どちらの直観が正しいのかを判定するのは困難である。このように直観が衝突するなら（実際のところだいたい衝突するのだが）、別の根拠を使って情動理論について議論すべきである。

直観に訴えることには別の問題もある。直観はわれわれの概念を反省することで得られるが（そのため「概念分析」である）、概念には誤った情報やミスリーディングな情報が含まれているかもしれない。情動の概念を分析することとは、情動についてのわれわれの信念を精査することである。そうした信念は、直接経験や教育、熟考に基づいているだろうが、どれも誤りの余地がある。情動について、他人の証言から知ったことや、自分で熟慮した結果わかったことは、不正確かもしれない。概念分析を使って情動に関する結論を導き出したからといって、情動が何であるかについての正しい理論に到達したことが保証されるわけではない。結局のところ到達したのは、実際には誤りであるような素朴心理学的「決まり文句」の言い直しかもしれない。もし概念分析に頼りたいなら、他人から学んだことすべてを「かっこに入れ」、自分自身の情動を注意深く観察することで得られた信念だけを分析するのがいいだろう。だが、こうした「かっこ入れ」ができても、分析は依然として自分の観察能力によって著しく制限されている。たとえば、自分が侮辱されたと信じたときはいつも怒りを経験するとしてみよう。このことは、怒りは必ずそうした信念を含むということを意味するのだろうか。ひょっとすると、怒りには別の原因があったのだが、それを観察し損なっているのかもしれない。また、怒りを生じさせた信念は誤認だったかもしれない。では

〔こうした可能性を排除するため〕非常に注意深い内観が可能であり、そして、侮辱されたときはいつも自分は怒っていると信じていることに気づくとしてみよう。それでも、そうした信念が怒りに含まれるという保証はない。そうした信念は、習慣や連合によって、怒りが生じたときには信頼のおける仕方で生じるようになった信念かもしれない。あるいは、単なる作話〔嘘をつく気はないのに生じる誤った考え〕であるかもしれない。ひょっとすると、怒りのエピソードは信念を伴っていないのだが、人間には物事を説明したいという強い欲求があるために、そうしたエピソードを理解可能にする信念を無自覚に作りあげているのかもしれない。また、自分の心理状態を反省すること自体が、心理状態そのものを変化させてしまうのかもしれない（ハイゼンベルグ効果）。情動概念についての反省は、内観的な誤りを被りやすいのだ。

こうした懸念は、伝統的な哲学的手法をきわめて広く脅かす。反省のみで考察が進むと期待している人はみな気をつけるべきなのだ。反省は、反省されている現象よりも、反省している人に関する物事を明らかにするかもしれない。もし自分自身の信念以外の何らかのものを説明したいなら、より客観的な手法を用いるべきである。とくに、科学的な実験を用いるべきだ。科学は完全な客観性を保証することはできないが、それでも多くの場合、反省という孤立した働きよりも説明がうまくいくだろう。科学的な営みでは、慎重な統制を用いたり、結果を再現したり、検討されている仮説からの影響が被験者そして実験者自身に出ないようにバイアスを消したりする、ということが長いあいだ行われている。また、変則的な反応を除去したり、一時の観察だけではわからない一般的な傾向を捉えたりするために、統計学的な分析が編み出されている。心理学者は自分たちの理論を守るためにこうした技術を使っているが、この点で哲学よりも心理学の方が理論的なアドバンテージがある。

認知説を支持する心理学的証拠を検討するまえに、二つ注意がある。第一に、前述の科学についての手短な主張は、哲学的手法を無差別に拒否するつもりで述べたのではない。科学にも必ず哲学的な段階がある。科学者がデータから理論を構築する際には、そうしたデータを一貫したいくつかの説明原理に総合するために、推論を行う必要がある。さらに、心理学実験では被験者に自分の直観を反省させることが多いが、その反省は哲学者が行う反省と同じようなものである。そのため、実験それ自体にも哲学的手法が用いられているのである。われわれは哲学的な反省を排除できないし、そうすべきでもない。重要なのは、哲学的手法は経験的なデータと結びついたときに最も力を発揮するということだ。第二に、科学的手法が正しさを保証するとは限らない。心理学者が実験から裏づけられると言われるすべての主張を受け入れるべきではないのは確かだ。実験に不備があることはよくあるし、ある理論を裏づけると言われている実験が実際にはそうならないこともある。哲学か心理学かどちらのアプローチの方が優れているというよりも、どちらの手法も用いるべきであるし、どちらの手法にも注意深く慎重になるべきであるのだ。

以上のことに注意し、認知説を支持すると言われる実験的証拠を検討しよう。本章では多次元評価説を支持するとされる証拠に焦点を合わせ、ラベルづけ説については第3章で扱う。多次元評価説を支持する研究者が初期に行った実験は、思考が情動反応に影響することを示そうというものだった。一九六〇年代にラザルスと共同研究者が行った一連の実験では、アルンタ族の儀式で青年期の男性に施される性器の外科手術（性器改造）の映像が見せられる。ラザルスとアルファートの実験では、被験者が二つのグループに分けられ、両者では映像を見る前に読まされる説明が異なっている（Lazarus and Alfert 1964）。片方のグループが読む説明では儀式のトラウマが強調されているが、もう片方では人類学的な観点から冷静に儀式が説明されている。すると、説明を読んで映像を見た後の自己報告と心理的反応に違いがみられ、前者を読んだ人は後者を読んだ人よりも情動的なストレスを経験したことが示唆された。ここから実験者は、情動は知覚的刺激のみによって引き起こされるのではないと結論した。情動は、知覚的刺激を与えられた際にわれわれが形成する思考の影響を受けるのである。

この結論は確かに正しい。だが、それを示すために実験は必要ない。というのも、思考から情動への影響は、日常的に数え切れないほど経験されているからだ。たとえば、通りの突き当たりから男の人が近づいてくるのを見たとしよう。彼が古い友人だという信念を形成したなら嬉しくなるだろうが、見知らぬ人で危害を与えてくるかもしれないと信じたら恐怖を感じる。前向きな思考は正の感情を導き、後ろ向きな思考は負の感情を導く。ラザルスとアルファートの実験にはこうしたわかりきったこと以上のものはなく、評価説に本質的な二つの論点を確立できていない。第一に、情動に影響する思考が正確にはどういうものなのかを明らかにしていない（それは評価なのか、さまざまな情動に共通の次元に分解できるのか）。第二に、思考が情動に不可欠だということも示していない。評価説の支持者は情動には必ず評価が含まれると主張しているのだが、この実験はせいぜい、評価が生じるとそれが情動に影響しうることしか示していない。この実験が示していることに反して、性器の外科手術を見れば、そのとき何の考えもなくとも、それだけで情動反応が生じるのに十分だろう。

より最近の実験では、評価の役割と構造がより直接的に示されている。典型例としてスミスとラザルスの実験が挙げられるだろう（Smith and Lazarus 1993; Roseman 1984; Smith & Ellsworth 1985も参照）。その実験の被験者は、一連の短い描写で記述されたさまざまなシナリオに自分がいると想像するように言われる。たとえば、ある描写では親戚が癌で死にそうになっている場面が記述されている。また、判断への影響をみるために、それぞれの描写にいくつかのバージョンが作ってある。癌のシナリオの一つのバージョンでは他人への非難が強調されている（あなたは親戚に禁煙するよう懇願していた）。別のバージョンでは自分への非難が強調される（あなたは親戚が禁煙するよう十分説得しなかった）。また、三つめのバージョンでは恐れが強調される（親戚が死ぬという深刻な危機に直面している）。最後のバージョンでは喪失が強調される（その親戚には二度と会えないと気づく）。被験者はこうした描写を読んだ後で質問紙に答えるのだが、そこでの課題は、さまざまな分子評価判断、モル評価判断、情動用語から、当該の描写にふさわしいと思うものを選ぶというものである。実験者たちは、こうした質問に対する答えが多次元評価説の考えと一致するだろうと予想していた。たとえば、恐れを強調するバージョンの癌シナリオの場合、被験者は「恐怖」という用語を選択し、身の危険についての考えを報告し（モル評価）、そして、自分の目標とかなり一致せず、対処可能性が低いという考えを報告する（分子的評価）と予想されていた。

実験の結果は予想と一致する傾向にあり、シナリオと予想された質問の答えのあいだに正の相関がみられた。とはいえ、相関は極めて高いというわけではなかった。シナリオと予想された分子評価の相関のうち最も高いものは〇・三二であり、シナリオとモル評価の相関で最も高いものは〇・四二だった。また、一般的な相関としてはは、分子評価よりモル評価の方が高かった。ここからわかるのは、スミスとラザルスの質問紙にあった分子評価は、われわれが情動をもつときに念頭にある実際の判断と特別うまく一致しているわけではないということである。このように相関が期待はずれなことには驚くべきである。というのも、多くの描写には、被験者が予想された反応を示すように導くフレーズが含まれていたからだ。たとえば、恐れバージョンの癌シナリオで被験者が読むものには、誰もはっきりとした確信はないが親戚が死んでしまう（分子評価）という「深刻な危機」（モル評価）が含まれていた。スミスとラザルスは、自分たちの予想に沿うように不正を働いているようだが、それでもいまいちな結果しか出なかったのだ。

これに対しシェーラーは、最後の問題を避けられる革新的な実験を行った（Scherer 1993）。その実験の被験者は、前もって用意してある描写を読むのではなく、自分の記憶から情動が関わる出来事を思い出すのである。そして、その出来事に関するいくつかの質問がコンピュータプログラムから提示される。その質問はシェーラーの多次元評価説の評価次元に対応している。コンピュータプログラムは、被験者の反応から、過去を思い出しているあいだに被験者が経験した情動を推測する。その推測が当たらなかった場合、第二の推測が行われる。

　この実験方法にはスミスとラザルスのものより良い点がある。被験者に自分のシナリオを思い出させているので、多次元評価説に好ましくなるような不正がないのだ。被験者は自身の記憶から情動的な出来事を思い出し、それに評価的判断を結びつけている。そのため、その出来事に対応する判断は、あらかじめ巧妙に作られたものではなく、被験者自身が選んだものであることがわかる。

　シェーラーの実験では目を見張る結果が出ている。コンピュータプログラムの推測は、二回の試行のうち、全体として七七・九パーセントで正しかった。さらに、被験者が思い出したシナリオに喜びや屈辱感、悲嘆が含まれている場合、二回試行すれば必ず正解していた。とはいえ、この結果は誇張されているかもしれない。というのも、被験者は、コンピュータが提示した情動に（ひょっとすると自分では気づかなかったかもしれないが）自分が感じたことの一部でも反映されていないか考慮するように指示されていたからである。被験者のなかには、思い出したエピソードのなかの主な情動と推測が対応していなくても、その推測は正しいとみなした人もいるかもしれない。たとえば、喜びの推測が完璧であるのは、正の情動エピソードはすべて喜びをある程度は含んでいると言えるからなのかもしれない。その場合、プログラムがエピソードを正のものだと判定すれば、それだけで正しい推測になってしまうのである。

　シェーラーの実験の別の問題は、記憶に頼っていることである。被験者は、過去に経験した情動とある種の評価が整合的であるかを思い出すように言われる。だが、よく知られているように、記憶は不正確である（たとえばMoscovitch 1995）。被験者は、問題の情動が生じたときに下した実際の判断を思い出すのではなく、ある種の情動はどういう評価に沿うのかに関する自分の信念に基づいて、偽の記憶を作り出したかもしれない。言い換えれば、評価に関する質問に回答するとき、情動そのものに基づいて返答を決めたのではなく、問題となっている情動の概念に基づいて回答を決めたかもしれないのだ。

このことは、多次元評価説を検証するために用いられる手法に一般的な懸念を提示する（Parkinson 1995）。その種の実験の被験者は内観に頼らざるをえない。つまり、自分の情動を反省して答えなければならないのである。だが、そうした実験は、情動が生じたときに起こっている自動的または無意識的な反応を直接的に明らかにするものではない。これは、哲学的手法の主要な欠点だった。そのため、いま挙げたような心理学実験は、素人哲学者（内観を用いる被験者）をたくさん集めて最も良い概念分析を決めようとしていると言っていいかもしれない。さらに、心理学実験において被験者が行う内観の報告は、かなり特定された、誘導的な質問に促されたものである。こうした質問は、情動を経験したときに実際に下されている判断に対応しているのではなく、情動に関して広く受け入れた信念（「悲しみは自分の目標と一致するか」など）と対応しているかもしれない。

さらなる問題は、上記の心理学実験は、（多次元評価説が要請している）情動を引き起こした内的判断と、（対応する信念を伴ったり伴わなかったりする）情動を引き起こした外的条件を区別できないことである。たとえば、誰かが自分の足を踏んで痛みを感じる場面を想像するように言われたとする。そして、「あなたが経験した感じは、自分に原因があるのか、それとも他人に原因があるのか」と聞かれる。もちろん、他人が原因だと答えるだろう。次に、「その感じは、あなたの目標や利益と一致しているか」と聞かれる。もちろん、一致していないと答えるだろう。そうだとしても、痛みは必ず評価的な過程を経た後で生じるものだということにはならない。痛みを感じる前に、「この出来事は他人によって引き起こされたのか」と自問したり、自分の目標を反省したりするわけではない。われわれが自分の痛みについて正しく評価できるということは、痛みにそうした評価が含まれること示してはいないのである。これと同じことが情動にも言える。ひょっとすると、スミス、ラザルス、シャクターといった多次元評価説の支持者が仮定している評価次元は、情動が引き起こされたときにわれわれが実際に下している判断に対応しているのではなく、情動を引き起こした条件に対応しているのかもしれない。

とはいえ、こうした考察は、多次元評価説などの人気のある認知説が誤っていることを示しているわけではない。示されているのは、認知説の正しさを適切に証明する手段を見極めるのが極めて難しいということだけである。既存の実験結果は広く受け入れられている認知説と整合的である。だが、決め手となる証拠は与えられていない。ここで、人気のある認知説を直接支持するような証拠を示そうとするかわりに、それに反する証拠を探そうとするかもしれない。そして、もしそうした証拠が見つからないなら、人気のある認知説の一つを、見込みのある作業仮説として単に受け入れればいいかもしれない。だが、反対する証拠が見つかったら、認知説を支持すると言われている既存の実験結果は、その力を弱めるだろう。人気のある認知説の命運は、いまのところ反対者の手に委ねられている。

## ザイアンス／ラザルス論争

### 認知説を否定する根拠

一九八〇年、ロバート・ザイアンスは「好みに推論はいらない（preferences need no inferences）」という挑戦的な副題がついた論文を出版した。この論文でザイアンスは、情動は認知的評価なしに生じうると主張したのだ。これに対しラザルスは、一九八三年の論文でその主張に反論している。そして一九八四年、両者はともに自身の見解を要約した論文を立て続けに出版し、論争は最高潮に達した。

ザイアンスは「感情の優位性」を擁護している（Zajonc 1984）。このフレーズで彼が意味しているのは、情動は関連する認知的状態よりも先に、しかも、その認知的状態とは独立に生じうる、ということである。情動に認知的付随物は不可欠ではないというのだ。ザイアンスはこの主張を支持する五つの根拠を挙げている。

第一に、情動は系統発生的にも個体発生的にも認知に先立つと主張している。この主張を支持するためにザイアンスは、情動を表出する表情や行為は乳幼児や人間以外の動物にもみられるが、それらがもつ情動に認知が伴っていると考える理由はないと述べている。

第二に、情動と認知の解剖学的な神経構造は別であると主張している。一九八三年と一九八四年の論文を書いたときのザイアンスは、情動の処理が脳の右半球に局所化されていることを示す研究に感銘を受けていた。だが現在では、情動反応は両半球に媒介されていることを示す証拠がある。たとえばデヴィッドソンとアーヴィンは、接近を促す情動は左半球に基づくが、後退を促す情動は右半球に基づくと主張している（Davidson and Irvin 1999）。ザイアンスはまた、網膜と海馬を直接結ぶ神経回路の存在を示す証拠を引用し、この皮質下経路は、認知の座と考えられている新皮質を介さずに、接近してくる対象の視知覚と恐怖の反応を媒介するものではないかと推測している。だが現在では、この経路が情動に関わる機能を担うとは考えられていない。むしろ、日光や暗闇を使った二十四時間リズムの同期を助けるものだと推測されている（Ralph 1996）。

ザイアンスの立場はむしろ、近年の扁桃体に関する研究からの方が支持されるだろう。扁桃体は、特定の情動、とくに恐怖に関わる役割を担うと言われる皮質下構造である。そして、網膜と扁桃体を結ぶ皮質下経路があることが知られている。この経路はおそらく、以前に例で挙げた、とぐろをまいたへビのような対象への恐怖反応を媒介している。ルドゥーによれば、恐怖の反応は次のようにして生じる（LeDoux 1996）。まず、へビのような対象を見る。すると、眼球の網膜に像が映る。網膜像からの信号が視神経を通して視床に送られる。視床は、さまざまな感覚器官からの信号が新皮質へ送られる前に集められる主要な皮質下中継地点である。視床はきめの粗い視覚的特徴を記録できるが、そこでは対象の認識には至らな

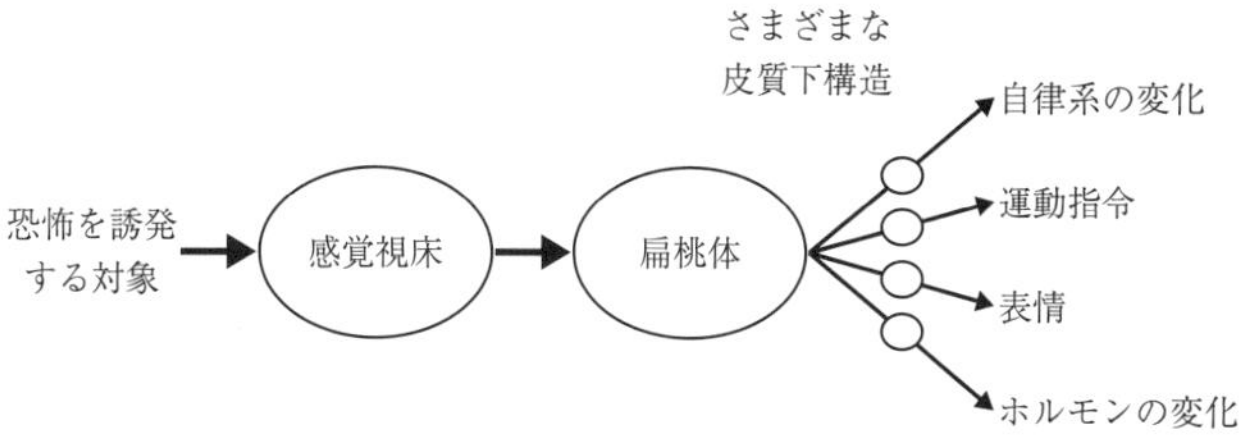


図 2.1　皮質下の恐怖経路をかなり図式化したもの

い。視床は情報を新皮質の視覚野に送り、そこが最終的な認識を成立させるのである。他方で、視床は扁桃体に直接も信号を送っている。扁桃体はいくつかの神経核から構成される複合的な構造体である（Amaral, Price, Pitkanen, & Carmichael 1992; Amorapanth, LeDoux, & Nader 2000; Davis 1998; Emery & Amaral 2000; Lang, Bradley, & Cuthbert 1998）。視床から送られた視覚信号を受け取った〔扁桃体の〕外側核は、〔同じく扁桃体の〕中心核に信号を送る。そして中心核は、身体反応を調整するさまざまな構造体に信号を送る。たとえば、闘争・逃走〔戦うか逃げるか〕反応を引き起こす中心灰白質外側部、そして、硬直反応を調整する腹側灰白質に信号を送っている。また扁桃体の中心核は、心拍数や呼吸をコントロールする髄質と橋、表情に関与する脳幹の三叉神経核とも結びついている。さらに扁桃体は、脳下垂体と結びついた視床下部を通して、ホルモンレベルの変化を生じさせることができる。また、扁桃体の基底核は、運動反応をコントロールする大脳基底核に出力を送っている。このような結びつきを通して、扁桃体は、恐怖と関連した身体・行動反応のすべてを編成することができる。そして、扁桃体はこうした反応のすべてを、新皮質を働かせることなく作動させることができ、また、これらを作動させるために新皮質からの入力も必要ない。視床によって記録されたヘビのような気味の悪い形は、完全な恐怖反応を生じさせるのに十分なのである（図2・1参照）。そして、この点が問題となる。つまり、恐怖が新皮質の介在なしに生じうるなら、恐怖は認知なしに生じうるかもしれないのだ。

第三の根拠としてザイアンスは、評価と感情が相関しない場合があると主張している。たとえば、人についての判断がその人に向けられた情動反応と一致しない場合がある。同様に、評価が変化しても感情が変化しない場合もある。こうしたことは日常生活で非常によくあるだろう。たとえば、同僚の大事な歓迎会に夫が遅れてきたため、サリーが怒っているとしよう。だが後に、夫が遅れたのは高速道路でまったく予期していなかった事故が起こったためだと判明する。すると彼女は遅刻を大目に見るだろうが、それでも引き続き怒りを感じるかもしれない。そして彼女は、怒りの別の矛先を探したり、怒りを別の情動に切り替えようとしたりするだろう。

第四に、ザイアンスは、情動反応は評価なしにも成立しうると述べている。その例として挙げられているのは味覚の嫌悪である。動物に食べ物を与え、その後に吐き気を促す物質を注射した場合、その動物はその食べ物を嫌悪するようになることが実験で示されている。こうした嫌悪は、吐き気を促す物質を動物が無意識のうちに投与した場合でも成立しうる。ザイアンスはこうした無意識の学習を、情動が認知なしに生じることの証拠とみなしている。彼はまた、こうした可能性を示すために「単純接触効果」を援用している。人間は、ある機会に与えられたある刺激を単に見るだけで、将来その刺激をより好むようになるのである。この効果は、たとえその刺激を最初に見た機会を覚えていなくても成り立つ。たとえば、ある漢字を知らないとしても、以前にその漢字を見たことがあるなら、前に見たことがない別の漢字よりその漢字を好むのである（Kunst-Wilson & Zajonc 1980）。

最後の根拠はより直接的なものである。ザイアンスは、情動状態はそれに先行する心的状態が何もなくとも生じうると主張している。単純接触効果と味覚の嫌悪には条件づけのようなものが必要だが、情動はまた、より直接的な物理的方法によって生じさせられる。たとえば、薬やホルモン、電気刺激によって引き起こされうるし、表情を変えるだけでも情動が生じうる。たとえば、笑うことで幸福の度合いが増える場合があるのだ。このことを示す最も興味深い証拠としてザイアンス自身が挙げているのは、「顔面フィードバック」現象である。その現象を驚くべき仕方で示したのは次の実験だ。その実験の被験者はいくつかのストーリーを評価するよう言われる。あるストーリーには多くの「ü」の音が含まれるが、〔それを発音したときの表情は〕負の情動のときの表情とたまたま一致するようになっている。別のストーリーには多くの母音が含まれるが、〔それを発音したとき〕正の情動の表情とたまたま一致する。たとえば、あるストーリーの主人公はユルゲン（Jürgen）であり、別のストーリーの主人公はペーター（Peter）である。二つのストーリーの内容はたいして変わらないのだが、被験者の八一パーセントは、「ü」のストーリーの方が楽しくないと言った（Zajonc, Murphy, & Inglehart 1989）。また、ストラックとマーティンとステッパーが行った別の実験では、被験者はペンを口にくわえながら質問用紙に答えるように言われる（Strack, Martin, and Stepper 1988）。一方の被験者グループはすぼめた口でペンをくわえるように言われるが、そうすると無意識のうちに顔をしかめることになる。別の被験者グループは歯でペンを挟むように言われ、それによって顔が少しにやける。そして質問用紙には、漫画を評価する質問が書かれている。すると、歯ではさむ条件の被験者は、口でくわえる条件の被験者よりも漫画は面白いと評価した。この結果は、情動反応は意図せずつくった表情によって高められることを示唆している。

以上のように、情動と認知が切り離されているように思われる条件がさまざまある。もしこうした結果についてのザイアンスの解釈が正しいなら、情動にとって認知は本質的ではないことになる。

根拠の検討

前に述べたように、ラザルスはザイアンスの議論に返答している（Lazarus 1984）。当然ながらラザルスはザイアンスの反論に納得していない。では、ラザルスの返答を手短に概説し、検討してみよう。

ザイアンスは、情動が個体発生的にも系統発生的にも認知に先行すると主張していたが、これに対してラザルスは二通りに返答している。第一に、乳幼児や動物にみられる表出が本当に情動と対応するかどうかは確証できないと述べている。だがこの返答はそれほど十分ではない。成人の情動反応・行動と乳幼児や動物の情動反応・行動には、かなりの連続性がみられる。確かに、成人とより単純な生き物の情動には重要な違いがあるかもしれないが、そうだとしても、より単純な生き物が情動をもつことを否定する理由はほとんどない。

ラザルスの二つめ返答はより説得的である。彼は、乳幼児と動物が情動反応をみせるときには、おそらく常に認知的評価を下していると述べている。〔さきほど述べたように〕成人とそれより単純な生き物の連続性から単純な生き物も情動をもつと言えるが、まさにそれと同じく、その連続性からより単純な生物も認知をもつと言えるのである。確かにいくつかの認知説で想定されている認知は、単純な生物には帰属させられないような非常に洗練されたものである。たとえば、ヌスバウムのメタ認知説を思い出してみよう〈Nussbaum 2001〉。彼女によれば、情動とは、〈われわれの評価的判断は正当化されている〉という判断である。たとえば恐怖は、〈自分の福利を脅かしているものがあると信じることが正当化されている〉という判断になるかもしれない。だが私には、この理論の要求は過大すぎると思われる。発達心理学では、メタ認知能力は三、四歳まで発達しないことを示す証拠が挙げられている〈Wimmer & Perner 1983〉。幼い子供や動物は〔ヌスバウムの認知説で〕要請される判断を下すことはできないのである。そうするとヌスバウムは、幼い子供や幼児が情動をもつことを否定するか、あるいは、理論を修正しなければならない。彼女は乳幼児や動物の情動を否定したくないようなので、後者の選択肢をとらざるをえないだろう。情動を高度に洗練された認知の観点から定義する理論は、すべて否定されるべきなのだ。だがザイアンスは、乳幼児や動物は完全に認知的ではないという想定を暗に置いている。ラザルスがこの主張を不当なものとして否定するのは、申し分なく正しい。

ザイアンスの三つめの根拠への返答として（第二の根拠は後で取り上げる）、ラザルスは、情動が評価に影響されない場合があるという証拠に疑いを投げかけている。サリーの事例を考えてみよう。彼女は、夫の遅刻を大目にみた後でも怒っている。ザイアンスなら、サリーの情動は評価が変わっても同じままだと言うだろう。だがラザルスなら、サリーの評価は実際には変わっていないと返答するはずである。夫から不当な扱いを受けたという信念がひとたび形成されると、その信念はなかなか捨てられないかもしれない。さらに、ラザルスのこうした返答は、信念の放棄が難しいことを示すたくさんの心理学的証拠を使って補強することができるだろう。ロスとレッパーとハバードが行った実験の被験者は、どれだけうまく課題をこなせたかについて偽の意見を最初にもらい、次に、その意見は間違っていたと聞かされる。その後で、自分の実行ぶりを判定してもらうように言うと、被験者は、意見が間違っていると言われた後でも、最初の意見に沿うような判定を下すのである（Ross, Lepper, and Hubbard 1975）。情動を生じさせる評価もこうしたものかもしれない。あるいは、ラザルスには次のような返答も可能だろう。すなわち、認知的評価によって生み出された情動は生み出された後しばらく持続するものであり、たとえ情動が生じた後で評価が変わったとしても、一定のあいだはその影響を受けない、というのだ。

第四の根拠としてザイアンスが主張していたのは、情動は条件づけや接触といった単純な形式で引き起こされうるというものだった。これに対しラザルスは、二つの事例を異なったものとして扱っている。〔条件づけについて〕彼は、無意識のうちに吐き気を催させることで食べ物の嫌悪が生じうることは認めるが、結果として生じた嫌悪が非認知的に成立したことを否定する。認知が無意識的に介在することは問題なく可能だと言うのだ。だが、ザイアンスは誤って認知と意識を一緒くたにしてしまっているのである（これについては後でもう少し扱う）。

単純接触効果について、ラザルスは、条件づけとは異なる応答を行っている。選好が以前の接触に影響されるのは確かだが、ラザルスは、選好は必ずしも情動ではないと主張している。この応答は日常的な言葉の使用法からも認められる。とくに情動を掻き立てられない対象を好きになる場合があるだろう。また、ラザルスは、単純接触効果には認知が介在していると主張することもできただろう。たとえば、われわれは無意識のうちに以前に経験した刺激を馴染みあるものと判断し、そして、馴染みあるものは過去に危害を与えておらず安全であると判断し、安全なものはわれわれの目標に沿うものであると判断している、と言うこともできた。選好に関わる情動的要素の背後には、こうした一連の判断があるかもしれない。

ここまで扱った根拠についてのラザルスの応答は理にかなっている。だが、ザイアンスの二つめと四つめの根拠への応答はより問題含みである。

ザイアンスの第二の根拠（解剖学的な分離）に対する返答としてラザルスは、「情動は認知を含むか」という論争は神経相関項を指摘するだけでは決着がつかないと主張している。感情的な反応の一側面と相関する神経構造を特定したとしても、依然として、その構造の活動が非認知的とみなせるかどうかが問題になる。そして、この問題は脳科学によって決着をつけることはできない。というのも、ある脳領域が認知を支えるものであるかどうかを決めるためには、まず、認知とは何かという定義を先に決める必要があるからだ。その定義を決めるうえで神経科学から教えられることはあるだろうが、心理学や前理論的な用語の使い方も考慮しなければならないのである。

だが、こうした応答でラザルスの理論が反論を回避できるようになるわけではない。ルドゥーの想定にしたがって、ヘビのような対象への恐怖反応は、系統発生的に原始的な皮質下構造によって媒介されているとしよう。この点は顔面フィードバックにもあてはまるかもしれない（Zajonc, Murphy, & McIntosh 1993）。ラザルスの情動理論は、それぞれの情動に対して六つの評価次元の反応をあげている。そして、以前に述べた通り、彼は評価を命題的態度とみなしているようにみえる。命題的態度は、それを帰属させるために用いられる概念を構成要素として含んでいる。しかし、このように解釈された評価は、皮質下レベルではとても表象されそうにない。たとえば、ラザルスが挙げた自己に関わる次元には自己アイデンティティの概念が含まれ、賞賛か非難かの次元には説明責任の査定が必要とされるが、こうした洗練された概念〔の基盤が〕が扁桃体のような原始的な構造に備わっているとは考え難い。また、扁桃体が破壊されるとほとんど恐怖をもてなくなる場合もあるが、賞賛や非難、アイデンティティなどを考える能力に障害は出ない。そのため、扁桃体の活動がラザルスの多次元評価説によって要請される観点から特徴づけられると考える理由はまったくないのである。

ひょっとするとラザルスはこの点を認め、情動が皮質下構造によって引き起こされる場合には、もっと単純な評価が関わっていると言うかもしれない。だが、この返答には三つ欠点がある。第一に、この返答に説得力をもたせるためには、非常に単純なものだろうと、評価が扁桃体に備わっていると考える何らかの理由を挙げなければならない。だが、扁桃体は身体制御の中枢であって評価のためのものではないように思われる。以前に述べたように、扁桃体の神経核細胞は、視床下部や中心灰白質といった身体状態を変化させる領域に信号を送っているのだ。第二に、扁桃体は身体制御の中枢であるため、評価が扁桃体に備わっていると主張しつつ、ラザルスが想定しているように、情動の認知的要素は非身体的であると主張するのは困難である。第三に、もしラザルスが、皮質によって生じる情動と皮質下によって生じる情動は異なる種類の評価に基づいていると主張したなら、なぜ二種類の情動がとても似ているようにみえるのかが説明できなくなってしまう。われわれは、皮質によって生じる恐怖エピソードも皮質下によって生じる恐怖エピソードも、どちらも恐怖だと難なく認識できる。そうであるなら、これら二つが同じ恐怖に分類されることを説明する共通のものがあるはずだ。だが、もし皮質下によって生じた恐怖に多次元的な評価が含まれていないなら、そうした評価は二つの恐怖エピソードの共通点を説明するものではない。別のものが二つをまとめているはずである。すると、それがどんなものであれ、その共通点は、それをもつ状態が恐怖に分類されることの十分な根拠となるものとみなされるだろう。その結果、多次元的評価を恐怖の本質とみなす理由がなくなってしまう。多次元的評価は、評価の本質的要素や必要条件ではなく、さまざまな原因の候補のうちの一つとみなされるのである。

　ラザルスはこの窮地を抜け出すために、解剖学的な証拠に疑いを投げかけるかもしれない。たとえば、皮質下構造は実際のところ情動の真の相関項ではないと言うかもしれない。ひょっとすると、扁桃体は知覚と情動を仲介する拠点ではあるが、知覚が扁桃体とは別の脳領域（視床や感覚皮質）で生じるように、情動も別の場所で生じているかもしれない。前述のルドゥーのデータに別の解釈を与えれば、ヘビが生じさせる情動反応は次のようになる。まず、ヘビを見る。するとヘビの知覚像から扁桃体に信号が送られる。扁桃体は、脳のより高次の認知中枢に多次元の評価を下すよう働きかける。そして最終的に、こうした評価がさまざまな身体変化を引き起こす。この解釈では、情動はより高次の中枢が働いた後ではじめて生じることになる。

　だが、この応答は解剖学的証拠を適切に扱っていない。たとえ扁桃体の活動が最終的には非身体的で概念負荷的な評価を形成するとしても、そうした評価が身体変化を引き起こすと考える理由はない。扁桃体は新皮質を介さずに、身体制御中枢に出力を直接送っている。身体反応は新皮質外套が関わる前に生じうるのである。このことはラザルスの理論と矛盾する。彼は、身体変化は認知的評価の後に続くと主張しているのだ。もし身体変化が先に生じているなら、評価は余分なものにみえてくる。ここで、扁桃体は、より高次の認知中枢で明示的な判断が生じるよりも前に、身体変化を引き起こすと想定してみよう。さらに、そうした変化は脳の体性感覚皮質で記録され、より高次の認知中枢で明示的な判断が生じるより前に、意識的なものとして経験されるとしてみよう。それでも、経験された身体変化はまだ情動ではないと考えなければならないのだろうか。それらが情動になるのは、身体変化に続く判断が生じた後だと考えなければならないのだろうか。この要請はおかしい。実際のところ、感じられる身体変化は、われわれが普段経験している恐怖の実例と同じように感じられるだろう（Levenson, Ekman, & Friesen 1990）。身体変化は複雑な判断を介することなく生じ、そして、そうした変化は判断なしに感じられるものであるなら（おそらく感じられるだろうが）、評価的判断が情動に不可欠だと主張する理由は、〔ラザルスの守りたい〕理論とは独立にはないことになる。

ラザルスの理論は、ザイアンスが第五の根拠として挙げたいくつかの事例にも対抗できない。それは、情動は薬やホルモン、電気刺激や顔面フィードバックといった直接的な物理的手段で引き起こされうる、というものだった。これらによって情動が生じる場合、複合的な判断や命題的態度、解釈が介在していると考える理由はない。そして、驚くべきことにラザルスの一九八四年の論文では、これらの事例に対する返答は行われていない。だが、これらの事例を無視するのはとくに不適切である。というのも、これらは、情動が認知なしに生じることを示す最も直接的で説得的な根拠だからである。

この件に関してジェラルド・クロアは、ラザルスが何も言っていない部分を補おうとしている（Clore 1994b）。彼は顔面フィードバックを取り上げ、表情を作ることでもたらされる感じや生理的変化は情動の構成要素ではないと主張している。顔面フィードバックは情動をもつ場面で経験されるような感じを生み出すが、その感じ自体は情動とはみなせないというのだ。ひょっとすると、薬やホルモン、電気刺激により生じる情動らしき状態にも同じことが言えるかもしれない。ここで、第1章であげたゴードンのアナロジーをもう一度考えてみよう（Gordon 1987）。それによれば、情動は日焼けのようなものである。太陽でないものによって引き起された火傷は、たとえ日焼けと勘違いさせていたとしても、日焼けではない。〔それと同じく〕評価以外のものによって引き起こされた感じは、情動だと勘違いされたとしても、情動ではないのである。

私は、クロアのこの応答はあまりいいとは思わない。顔面フィードバックがどう働くかについて、心理学の実験室の外の事例を考えてみよう。人は非常に幼いときから、自分が出会った他人の表情をまねる生物学的傾向をもっている（たとえば Melzoff & Moore 1983）。あなたが笑っているのを見ると、私も笑顔を返すだろう。すると顔面フィードバックがあるために、私は内的には幸福に似たものを感じる状態になるだろう。そのため、あなたの笑顔は私を幸福な気持ちにさせるのである。これに対してクロアは、それは本物の幸福感ではないと言うだろう。だが、そう言う理由は何だろうか。評価が介在している場合の幸福感は、自分にとって価値あるものが生じたと見極めた後で生じる。われわれは確かに、他人の感情を価値づけている。しかし、他人から親しみをこめた笑顔を向けられて幸せな気持ちになる場合、その幸福感は、自分にとって価値あるものへの返答として生じている。〔こうした非認知的な返答としての〕幸福感が果たす役割は、認知的に媒介された幸福感が担っている役割と非常によく似ている。〔それなのに非認知的な幸福感は本物の情動ではないと言う根拠があるのか。〕

非認知的に生じる情動を扱うためのクロアの戦略は望みが薄いが、別の方針も可能である。一つの見込みは、物理的に誘発される情動にも結局のところ認知が含まれていると主張することである。実のところ、笑顔は「ものごとの成り行きは自分の計画に沿っている」という判断を引き起こしているかもしれないし、不安を誘発する薬は、「危険が迫っている」という判断を引き起こしているのかもしれない。もちろん、これはまったくの憶測である。実際のところ、情動を誘発するこれらの物理的な手段が評価に直接的な影響を与えることを示す証拠はほとんどない。さらに、たとえ直接的な影響があるとしても、そうした評価は後に続く情動にとって不可欠であると考える理由もほとんどない。薬や笑顔はより直接的に情動状態に影響を与えているようにみえる。それらは、自律神経系を調整する神経構造の活動を刺激しているようにみえるのだ。こうした調整は、どのような判断が生じるかとは無関係に、情動的な感じとして認識される身体状態を生じさせる。身体状態より前に判断が生じていると主張するラザルスの理論は、ここでも疑問を呼ぶことになる。

ここまでくると、認知説を擁護するためのベストな戦略は、認知的原因説を放棄して別の認知説をとることなのかもしれない。認知説には、認知は身体変化に続くものであると主張するものもあるだろうし、認知は身体変化の前でも後でもいいと主張するものもあるだろう。ひょっとすると、最初に笑顔が身体状態を引き起こし、次にその身体状態が判断を引き起こしており、幸福感とはこうした身体状態と判断の複合物なのかもしれない。

だが、こうした応答を真剣に受け取る必要があるか疑問に思われるかもしれない。というのも、目下の文脈ではこうした応答は完全にアドホック〔その場しのぎ〕だからだ。顔面フィードバックなどの物理的手段で生じた情動に判断が含まれていなければならないと考えるよい理由は、私には一つしか思い浮かばない。それは、シャクターとシンガーが想定しているように（Schachter and Singer 1962）、身体状態だけでは、物理的手段で生じたさまざまな情動を十分区別できないと考えられるということである。さまざまな情動を身体状態で区別できないなら、区別するうえで判断が何らかの役割を果たしているかもしれない。この考えに反対する証拠は第3章で挙げることにする。物理的に誘発されたさまざまな情動が身体状態で区別できるなら、そうした情動に判断が伴っていなければならないと考える理由はなくなるだろう。

以上のことから私は、ザイアンスの議論を適切に練りあげれば、ラザルスの理論に対する有効な反論になると結論する。情動は多次元的評価によって引き起こされるという仮説は、物理的な手段で生じた情動を説明するのが難しく、また、神経解剖学的な観点から支持されない。この結論は一般化できる。すなわち、情動には身体変化や身体変化を記録する内的状態以上のものが含まれていると主張するどのような理論にも、こうした反論が当てはまるのだ。身体変化に先行して生じる、情動の構成要素とみなされる状態は何も必要とされない。ひとたび身体変化が生じ、それが脳によって記録されると、情動が生じたと言ってまったく問題ない。物理的に直接誘発されるケースで情動が生じたとみなされるために、身体状態以上の何かが関与していると仮定する理由はないのである。

以上のことから、ザイアンスの勝利は揺るぎないと思われるかもしれない。標準的な認知説は、どんな情動も、少なくとも部分的には、概念負荷的な非身体的状態から構成されると考えている。だが、それは誤っているように思われるのだ。しかし、この結論が示しているのは、認知を「概念負荷的な非身体的状態」とした場合、情動は非認知的だということである。だが、「認知」を別の状態とみなした場合、情動は結局のところ認知的だということになるかもしれない。この考えは広く受け入れらいる認知説の正当性を証明することはないが、他方で、ザイアンスが擁護したいと思っていた理論にも疑問を投げかけるだろう。何にせよザイアンスは情動が認知的であるという考えを断固として否定しているが、彼が正しいのかどうか見極めるには、認知がどういうものであるかを見極めなければならない。認知説と非認知説の論争は、定義の問題に行き着くことになる。だからといって、この論争は単なる言葉上のものだということになるわけではない。認知の本質を探求することによって、情動がどういうものかに関して新しい発見があるだろう。

## 認知とは何か？

### いくつかの定義

認知科学で「認知」の定義が確定していないのはあきれた事態である。私が思うに、たいていの認知科学者はめったに認知の定義を問い直したりしない。このことは、認知の定義を考える価値はあまりないことを示しているかもしれない。認知を定義しなくても認知科学がうまくやっていけるなら、定義など必要ないかもしれないのだ。認知科学者は、何が認知的とみなせるのかに言及しなくとも、すべての心的状態・過程を完全に記述できる。

だが他方で、認知の定義を問うことには発見法的（ヒューリスティック）な価値がある。第一に、この問題は、科学的洞察と世界についての日常的理解を対応づける手助けになる。われわれが科学に従事するのは世界を理解するためであるので、われわれは、科学的な語り方が日常的な語り方にどう翻訳できるかに非常に興味をもっている（Sellars 1963）。「認知」は日常的な語り方で馴染みのある用語ではないが、それと緊密に関係した「考える」が馴染み深いのは確かである。日常的で素朴なカテゴリーが心についての科学的イメージにどれだけうまく対応づけられるかという問いは興味深い。もしまったく対応づけられないなら、心的生活に関する日常的な理解や説明の実践は疑いをかけられるだろう。第二に、定義が確立されると、興味深い問いが提示され、研究が前進する可能性が開けてくる。「認知」という用語がどう定義されるとしても、その定義にあてはまるものと情動がどう関わるかについて、いくつか興味深い問題が出てくる。両者の関わりを問うことは、その問いを考えなければ見つからなかった発見を導くだろう。

ラザルスとザイアンスが自身の見解を擁護するうえでしたがっているそれぞれのリサーチプログラムはかなり異なっているが、どちらのプログラムにも同じくらい価値がある。ラザルスは情動と判断の結びつきを研究しているが、ザイアンスは単純接触効果や顔面フィードバックを研究している。認知の定義を確立させること、そして、そうした意味での認知が情動とどう関わっているかと問うことは、別の研究方法を指し示すだろう。定義は、どちらの研究がより深い洞察を与えているかという問題を設定する手助けになる。

こうした考えは、認知の定義を考えるうえで二つの実践的制約を課すことになる。まず、その定義は、日常的な用法と科学的な用法（「考える」と「認知」）を緊密に合致させるものでなければならない。そして、その定義は十分に正確で研究をガイドするようなものでなければならないのである。

では、定義の候補をいくつかみてみよう。一つの可能性は、認知には意識が含まれるというものである。意識に利用できる多くの状態は、典型的には認知的であるように思われる。たとえば、哲学的な問題を反省したり、どの大統領候補がよりよい政策を打ち出しているのかと熟考したりしているときがそうだろう。注意してもらいたいが、ここで用いられている「意識」という用語は、哲学者が「現象学（phenomenology）」と呼ぶもの、すなわち、経験がもつ感じられる質のことを指しているのではない[★1]。「認知的」という用語の直観的な意味にしたがえば、ある状態が何かに感じられるからといって、たとえば、緊張で落ち着かない感じがするからといって、その状態が認知的とみなせるわけではない。むしろ、ここで操作的な概念として用いている「意識」は、ブロックが「アクセス意識」と呼んだものに近い（Block 1995）。それは、言語的な報告、熟考、行為の合理的な制御に利用できる状態にあるということである[★2]。

認知とアクセス意識の同一視は、ザイアンスがいくつかの事例を挙げたときに背後にあった直観を暗黙的に働かせている考えだ。以前に述べたように、彼の議論の背後では、無意識のあいだに投与した薬で食べ物の嫌悪が引き起こされた場合、その嫌悪は非認知的であるという直観が働いている。また、過去の接触で生じたある物事についての選好は、その物事を前に見たことを意識的に思い出せない場合、非認知的であるという直観もある。

この定義は認知とアクセス意識の同一視に暗黙的に依存しているにもかかわらず、ザイアンス本人は両者の同一視を明確に拒否しており、さらに、拒否するもっともな理由も挙げている。現代の心についての理論では、意識的にアクセスできない非常に複雑な情報処理が仮定されている。たとえば、「孵化効果」というものを考えてみよう。それは、ある問題について何度か意識的に考えた後、一旦取り組むのをあきらめたのだが、後になって急に解決策が浮かぶというものである。こうした効果は、数学から手芸まで、あらゆる領域でみられる。このとき解決策を生み出す過程は言語報告できないし、自分で制御することも不可能だが、その過程は通常「認知的」とみなされるものと一致している。

第二の提案は、認知を「合理的な状態の推移関係によって統制された心的過程のクラス」と定義する。たとえば、無意識の問題解決はこの要件を満たすだろうが、痛みはこれを満たさない。紙で指を切ってしまうことは、痛みを感じることの合理的な根拠にはならない。

この考えの問題の一つは、何を合理的とみなすかがはっきりしていないということである。ある定義によれば、「合理的な」過程は正しさを保存する、すなわち、正しい入力を与えられると正しい出力を生み出す可能性が非常に高い、ということである。だが、心理学者たちは、こうした意味だと人はそれほど合理的でないということを示してきた。人は、良い根拠から悪い結論を引き出してしまうことが多いのだ（概説としてはStich 1990を参照）。実際のところ、末端の感覚器官から最も高次の神経システムへ移行するにつれて、心的活動はどんどん合理的でなくなる。たとえば視覚システムが用いている法則は、連続してはいないが近くにある二つの明るさを発見すると、それらは共通の縁（エッジ）に属すると推論する、と記述される（Marr 1982）。これは正しさを保存する可能性が高い過程である。こうした過程と、議員を選んだり可能性を見積もったりすることを統制している決定過程を比べてみよう。もし、われわれが「認知」で意味することによりふさわしいのは後者の過程だと思われるなら、合理性に訴える目下の提案はそのことを汲み取れないことになる。

こうした問題を避けるに、「合理的」をより柔軟なものとして定義すればいいと思われるかもしれない。

代替案として、「合理的な」過程は、必ずしも正しさを保存しないが内容感応的であると定義してみよう。「内容感応的」ということで私が意味しているのは、入力が担う情報と出力が担う情報が体系的に関連しているということである。この定義では、高次の推論は完全に合理的なものだと言えるようになる。だが同時に、神経システムが行う活動のほとんどが合理的なものとみなされてしまうだろう。たとえば、網膜の細胞が担っている情報は、そこから視神経を通して送られる情報と体系的に関連している。この過程を認知的と呼んでしまうと、認知の定義が目指していた実践的要請の一つである「狭さ」〔緊密な合致〕を損なうことになってしまう。

痛みと問題解決は異なるという直観は、問題解決には熟考が含まれているということに由来するかもしれない。熟考は意識や合理性に依存していないので、〔熟考を認知の定義とすると〕一番目と二番目の定義が抱えていた問題を回避することができる。また、〔熟考による定義は〕痛みは非認知的状態であるという直観とも一致する。指を切ってしまったとき、痛むかどうかなど熟考せず、ただ痛みを経験するだけである。ここまではうまくいっている。問題は、「熟考」は「認知」とほぼ同義かもしれないということである。「熟考」とは、「何かについて考える」ことであり、「考える」は「認知的過程」の日常的表現である。つまり、認知から出発して熟考に行き、そして「考える」に行って、再び認知に戻ってしまったのだ。こうした循環を避けるためには、「考える」に訴えないで熟考を定義しなければならないだろう。

そのための自然な提案としては、熟考を、「いくつかの選択肢を抱き、そのうちのどれかに決める過程」と定義するものだろう。この定義は許容できるものだが、そうだとすると、認知の定義としてはあまりにも狭すぎる。たとえば、数学の問題を解くときに長く熟考することがよくあるが、そのとき必ずしも選択肢となる答えが浮かんでいるわけではない。しかし、数学の問題を解くことは認知的作業の典型例である。そのため、他の認知の定義を考えなければならない。

ザイアンスも認知の定義を与えている。彼によれば、認知が生じるのは現在あるいは過去の感覚的入力の変換があるときである。より簡潔に言えば、認知には「心的作業」が含まれるのだ。だが、見たところこの定義は不十分である。つまり、入力の変換は認知に十分ではないのだ。というのも、入力の変換は神経系のいたるところで生じているからである。たとえば、網膜像から視神経を通して信号が送られる場合にも、入力の変換が生じている。

おそらく、ザイアンスの定義は、感覚的入力の変換を強調すべきである。ザイアンスが言おうとしているのは、認知は感覚的過程が終わったところから始まるということだろう。だが、それはどこだろうか。何が非感覚的な変換とみなされるのだろうか。ここで、非感覚的な変換は認知的な変換であると言いたくなるかもしれないが、それだと彼の定義は循環してしまう。さらに、感覚は認知に関わりえないと主張するのも誤りだろう。たとえば、アインシュタインが物理学に関する洞察を閃いたとき心的な〔感覚的〕イメージを使っていたら、彼は認知を行っていると言えないのだろうか。それは純粋でない認知的過程だと言うのだろうか。私はそうは思わない。さらに言えば、認知は感覚的なレベルで生じるものではないと取り決めるのは、ラザルスに対して論点先取になってしまう。

ラザルスはザイアンスとは異なる定義を提案している（Lazarus 1999）。彼によれば、認知には学習や記憶が関わる（Izard 1994も参照）。この考えはわれわれの前理論的な直観をいくらか捉えてはいるだろうが、分析に耐えうるわけではない。まず、学習や記憶は認知に不可欠ではない。生得的な認知能力が存在するという仮定に矛盾はないように思われるが（認知科学者はよくそういうものを仮定する）、生得的な能力は、生得的の定義からして、学習されるものではない。

第二に、学習と記憶は認知には不十分である。「学習」は、経験や心的活動、そしてそれらが記憶に符号化された結果として、新しい表象が形成される（あるいは、新しい技能が実行される）過程と定義できる。

また「記憶」は、ある表象が最初に形成された（あるいは、ある技能が最初に実行された）後で、その表象（あるいは技能）の使用を許容する能力として定義できる。こうした定義はもっともなものだが、この定義では、ある種の虫でも学習したりや記憶をもったりすることができることになる。たとえば、ショウジョウバエは電気ショックで条件づけできる（Tully & Quinn 1985）。さらには、個々のニューロンにも学習や記憶を帰属させられるかもしれない。学習や記憶を用いて認知を定義するという考えを生かすためには、ラザルスは、上記の形式の学習や記憶と、より高度な形式の学習や記憶を区別しなければならない。だが、その線引きは難しい。問題となるのは、記憶がどういうものであるのかということではなく、認知的状態を統率する記憶システムがどういうものであるかということである。もちろん、認知を定義するために認知的な学習・記憶を持ち出すことはできない。学習や記憶を用いる定義も循環してしまうのだ。

〔別の定義として〕シェーラーは、認知が生じるのは、刺激の物理的特徴を越えた情報が処理されたときだと主張している（Scherer 1993）。まず注意すべきだが、この定義は必要条件ではありえない。というのも、物理的特徴に関する認知的状態をもてるのは確かだからだ。たとえば生化学者は、味覚や嗅覚で探知した化学物質について考えることができる。

シェーラーの主張は、物理的特徴を越え出でるところは認知とみなすのに十分だというものだろう。それはそうかもしれないが、では、何が物理的特徴とみなされるのだろうか。J・J・ギブソン（Gibson 1979）に影響を受けた心理学者たちは、対象との可能な相互作用、いわゆる「アフォーダンス」が知覚されると主張する。たとえば椅子を見たとき、それに座れるということが知覚されるというのである。これは物理的特徴なのだろうか。あるいは、フェロモンについて考えてみよう。フェロモンは繁殖能力を探知するために利用できるが、繁殖能力は物理的特徴なのだろうか。また、視覚システムは主体に相対的な外的対象の位置〔自分から見て右、など〕を探知するが、これは物理的特徴なのだろうか。もしこれらがすべて物理的とみなせるなら、ヘビの危険性も物理的特徴だと考えてもよさそうである。もし情動反応を引き起こす特徴（危険や脅威など）を物理的とみなすことができ、そして、物理的であることは非認知的状態を特定するための必要条件でしかないなら、シェーラーの定義を使って認知と情動に関する論争に決着をつけることはできない

ここで、シェーラーの定義に少し付け足しをして、物理的特徴をより狭く定義すればいいと思われるかもしれない。たとえば、物理的特徴を対象の表面自体がもつ性質に限定してみよう。すると、危険や脅威は表面の特徴とはみなされないので、危険や脅威への反応である情動は、改良したシェーラーの定義では認知的だと言える。だが、この分析では、アフォーダンスや繁殖能力、さらには、主体に相対的な対象の位置を探知している視覚システムさえも認知的であることになってしまう。また、二次元的な光のパターンから三次元的な立体を視覚的に特定することも認知的であることになる。さらに、もし色が対象の実在的性質でないなら、色への知覚的反応も認知的活動になってしまうだろう。知覚システムも認知的活動に従事していると考える理由はあるかもしれないが、視覚システムが表面の特徴以上のものを探知する能力をもつこと自体は、その十分な理由とはならないのである。

最後に、認知と概念を関連づける定義を検討してみよう。概念は認知の主要通貨だと多くの人が想定している。ひょっとすると、認知は概念を含む状態として定義できるかもしれない。アーモン－ジョーンズは、こうした方針で認知を定義している（Armon-Jones 1989）。彼女の用語で言えば、すべての認知には概念化が含まれる。

これまでみたものと同じく、この定義もいくつかの困難に突き当たる。たとえば、からっぽのスーツケースを見てどれくらい荷物が入るかを見積る場合を考えてみよう。これは認知的活動であるようにみえるが、その活動にわれわれが概念と呼びたいものが含まれているかどうかは明白ではない。そこに概念が含

まれることを示すためには、果たさなければならない課題がある。知りたいのは、こうした活動を概念的とみなせるようにする概念とはどういうものなのか、ということである。もし概念が、さまざまな場面で対象を同定するために用いられうる心的表象でしかないなら、初期視覚が対象の縁を同定することも概念的であることになる。だが、縁探知機の活動は、とくに認知的な出来事であるようにはみえない。ここで、概念の定義に補足を加えて、概念とは、思考を形成するために組み合わせられる心的表象だと言いたくなるかもしれない。これは確かに改善されているが、目下の文脈では助けにならない。思考は認知の日常的な用語なので、認知を概念化によって定義する際に、概念を思考によって定義することはできないのである。こうした循環を避けるには、思考を使わずに概念を定義しなければならない。この点については少し後で再び検討しよう。

ここで、意外な結論が出たことを理解するために少し立ち止まってみよう。最も直接的でもっともらしい認知の定義の多くはうまくいっていない。ある定義は循環しているし、別の定義はあまりにも多くのものを認知的とみなしてしまうため、認知的と非認知的を興味深い仕方で区別できていない。他にも、認知についての前理論的な考えに合致する要素を排除してしまう定義や、合致しない要素を認知に含めてしまう定義もあった。そうすると、情動が認知的状態であるかについての長きにわたる論争は、定義がまったくもって未解決の用語に基づいていたことがわかるだろう。

## 有機体の制御

だが私は、実質的によりよい認知の定義を見つけることができると思っている。私が思う要点を述べると、決定的に重要な構成要素は有機体の制御である。認知的状態・過程とは、環境の制御下ではなく、有機体の制御下にある表象を用いるものなのだ[*2]。表象が有機体の制御下にあるのは、有機体がその表象を起動させた場合か、その表象がワーキングメモリに維持されている場合である。認知的状態とはそうした表象を含む状態であり、認知的過程とはそうした表象を起動し、維持し、操作する過程である。

この提案は、認知は概念を含むという主張と関連している。さきほど私は、認知と概念化の結びつきを明らかにするためには、まず、概念とは何であるかについての代替案が必要になると述べていた。私が思うに、有機体の制御はここでも重要となる。別の著者で私は、概念は有機体によって制御されうる心的表象だと主張した（Prinz 2002）。そこで私が意味していたのは、記憶に備わっているか、記憶から起動された表象だということである。有機体の制御下にある表象とは、記憶のなかにある表象もしくは記憶から引き出された表象なのである。その著作の主な関心は知覚と概念を区別することにあった。違いは、概念は思考において起動され、操作されうるということである。この定義では、知覚が記憶に蓄えられ、将来の機会に概念として使用されうると言うことができる。たとえば、奇妙な形を見るとその知覚のコピーが蓄えられ、それによって、それと同じ形を別の機会に見たとき同じ形だと認識できるとしよう。二回目にその形を見たとき、二段階のことが生じる。まず、その形が知覚状態を引き起こし、そして、知覚状態が記憶に蓄えられた表象と照合されるのである。記憶に蓄えられた表象は概念であるが、知覚状態は概念ではない。知覚状態は有機体の制御下にないのに対し、記憶から呼び出された表象は制御下にある。概念をこのように定義すれば、認知は概念を含む状態として定義できる。

有機体の制御という定義は、認知と認知作用、つまり、思考と考えることの区別を認めることができる。認知は必ず概念を含み、そして、概念は有機体の制御に従うものでなければならない。だが、認知が生じる場面では、概念は有機体の制御下にある必要がある。たとえば、知覚経験に触発されて生じた思考を考えてみよう。犬を見ると自動的に、目の前に犬がいるという思考が形成される。この思考とその構成要素となっている概念は、有機体の制御の結果として生じたのではない。むしろ、経験に対する反射的反応のようなものである。それが思考とみなされるのは、そこに含まれる表象が傾向的という意味で有機体の制御下にあるからである。つまり、自分がもつ犬概念を用いて犬についての思考を自分の意思で形成することが可能である、ということなのだ。思考であることにとって必要なのは、有機体によって制御されうる表象から構成されていることだけである。それに対して、考えることには実際に労力が必要とされる。認知的作用は、トップダウンの制御下にある思考を生み出す作用である。他方で、知覚の成り行きとして自動的に生み出される思考は、考えられていない思考、つまり、考えることなしに抱ける思考なのである。それは認知であるが、認知作用ではない。

しかし、有機体の制御に訴えると、退行に陥るようにみえるかもしれない。有機体が心的表象を制御できると言うと、有機体が脳のなかに何らかのかたちで存在することがほのめかされる。つまり、すべての命令を下している小さな内的ホムンクルスがいることが暗に示唆されるのだ。だが、実際のところ脳は、単純な構成要素が多数集まってできた大きな官僚体制である。意思決定を行っている小さなホムンクルスを見つけることはできないのだ（Dennett 1991; Minsky, 1986）。

ホムンクルス問題を乗り越えるには、「有機体の制御」と「トップダウンの制御」を同義とみなせばいいだろう。そして、トップダウンの制御そのものには、さまざまな説明が可能である。第一近似として次のように言えるかもしれない。すなわち、表象がトップダウンの制御を受けている場合とは、末端の感覚器官から（その表象よりも）ずっと離れた脳の中枢で表象が制御されている場合である。だが、この説明はあまり適切ではない。こう主張するためには、まず、どのレベルの過程が感覚器官からずっと離れているのかを判定できなければならない。また、より高次のレベルが介入しないケース、つまり同じ階層にある状態同士の相互作用を認知的とみなすことが不可能になる。さらに、最も高次の脳領域の活動を認知的と呼べなくなってしまう。というのも、それより上のレベルがないからだ。

より見込みのあるうまい「トップダウン」の定義は、何らかの特定の心理的システムや神経的構造を使うものだろう。多くの認知神経科学者は、前頭葉皮質にある実行中枢を特定できると信じている。そうした中枢は、ワーキングメモリにおける表象の操作・維持に特別な役割を果たしているだろう（D'Esposito, Postle, Ballard, & Lease 1999）。またそれは、環境からの刺激によって引き起こされたものではない表象が形成・起動されるうえで特別な役割を果たしているだろう。ここで私は次のように提案する。すなわち、ある状態が認知的と呼ばれるのは、それが実行システムの構造体の制御下にある表象を含んでいる場合である（哺乳類の場合、そのシステムは前頭葉皮質にあるだろう）。

実行システムに関していくつか注意がある。順を追って説明しよう。第一に、実行システムは複数ある。前頭葉領域のうちの単一の部分が、すべての心的表象を起動させているとみなされるわけではない。表象の種類が異なれば（たとえば、言語的表象と非言語的表象は）、異なる中枢によって制御されているかもしれない。第二に、私は、認知的状態は必ず前頭葉領域のなかで実現されると言っているわけではない。認知的状態は脳の至るところに分散しているかもしれない（Damasio 1989; Prinz 2002）。「認知的」とみなされるために必要なのは、前頭葉の制御に依存するということだけである。第三に、実行中枢はホムンクルスではない。実行中枢は、どの表象を起動させるか、どうやってそれを操作するかを決めているとは限らない。実行中枢は建築士というより建設業者に近い。脳に単一の建築士や決定中枢があるわけではないのだ。第四に、実行システムは感覚変換器からずっと離れたところにあるが、そのことは「実行システムはそれが起動させるいくつかの表象よりも感覚器官から離れたところにあるとみなされる」ということ以上に興味深い意味はないかもしれない。

こうした思索は、有機体の制御を直接的なものと間接的なものに分けるうえで役立つ。実行中枢に可能な間接的制御が何種類かある。第一に、実行中枢は、身体の向きを変えさせることで形成される表象に影響を与えうる。たとえば、月を見ようとして月の方向を向くと、月の表象が形成されるだろう。第二に、実行中枢は、注意を変えることで表象に影響を与えうる。コカ・コーラを探して部屋を深く見回すと、赤いものに注意が向くようになるだろう。注意の選択は部屋の視覚経験に影響しているが、注意に続いて起こる視覚表象は実行システムによって直接作られたものではない。こうした事例における心的表象は、私が意図した意味での「有機体の制御」によって作られたものではないのだ。認知的とみなされるためには、直接的な制御が必要なのである［＊3］。

有機体の制御は、これまで検討してきたさまざまな認知の定義の背後にあるいくつかの直観を捉えている。まず、アクセス意識的状態は認知的であるという直観を考えてみよう。アクセス意識的状態とは、報告や熟考、行動の制御に利用できる状態だった。こうした過程はすべて、私が提案した「認知的」の定義にあてはまるだろう。アクセス意識は有機体の制御の可能性を含意するのだ。また、痛みは認知的ではないが筆算で割り算をすることは認知的であるという直観を考えてみよう。そうした計算は実行中枢によって編成されているだろうが、痛みは実行中枢の介入なしに自動的に生じる。さらに、認知は心的作業を含むという直観を考えてみよう。心的作業という考えは、労力、言い換えると、受動的には遂行されえない操作という考えを呼び起こす。〔それと一致するように〕実行機能は能動的なものとして経験される。たとえば、前頭葉皮質の実行中枢は、競合している複数の目的のうちのどれかを戦略的に選択することに寄与する。このことはまた、熟考も認知的過程であるという直観を説明する。熟考には労力を必要とする選択が含まれるだろう。さらに、認知には記憶が関わるという主張も汲み取ることができる。記憶が関わる過程のすべてが認知的なわけではないが、どのような認知作用にも記憶として貯蔵されている表象を引き出して使うことが必要とされるのである。

私の認知の定義には他の定義にはない利点がある。まず、私の定義は循環していない。認知は有機体の制御下にある心的状態として定義されるが、有機体の制御は、「認知」やそれと同義のものを再び導入することなく定義できる。さらに、私の定義は狭すぎるようにもみえない。たとえば、心的生活のすべてが外的原因に駆り立てられる生物を考えてみよう。その生物の内的状態はすべて、その生物をとりまく環境で起こった何らかの出来事の結果として自動的に生じるのである。私の直観では、こうした生物は認知的状態・過程をもっていない。

だが、私の定義は広すぎるという批判があるかもしれない。たとえば、心的イメージについて検討してみよう。赤い色の広がりをイメージしようとするとき、そのイメージは有機体の制御下にあり、そのため、このイメージは認知的ということになる。人によっては、これが認知的だというのはおかしいと思うかもしれない。だが私には、このことはわれわれの前理論的な〔認知の〕理解と矛盾しないと思われる。以前に引き合いに出したように、科学におけるイメージの使用は認知的だという直観がある。しかし、科学の例は不適切だと言う人がいるかもしれない。というのも、科学者はイメージを熟考や問題解決、理論の展開の文脈で使っており、そうした文脈はすべて典型的な認知的活動だからである。こうした文脈で使われないイメージは非認知的だという印象をもつ人もいるだろう。だが私はそれには同意しない。自分の心的イメージ使って賢いことをやる人もいれば、そうでない人もいる。認知的であるかどうかは、自分で選択的に形成したイメージを使って何をするかには依存していない。もしアインシュタインが使ったイメージが認知的だとみなされるなら、そのイメージが認知的なのはアインシュタインが卓越した理論を導く手助けになったからだと決めることはできない。選択的にイメージを作るまさにその作用が認知的作用であると私は主張する。たとえイメージを作るだけで認知的活動が終わってしまったとしても、それは認知的なのだ。もしイメージを形成した直後のアインシュタインを殺してしまい、そのため彼はそのイメージから何の結論も引き出せなかったとしても、彼が死ぬ間際に考えていなかったとはみなされないだろう。

最後に強調すべきなのは、私の説明は認知の包括的な定義を与えているが、すべてを認知に含めてしまうほど包括的なものではない、ということである。有機体の制御下にない心的状態・過程もある。たとえば、初期感覚野の活動が制御可能だと信じる理由はほとんどない（身体の向きや注意を変える〔間接的に制御する〕場合は別だが）。この分析では、認知的状態には実行中枢によって起動または維持された表象が必要とされる。他方で、初期の感覚状態はそれを必要としない。また、実際のところ、末端の感覚器官からずっと離れた表象であっても、有機体の制御下にない種類のものもあるかもしれない。たとえば、よく知られた通り、再認は想起以上のものである。私は前の大統領夫人であったロザリン・カーターの顔を完全に思い出すことはできないが、彼女を再認することはできる。彼女を再認するうえで私が用いている表象は、私の制御下にないかもしれない。ひょっとすると、多くの心的表象がこのようになっているかもしれない。つまり、そうした表象は、世界のなかでわれわれが立ち回る手助けをするが、われわれの意志で操作できないのである。

## 論争の解消

### 情動は認知的か？

ここでようやく情動と認知の問題にたどり着いた。情動の認知説は、情動は本質的に認知を含むと主張する。そして私は、認知は有機体の制御下にある表象を含む状態だと主張してきた。また、認知（思考）と認知的作用（考えること）は異なるとも主張した。考えることなく思考をもつ場合があるのだ。そうすると「情動は認知的か」という問題は二つに分かれることになる。一つは「情動は必ず認知作用を含むか」であり、もう一つは「情動は必ず認知を含むか」である。

最初の問題に対する答えは明らかだろう。情動の多くは認知作用として生じているわけではない。たいていの場合、情動は受動的である。われわれは情動反応を見守ることしかできないように思われる。ヘビや試験に対して情動的に反応する場合、その反応は自分の意志で生じたものではない。選んで怖がっているわけではないのだ。実際に、われわれはよく（たとえば、初めて大勢の聴衆の前で話す場合などに）怖がらないようにしようと努める。だが、恐怖が勝ってしまう。他の情動にも同じことが言えるだろう。情動の実例の多くは典型的な自動的反応であり、実行中枢による編成も束縛も受けていない。このことは、計画を立てているときに生じる情動にさえもあてはまる。われわれは自分が恐れていることを意図的に想像できるが、それよりも、恐ろしい状況を想像した結果として自動的に恐怖を抱く方がふつうだろう。たとえば、渓谷に立っているのを視覚的に想像すると、それに続いて恐怖がやってくる。以上のことから、情動は成人がもつような認知とみなされることもあるだろうが、一般的に認知作用とはみなされないと言えるだろう。

では、二番目の問題の意味で情動は認知的なのだろうか。認知科学者はそうだと答える。情動は考えられていない思考なのである。デカルトの言葉を借りれば、情動は「魂の作用ではない思考」（Descartes 1649/1988, xxviii）なのだ。もし情動が認知的であるなら、それは認知的に制御されていなければならない。では、そうだと考える理由はあるのだろうか。この考えを支持する一つの方針は、われわれは想像のなかで情動を生み出せる、という事実から得られる。たとえば、恐怖の感じを想像してみよう。次に、怒りや嫌悪を想像してみよう。また、喜びや楽しさの鮮やかなイメージを想像してみよう。こうした指示にしたがうことは可能だと思われる。われわれは、自分が情動状態にあることを想像できるのである。

情動を想像する能力は、われわれが情動を認知的に制御できる可能性を示唆する。だがこのことは、自分の情動を意図的に喚起できるということを意味しているのではない。それが意味しているのは、将来の計画を立てる場合と同じようにして、自発的に情動を生み出せる、ということだけである。ジェットコースターに乗ったっときの情動的なコストが情動的な利益を上回るかどうかを判定するために、恐れや喜びを感じていることを意図的に想像することがあるかもしれない。もし情動が有機体の制御下で使用できるなら、情動は概念とみなされ、情動を含む状態は思考とみなされる。あるいは、思考であるようにみえるかもしれない。

だが、さらに考えてみると、意図的に情動を生み出す能力があるからといって、すべての情動エピソードが概念的であることにはならないことがわかる。たとえば、形を見る事例を思い出そう。まず、対象の形が形の知覚を引き起こし、次に、その知覚が記憶にある表象と照合される。この場合、概念的だとみなされるのは記憶にある表象だけである。知覚は外界によって制御されているため、概念だとはみなされない。そして、同じことが情動にも言えるのである。意図的に情動を生み出す（怒っているのを想像する）場合、その情動は概念である。というのも、それは記憶から引き出されたものだからだ。しかし、日常生活のなかの出来事によって引き起こされた情動は概念ではない。むしろ知覚に似ている。そうした情動は外界によって制御にされているのだ。情動のコピーが記憶に蓄えられているからといって、外界によって制御された情動が認知的だということにはならない。このことは、赤さの概念をもっているからといって普段の赤さの経験が概念的にはならないことに相当する。赤さの再認には概念が関わるが、赤さを単に経験することに概念は関わらない。さらに、われわれは記憶にコピーが蓄えられていない情動をもつこともあるだろう。また、情動のうちのいくつかに関して、われわれは、それについての概念も、それを再認する能力ももっていない。乳幼児や動物は情動についての概念を何ももっていないかもしれない。それらの感情的生活はつねに外界によって制御されているのである。

結論として私は、情動はほとんどの場合、事実上、認知的ではないと主張する。ほとんどの情動は認知作用によって生み出されたものではなく、また、概念的でもない。確かにわれわれは概念化された情動をもっているし、そうした情動を認知作用に用いることができるが、普段の情動はまったく認知的ではないのである。このことは、以前に引き出した暫定的な教訓を補強する。それは、情動は、認知説の支持者が想定しているような複雑な構造をもっていなさそうだというものである。情動は、意味のある命題的構造をもつ部分に分解することはできない。情動は命題的態度ではないし、これまで論じてきたように、より原始的な種類の認知なのでもない。

ラザルスの復活

私の結論はザイアンスと同じである。つまり、ラザルスの理論は誤っているのだ。だが、完全に誤っているわけではないかもしれない。他の認知説の支持者と同じくラザルスも、次の三つの仮説を擁護していた。すなわち、情動は概念化されている、情動は非身体的である、情動は評価である、というものである。三つの仮説すべてを認める方針は、神経解剖学の証拠と、情動は物理誘因によって直接引き起こされるという事実から反論される。特定の状況下では、概念負荷的な非身体性の評価の介在なしに、皮質下構造が情動として感じられる身体反応を引き起こしうるのである。しかしながら私は、認知説の擁護者が大事にしていた三つの仮説すべてを放棄すべきだとは思わない。

非身体性仮説は、顔面フィードバックのような物理的誘因によって直接引き起こされることから反論される。概念化仮説は、情動はふつう外界によって制御されているということ、そして、複雑な命題的態度が備わるとは言い難い原始的な脳構造が情動に関わるようにみえることから反論される。

しかし、第三の仮説、つまり、情動は評価であるという仮説はどうだろうか。評価は、有機体と環境の関係、なかでも、有機体の福利が関わる関係の表象である。たとえば、環境には自分に身の危険を与えるものがある、と評価するかもしれない。実際のところ、多くの評価は非身体的である。身の危険が迫っていると評価するために、身体変化を制御したり記録したりする状態は要請されない。だが、評価は〔すべて〕非身体的だと主張しなければならない原理的な理由はない。第3章では、評価が身体性のものだという主張が何を意味しているかを説明しよう。そこからさらに、情動は身体性の評価であると主張する。

第3章の議論がうまくいけば、情動とは何であるかについて、ザイアンスもラザルスも部分的には正しいことを述べているということが示される。ザイアンスは非身体性仮説と概念化仮説を拒否する点で正しいが、ラザルスは評価仮説を擁護している点で正しいのである。次章で浮かび上がってくる立場は、二人がそれぞれ擁護した理論の中間にある。それは、広く受け入れられた認知説と、認知説に対する熱心な反対者の理論を調停したものである。

原注

＊1　よく知られているように、心理学者たちもこうした路線をとっている（たとえば、Ortony, Clore, & Collins 1988）。

＊2　この表現は、人間の心には受動性よりも自発性が関わるというマクダウェルの主張（McDowell 1996）と関連するようにみえかもしれないが、内実はおそらく関連していない。

＊3　しかし、制御の直接性には度合いがあるかもしれない。ある種の表象を起動・操作・維持する能力は、注意を向けたり世界のなかでの自分の位置を変えたりすることによって促進されるかもしれない。そのような場合、その状態は別の状態よりも制御されておらず、したがって、別の状態より認知的ではないと言えるかもしれない。

訳注

★1　近年の心の哲学で用いられている「現象学（phenomenology）」は、フッサールに由来する哲学の方法論ではなく（もちろんそれと関連はしているが）、むしろ、意識的に経験される質的な性質や、自分の経験を一人称的観点から観察してみて発見できる特徴、またそれらの複合体のことを指している。一人称的視点から知れる特徴を強調するという論点は、トマス・ネーゲルの「コウモリであるとはどのようなことか（what is it like to be a bat?）」という論文で有名になったものであり、それにちなんで、経験の現象学は「その経験をもつとはどのようかことか」と表現されることも多い。この他にも、現象的意識、現象的経験、現象的性質、現象的性格、クオリアと呼ばれることもある。

★2　ブロックは★1で挙げた現象的意識とここで言われたアクセス意識を区別している。両者の区別は第9章でより詳しく扱われる。

# 第3章　身体性の評価

## 表象としての情動

第2章は公約で終わっていた。それは、情動についての身体性評価説（embodied appraisal theory）を提示し、擁護するというものだった。評価説によれば、情動は、有機体の福利に関わる、有機体と環境とのあいだの関係の表象を必ず含んでいる。身体性評価説は、そうした表象は身体変化の探知に関わる状態と密接に結びつきうると主張する。本章では、こうした理論が支持できることを示そう。

情動が評価であることを示すためには、まず、情動が心的表象であることを明確にしておく必要がある。というのも、あるものを「評価する」とは、自分の利害や関心と何らかの関わりをもつものとしてその対象を表象することだからだ。第1章でみたように、情動は単なる感じであって何も表象しないと主張する理論もある（たとえば、Hume 1739/1978）。また別の理論では、（少なくともいくつかの）情動は、情報処理のモードの変化であって、それ自体は情報を担う状態ではないと言われている（Oatley & Johnson-Laird 1987）。だが私は、こうした理論は誤っていると考えている。心的表象とはどういうものかを一旦理解すれば、情動が表象的であることは明白どころかむしろ当然である。そのため、まずは心的表象に関する一般的な考察をみることにしよう。

## 心理意味論

心的表象は何かを表象する心的状態であるが、まず、情動は心的状態だと言えるだろう。情動は一定のあいだ心に生じるものだ。他方で、情動が表象であることを示すためには、情動が何かを表象することを示さなければならない。だが（どんな心的状態についても言えるのだが）心的状態はどのようにして何かを表象することができるのだろうか。この問題を扱う哲学文献は大量にある（Stich & Warfield 1994 に収録されている論文をみてもらいたい）。心的状態はどのようにして何かを表象するのかに関する理論を、フォーダーは「心理意味論」の理論と呼んでいる（Forder 1987）。ここでは競合するさまざまな心理意味論の理論をサーベイしないが、代わりに、フレッド・ドレツキが定式化した影響力のある理論（Dretske 1981, 1986）に注意を向けたい。私は別のところで、こうした理論の一バージョンをかなり詳しく擁護した（Prinz 2000, 2002）。

ドレツキによれば、心的表象は次の二つの条件を満たす心的状態である。まず、情報を担っていること、そして、誤って適用されうること、だ。「情報を担う」ということでドレツキが考えているのは、シャノンとウィーバーの情報理論にみあったものだということである。その理論によれば、ある状態は、その状態と信頼のおける仕方で共に生じるものについての情報を担っている。その一番の典型例は因果である。ある状態は、信頼のおける仕方でその状態を引き起こすものについての情報を担っているのだ。とはいえ、信頼のおける因果があるからといって、完全な相関があるとは限らない。「あるものが別のものを信頼のおける仕方で引き起こした」ということが意味するのは、前者が生じた場合、すべての条件が同じであるなら、その結果として後者が生じる確率が高いということのみである。

こうしたテクニカルな意味での「情報」は、自然界のいたるところに存在している。たとえば、煙は火についての情報を担っている。というのも、火は信頼のおける仕方で煙を生じさせるからである。顔にできた発疹は麻疹（はしか）の情報を担っているし、森のなかの足跡は〔そこを通った〕鹿の情報を、木の年輪は樹齢の情報を担っている。情報を担うことは、意味の「自然的意味」を構成する（Grice 1957）。たとえば、地平線の先に見える煙は、そこで火事が起きていることを意味していると言えるのだ。だが、情報を担っているだけでは表象にはならない。煙は火を表象しているわけではないのである。

その理由としてドレツキが述べているのは、「煙が火について誤ったり間違ったりする」と言うのが意味をなさない、ということである。次の例を考えてみよう。私の周りの環境では、煙は火だけでなく溶岩やドライアイスによっても信頼のおける仕方で発生させられる。こうした環境で煙が意味するのは、〈火あるいは溶岩あるいはドライアイス〉である。煙は、何であれ煙を発生させた原因についての情報を担っているのだ。だが、こうしたことは正真正銘の表象にはあてはまらない。たとえば、私が犬を表象する概念をもっているとしよう。ドレツキによれば、犬概念は、犬との遭遇によって信頼のおける仕方で引き起こされる（たとえば、犬と遭遇した結果としてその概念が働くようになる）心的状態である。しかし、犬によって信頼のおける仕方で引き起こされる心的状態は、狼や狐、うまく変装させた猫によっても信頼のおける仕方で引き起こされるだろう。これらの動物はどれも見た目が似ているので、そのうちのどれかによって引き起こされうる状態は、他のものによって引き起こされる可能性が十分ある。そうすると、私がもつ犬概念は、先ほどの動物すべてについての情報を担っていることになる。だが、犬概念が（〈犬または狼または狐また猫〉の表象ではなく）犬の表象とみなされるためには、私の犬概念が狼や狐や猫によって作動させられた場合に、私が誤りを犯したと言えなければならない。

単なる情報の担い手がどのようにして本物の表象になるかを説明するために、ドレツキは次の考えに訴えている。それは、情報の担い手のなかには、特定の情報を担う機能をもつものがある、というものだ。そして、あるものが特定の情報を担う機能をもつためには、それが当該の情報を担う機能をもつために定着したのでなければならない。煙は火を原因として生じるために定着したものではない。煙は火が原因で生じるだけである。だが、犬概念はそうではない。犬概念は犬に対して信頼のおける仕方で反応するために備わった、つまり、そのために学習されたものである。犬概念は、犬によって信頼のおける仕方で引き起こされ、かつ、信頼のおける仕方で生じさせられるために獲得された心的状態である。それが獲得される一番単純なケースは、他のものではなく犬との遭遇の結果として初めてその心的状態が形成された、というものだろう（Prinz 2000 を参照）。そのように形成された後で、犬概念は、犬の他にも狐や狼についての情報を担うようになる。というのも、そうした動物はどれもその心的状態を作動させることができるからである。それでも、犬概念が表象するのは犬だけである。なぜなら、犬概念は犬との遭遇の結果として備わったものだからだ。そのため狼が犬概念を作動させた場合、その反応は誤りだとみなされるのである。

ドレツキによれば、心的状態が備わる方法は複数ある（Dretske 1986）。（犬概念のように）学習によって備わるものもあれば、進化によって備わるものもある。たとえば、進化によって人間の視覚システムに縁（エッジ）に反応する細胞が備えつけられた。そうした細胞は縁以外のものによっても作動されうる。たとえば、細い裂け目によっても作動されうるだろう（Burge 1986）。だが、そうした細胞が受け継がれてきたのは、われわれの祖先が縁にうまく反応してきた結果だというのはほぼ間違いない。そうした細胞の一つが縁ではなく裂け目を見たときに作動させられた場合、その細胞は誤って発火している。つまり、裂け目を縁として誤表象しているのだ。

ここで説明したおおまかなアイディアではさまざまに洗練されてきたが（Dretske 1981, 1986; Prinz 2000 を参照）、そうした洗練はここでは重要ではない。ここでは、心的表象は何かによって信頼のおける仕方で引き起こされた心的状態であり、その何かを探知するために学習や進化によって備わったものだということで十分である。もっと簡単に言うと、心的表象は何かによって作動させられるために備わった心的状態だということである。

ドレツキの考えには反論もある。最もよくある反論は、心的表象に正確な内容を割り当てられないというものだ。すなわち、単一の心的状態が一つではなく複数の異なるものを選言でつないだものを表象していることになってしまう、というものである（Fodor 1990を参照）。この問題を具体的に説明するために、カエルの心に備わる表象が持ち出される。カエルはハエを食べるが、そのためには、ハエがいることを教えてくれる心的表象――ハエ探知器――がカエルに備わっていなければならない。しかしカエルは、BB銃から放たれた弾とハエを区別できない。カエルの頭に備わった心的表象はハエによって信頼のおける仕方で引き起こされるのだが、BB弾によっても信頼のおける仕方で引き起こされるのである。では、その心的表象はハエ表象またBB弾表象だと言うべきなのか。明らかに、BB弾表象ではなくハエ表象だというのがもっともである。カエルの頭にある表象は自然選択を通して形成されたものであり、自然選択がカエルの心に備え付けたのはBB弾探知器ではなくハエ探知器だという見込みの方がずっと高い。だが、進化に関する考察では、内容のさまざまな候補を排除できない。ひょっとすると当該の表象は、ハエだけを表象しているのではなく虫一般を表象しているかもしれない。あるいは、飛んでいる小さい黒いものを表象しているかもしれない。もしカエルが進化してきた環境で飛んでいる小さい黒いものはほとんどハエだったら、飛んでいる小さい黒いものを表象すればうまくハエを探知できるだろう。あるいは、当該の心的表象はカエルの栄養となるものを表象していると言うべきかもしれない。結局のところ、その表象はカエルにとって栄養になる食べ物を見つける手助けをするために備わったものである。こうした内容の候補はどれもドレツキが挙げた表象の条件を満たしている。カエルの頭にある状態が表象しているのは、ハエなのか、虫なのか、飛んでいる小さくて黒いものなのか、栄養となるものなのか、ということを決定する方法はない。ひょっとすると、これらすべての選言が表象されているのかもしれない。ここがドレツキ流の理論の難点である。

とはいえ、ここは選言問題を解決する場所ではない。私は別のところで一つの解決案を主張した（Prinz, 2000, 2002）。ここでは、解決策に使える材料をごく手短に明示しておこう。第一に、ドレツキ流の考えによれば、内容は過去の歴史からの制約を受ける。カエルの祖先がいた過去の環境にBB弾は存在していなかったので、カエルの脳にBB弾を探知するために設計された表象が備わっているということはありえない。第二に、表象の内容はその表象と信頼のおける仕方で相関しているということを忘れてはならない。カエルは飛ぶ虫だけでなく地面を這う虫からも栄養を摂取することができるが、這う虫が引き金となって作動する探知器は〔飛ぶ虫の探知器とは〕異なっている。そのため、どちらの探知器も〔単なる〕栄養物探知器と呼ぶのはふさわしくない。どちらも栄養探知器よりも特定されたものである。同じことが虫一般についても言える。カエルが表象しているのは虫一般だと言えるのは、虫一般がカエルの脳に備わる探知器の作動を引き起こした場合のみである。しかし、ほぼ間違いなくそうしたことはない。他方で、少しやっかいなのは、「飛んでいる黒いもの」である。カエルの脳に備わる探知器は、そうしたものによって信頼のおける仕方で作動させられるだろう。さらに、その探知器がハエとの遭遇の結果として備わったものであるなら、その探知器は飛んでいる黒いものとの遭遇によって備わったものだということになる。というのも、ハエは飛んでいる黒いものだからだ。また、飛んでいる黒いものでもカエルの脳の活動を引き起こさないものもある（たとえば、黒い飛行機）。そのためその活動を引き起こすのは特定のサイズのものであることも説明する必要があるだろう〕。だが、こうしたケースについては、表象の曖昧さをなくすために使える材料がもう一つあると主張したい［*1］。それは、有機体が表象をどのように使っているかに注目することである。ミリカン（Millikan 1993）は、表象に「消費者側」の制約がかかると主張するなかで、この点を強調してきた（Prinz 2002の意味論マーカーに関する議論も参照）。探知器が作動したときにカエルが舌を出すことは重要ではない。重要なのは、カエルが捕食行動をとっていることである。飛んでいる黒い点は確実に食べられるとは限らないので、飛んでいる黒い点は捕食行動と特別な関係に立っていない。他方で、ハエはカエルが食べられるものであるので、カエルの探知器が探知しているのは飛んでいる黒い点ではなくハエだと考えたほうが、カエルの行動をよりよく理解できるだろう。

以上のインフォーマルな説明で私が示したかったのは、私が提示したような意味論の理論では、内容を決定するうえで多くの制約がかかるということである。こうした制約が、可能な候補のいくつかを排除するのだ。次の目的は、こうした制約を使って、情動が何を表象しているかについての説得的な話を作れるか検討することである。

## 情動は身体変化を表象しているのか？

情動が表象であることを示すためには、情動は特定のものによって作動させられることを示し、さらに、情動はその特定のものによって作動させられるために備わったということを示す必要がある。これらを順に検討しよう。

何が情動を作動させるのだろうか。言い換えれば、情動を信頼のおける仕方で引き起こすものは何だろうか。その答えの候補は第1章で挙げられていた。ジェームズとランゲによれば、情動は身体変化の結果である。彼らの理論が正しいなら、信頼のおける仕方で情動を引き起こすのは身体変化だと結論してもよさそうだ。もし、恐怖が内蔵のパターン変化の感じであるなら、そのパターンは信頼のおける仕方で恐怖を引き起こすものであるに違いない。だが、ジェームズとランゲが正しいと考える理由はあるのだろうか。なぜ身体変化が情動の信頼のおける原因だと考えなければならないのだろうか。むしろ、身体変化が情動の結果だということはないのだろうか。あるいは、身体変化は情動にときどき伴っている付属物にすぎないのではないか。こうした疑問に答えるために、ジェームズとランゲが自身の身体説を支持するものとして挙げた理由を検討してみよう。

ジェームズとランゲの著作に出てくる議論はいくつかに区別できる。最も有名なのは、第1章で触れた引き算論法である。ジェームズは次のように述べている。「何らかの強い情動を想像し、次に、その情動についての意識から、その情動に特徴的な身体的徴候の感じをすべて取り去ってみよう。すると、情動を構成しうる「心的材料」は何も残っていないと気づくだろう。残されているのは、冷静で中立的な知覚状態だけである」(James 1884, p. 193)。ランゲもほとんど同じ議論を行っている。「おびえた人に伴っている身体的徴候を取り去ってみよう。すると、心拍はおだやかになり、ものをしっかりと見ることができるようになり、色は自然に見え、動作は素早く正確なものになり、口調ははっきりして、思考は明確になる――何らかのおびえがその人に残っているだろうか」(Lange 1812/1985, p. 675)。ポイントは、情動の現象学[★1]は身体変化の感覚で尽くされるようにみえるということだ。ここから示唆されるのは、身体変化は情動の結果ではなくむしろ原因だということである。

ジェームズはまた、倹約さという観点から自身の考えを支持している。心は身体変化を記録(register)できるということがわかっているが、もし情動が身体状態を記録する心的状態から構成されているなら、感情という現象を説明するためにさらなる別の機能を仮定する必要はないのだ。

第三の議論としてジェームズは、身体状態を意図的に変えることで情動に影響が出る可能性を指摘している。「自分がもっている望ましくない情動傾向に打ち勝とうと思ったら、まず初めは冷静に、その傾向とは反対で、身につけたいと望んでいる傾向の外面的な動作を熱心に続ける必要がある」(James 1884, p. 198)。この箇所は第2章で説明した顔面フィードバックからの教訓を予見している。笑顔は幸福感を生み出すということだ。

ランゲも関連する議論を提示している。彼は、情動はある種の薬によって誘発されうると述べている。アルコールは「悲嘆や恐怖……と深く関わる状態を打ち負かし、それらを楽しさや度胸に置き換える」(Lange 1885/1912, p. 676)。実際のところアルコールは抑制作用をもっているのだが、それは重要ではない。ポイントは、アルコールなどの物質は、身体に影響をもたらすことで情動に影響しうるということである。このことは、情動は身体状態(神経化学的なものも含む)を記録するものだという推測を支持する。

ランゲはまた、情動と身体状態の結びつきを示す言語学的証拠も挙げている。彼は、多くの情動用語は身体変化も指していると述べている。その例としてランゲが挙げているのは、shudder(身震いする/ぞっとする)と feverish(熱っぽい/熱狂的な)である。もちろん、他にも多くの例を挙げられるだろう。たとえば、heartache(心/心臓の痛み)、shocked(ショックをうける)、tense(緊張する)、agitated(興奮した)choked up(喉をつまらせる/ぐっとくる)など。こうしたパターンは、情動状態と身体状態の強い相関を示唆している。

他にもジェームズは、病理学的な事例に訴えた議論を行っている。彼は、一部の精神病患者は認知的に特定できる原因が何もないにもかかわらず情動を経験すると述べ、その原因は身体にあると示唆している。より重要なのは、情動が鈍ったと報告した一部の患者が、身体の感じも減退したと報告していることである。

ジェームズは、完全な身体感覚喪失の患者が自身の理論を支持する決定的な経験的テストになると述べている。もし情動が身体変化を記録しているなら、そうした患者は情動反応が減退するはずである。ジェームズは一九八四年の論文でそうした患者の一人に触れている。その患者を担当する医者は患者が依然として強い情動の兆候をみせると述べているが、それについてジェームズは、医者の所見は患者が行った内観に基づく証言ではなく患者の行動に基づいていると不満を述べている。だが、ジェームズの後の論文では彼を安心させる事例が挙げられている。それは、負傷や催眠によって広域的に身体感覚喪失を経験した人を診たフランス人医師が、そうした患者は情動に大きな減退がみられることを発見したというものである（James, 1894, p. 314）。

ジェームズより数十年後になって、研究者たちはこの問題を再び取り上げるようになった。新ジェームズ主義を唱えるダマシオは、脊髄損傷の患者についてのホフマンの研究を引用している（Damasio 1999）。ホフマンによると、脊髄損傷をもつ患者が（悲しみは例外として）多くの情動経験が抑えられていると報告している（Hohmann 1966）。さらに目を引くホフマンの発見は、脊髄のどの部分を損傷しているかに応じて減退の度合いが異なるというものである。上部の損傷は身体的なフィードバックをかなりの度合いで減退させるが、それに対応して、感情にもかなりの減退が生じるのだ。またこの結果はまたヴァリンズの次の研究とも整合的である（Valins 1966）。それは、健常な被験者に性的な写真を見せ、見ているあいだに偽の鼓動の聴覚的フィードバックを聞かせるというものである。鼓動が早くなったと考えた被験者は、そのとき見ている写真をより魅力的だと思い、そして、実験に参加する報酬をもらう代わりにその写真を持ち帰ることがたびたびあった。

こうした結果は長いあいだ疑われてこなかった。しかし、似たような研究を行ったクワーリッチとディーナーとギャラガーは、まったく異なる結果を導き出している（Chwalisz, Diener, and Gallagher 1988）。そこでは、脊髄損傷の患者は情動が強まると報告されており、さらに、少なくとも一つの情動、恐怖については、統制グループよりも高い評定が与えられるという。なぜこうした相反する結果があるのだろうか。クワーリッチらはいくつか可能性を示唆している。まず、ホフマンの患者は、自分自身の情動状態について不正確な報告をしていたのかもしれない。一九六〇年代の治療の現場では、自身の障害に対してストイックな態度をとることが患者に推奨されていた。さらに、ホフマンの患者は対比効果を受けていたのかもしれない。つまり、損傷を受けたトラウマがかなり大きく、損傷後の情動はすべてトラウマと比べると鈍くみえたのかもしれないのだ。また、患者が報告した情動の減退は、加齢からくる自然なものであるかもしれない。最後の可能性は、患者の健康状態では活発な生活が阻害されるため、それによって情動の減退が生じた、というものである。脊髄損傷の患者により活発に生活するよう推奨すれば、情動経験は豊かになるかもしれない。

このようなかたちで実験結果が対立していると、どちらが正しいのかを決めるのは困難である。ひょっとすると、クワーリッチらの患者は、障害という目で見られたくないために、ありのままの情動を報告しなかったのかもしれない。あるいは、患者は過去の情動を思い出すことができなかっただけかもしれない。というのも、情動を思い出すためには身体を再びその情動を経験したときの状態にする必要があり、そして、患者にはそれがもはやできないという可能性があるからだ。とはいえ、いずれにせよクワーリッチらの発見は情動の身体説を否定するものではない。第1章で述べたとおり、ダマシオもジェームズも、身体変化を探知する機能をもつ脳中枢が活動すれば、その活動がどのように生み出されたにせよ、情動が経験されると考えている。われわれは実際に見ていない対象の視覚的イメージをもてるが、それと同じように、身体変化がなくともわれわれは身体的な感じをもちうると考えているのだ。ダマシオの用語を使えば、身体状態に関わる脳中枢は、身体をバイパスした「あたかもループ」によって作動しうるのである。さらにダマシオは、情動を支える身体変化には表情や神経化学的なものも含まれると述べているが、これらはどちらも脊髄損傷を負った後でも探知されうるものである。

ダマシオは、情動の身体的基礎を支持するいくつかの直接的な証拠を挙げ、ジェームズ流の主張をさらに推し進めている。ダマシオが挙げているニューロイメージング研究では、情動が誘発されているあいだに身体にかかわる脳中枢が活動することが示されている（Damasio et al. 2000）。人が情動を経験するとき、身体変化を探知する脳領域が活動しているというのだ。そうした脳中枢は、われわれの情動状態の神経相関項であるかもしれない。このこと〔ダマシオのハイテクな論点〕とジェームズとランゲが作ったローテクな論点を合わせると、情動と身体状態のあいだには、最低でも、規則的な相関があると信じる圧倒的な理由があるように思われる。身体的に誘発される情動、脊髄損傷、そしてニューロイメージング研究が示唆するのは、情動は身体変化の因果的帰結だということである。情動は身体変化を記録する状態なのだ。これが正しいなら、身体変化は情動を引き起こすことが可能なものであるに違いない。このことは、情動はすべてそれに先行する何らかの身体的動揺の結果だということを意味しているわけではないが、身体的動揺が情動の信頼のおける原因であることを実際に示唆している。情動はまさに身体変化の知覚だと思われるのだ。そのため私は、身体説はまったく正しいと考えている。

ここで、表象の話に戻ることができる。情動の状態の信頼のおける原因が身体変化であるなら、身体変化は情動が表象しているものの候補になるだろう。ひょっとすると、怒りは、拡張した血管やしかめっ面を表象しているのかもしれない。こうした結論は身体説から直接導かれるように思われる。つまり、もし情動が身体変化の知覚であるなら、情動は身体変化を表象していると思われるのだ。というのも、知覚は表象だからである。

しかし、実際のところ話はもう少々込み入っている。「情動は身体変化の知覚だ」と言うときに私が意味しているのは、「情動は、身体の変化を記録する体性感覚（somatosensory）システムに含まれる状態だ」ということだけである。ついさっき挙げた証拠が示していると思われるのはこれだけでしかない。だがここで、「記録」と「表象」を区別することが役に立つ。以降は「記録」という語を〈身体状態はそれを信頼のおける仕方で作動させた原因を記録している〉というように用いる。情動は明らかに身体変化を「記録」しているが、情動が何を表象しているのかについてはさらなる問題がある。それは、視覚システムのという違いと類比的に考えられるかもしれない。目下のところ検討されている表象理論では、信頼出来る因果は表象に十分ではない。表象にはさらに、〔特定のものを表象するための〕機能が備わっていなければならないのである。たとえば、視覚的状態は形を表象する機能をもっている。これと同じく、情動が身体状態を表象していると主張するためには、さらなる前提が必要である。もし怒りが表象しているのが拡張した血管であるなら、怒りは、拡張した血管を探知する機能をもっているだろう。

では、情動は身体変化を探知する機能をもっているのだろうか。情動は身体変化を探知するために備わったものなのだろうか。一見したところ、そうだと思われるだろう。情動と身体の結びつきは自然選択の結果だと考えるのは理にかなっている。情動と身体状態のある種の相関は、人間の生物学的構造の基礎的で普遍的な特徴である（第5章を参照）。そうすると次に、情動は身体変化を探知するために人間のゲノムに組み込まれたのか、という疑問がわく。進化によって人間が情動を獲得したのは、血管や顔、骨格筋についての情報を担うためなのだろうか。こうした進化論的問題に答えるのは困難だが（これについては後でもう少し扱う）、しかし、少なくとも、そうではないと考える余地があるのは確かである。

進化によって選択されるのは、生存に有利になるものである。もし情動が身体変化を探知するために進化によって人間に備わったものなら、身体変化の探知は生存に有利なものであるはずだ。しかし、この仮説は奇妙である。自分の血管が収縮していると知ることでなぜ有利になるのかよくわからない。血管の収縮を知ること自体は、生存のためにとくに役に立たないだろう。

さらに、消費者側の情動反応を考えると問題はより深刻になる。言い換えると、情動はどのように使われているか、ということだ。たとえば、怖くなったら逃げ出すといったように、情動は行動反応を促す。だが、情動が身体変化を表象しているのだとしたら、そのことは理解できないものになってしまう。鼓動が早くなったら逃げだすべきだというのだろうか。また、情動は意思決定において一定の役割を果たしている。ダマシオはこのことを中心的な研究テーマにしてきた。彼はとくに、前頭葉の腹内側部に損傷をもつ患者に関心をもっている。そうした患者のなかで最も有名なのは、一九世紀のフィネアス・ゲージだ。彼は建設現場の監督であったが、事故のために腹内側部に損傷を負ってしまった。彼は誤って長い鉄の棒でむきだしになった火薬を叩いてしまい、そのときの爆発によって飛ばされた鉄の棒が彼の頭を貫通したのである。彼はその事故の後も生きながらえたが、合理的な意思決定能力は深刻なまでに駄目になってしまった。腹内側部を損傷した患者は、記憶・ＩＱ・言語・知覚能力に深刻な低下はみられないが、生活が悲惨でうまくいかなくなってしまうのである。そうした患者は信頼できないパートナーと提携したり、親密な関係を維持できなくなったり、その他にもさまざまな良くない決定を下してしまう。ゲージだけでなく似たような損傷をもつ現代の患者にも、実際にこうしたことが起きている。ダマシオは、こうした問題の原因は情動の欠陥にあると考えている。とりわけ、腹内側部に損傷を負った患者は、決定行為の結果としてどのような情動が生じるか予期できない。この説明はかなり否定しがたいものであるが、私が思うに、この説明は実際のところダマシオの情動理論に難問を突きつけることになる。意識決定に情動が用いられているということは、表向きには、情動は身体状態の変化を表象しているというダマシオの主張とは相容れないのである。

まず、行為の結果となる情動を予期できないと良くない意思決定をしてしまうと想定しよう。そして、この想定と、情動は身体状態を表象しているという提案を組み合わせてみよう。すると、特定の行為を選択したときに身体がどう変化するかを予期できない場合、良くない仕方で考えてしまう、という結論が出てくる。だが、この結論が正しいと考える理由はよくわからない。たとえば、一連の行為が血管を拡張させるか収縮させるかを私が知らないとしよう。それを知らないからといって、無謀なことをしてしまうのだろうか。仮にそうだとしても、なぜそうなのか明らかではない。

ダマシオはこの問題を認識しており、そして、私が行きたくはない解決方針に向かってしまう（Damasio 1994, p. 139）。彼はジェームズやランゲに背を向け、情動を、評価と組み合わさった身体変化の知覚とみなすべきだと言うのである。情動は知覚と認知の複合物だというのだ。彼が示唆しているのは、情動に認知的な要素が含まれていると想定しないかぎり、情動が推論に寄与することが理解できないということである。だが私はこの方針は不要だと考えている。情動が消費者にどう使われているかを説明するために、認知的な評価を導入する必要はない。むしろ、情動は身体の知覚だという前提は認めつつ、情動が身体変化を表象している（あるいは身体だけを表象している）という考えを否定すべきである。情動は血管系の変化以上のものを探知すると強く主張すべきなのだ。そうしない限り、情動が生存のための利点を与えることにはならないし、［意思決定に貢献するという］一見して明らかな使われ方を理解することができなくなる。

### 情動の誘因

私が検討したいのは、情動が表象しているのは身体状態ではなく、身体の外にある事物だという可能性である。そもそも、情動が身体の内側から始まるということはめったにない。たいていは何らかの外的状況によって誘発される。情動が外的条件を表象するためには、情動はそうした条件によって信頼のおける仕方で引き起こされていなければならない。情動は身体状態によって信頼のおける仕方で引き起こされうると考える理由はあるが、では、そうした身体状態を引き起こす信頼のおける原因が身体の外側にあると考える理由はあるだろうか。

一見するとないように思われる。情動の外的原因にはかなりの多様性があるからだ。私に恐怖や怒りを生じさせる物事が、あなたには快適さや喜びを生じさせるかもしれない。政治的な意見の不一致は、こうした違いのために生じることが多い。同様に、ある文化で好ましい・心地よいとみなされるものが、別の文化では気持ち悪いとみなされることがある。ギアッ（Geertz 1973）の報告によれば、バリ島の人々が赤ん坊のはいはいを見ると、人間ではない動物を連想してしまうために嫌悪感をもつそうである（このことはJohnsonLaird & Oatley 2000で引用されている）。嫌悪の多様性を示す別の有名な例としては、食べ物の好みがある。西洋の人が好みとする乳製品の味は、世界の大多数の人には不快に感じられる。

だが、こうした違いの背後に一致するものも見つけられる。怖いものに怯えたり、侮辱的なものに腹を立てたり、不快なものを嫌悪したり、喜ばしいもので楽しくなったりすることは、すべての人にみられる。何を怖いとみなすかに不一致はあるが、自分にとって怖いものを恐れるということはすべての人に共通する。この「自分にとって」が重要である。これが示唆しているのは、情動は自分に関わるものによって誘発されるということである。つまり、情動は、外的状態と自分との関係を表象していると考えられるのだ。情動が表象しているのは、有機体と環境との関係なのである。

心的表象が有機体と環境との関係を表象するというのは珍しくはない。知覚状態や概念、信念もそうである。私は対象を自分の目の前にあるものとして表象したり、対象を自分がおいしく感じるものに分類したりするかもしれない。また、目の前にある食事は自分がおいしく感じるものだという信念を形成するかもしれない。いずれの場合でも、私は対象を自分と関係づけて表象している。それと同じく、恐怖が表象しているのは、自分にとって恐ろしいものだろう。

この提案はスタート地点として良さそうだが、よくない循環が含まれている。恐怖が表象しているのは自分にとって怖いという性質だと言うことは、恐怖は何であれ自分を怖がらせるものを表象すると言っているのとほぼ同じである。だがこれは、恐怖は何であれ恐怖を生じさせるものを表象していると言っているに等しい。そうすると何も洞察がないことになる。さらに問題なのは、この提案にしたがうと、恐怖が誤って生じる可能性がなくなりそうにみえる点である。もし恐怖が表象しているのが何であれ自分に恐怖を引き起こすものであるなら、私が怖がっているときはいつでも、私の恐怖は正確ないし正しいものである。だがこれは、ドレツキが表象に課した制約に反する。表象は誤表象することが可能でなければならないのである。

こうした循環を避けようとする方法はいくつかある。一つの選択肢は、情動は二次性質だと主張することだ。二次性質という用語を作り出し、それを色に適用させた議論を行ったロックによれば、〈赤さ〉という性質は、〈われわれに特定の経験を引き起こす力をもつ〉という性質である（Locke 1690/1979）。赤い対象とは、われわれに赤さの経験を引き起こす対象なのである。こうした考えは循環していない。というのも、赤さの経験は、それに特有の感じによって特徴づけることができ、その特徴づけに赤い対象への参照は必要ないからである。そして、二次性質は誤りを認められるものである。赤さは、通常の人間に通常の視覚的観察条件のもとで赤の経験を引き起こすものだと言うことができる。そうすると、自分の眼を指で数秒押した結果として赤の経験をもつとしても、私の指が赤いということにはならない。というのも、指で押すのは通常の視覚的観察条件ではないからである。これと同じように考えて、恐怖は二次性質だと言えるかもしれない。つまり、恐怖が表象しているのは、〈通常の人間に通常の条件のもとで恐怖の経験を引き起こす力をもつ〉という性質だと言えるかもしれないのである。

だが私は、このように特徴づけた二次性質説は不十分だと考えている。第一に、恐怖が表象しているのはわれわれに特定の経験を引き起こす物事だという提案は、恐怖を引き起こすさまざまな物事に共通の特徴が何であるかを何も明らかにしていない。なぜ特定のものが恐怖を生じさせ、別のものは生じさせないのだろうか。

第二に、恐怖の経験と色の経験には重要な違いがある。まず、色を表象する心的状態に伴う意識的な感じは、世界の側に投影されている。われわれが赤さを経験するとき、われわれはその赤さを、対象の表面のところにあるものとして経験する。だが情動はそうではない。たとえば激怒したときの感じは、怒りの対象に投影されるのではなく、われわれのうちにある状態として経験されている。

第三の懸念は、厳密に言えば二次性質は反応依存的な性質であることから導かれる。反応依存的な性質をPすると、Pは、経験や判断といった人間の心的状態によってPであると表象されることなしには存在しないものである。そして、赤さという性質は反応依存的な性質だと言われることもある。赤いものとして（理想的な条件下で）表象されることなしに、何かが赤いということは不可能だと考えられるのである。私が思うに、情動はこうした厳密な意味での反応依存的な性質ではない。私の考えが正しければ、ここから恐怖は怖さという性質を表象しているという同語反復的な主張の弱点が示される。怖さはまず間違いなく反応依存的な性質である。というのも、何かを怖いものとして表象することなしに、それが怖いということはないからだ。だが、恐怖によって表象されている性質は反応依存的ではない。このことを示すため、私は二次性質説に代わる考え提示する。

何らかの特定の情動を誘発する物事はさまざまあるが、どの情動についても、そうした多様性の背後に、当該の情動を誘発する共通のテーマを見つけることができる。例として、悲しみを引き起こしうるいくつかの物事を考えてみよう。子供の死、中東の政治的危機に関する報告、離婚、解雇、不採用通知、悪い成績、お気に入りのサングラスを置き忘れる、悪い天気予報、などなど。こうした誘因は悲惨なものから些細なものまで多岐にわたり、それぞれに関係する出来事はまったく異なっている。しかしそれでも、これらはある一点で似ている。どれも価値あるものの喪失が関わっているのだ。失われているのは、愛する人、世界平和の願い、夫婦関係、仕事、大事な持ち物、自己評価、資産の利用可能性、その他さまざまな物事である。これらの物事はそれぞれ異なっているが、どれもが失われうるものであり、どれも価値があり、失うと悲しみが生じるものである。このように、悲しみは喪失によって誘発され、喪失は価値あるものの消失として定義される、という説明は筋が通っている。この分析は、人によって悲しむ物事が違うことを説明する。子供が死んで笑うようなサディストが悲しんでいないのは、子供の命を価値あるものとみなしていないからである。だが、彼が価値を置くもの、たとえば人を餌食にする自由を失えば、彼もまた悲しむだろう。

ここで、いくつかの用語を導入するのがいいだろう。情動は有機体が実際に直面している環境の条件によって引き起こされうるが、想像された条件によっても引き起こされうる。たとえば、将来の出来事を考えたときにも情動が生じるだろう。情動を誘発する（現実ないし想像された）条件を「情動の対象」と呼ぶことができる。しかしケニーは、スコラ哲学の区別を引き合いに出しつつ、情動は二種類の対象をもちうると指摘している（Kenny 1963）。一つめの「個別的対象（particular object）」は情動を誘発した出来事そのものであり、もう一つの「形式的対象（formal object）」は、それがあるためにその出来事（個別的対象）が情動を誘発することになった性質である。たとえば、子供の死は悲しみの個別的対象だろうが、その出来事が悲しみを引き起こしたのは、その出来事に含まれる〈喪失〉という性質のためである。この〈喪失〉という性質が悲しみの形式的対象なのだ。そして、情動が表象するのは個別的対象ではなく形式的対象である。悲しみというエピソードはさまざまな個別的対象に関わりうるが、それぞれのエピソードにおける悲しみが表象しているのは喪失なのである。

哲学の文献では、このことに関するいくらかの混乱がみられる。情動は志向性をもつという考えは、情動は何らかの個別的な出来事に向けられうるということを根拠に主張されることが多い。こうした考えにしたがえば、悲しみは志向的であるに違いない。というのも、人が悲しむときはいつでも、何らかのものについて悲しんでいるからである（たとえば Pitcher 1965）。それとは対照的に、憂鬱さのような気分は非

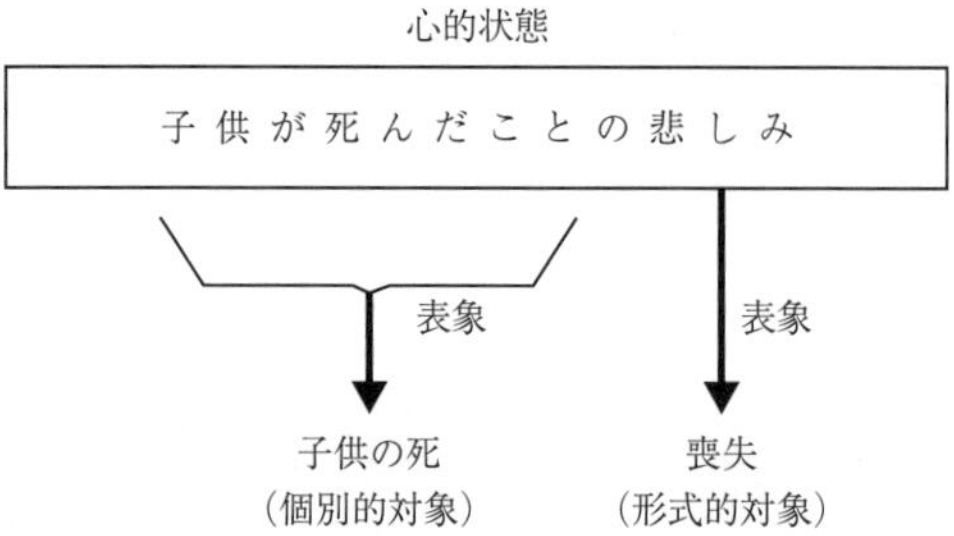


図3.1　情動の形式的対象と個別的対象

志向的であると言われたりする。というのも、気分は何か特定の物事に向けられているわけではないからだ（詳しくは第8章）。だが、こうした議論はよくない。情動は個別的な出来事に向けられているという点は理解できるが、だからといって、情動がその出来事を表象しているということになるわけではない。むしろ、そうした出来事は、情動と組み合わさった心的状態によって表象されているのである。私が子供の死について悲しむとき、私は子供の死についての表象〔子供が死んだという考え〕をもち、そして、その表象に伴った〔その考えとは別の〕悲しみをもっている。悲しみは死を表象しているわけではない。私の悲しみが死についてのものだということは、私の悲しみが死を表象しているということを意味しない。むしろ、死は私に悲しみを生じさせるということを意味しているのである。私は、悲しみがおさまったでも子供の死について考え続ける場合があり、また、子供の死についての考えがおさまった後でも悲しみ続ける場合がある。情動の個別的対象についての心的表象は、このように二重の意味で、情動を誘発したものから切り離されうるのである。

　しかし、だからといって情動は志向性をもたないというわけではない。情動にはさまざまな表象が伴いうるだろうが、それとは独立に、情動そのものも志向的である。ここでケニーの形式的対象が登場する。悲しみは価値あるものの喪失を表象しているのである。私が子供の死を悲しんでいるとき、私は、子供の死に対応する表象〔子供が死んだという考え〕をもっているが、それとは別の表象として悲しみをもち、その悲しみは喪失に対応しているのである（図3・1参照）。二つの表象が組み合わさったものは、〈子供の死は私にとって喪失である〉ということ意味する複合的な表象とみなせるだろう。この複合体は、「子供が死んでしまったのでとんでもない喪失が生じた」といったことを意味していると考えられるだろう。これと関連して、個別的対象の表象と情動がどのように結びつくかについてもう少し言うべきことがあるが、それについては第8章で取り上げよう。しばらく個別的対象は脇に置き、情動が表象する形式的対象について検討する。

　この提案は循環を避けるために使える。悲しみは人を悲しくさせたものを表象していると言うのではなく、悲しみは喪失を表象している（あるいは、喪失・欠乏・失敗といった、喪失に緊密に関連するものの選言を表象している）と言うことができる。喪失は有機体の状態ではない。つまり身体状態ではないのである。だが、完全に外的なものでもない。サディストの事例からわかる通り、喪失は必ず有機体の価値づけに相対的である。喪失は関係的性質である。言い換えると、喪失とは有機体が価値づけたものの消失なのである。悲しみが表象しているのは、自分が価値あるものとみなしたものの消失なのである。

　一見したところこの提案は、情動は反応依存的な性質を表象しているという主張と整合的にみえる。というのも、〈価値づけられる〉ということは反応依存的な性質だからだ。心的状態の対象となることなしに（つまり、価値づけられることなしに）、何かが価値をもつということは不可能である。そうすると、適切な意味では、心的対象となることなく何かが喪失であることは不可能だということになる。だが、価値づけられることと喪失であることの違いに注意すべきである。何かが価値あるものとして表象されるとき、それがそのように表象されることは、それが価値づけられることを構成している。私がペットの亀を価値づけなくなれば、亀は私にとって価値あるものではなくなるだろう。しかし、私はペットの亀を価値づけており、そして、その亀が死んだとしよう。私は亀の死を悲しみ、亀の死を喪失として表象するだろう。

だが、亀の死は、たとえ私がそれを喪失として〔実際に〕表象していなくとも、喪失である。たとえば、亀が死んだと私が知る前でも、亀の死は〔私にとっての〕喪失である。何が喪失とみなされるかは価値づけに依存しているが、何が喪失であるかは、喪失として表象されること〔喪失の表象が実際に生じること〕には依存していない〔喪失として表象されていない出来事も自分にとっての喪失になる〕。喪失には〈価値づけられる〉という反応依存的な性質が含まれているが、喪失それ自体は反応依存的な性質ではない。

他の情動にも同じことが言える。たとえば恐怖は、〈危険である〉という性質を表象しているだろうが、〈危険である〉という性質は、〈毒である〉という性質と同じように、関係的で相対的なものである。特定の事物は特定の生物にとってのみ危険であり、それが危険であるかどうかは生物種に依存している。しかし、〈危険である〉ということは、危険なものとして〔実際に〕表象されることに依存しているわけではない。たとえば、放射線は危険であると知らなくとも、放射線は危険なものである。そして恐怖は、それと同じようにして〈危険である〉という性質を表象している。つまり、自分が恐れてはいない事物が〈危険である〉という性質をもつ場合があるとしても、恐怖が表象するものは〈危険である〉という性質なのである。恐怖も、悲しみと同じく、反応依存的な性質を表象しているわけではないのだ。

より難しい情動は驚き（surprise）である。驚きは予想が裏切られたことを表象しているだろう。そして、直観的には、予想を裏切るものとして表象されていないものは、予期せぬものではありえないと思われる。そして、この直観はわれわれを迷わせる。予期せぬものは、期待と一致していないものでなければならない。こうした性質をもつ対象は、当の対象がその性質をもっているとわれわれが知らなかったとしても、その性質をもっている。この点を強調して、驚かれるものは赤いものと同じく二次性質だと反論する人もいるかもしれない。というのも、驚かれるものは、われわれを特定の状態にさせる〔驚かせる〕傾向性であるからだ。われわれに驚きを生じさせる力をもたないものは、驚かれるものではないだろう。こうした主張は正しいかもしれないが、次のように定式化するとこの考えの欠点がすぐわかる。すなわち、驚きが表象しているのは〈驚きである〉という性質だ、というものである。だが、もし驚きの反応が「この出来事はこの〔驚きという〕状態を私に引き起こす性質をもっている」ということを意味しているならば、この反応はあまり役には立たないだろう。むしろ驚きは「私はこの出来事を予期していなかった」ということを意味していそうである。そして、このことは、私を実際に驚かせない出来事にはあてはまらないものである。こうした分析では、驚きは悲しみと同じく、私の心理状態（予期）を直接的に指し示している。だが、悲しみに心理状態への指示が含まれるからといって、悲しみが反応依存的な性質を表象していることが含意されるわけではなかった。むしろ、含意されているのは、悲しみは関係的性質を表象しているということである。そしてこのことは、他の情動にもきわめて一般的にあてはまるのである。

情動が反応依存的な性質を表象していないなら、情動は二次性質を表象していないことになる。というのも、標準的な定義によれば二次性質は反応依存的な性質だからだ。さらに、二次性質の表象がどのように誤って生じうるかの説明には困難がつきものである。もし赤さが赤の経験を引き起こす力であるなら、赤の経験はすべて赤いものを表象している〔そのため、誤りは存在しないかのように〕思われる。二次性質についての誤りは、以前に説明したように、通常の観察条件に訴えて説明されるのが一般的である。こうした戦略でうまくいくこともあるかもしれないが、多くの困難に直面することは確かである。たとえば、何を「通常の条件」とみなすかを決めるのは困難である。しかし、悲しみが喪失を表象しているという仮説では、こうした困難は生じない。何も喪失されていないのに悲しみが生じる場合がある。こうした誤った表象は、ある種の薬（たとえばアルコール）、聴いている音楽、さらには、悲しみの表象を作るといったことの影響で生じうる。また、鬱病の場合には、何の喪失もないのに慢性的な悲しみを感じる場合がある（これについては第10章でより詳しく論じる）。そうした事例は、悲しみが喪失を表象しているという提案を脅かすものではない。むしろ反対に、「表象は誤って生じうる」というドレツキの制約をこの提案が満たせることを示している。

悲しみは喪失を表象するという主張は、ラザルスの示唆と呼応している。第1章でみたように、ラザルスは、それぞれの情動はそれぞれ異なる中心的関係テーマに対応していると考えていた。彼の特徴づけによれば、悲しみは、主体が「取り返しがつかない喪失を経験した」ときにもつ状態である。「取り返しがつかない」という表現は、私が考察してきた提案をうまく言い表している。悲しみは、ある意味では実際に、取り返しのつかない喪失を表象しているだろう。死や拒絶、悪い成績といったものはすべて、この言い回しにぴったりだ。

ラザルスのリストにあった他の中心的関係テーマも、他の情動が表象しているものの良い候補である（表1・2を見返してみよう）。そこで挙げられているテーマはどれも、対応する情動がそれによって生じるように備え付けられたものとしてよく考えられている。悲しみは取り返しがつかない喪失についてのものであり、嫌悪は文字通りないし比喩的に消化できないものについて、恐怖は具体的な危険についてのものである。

しかし、ラザルスが情動をこのように特徴づけるとは限らない。情動は中心的関係テーマを表象しているという主張に同意するかもしれないが、そのことは彼がリストを挙げる主要な目的ではない。というのも、ラザルスにとって中心的関係テーマは、情動を引き起こす外的条件にすぎないわけではないからである。むしろ、中心的関係テーマは、情動をもつ過程で下されている内的な判断に対応すると考えられている。より正確に言えば、中心的関係テーマは、六つの評価次元に沿ってなされる判断の要約である。私はすでにラザルスの多次元評価説に反対する議論を行った。私は、中心的関係テーマが内的な判断を捉えたものだとは思っていない。まして、六つの評価次元に沿ったものでもない。中心的関係テーマは、情動の構造を捉えたものでも、情動に必ず付随する他の心的表象を捉えたものではない。われわれは「取り返しのつかない喪失があった」という判断を形成することができるが、そう判断することはめったにない。悲しみはそうした判断なしに生じうる。しかし、悲しみはそうした判断が表象しているものを表象している。悲しみは、そうした判断と同じ意味をもつが、異なる形式のものである。まず、判断は命題的態度である。ラザルスは、情動は命題的態度と結びつくと考えており、彼が挙げた中心的関係テーマのリストは、そうした態度に含まれている概念のおおまかな近似である。だが第2章で私は、情動は命題的態度ではないと主張した。それが正しいなら、ラザルスのリストを、情動の形式ではなく情動の内容についての説明として再解釈する必要がある。

ドレツキの理論では、中心的関係テーマのようなきわめて複雑なものも、きわめて単純なものによって表象されうることが示されている。この点を主張するために、ドレツキは単純な装置を引き合いにだすことが多い。たとえば、警察のレーダーで監視された領域に入ったことを知るために車に設置する「ファズバスター」を考えてみよう。ファズバスターは警察のレーダーを表象すると警告音を出す。しかし、警告音それ自体はまったく構造をもっていない。その警告音は、より下位の警告音に分解できるようなものではないのだ。たとえば、「レーダー」を意味する音と「警察」を意味する音が組み合わさって「警察のレーダー」の音となるわけではない。ファズバスターが出す音は、それが何を表象しているかを記述していないのである。警告音が警察のレーダーを表象するのは、警告音は警察のレーダーによって信頼のおける仕方で引き起こされるものであり、また、その目的のために備えつけられたものだからである。

これと同様に、情動は、中心的関係テーマを記述することなくそれを表象することができる。悲しみは、取り返しのつかないことを表象する部分と喪失を表象する別の部分をもつことなしに、取り返しのつかない悲しみを表象しうる。また、悲しみが生じるよりも前に、こうした二つの要素に分解できる何らかの表象が先行して生じている必要もない。なおさら、ラザルスの六つの評価次元的構造をもつ内的状態が先行して生じている必要もないだろう。評価説の支持者は多くの場合、情動によって表象されている複合的な性質と、情動を構成したり情動に先立って生じたりする内的表象を取り違えている。だが、ドレツキの理論が正しいなら、表象されているものが複雑だからといって、それを反映して表象も複雑になる必要はない。

まとめると、私は、情動は中心的関係テーマに対応すると考える点でラザルスに同意する。中心的関係テーマは情動が表象しているものである。しかし、中心的関係テーマは、情動のもつ内的構造や、情動に先行する何らかの心的状態の内的構造を捉えている必要はない。当面のあいだ、情動の構造や情動反応に寄与している他の内的状態の構造については中立的にしておく。

## 情報から表象へ

情動は中心的関係テーマを表象すると主張してきたが、ここまでの議論には一つ足りない前提がある。情動は確かに中心的関係テーマによって生じさせられる。言い換えれば、情動は福利に関わる関係的性質によって信頼のおける仕方で引き起こされる。しかし、表象には信頼のおける因果関係以上のものが必要とされる。ドレツキの説明によれば、心的状態が対象を表象するのは、その心的状態が対象によって引き起こされる機能をもつ場合のみである。そのため、情動は中心的関係テーマによって引き起こされる機能をもつことを示さなければならない。情動はそうした目的のために備わったと言う必要があるのだ。

悲しみは喪失を追跡している（track）が、なぜ悲しみは喪失を追跡するように備え付けられたと考えなければならないのだろうか。この前提を擁護するための一つ戦略は、文化を超えた普遍性に訴えるものだろう。もしすべての文化圏において同じテーマが同じ情動を引き起こすなら、その情動はそのテーマを追跡するために進化的に獲得されたものだと考えられるだろう。だが私は後で、多くの情動は文化を超えた普遍性をもたないと主張するつもりである（第6章）。さらに言えば、普遍性はそうした進化的な目的を示す証拠としては不十分である。情動が身体状態の変化によって引き起こされることは普遍的なのだが、しかし私は、情動は身体状態の変化を表象しているのではないと主張していた。恐怖は鼓動の速まりを表象していると言ってしまうと、われわれが生きていくなかで恐怖が果たす重要な役割が説明できなくなってしまう。つまり、どういった情動が帰結するかを予測できないことが良くない意思決定につながってしまうことが説明されないのである。むしろ、情動は中心的関係テーマを表象すると主張する方がかなりうまくいく。恐怖は心臓をモニターするものではなく、危険を警告するシステムであるようにみえる。われわれが逃げるのは危険に直面するからであって動悸が生じるからではない。この考えが鍵となる。

中心的関係テーマを探知する能力を考えると、〔前述のような〕行動をうまく説明することができる。さらに、情動がなぜ獲得されたのかもうまく説明できる。恐怖が（遺伝あるいは学習によって）獲得されたのは、恐怖があると危険から身を守るようになり、それによって生存に有利になるからかもしれない。怒りが獲得されたのは、同族からの攻撃にうまく対処するうえで役立つからかもしれない。悲しみが獲得されたのは、目をかけてきたものの喪失を記録できるからかもしれない。こうした提案は手始めとなるおおよその特徴づけにすぎない。重要なのは、中心的関係テーマはわれわれのニーズや利害に直接関わっているということである。

さらにもう一つ議論を付け加えたい。まず、情動は中心的関係テーマを信頼のおける仕方で探知しないと想定してみよう。情動は身体変化を探知しているが、そうした身体変化は主体の福利にとって何の重要性ももたない状況で生じるのである。この想定のもとでは、なぜこうした状態がなぜ遺伝的に継承されたり学習によって獲得されたりするのかがわからなくなってしまう。なぜそうしたものが備わったかが不明瞭になってしまうのだ。次に、これとは反対のことを想定してみよう。言い換えると、われわれは中心的関係テーマを追跡する心的状態をもっているが、その状態は身体変化を追跡していないとしてみよう。それでも依然として、その状態は生存のための利点を与えるものであり、(遺伝子や文化を通じて) 将来の世代に受け継がれるものだと言えるだろう。

まとめると、情動は身体変化と中心的関係テーマの両方によって信頼のおける仕方で引き起こされるが、後者を探知する機能しかたもたないと思われる[＊2]。この考えが正しいなら、中心的関係テーマは、情動によって表象されるための第二の基準を満たしている。情動は、中心的関係テーマによって引き起こされるために備え付けられているのだ。したがって私は、情動は中心的関係テーマを表象すると結論する。

## 身体へ持ち帰る

### 実質的内容と名目的内容

ラザルスの中心的関係テーマは、情動が表象しているものをうまく近似的に表している。ラザルスの誤りは、中心的関係テーマが頭のなかにある複合的な判断に対応すると考えた点にある。だが、そう考える必要はない。ある性質が表象される場合、たとえその性質がきわめて複雑なものだとしても、その性質は記述されることなく表象されうる。それがどのように可能であるかは、ドレツキが挙げた単純な装置の例で示されている。

ファズバスターの警告音は極端な例である。以前に述べたように、警告音には内的構造がまったくないが、それでも複合的な性質 (警察のレーダーがあること) を表象している。警告音は意味のある下位の音をもたない。こうした構造的でない表象を「表示器」と呼ぶことにしよう (Prinz 2002 を参照)。他方で、構造をもち、意味のある部分をもつことによって何かを表象するような表象を「探知器」と呼ぼう。

探知器についてはさらなる区別を設けておくのがいいだろう。ある種の探知機がもつ部分は、探知器全体が表象している性質の部分を表象する。たとえば、ある文字探知装置は、線や縁〔といった文字の部分〕を特定することを通して文字〔全体〕を特定する。その装置の内部状態には〔さまざまな長さ・位置の〕横線・縦線・斜線・曲線を捉える表示器が備わっているだろう。こうした表示器をいくつか集めると文字探知器になる。たとえば、二本の斜線が一点でくっつき、そのあいだに横線があるものを特定するように組み合わせると「A」探知器になる。この探知器はAという文字の部分を表示することによってAを探知する。そうした部分をもつことはAであるために不可欠だと考えられるだろう。そのため、こうした装置を「本質追跡探知器」と呼ぼう。

これとは違った仕方で働く探知器もある。つまり、本質ではなく外見を追跡するのである。ここで再び、犬を表象する概念について考えてみよう。犬であるためには複合的な生物学的性質をもっていなければならない。つまり、特定のゲノムをもっていたり、特定の系統群に属したりしていなければならないのである。われわれ、とくに〔知識がない〕個々人は、犬のゲノムをどのように記述して犬を進化的系統樹のどこに位置付けるかについて見当もつかないが、それでも犬を表象することができる。さらには、遺伝子や系統群という概念が成熟する前から、人は犬を表象することができていた。われわれの犬概念が特定のゲノムを表象するのは、その概念が特定のゲノムをもつ対象によって信頼のおける仕方で引き起こされるからである。このことは、われわれの犬概念は犬のいかなる特徴も記述していないということを意味しない。われわれの犬概念は、毛で覆われ、吠えて、尻尾を振る、等々のものとして明確に犬を表象しているだろう。われわれの犬概念が犬ゲノムをもつ対象によって信頼のおける仕方で引き起こされるのは、犬ゲノムをもつ対象は信頼のおける仕方で特定の外見をしているからである。われわれはそうした外見によって犬を追跡しているのである。そのため、犬概念は「外見追跡探知器」と呼べるだろう。

ここで、さらなる用語の区別を与えておこう。犬ゲノムなどの犬であるために本質的な性質を、犬概念の「実質的内容」と呼ぼう。他方で、われわれが犬を探知するために使っている特徴を、犬概念の「名目的内容」と呼ぼう（Prinz 2000, 2002を参照）。探知器は名目的内容を記録することで実質的内容を表象する。本質追跡探知器では実質的内容と名目的内容は一致しているが、外見追跡探知器では両者に違いがある。犬概念は犬の外見を介して信頼のおける仕方で引き起こされるのである。

心的表象はこのようにして働くことが多い（Prinz 2000）。つまり、より表面的な名目的内容を通して実質的内容を追跡するのである。このことは情動にとって問題になる。以前に主張したように、情動は中心的関係テーマを明確に記述することによってそれを探知しているわけではない。情動は本質追跡探知器ではないのである。だがこのことは、情動は構造をもたないということを意味しているわけではない。つまり、情動が表示器であることを意味しているわけではないのである。おそらく、情動は別の何かを記録することによって中心的関係テーマを表象している。しかし、情動が記録できるものとは何なのだろうか。そして、中心的関係テーマの表面的特徴とは何なのだろうか。情動の場合、毛で覆われているとか尻尾を振っているとかに相当するものは何なのか。

これに対する答えは、評価説の考えとジェームズ-ランゲ由来の考えを調停するという重大な取り組みになる。私が提示する考えは、情動は身体変化を記録することによって中心的関係テーマを追跡する、というものである。以前に私は、情動は身体の知覚であるという見解を支持する複数の根拠を畳み掛けて挙げていた。一見すると、そのことと情動は中心的関係テーマを表象しているという主張は両立しないようにみえるが、いまやこの緊張を解くことができる。犬概念が有毛性を介して犬を追跡するように、恐怖は動悸を介して危険を追跡すると言えるのである。情動は身体化されているのだ。情動は中心的関係テーマ

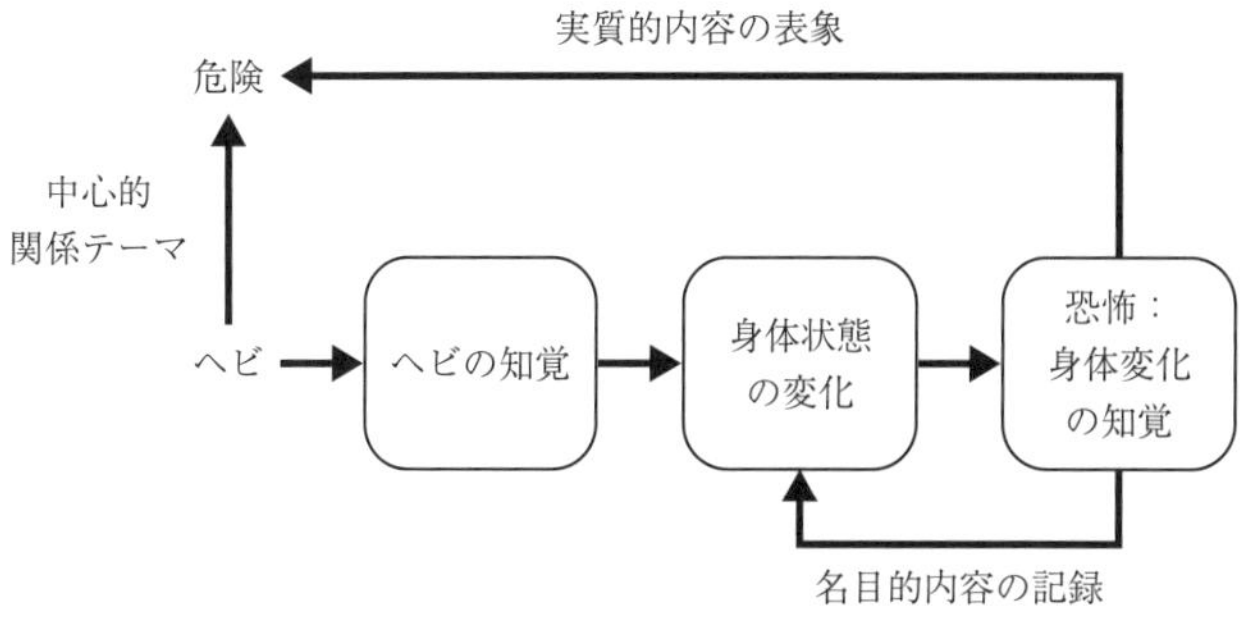


図3.2　情動の実質的内容と名目的内容

を表象しているが、それは身体変化の知覚を介して可能になるのである[＊3]。中心的関係テーマは情動の実質的内容であり、身体変化は名目的内容なのだ。図で表すと3・2のようになる。

この提案は次の疑問を呼ぶだろう。すなわち、身体変化を介して中心的関係テーマを追跡することが可能なのはなぜなのだろうか。それが可能であるためには、身体変化と中心的関係テーマが信頼のおける仕方で共に生じるものでなければならない。なぜそうなっているのだろうか。その答えは第1章ですでに示唆していた。身体変化が生じるのは、反応のための備えができるからである。鼓動が速まって血が巡ると、逃亡や戦闘などの行動をとるための備えができるのだ。

進化によって備わったさまざまな生理的反応は、間違いなく、人の祖先が直面してきたさまざまな状況に対処するためのものである。ヘビや這った虫が近づいてくるのを見たり、夜中に大きな影が動いているのを見たり、大きな物音や仲間の叫び声を聞いたり、捕食者が発しているかすかな臭いを嗅いだりしたとき、心臓の鼓動が速まるようになっている（他にもいくつかの生理的反応が伴うだろう）。こうした状況で生じる（鼓動の速まりなどの）生理的反応の集まりは、危険探知器として機能する。こうした状況でこれらの生理的反応が生じるのは、そう反応するに実装されているからである。危険な状況についての知覚経験は、適切な生理変化を引き起こすように実装されている。そうした実装には生得的なものも学習によって獲得されるものもある。後者の学習される恐怖反応は、系統発生的に原始的な仕組みを利用して獲得されるだろう。

恐怖をもたらす一連の出来事について考えてみよう。危険なことが起き、それが主体に知覚され、その知覚がさまざまな身体変化の引き金となる。その身体変化は別の状態によって記録される。その別の状態が、身体の知覚なのである。身体の知覚を直接的に引き起こしたのは身体変化だが、間接的には、それを引き起こしたのは一連の出来事の最初にある危険である。そのため身体の知覚は、身体変化に対する反応として、危険についての情報を担っている。その状態〔身体の知覚〕が恐怖なのである。この考えは、第1章で挙げた身体説に、身体の知覚がもつ意味論的性質に関する新しい論点を付け加えたものである。

この提案が正しいなら、情動は中心的関係テーマを明確に記述することなしにそれを表象することができる。情動は、有機体と環境のあいだの重要な関係と信頼のおける仕方で共に生じる身体状態を追跡しているため、情動は、有機体と環境の関係と信頼のおける仕方で共に生じるのである。それぞれの情動は、身体をモニターする内的な監視装置であると同時に、危険・恐怖・喪失といった重要な関心事を探知するものである。情動は内臓反応（gut reaction）なのだ。情動は身体を利用して、世界のなかでうまく立ち回る方法をわれわれに教えているのである。

## アドレナリン反論

私が提示してきた理論は、情動を、身体変化を記録する内的状態とみなす。ここから先の章では、この考えを改良・洗練させ、さまざまな反論から擁護する。だが、すぐさま検討しなければならない反論が一つある。情動は身体変化を記録する状態だと主張したが、そのために、ジェームズ－ランゲ説の擁護者を悩ませている問題が私にもふりかかってくるのだ。それは、同じ身体状態にさまざまな情動が結びつきうるという疑いである。さらには、情動ではない状態が情動に関係した身体変化を引き起こしうるのではないかという疑いもある。

この疑いはウォルター・キャノンの一九二七年の論文で述べられている。キャノンによれば、恐怖・激怒・急激な冷え・低血糖・窒息・発熱はすべて、内臓に同じように影響する（Cannon 1927）。さらには、強度が高ければ、喜び・悲しみ・嫌悪もそうした変化を引き起こしうるという。こうした主張を擁護するために、キャノンは、グレゴリオ・マラニョンの実験に訴えている（Marañon 1924）。その実験の被験者はアドレナリンを注射されるが、それによってどのような効果が出るかは教えられていない。そうした被験者が人生における情動に関連した重要な出来事（愛する人の死など）について考えると、それに関連した情動（悲しみなど）を経験しているかような感じをもつと報告した。そして、どういった情動が報告されるかは、生理的変化をどう解釈するかに応じて変わりうる（マラニョン自身は事前にこのことを想定していなかった）。だが、被験者の生理的変化はアドレナリンの注射によってコントロールされており、すべての被験者に同じ生理的変化が生じている。

この先駆的な実験は、第1章で取り上げたシャクターとシンガーの実験（Schachter & Singer 1962）の着想元となったものだ。その実験は、アドレナリンを（効果を知らされず）注射された後、侮辱的な質問用紙を与えられた被験者は怒りの兆候を示し、ふざけている人がいる部屋に入った被験者は幸せの兆候を示すというものだった。生理的状態（たとえば動悸）は同じでも、置かれた状況が異なれば、それに異なる解釈が与えられる。情動状態の違いは、異なる生理的状態にあることではなく、異なる解釈が与えられていることによって説明されるのである。

マラニョン、キャノン、シャクターが正しいなら、身体状態では異なる情動を区別できないし、さらに、情動と情動でないものも区別できない。もし情動を構成する内的状態が単なる身体変化への反応だとすると、われわれは異なる情動を区別できないはずだ〔が、そうではない〕。これをアドレナリン反論と呼ぼう。

アドレナリン反論には重要な仮定が二つある。一つめは、二人の被験者が示す情動的行動が異なる場合、それらの被験者は実際に異なる情動状態にあるというものである。そして二つめは、異なる情動的行動を示す被験者も実際に同じ生理的状態にあるというものだ。だが、どちらも反論の余地がある。

第二の仮定は、実験に参加した被験者全員が同じ薬を注射されているという事実に基づいている。そして、実験の初めに同じ薬を注射されると、実験の最後まで同じ生理的変化がもたらされていると考えられているのである。だが、この考えはかなり怪しい。二人の人がアドレナリンを注射された後で、（シャクターとシンガーの実験と同じように）それぞれ少し楽しい状況と少し腹立たしい状況に置かれるとしよう。どちらの状況も、通常の条件下では〔注射されていなかったら〕情動を引き起こさないほど軽いものであるかもしれない。だが、アドレナリンは情動反応が生じる確率をあげる触媒として働くだろう。ひとたび反応が生じた後でも、楽しい状況と腹立たしい状況とで生理的状態が同じだと考える理由はない。共通する一般的な生理的覚醒が脚色されたり補強されたりするかもしれず、その結果、それぞれ幸福と怒りに特有の生理的状態になるかもしれない。

次に、第一の仮定を考えよう。それは、異なる情動的行動を示す被験者は行動によって示される情動を実際に経験している、というものである。シャクターとシンガーの実験では、被験者の情動は二通りの方法で計測されている。一つは被験者の行動の観察、もう一つは被験者に自分の情動状態について尋ねるというものである。前者の行動の観察はシャクターとシンガーの予測を支持している。怒り条件の被験者は怒りの行動を示し、幸せ条件の被験者は幸せであるかのように行動する。とくに、怒り条件の被験者は侮辱的な質問用紙に文句をつける仕掛け人に同意し、幸せ条件の被験者は仕掛け人と一緒にふざけるのである。しかし、被験者に自分の情動を報告してもらうと、なんと、どちらの条件でも被験者は幸せだと報告したのである。さらには、実際のところ、アドレナリンがもたらす生理的影響を知らされていた被験者も幸せを経験したと報告している。この結果は、情動は生理的状態だけでなく解釈に依存するという想定と折り合いがつかない。ひょっとすると、被験者は全員わずかな幸福を経験していたのかもしれない。アドレナリンによって引き起こされた同じ生理的反応は、幸福に対する反応として十分かもしれないのだ。

こうした厄介な結果の説明として、シャクターとシンガーは、すべての条件の被験者が幸せだと報告しているのは、被験者が実験者を喜ばせようとしているからだと述べている。だがこの説明は信用できない。怒り条件の被験者はなぜ、侮辱的な質問用紙を渡してきた実験者を喜ばせようとするのか。また、〔幸せを経験したという〕言語報告は誤っているとみなす一方で、観察された怒りの行動は正しいとみなすのはなぜか。ひょっとすると、怒りの行動は、仕掛け人をなだめるためにとった演技かもしれない。言い換えると、被験者は実際には楽しさを感じていたが、激怒している仕掛け人に同情を示そうとして怒りの行動をみせたのかもしれないのである。端的に言えば、実際のところシャクターとシンガーの実験は、生理的状態が同じでありつつ情動が異なる場合はないという見解を支持しているのである（より詳しい批判としてはReisenzein［1983］を参照。そこではシャクターとシンガーの結果を再現しようといういくつかの試みがうまくいかなかったことが概説されている）。

したがって私は、アドレナリン反論を主張する人が置いている重要な二つの仮定は疑えると結論する。アドレナリン実験の被験者が異なる情動を経験していたかは確かではないし、被験者が同じ生理的状態にあったということも確かではない。だが、たとえこの二つの仮定が正しくとも、どのみちアドレナリン反論はうまくいっていない。まず、私が提示した情動理論では、情動は身体変化を記録する内的状態だと考えられている。そしてこの理論は、そうした内的状態が探知するように設計されている身体変化が実際に生じていなくとも、そうした状態が生じうる、という主張と両立する。たとえば、幸福は、どの情動であるかに中立的な覚醒と、それとは別の生理的変化P1から構成されているとしよう。そして幸福は、中立的な覚醒と生理的変化P2から構成されているとしよう。すると、一部は重なっているが、幸福と怒りは全体として異なる変化が関わることになる。ここで、通常は覚醒とP1が引き金となって生じる幸福の脳状態をB1として、覚醒とP2が引き金となって生じる怒りの脳状態をB2としてみよう。B1とB2は異なる脳状態である。最後に、B1とB2は、通常それを引き起こす生理的状態なしに生じうるとしてみよう。これらの想定がすべて正しいなら、シャクターとシンガーの実験の被験者は、P1とP2という異なる生理的状態になることなしに、異なる情動状態B1とB2になりうるのである。

ひょっとすると、中立的な覚醒はB1とB2両方の呼び水として十分かもしれない（覚醒は一時的に怒りと幸福の両方を経験する傾向を与えるのである）。そのときの生理状態（覚醒）は二つに中立的であっても、それに続く状況に応じた解釈によって脳状態がB1になるかB2になるかが決まるのかもしれない。そうすると、実際のところ身体は特定の情動に対応する生理的状態にないが、脳は身体がそうした状態にあると騙されてしまうのである。

この提案は、脳にはあたかもループがあるというダマシオの主張（Damasio 1994）と似ている。あたかもループは、通常の場合に生理的変化を記録する脳状態の活動を、その変化が実際に生じていない場合でも、引き起こしうる。それは生理的変化の心的イメージのようなものなのだ。あたかもループが存在するなら、同じ生理的条件下で異なる情動が生じるとしても、ダマシオの理論にとっても私の理論にとっても問題ではない。そのため、アドレナリン反論はうまくいっていないのである。

### 情動の生理学

これまでの考察は、生理的変化を記録する脳状態と情動状態とを同一視する提案に向けられた一つの反いる証拠は、それがあることを示唆している。

論を無効にするためのものである。そのポイントは提案を反論から守るためのものにすぎない。そのため個々の情動に特有の生理的状態があるということを示す積極的な証拠はまだ挙げられていない。だが、そうした状態が本当にあるのかについては議論が行われている最中である。現在のところ、すべての情動それぞれに対応する特有の生理的状態があることを示す決定的な証拠はない。とはいえ、すでに挙げられている証拠は、それがあることを示唆している。

注意してもらいたいが、私の提案は、それぞれの情動タイプに常に同じ生理的反応が伴うということを含意していない。実験室の動物の場合、恐怖が逃避行動を引き起こす場合もあれば硬直を引き起こす場合もある。これら二つの反応は異なる生理的変化によって裏書きされているだろう。たとえば、逃避の場合は心拍数の増加が生じるが、硬直の場合には血管の収縮や筋肉の緊張が生じるのかもしれない。恐怖反応とそれに伴う生理的状態のこうした違いは、人間にもみられるかもしれない。だがこのことは、恐怖に特有の生理的状態・変化がないことを示しているわけではない。恐怖やその他の情動には、それぞれ複数の生理的パターンが対応しているだろう。

こうした多様性を考慮すると、情動と身体状態のプロトタイプを結びつけて考えるのが一番いいと思われる。プロトタイプとは、一定の「診断的特徴」を部分として構成される心的表象である。また診断的特徴は、何かであると考える良い証拠にはなるが、それであるために不可欠とまではいかないものである。たとえば、吠える能力は犬であることの診断的特徴である。確かに吠えない犬もいるが（たとえばディンゴ〔オーストラリアに生息する野犬〕）、吠えるものの多くは犬である。犬プロトタイプは犬についての心的表象であり、その表象がもつ部分は一定の特徴（吠える、毛がある、足が四本ある、尻尾を振る、投げたものを取ってくる遊びをする、など）に対応している。そして、プロトライプはカテゴライズに使われる。こうしたプロトタイプは十分な数の診断的特徴が探知されたときに作動するが、情動と結びついた心的表象も同じように考えられる。恐怖の表象（つまり、危険の表象）は、危険な状況において十分に多くの身体変化が探知されたときに作動するのである。ある状況では硬直反応によって恐怖が生じるために十分になるが、別の状況では逃避反応によって恐怖が生じるために十分になるのかもしれない。ここから次の仮説が立てられる。すなわち、それぞれの情動はいくつかの異なる身体変化のパターンに反応するプロトタイプに対応しており、そして、それがあるために、情動は中心的関係テーマによって因果的に引き起こされるようになっている、というものである。

しかし、身体パターンでそれぞれの情動を区別できるのだろうか。結局のところ、恐怖の逃避反応と怒りの闘争反応では、使われている身体変化の多くが共通している。たとえば、どちらの反応にも心拍の上昇による血流の増加が必要である。生理的変化が行動傾向と結びついているとすると、情動は本当に生理的に区別できるのだろうか。だが、区別できると思われるのだ。

レベンソンとエクマンとフリーセンの実験では、六つの異なる情動に伴う生理的状態が計測されている(Levenson, Ekman, and Friesen 1990)。彼らの表向きの関心は、表情の変化が感情の変化をもたらすかどうかを突き止めることである。情動状態と共に生じる表情がいくつかあることがすでに知られているが、この実験の被験者はまずそうした表情を作るように指示される。その後で被験者は、どのような情動を経験したかを報告する。そして、これらの過程の最初から最後まで、被験者の心拍数・指の体温・皮膚の電気伝導率が計測されている。このときの被験者の報告としては、情動的な表情を作ると対応する情動を経験するというものが多いが、その報告はそのときの生理的変化とうまく対応しているのである。

その実験でレベンソンとエクマンとフリーセンはいくつかの生理的パターンを発見した。まず、計測されていた負のタイプの情動に伴う変化と、幸福に伴う変化に次のような違いがある。それは、心拍数の上昇は幸福よりも怒りや恐怖の方が高く、皮膚の電気伝統率の上昇は幸福よりも恐怖や嫌悪の方が高い、というものである。ここから示唆されるのは、正の情動と負の情動は生理的に区別できるということである。また、負の情動のあいだでも生理的な違いがみられた。怒り、恐怖、悲しみは、嫌悪よりも心拍の上昇が高く、恐怖よりも怒りの方が指の体温上昇が高かったのである。これまで挙げたものの他にも驚きが計測されていたが、実験者は驚きを正でも負でもないとみなした。そして驚きは、幸福よりも心拍上昇が低かった。

この実験結果が示唆しているのは、どの情動についても、特別に対応している単一の生理的次元などないということである。この点から情動が生理的に区別できることを疑う研究者もいる（たとえば、Cacioppo, Bernston, Larson, Poehlmann, & Ito 2000を参照）。しかし、その考えには根拠がない。実験結果は、計測されていたそれぞれの情動にはそれぞれ独自の影響パターンがあることを示唆している。この実験結果はわずかな生理的状態の計測から得られたものだが、もしレベンソンらが他の生理的反応（消化器・血管の収縮・呼吸・ホルモンなどの変化）も計測していれば、さらなる違いが明らかになっただろう。

とはいえ、レベンソンらのデータから言えることには二つの限界がある。まず、実験者が覚醒のレベルを操作していないことが問題となる。〔計測されていた〕情動はどれも、表情を意図的に変化させることで誘発されたものだが、そうした変化では弱い情動しか誘発できないだろう。こうした実験では、情動が強い場合にはそれぞれの情動に伴う生理的状態にあまり違いがでないという可能性を排除できない。ひょっとすると、強い幸福は絶望や激怒と同じ身体状態をもつかもしれない。強い情動の場合に生理的な違いが曖昧になると考える明確な理由はないのだが、その真偽は今後の実験に委ねられる。

より深刻なのは、レベンソンらが調べた情動が六つだけだという点である。彼らは、その六つをとりわけ基本的な情動だとみなしていた。だが、調べる情動の種類を増やして、恥・嫉妬・軽蔑・困惑・憤慨などを加えていたら、結果がどうなっていたかはわからない。ひょっとすると、いま挙げた情動には特有の生理的状態などなかったり、あるいは、強い生理的反応などまったくなかったりするかもしれない。

この問題は第4章と第5章で詳しく取り上げる。当面のあいだは、いくつかの情動には特有の生理的反応のパターンが伴っているようにみえるという結論で満足しておくべきだろう。

## 評価の位置づけ

### 情動の内的原因

なかなか消えない懸念がもう一つある。外的対象によって情動が引き起こされるとき、その対象と身体変化とのあいだに直接的な因果的結びつきはない。だが、くねくねしたヘビと主体の皮膚とのあいだを媒介する結びつきがなければ、ヘビが皮膚のむずがゆさを引き起こすことはないだろう。そのため、ヘビを探知する何らかの内的状態があり、それが生理的変化を生じさせているに違いない。情動には内的原因があるはずなのだ。ラザルスを支持する人は、ここが非身体性の評価的判断の出番だと言うかもしれない。鼓動が速まるのは、必ず、非身体性の概念を使って状況を危険なものと評価した後だと言うのである。そうだとすると、私が提案したモデルも、実際のところは、情動は非身体性の評価を原因とするという考えを必要としているのではないだろうか。

この反論はいいところを突いている。確かに、非身体性の評価的判断を考慮しなければならない場面がある。たとえば、大学の試験問題を見て恐怖する場合には、非身体性の判断が外的危険と鼓動の速まりを媒介しているだろう。試験は自分の動機に一致しない、自己評価を下げる恐れがある、といった判断が下されているのである。

しかし、こうした判断はすべての恐怖反応にとって不可欠だというわけではない。第2章で取り上げたヘビ恐怖症の場合、外的危険と鼓動の速まりを結びつけているのは、ヘビについての原始的な視覚表象でしかない。ヘビを見るだけで鼓動が速まるのである。ヘビ恐怖症の場合、情動の内的原因は判断ではなく知覚状態である。私は、こうした恐怖の方が試験の恐怖よりも基礎的だと考えている。

要は、情動の内的原因にはさまざまな種類のものがあるのだ。ヘビ恐怖症は原因の連続体の一番端に位置している。人間以外の霊長類の研究からは、ヘビ恐怖症には遺伝的な基盤があることが示唆されている。若いマカクザルは、仲間がヘビに対して逃避反応をとっているのを見ると、ヘビ恐怖症になる（Mineka, Davidson, Cook, & Keir 1984）。これに対し、仲間の逃避反応を見たことがない個体はヘビ恐怖症にならない。他方で、ヘビでないものに対して逃避反応をみせている仲間を見ても、それの恐怖症にはならない。これが示唆しているのは、マカクザルは生れながらヘビ恐怖症になりやすい傾向をもっており、その傾向は特定の経験が引き金となって発現するということである。そして、ひとたび発現してしまうと、ヘビを見るだけで鼓動が速くなる。これと同じことが人間にもあてはまるかもしれない。

ヘビの例からわかるのは、知覚状態が引き金となって情動が生じる場合があるということである。ヘビの知覚が初期視覚処理に関わる脳の中枢を活動させると、すぐさま恐怖が生じるのだ。他の事例、たとえば、虫や近づいてくる対象についての恐怖の場合も同様に、それに特化した遺伝的要因があるだろう。他の情動についても、何がそれを誘発するかが遺伝的に決まっているはずだ。たとえば、喜びは身体への刺激から自然に生じるものであり、また、仲間から睨まれると自然と怒りが生じるのかもしれない。

こうした例を考慮すると、生得的な情動反応は知覚によって誘発されるものであり、学習された情動反応は非知覚的な状態を介して誘発されるものだと考えられるかもしれない（たとえば、Damasio 1994）。だがこの考えは誤っている。学習された情動反応の多くは知覚によって媒介されている。ザイアンスが挙げた食べ物の嫌悪が良い例だ。以前に体調を悪くさせた食べ物を見て嫌悪を感じるのは、その食べ物からすぐさまネガティブな反応を引き出す仕組みが脳に備わったからなのかもしれない。このようにして情動反応を獲得する能力は、おそらく、認知が不可能な生物にも進化的に備わっているだろう。必要なのは、知覚状態（たとえば、食べ物の視覚経験）と共に生じた感情的反応（たとえば、嫌悪）とその知覚状態を連合させる能力だけである。

連合学習によって、どんな知覚経験でも、共に生じた情動とのあいだに結びつきを作ることができるだろう。有害な食べ物を一度でも食べれば、その食べ物への嫌悪が形成されうる。他にも、何度か経験したり長期間さらされたりすることによって情動の引き金となる経験もあるだろう。たとえば、次の例を想像してみよう。長く病気だった子供時代に生活していた部屋の色が黄色だったので、その後生涯を通じて黄色が嫌いになる（Locke 1690/1979, II.xxxiii. 12 と比較してみよう）。あるいは、愛する人の顔をみると快感を覚えたり、敵の顔をみると怒りが生じたりする。いずれの場合も、過去の経験において情動と共に生じることが多かった視覚経験が、その情動を再び生じさせている。

さらに、認知的な状態も情動の引き金になりうる。思い出してほしいが、認知的状態とは有機体の制御下にある心的表象のことだった。この意味では、心的イメージは認知的なものとみなせる。有害な食べ物や愛する人、敵のイメージを意図的に形成すると、それぞれに見合った情動反応を感じるだろう。それらは認知的に誘発された情動である。また、心地よい状況や不快な状況についてのイメージ的ではない思考が情動の引き金として働くこともある。たとえば、情動的な意味合いを帯びた文を頭のなかで発話するだけで情動状態になりうる。また、過去に情動を引き起こした事物について考えることで、現在の情動が引き起こされうる。記憶は、情動を誘発した個別的対象の表象と当該の情動の結びつきを作るのだ。

とはいえ、すべての情動反応が何らかの過去の記憶に依存しているわけではない。初めて遭遇する対象に情動的に反応する場合もあるし、想像しただけの対象に情動的に反応することもある。また、経験したことのない状況について考えた結果として情動反応が生じることもある。では、これらはどのようにして生じるのだろうか。

これに対する答えは、認知的評価を情動の原因とみなす理論の魅力に光を当てる。認知的原因説によれば、情動は状況を価値づけした後で初めて生じる。この理論の支持者は、そうした価値づけは非身体的だと考えている。言い換えると、価値づけは命題的態度であり、それを構成する概念は、身体変化の原因となったりそれを記録したりする状態とは本質的な結びつきをまったくもたないと考えているのである。私は、この考えがつねに正しいわけではないと主張した。だが、その主張は、そうしたものは絶対にないということを意味していない。非身体的な命題的態度は、学習を通して、情動の引き金になる場合があるのだ。

次のような発達段階を想像してみよう。初めのうちに主体がもつ情動経験は生物学的に傾向づけられたものであり、それらは知覚によって探知できるさまざまな状況に向けられたものでしかない。たとえば、暗闇に覆われたり突然の助けがなくなったりする状況は、われわれが恐怖と呼ぶ状態の引き金になるだろう。だが、認知能力が発達するにつれて、自分取り巻く世界を反映した非身体性の概念を数多く身につける。たとえば、危険の概念や「危険」という言葉を学ぶ。こうした発達のどこかで、暗い部屋の恐怖を経験しつつ、危険な状況にさらされているという趣旨の言語的に媒介された思考をもつようになる。このことは次のような一連の過程で生じる。まず初めに、経験された恐怖の結果として「自分は危険な状態にある」という思考が生じる。その思考は情動反応の引き金となった状況についての査定である。しかし、連合学習を通して、こうした思考そのものが恐怖の引き金となる。そして最終的に、生物学的に当惑が傾向づけられた身の危険がない状況でも、「自分が危険な状態にある」という明示的な思考が恐怖を生じさせるようになる。たとえば、十分に明るく目に見える脅威が存在していない部屋にいても、目に見えない脅威が迫っているという一連の冷静な判断が下されれば、それによって恐怖が生じるのである。まとめると、情動の知覚的誘因は生物学的に組み込まれた狭い範囲のものだが、そうした誘因は誘因と一体化した特徴を捉える概念を使わせるように仕向け、それによって、その概念がそれ自体で情動の誘因となるのだ。

このようにして、中心的関係テーマについての明確で非身体性の判断は、情動の内的原因になりうる。認知的原因説は、情動が生じる一つの手順を言い当てているのだ。このような情動の誘発は極めて力強い。それによって、情動には直接作用しない現実的または想像上の状況について考えたり推論したりして、その状況にふさわしい評価的な情動反応をもつことが可能になる。たとえば、試験問題の冊子や拳銃、ファシスト的な考えの政治家そのものは恐ろしい外見をしていないが、それらについて考えが恐怖を植えつけうる。いずれの事例でも、当該の対象は危険だという信念が恐怖を引き起こしているだろう。

以上のことから、情動が非身体性の判断によって引き起こされることは多いと認めよう。だが、こうした事例は情動理論を構築するためのモデルにはならない。私の考えが正しければ、こうした事例は、情動が知覚的反応によって引き起こされる事例に寄生したものである。中心的関係テーマを表象する命題的態度によって情動が誘発されるのは、そうした命題的態度が過去に生じた情動と連合しているからでしかない。同様にして、別種の命題的態度や知覚状態も連合学習によって情動の誘因になりうるだろう。たとえば、盛りつけられたスパゲティを見ると怯えてしまうと考えてみよう。そうなったのはトラウマになるほどの地震が起きたときにスパゲティを食べていたからであり、それ以来スパゲッティを見るだけで怯えてしまうのである。あるいは、以前に嫌な臭いのスパゲティを食べたせいで食べ物の嫌悪が引き起こされ、そうなってしまったかもしれない。もしくは、スパゲティに毒が入っていると信じており、身の危険にさらされていると考えているために怯えてしまうかもしれない。だが、明示的な非身体性の判断は情動の多くの原因のうちの一つでしかない。そして、われわれの情動のあり方からして、そうした判断を特別視す

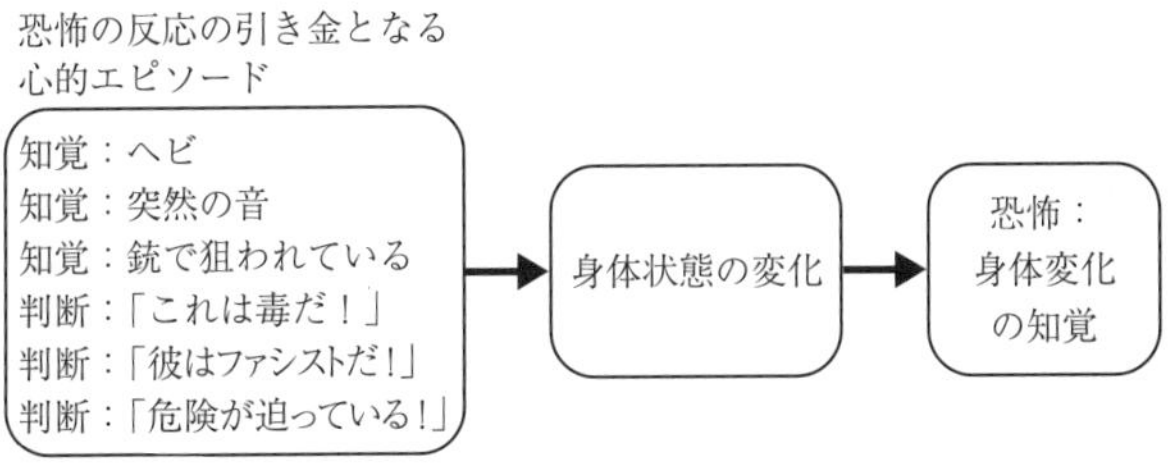


図3.3　恐怖を生み出すさまざまな内的原因

るのは経済的でない。そうした判断は情動にとって不可欠ではないし、そこから情動の他の原因が派生するような黄金律でもない。認知的原因説は、派生的に登場した洗練された情動の誘因を基礎的な誘因とみなす点で誤っているのだ。

このように、情動はさまざまな内的原因をもっている。図で表すと3・3のようになるだろう。危険と身体変化のあいだにあるボックスには、複合的な判断も単純な知覚も入りうる。こうした多様性のために、情動の普遍的な原因を心のなかに見つけようという試みは誤りなのである。状況に応じて〔情動を誘発する〕役割を果たす心的状態が異なるのだ。

## 身体性の評価

これまで考察は、広く普及している情動の評価説にとって都合が悪い話である。評価説を支持する人のほとんどは、情動は必ず非身体的な命題的態度に続くと考えている。これまで私が主張してきたのは、命題的態度に続いて情動が生じるケースは、命題的態度でも評価でもない状態によって引き起こされた情動エピソードからに派生するものだということである。とはいえこの主張は、評価説を捨て去るべきだということまで意味しているのではない。

第2章の結論で私は、評価が身体性のものでありうることを示すと公約した。評価とは、有機体と環境との関係、なかでも有機体の福利に関わる関係を表象する状態だが、私がこれまで擁護してきた見解では、こうした厳密な意味で、情動は評価とみなされる。というのも、情動は中心的関係テーマを表象しているからだ。
　また私は、情動は身体状態をモニターしていると主張した。情動は、身体変化を追跡することによって、有機体と環境の関係の変化を表象している。情動は、生理的反応のパターンを記録することで評価を下しているのである。そして、この主張が重要な調停となっている。一般的には、情動と評価を結びつける考えは、情動と生理的変化を同一視する考えとは折り合いがつかないとみなされている。だが私は、この断絶は見せかけだと主張した。情動は、身体変化を記録することで評価を下す状態なのである。この考えを「身体性評価説」と呼ぶことにしよう。その考えを大雑把に言ってしまうと、動悸が価値づけとして機能する、ということだ。セオドア・レトキ〔アメリカの詩人〕は「人は感じることで考える」と言ったが、第2章の章題を踏まえると、「人は考える代わりに感じる」と言えるかもしれない。感じがあれば認知は必要ではなくなる。というのも、感じは情報を担っているからである。それぞれの身体反応は、われわれが世界のなかでどのように立ち回ればいいかを伝えているのだ。

原注
＊1　注意すべきだが、心的表象は必ず曖昧さがまったくない非選言的内容をもつと強く主張する理由はない。ある程度の不確定性や多義性、意味論的なまとまりのなさは（とくにカエルの心の場合）しかたがないかもしれない。ここで行っている議論のポイントは、いくつかの内容が排除できると示すことである。
＊2　この話に情動の強度についての説明を付け加えることができるかもしれない（この点はバリー・スミスとの個人的な議論で指摘された）。それぞれの情動エピソードは強度に違いがあり、そして直観的には、こうした違いは意味論的に重要である。たとえば、弱い恐怖は軽い危険を表象し、強い恐怖はより深刻な危険を表象してい

るだろう。つまり、情動の強度はその対象の深刻さを追跡する機能をもつと考えられるのである。とはいえ、この論点の検討は別の機会に譲りたい。

＊3　第10章では、情動は中心的関係テーマの知覚とみなせるのか、それとも、情動は非知覚的に中心的関係テーマを表象しているのか、ということを検討する。

訳注

★1　「現象学」については第2章訳注★1を参照。

# 第4章　基本情動と自然種

## 不統一テーゼ

### 情動と自然種

これまでの章で私は、情動はどれも本質的に似ていると想定してきた。確かにある意味では、恐怖、悲しみ、怒り、罪悪感、嫉妬、喜びは、明らかに違うものである。つまり、われわれの生活のなかで果たす役割が違うのだ。だが私は、これらには共通する部分もあり、そうした共通の特徴があることによって、これらはすべて情動とみなされると想定してきた。情動理論にはさまざまなものがあるが、情動について一つの理論を構築できるというそもそもの考えは、まさにこの想定に基づいている。この想定は英語から押し付けられていると言っていい。「情動（emotion）」という語は、多くの異なる状態の総称として使われている。われわれは無反省に、「情動」と呼ばれるさまざまな状態は一貫した一つのクラスを作ると考えているのである。

だが、「情動」に相当する語がない言語もある（Wierzbicka 1999）。「感じ（feeling）」と翻訳できそうな語はすべての言語にあるのだが、それは情動だけでなく感覚や衝動、気分、痛みといったものも含む一般的な語である。そのため、「感じや情動は一貫して探求できる一つの特定のクラスを作っている」という考えは、すべての言語に反映されているわけではない。実際のところ、「情動」という語が英語に導入されたのは一六世紀の終わりになってからでしかない（Crespo 1986）。この事実はいくぶん驚きだろう。では、われわれが「情動」と呼ぶさまざまな状態には、そうした状態を一つにまとめ、また、それらを別種の感じから区別可能にするような、共通の特徴が本当にあるのだろうか。あるいは、情動というカテゴリーは英語から押し付けられたものでしかないのだろうか。情動は一貫したクラスを形成しているという想定は検討の必要がある。

アメリー・ローティは、自身が編集した『情動の説明（*Explaining Emotions*）』という論文集の導入で、「情動は自然なクラスを形成していない」と述べている（Rorty 1980）。この考えを「不統一テーゼ」を呼ぼう。このテーゼが正しいなら、情動研究のやり方を大きく変えなければならない。ほとんどの情動研究者は、情動が一つの自然なクラス——よく使われる専門用語で言えば「自然種」——を形成するという想定のもとで研究を行っている。この想定があるため、研究者は、いくつかの事例だけを取り上げ、それに基づいて情動理論を作ることが多いのだ。そうした理論は他の事例すべてに一般化できると考えられているのである。だが、もし情動が自然種でないなら、情動について単一の理論を作ることは不可能になる。さらには、情動について単一の科学を展開することも不可能だろう。情動にはさまざまな下位分類があり、それらを扱うには、さまざま種類の説明材料が必要になるかもしれない。

ド・スーザは不統一テーゼを支持する議論を行っている（de Sousa 1987）。彼によれば情動は自然種ではありえないが、その理由は、情動には統一的な形式的対象がないからである。たとえば、信念が自然種であるのは、すべての信念は真理に向けられているからである。そのため、〔信念であるための〕達成基準がすべての信念に共通なのだ。これに対しそれぞれの情動は異なる形式的対象をもつ。恐怖は危険についてのものであり、悲しみは喪失についてのものである。そのため、すべての情動が共有する〔情動であるための〕達成基準はないというのだ。だが、この議論には反論できると思われる。まず重要なのは、ある意味では、すべての情動は同じ形式的対象をもつと言えることである。つまり、すべての情動は中心的関係テーマに向けられているのだ。この達成基準はすべての情動に共通である。というのも、それぞれの情動が適切だとみなされるのは、その情動をもつ主体と環境との関係、なかでも、主体の福利に関わる関係に情動が反応したときだからである。信念は「真理」に向けられたものだが、情動は「重要な関係」に向けられているのだ。第二に、共通の形式的対象があるかどうかは、あるクラスのものが自然種を形成するかどうかを判定するための良い基準ではない。まず、共通の形式的対象は必要条件ではない。たとえば、虎は自然種だが、虎に形式的対象があるわけではない。また、共通の形式的対象は十分条件でもない。信念と直接法の文はどちらも真理に向けられているが、両者はまったく異なる種類のものである。したがって、不統一テーゼが正しいかどうかを判定するには、別のところに目を向ける必要があるだろう。

ポール・グリフィスは、情動は自然種的クラスではないという不統一テーゼを支持するより説得的な事例を挙げている（Griffiths 1997）。だが、彼の議論をみるまえに、不統一テーゼの主張をもうすこし明確にする必要がある。「不統一性」は自然種の観点から定義される。多くの哲学者（そして科学者）は、いくつかのカテゴリーの境界は自然に由来するものであって、人間がそのカテゴリーに属するものをたまたま集めてまとめたわけではないと考えている。つまり、自然の側にもともと境界や節目があると考えられているのだ。そして、その節目を特定することが科学の使命である。ライオン、虎、熊はどれも自然種だとみなされているし、水、金、銀河などもそうだ。

他方で、良い俳優、面白い冗談、悪いレストランといったカテゴリーは自然種ではないだろう。こうしたカテゴリーに含まれるものは、人間がそう分類したために、そのカテゴリーにまとめられているのである。他方で、いくらか微妙なものもある。たとえば、精神障害が自然種なのかについて議論がある（Murphy & Stich 2000）。また、以前は自然種だとみなされていたが実はそうでなかったと判明するものもある。たとえば、火というカテゴリーがそうだ。「火（fire）」という語は、太陽の活動、北極のオーロラ、蛍の光、燃えている薪などに対しても使われるが、これらはどれも物理現象としては異なっている（Churchland 1992）。また、「肺炎」にはさまざまな異なる病状が分類されているため、肺炎も自然種ではないだろう。肺炎と呼ばれる病状には似たような症状がみられるが、その病因はさまざまなのである。同じことはユリというクラスにも言えるだろう。ユリと呼ばれているもののなかには、見た目は似ているが生物学的には近縁でないものが含まれていたと判明したのである（Griffiths 1997）。

何が自然種とそうでないものを分けるのについて、哲学者の意見は分かれている。かつて標準的だった見解は、ある自然種に属するメンバーはすべて共通の基礎的な本質をもっている、というものだ（Kripke 1980）。この見解によれば、すべての水のサンプルが水とみなされる〔水という自然種としてまとめられる〕のは、それらが$H_2O$から構成されているからである。すべてのライオンのサンプルがライオンとみなされるのは、それらが特定のゲノムをもっていたり特定の祖先系統（共通のクレード）に属していたりするからである。このように基礎となる本質に訴える見解はいくつかのカテゴリーには適切だが、適用が難しいカテゴリーもある。たとえば、川というクラスに属するすべてのものを構成する基礎的な物質がすべて同じであるわけではない。さらには、水もサンプルごとに構成が違っていたりする。また、われわれが水と呼ぶだいたいのものは「不純物」を含んでおり、さらには、ほとんど$H_2O$から構成されている多くのものをわれわれは水と呼んでいない（Malt 1994）。たとえば、紅海〔アラビア半島とアフリカ東北部に挟まれた海域〕の「水」よりも紅茶の方がより多くの$H_2O$を含んでいるだろう〔が、紅海を満たしているものは「水」と呼ばれ、紅茶のことは「水」とは言わない〕。

ボイドは自然種についてよりリベラルな定義を与えている（Boyd 1989; Keil 1989 も参照）。彼は、自然種とは恒常的性質のクラスターだと主張しているのである。いくつかの性質、たとえば〔水の場合〕、澄んでいる、味のない液体である、といったことは、自然においてクラスターとしてまとまっていることが多い。つまり、これらは相関していることが非常に多いのである。こうした性質クラスターができるのは偶然でないことが多い。クラスターに含まれる特定の性質は、同じクラスターに含まれる別の性質を存在させる影響を与えているのである。このような場合、これらの性質が共に存在する確率を増やす一般的な因果メカニズムがある。たとえば、味のない液体であるという性質が存在するような影響を与えている特定の性質は、透明であるという性質が存在するような影響も与えているだろう。性質はこうした因果メカニズムがあることによってクラスターにまとまり、そして、このようにまとめられる性質が恒常的だと言われる。ボイドによれば、これが自然種なのだ。

恒常的性質クラスターにとって、共通する基礎的な本質は不可欠ではない。たとえば、すべての水サンプルが$H_2O$をまったく同じ割合で含んでいる必要はなく、すべてのライオンサンプルがまったく同じゲノムをもっている必要はない。必要なのは、因果メカズムのおかげで、それらがもつ性質の集まりが似通っていることである。これに基づくと、川が自然種であることは次のように説明できる。〔川サンプルには〕水の流れ、底、土手、支流といった性質が共に存在し、それらが共にあるのは、それぞれの性質が互いに他の性質が存在するように因果的影響を与えているためである。

そして、グリフィスはこうしたボイドの自然種の定義を受け入れている。基礎的本質に訴える見解ではなく〔よりリベラルな〕この定義に基づくと、不統一性を示す議論はより難しくなる。というのも、〔ボイドの定義で〕情動が自然種であることを示すために、たとえば、すべての情動に共通の神経化学的状態があると言う必要はなくなるからだ。必要なのは、情動は因果的にまとまった恒常的性質クラスターを共有する傾向にあるということだけである。だがグリフィスは、情動はこの基準さえ満たさないと考えている。彼が主張する不統一テーゼは、すべての情動に共通の恒常的性質クラスターはない、というものだ。とはいえ、最終的に私は、情動はボイド的な意味でも、より強い意味でも、自然種だと主張するつもりである。情動には基礎となる本質があるのだ。

## 感情プログラムとコミットメント固定装置

不統一テーゼを支持するグリフィスの中心的な議論は、われわれが「情動」と呼ぶ状態のクラスのなかにさらなる区別が与えられるという分析に基づいている。彼は、情動クラスは少なくとも二つの相容れないサブカテゴリーに分かれることを示そうと試みている。第一のサブカテゴリーは、ポール・エクマンの「感情プログラム」を使って説明できるものである。第1章で述べた通り、感情プログラムは、知覚された刺激に対して生じる評価・身体変化・行動傾向を含んだ複合的な反応である。また感情プログラムは、文化を超えた普遍性をもち、特定の神経回路に基づいており、人間以外の生物にも同種のものがみられる。さらに、ふつうは特定の表情と結びついている。

グリフィスによれば、感情プログラムの最大の特徴はモジュール性である。モジュールとは、決まった入力に反応し、他のシステムで処理されている情報の直接的な影響をうけつけない素早い処理システムである[＊1]。つまり、「情報遮断性」をもつのだ（Fodor 1983；さらなる議論としては第10章を参照）。たとえば、視覚システムがモジュラーだと言われるのは、決まった入力（眼から入ってくる光）があり、思考や信念といったものの直接的な操作をうけつけないからである。たとえば、錯視図を見る場合、その図の見え方は錯覚だと知っていても、眼は騙されて錯覚的な見え方をしてしまうだろう。エクマンの理論はこれと同じく、感情プログラムがモジュラーであることを示唆している。感情プログラムの引き金となる入力は決まったクラスのものに制限されており、その入力と対立する信念によって覆されることはない。近づいてくる対象は、危険でないと知っていても、恐怖の感情プログラムを作動させるのである。

最後の例からわかるように、感情プログラムは、われわれが情動と呼んでいるいくつかのものに納得のいく説明を与える。エクマンはとくに六つの感情プログラムに焦点を合わせており、それらを、恐怖、怒り、幸福、悲しみ、驚き、嫌悪と呼んでいる。より後では、軽蔑の感情プログラムもあると主張している(Ekman & Friesen 1986)。だが、第5章で示す通り、こうしたラベルはいくぶん緩いものであり、日常的な英語表現に完全に対応しているわけではない。たとえば「幸福(happiness)」の感情プログラムには、われわれが喜び(joy)、恍惚(ecstasy)、楽しみ(amusement)、充足感(contentment)、満足(gratification)等々と呼ぶものが含まれているが、日常的表現では、これらはすべて微妙に異なった状態である。そのため、幸福の感情プログラムは、日常的表現カテゴリーの背後にある、正の情動全体にまたがるものだということになるだろう。

グリフィスの考えでは、エクマンの理論はわれわれが情動と呼ぶもののうちの一部を捉えている。そして、その部分に含まれる情動は、第3章で挙げた身体性評価説で扱いやすいものである。そうした情動は区別できる特有の身体変化パターンと結びついている。こうした身体変化は、エクマンが言う感情プログラムの構成要素となっているのだ。そして私の身体性評価説では、情動は身体変化への内的反応と同一視される。そのため、感情プログラムに訴えて説明できる情動は、身体性の評価を使って説明できるだろう。だがグリフィスは、エクマンの理論は一般化できないと考えている。つまり、感情プログラムと同一視できない情動があるというのだ。なかでも注目すべきなのは、エクマンの理論では「高次認知的情動」が説明できないという主張である。高次認知的情動と呼ばれているのは、嫉妬、罪悪感、恥、誇り、忠誠心、復讐心などである[*2]。もしこうした情動が感情プログラムと結びついていないなら、それらは身体性の評価を使って説明できそうにない。

高次認知的情動は、その名前の通り、本来的に認知的なものにみえる[*3]。洗練された認知能力をもつことなくこうした情動を経験する主体を想像するのは難しい。たとえば、ネズミが怒りや恐怖をもちうるとわかっても驚かないが、恥や嫉妬をもちうるとわかったらとても驚くだろう。恥や嫉妬をもつためには、ある程度洗練された概念能力が必要であるように思われる。たとえば、恥じるためには、自分が間違ったことをしたと考えることが可能でなければならないだろう。また、嫉妬するためには、本来ならば自分のものだったはずのものを他人がもっていると信じることが可能でなければならない。しかし、ネズミがこうした思考を抱きうると考える理由はない。

グリフィスは、高次認知的情動をもつために必要な認知的条件を主張の手掛かりにしている。感情プログラムとは異なり、高次認知的情動はモジュラーであるようにみえない。というのも、信念は恥の状態に影響を与えうるし、それどころか、信念がなければ恥をもつことは不可能であるようにみえるからである。たとえば、自分が間違いを犯したと信じていなければ、恥を感じることもないだろう。恥は信念によって引き起こされたり取り除かれたりする。もし自分の行為は有害ではなく有益だと判明すれば、恥は誇りにとってかわるだろう。

グリフィスによれば、高次認知的情動は、認知が関わっているために、進化的説明を与えるのが感情プログラムより難しい。一方で彼は、高次認知的情動が自然選択の産物である可能性を否定していない。だがそれと同時に、心理学において進化的説明がなされることに対して明快な警告を与えている。その警告とは、進化的説明はあまりにも簡単に作れるというものだ。たとえば、特定の心理学的特性が存在することが確証されていなくとも、なぜその特性が進化してきたかに関する説得力のある説明を作れる場合がある。他方で、存在が十分確証されている特性であっても、それについての説得力のある進化的説明が、正しいと信じる何の根拠もなく受け入れられている場合もある。だが、進化的説明から特性の存在を推論したり、特性の存在から進化的説明を推論したりすることはできない。グリフィスの警告は、特性の適応機能に関するテーゼは必ず、その特性が出現した時期や環境に関する定量的な証拠と照らし合わせて検討されなければならない、というものである。だが、こうした危険性に反してグリフィスは、自ら少々思索的な話を展開している。彼は、ロバート・フランクが主張した適応主義的説明に共感していると述べている。

フランクによれば、情動の多くは、二人以上が交渉する際に必ず生じる「コミットメント問題」を解決するために進化したものである（Frank 1988）。進化にとって重要なのは繁殖であるが、繁殖可能な年齢に達するまでに有機体は利益を求めて奮闘する必要があり、そうしたなかで他の有機体と利害が対立する場合がある。たとえば、私とあなたはどちらも瓶のなかのクッキーを全部食べたいとしよう。ここでどちらも引き下がらないなら戦わなければならず、互いに傷つけあい、負けた方があきらめることになる。その代わりになるのが交渉である。互いに半分ずつ食べようと約束するのだ。だがここで私が嘘の約束をすれば、私はクッキーを全部食べられる。もちろん、あなたが嘘をつく場合も同様である。そうすると、〔交渉を行ううえでは〕誠実さを予測する方法や、不正な交渉人への差別が必要となる。そこで使われるのが情動である。情動は、公平な取引を促進させ、公平な交渉相手を見つける手助けとなるというのだ。

こうした役割を果たすためには、情動は単純な目的－手段推論〔設定した目的を果たすための手段の考察〕を覆さなければならない。たとえば、瓶のなかの十個のクッキーのうち二つをあげると言われ、それに応じれば二つクッキーを食べられるが、反対すれば一つももらえないとしよう。目的－手段推論はこの取引に応じろと言う。一つももらえないより二つもらえる方がましだからだ。だがフランクは、ふつう人は不公平な取引を避けようとすると指摘している。不公平な取引に応じるくらいならクッキーなどいらないと言うのだ。ここでは、何らかのかたちで目的－手段推論が阻まれている。このことを説明するために、フランクは、情動は「侵入性の動機づけ（irruptive motivations）」だと述べている。情動は、〔不当な取引から得られると〕期待される実利に基づく計画を一時的に押さえ込み、より長期的な利益の観点から、目先の利益を犠牲にするのである。われわれが不公平な取引を拒絶するのは、正直さや誠実さの感じによって圧倒されているからである。

これと同様に、われわれは不当な扱いを受けたとき復讐心を感じるだろう。たとえ復讐を試みることに(ただ逃走するよりも)高いリスクが伴うとしても、そう感じるのである。そして、復讐心を感じていることを示すだけでも(それを偽って示すのは難しい)、自分はどんな悪さも黙認しないという姿勢が交渉相手になりうる人々に示される。侵入性の動機づけは、すべての人が不公平な取引や不正行為を避ける確率を上げるのである。長期的な見返りは詐欺師や意地悪な人を純減させる。善良な人であり続けることで互恵的な調和のなかで暮らすことができる。情動は、たいていのコミットメントの遵守を保証するのだ。

グリフィスは、フランクの理論で高次認知的情動にうまい説明が与えられると考えている(その批判は第5章で行う)。そうした説明が与えられるなら、グリフィスの議論にとって決定的な前提が得られる。一方で、感情プログラムは素早いモジュラー的反応システムであり、それに相当するものは人間以外の動物にも備わっている。しかし他方で、高次認知的情動は信念と相互作用するコミットメント固定装置であり、人間に特有のものかもしれない(とはいえ、チンパンジーについてはde Waal 1996を参照)。これら二種類の情動は、異なるメカニズムによって下支えされており、異なる進化的説明が与えられるというのだ[＊4]。

グリフィスは、メカニズムの違いは情動の違いであると確信している。つまり、感情プログラムと高次認知的情動は同じ自然種に属していないというのである。両者は恒常的に結びついた性質クラスターを共有していないのだ。さらにグリフィスは、なぜ人々は種類が違う二つをまとめて情動と呼ぶのかについて推測を立てている。なぜ素朴心理学では高次認知的情動と感情プログラムが同じカテゴリーとしてまとめられているのだろうか。彼が推測した答えは、どちらも侵入性の動機づけとして機能しうるから、というものである。感情プログラムも、誠実さや復讐心の感じ〔といった高次認知的情動〕と同じく、目的-手段推論に干渉しうる。たとえば、報酬が得られそうな状況でも、〔何らかの理由で〕恐怖を抱いてしまったら、その場から逃げ出すだろう。

グリフィスによれば、こうした類似点では、高次認知的情動と感情プログラムを本当に自然種的にまとめるには不十分である。確かにどちらの状態も侵入性の動機づけになりうるのだが、それぞれを支えている因果的メカニズムが異なっているからだ。感情プログラムはモジュラーだが、高次認知的情動はそうではない。そして、本物の自然種的統一には、因果的メカニズムが似ている必要があるというのである。この点からグリフィスは、情動は自然種ではないと結論している。

だが私はこの議論に納得できない。まず、感情プログラムと高次認知的情動はどちらも侵入性の動機づけとして説明できるという記述しうるというまさにその事実は、統一的な因果的メカニズムを構成すると言える。侵入性の動機づけは、情動がもつ多くの「表面的な」性質が相関するうえで因果的な役割を果たしている。それは、なぜ情動が、受動的で、行為を駆り立て、実践的推論〔行為を結論として導く推論〕に一見すると非合理的な影響を与えるように思われるかを説明する。それだけでなく、なぜ素朴心理学で高次認知的情動と感情プログラムが一緒にまとめられているのかを説明するだろう。つまり、われわれにとって両者が似たように思えるのは、両者がわれわれの心的生活において似たような役割を果たしているためだ、と言えるのだ。また、侵入性の動機づけによる説明では、次のような「投射可能性」を認めることができる。もしまだ名前のない状態が見つかった場合、それがモジュラーであってもなくとも侵入性の動機づけとして働くなら、原理的には、その状態をすでによく知られた情動と同じグループにいれる〔情動とみなす〕ことができる。

注意すべきだが、感情プログラムと高次認知的情動をこのようにして一緒にまとめる提案は、両者は重要な意味で異なるというグリフィスの推測と両立可能である。私は、自然種に関するボイドの立場をきわめてリベラルなものと解釈している。ボイドが言う自然種と似た仕方でクラスターとしてまとめられる特徴はたくさんある。ある種の状態の組み合わせが二つあり、その二つが他の組み合わせにはない何らかの投射可能な恒常的メカニズムを共有している場合、二つは異なる自然種であり、かつ、同じ自然種であると言える。わかりやすい例としては、よくある上位カテゴリーが挙げられるだろう。たとえば、キウイとバナナは異なる自然種だが、どちらも果物という自然種に属している。また、同じレベルの分類のなかで両立可能な異なる種もある。たとえば有袋類と哺乳類は、どちらも温血動物であり共通の祖先をもつために単一の種に属するが、繁殖方法が異なる点、そして、どこかで祖先系統が別れる点では異なる種でもある。両者は同じ自然種に属しつつ異なる自然種に属しているのだ。こうした多重分類は、特定の目的にとっては最も有益であるかもしれない。

だが、グリフィスに対してこのように応答しても不十分である。私は、結局のところ侵入性の動機づけに訴える提案はうまくいかないと思っている。というのも、この提案には、あまりにも多くのものを情動に含めてしまうという問題があるからだ。たとえば疲労を考えてみよう。恐怖や忠誠心の感じと同じく、疲労も、目的 - 手段推論から外れた影響を意思決定に与えることがある。たとえば、疲労のために重要な仕事を途中でやめてしまう場合を考えてみよう。この場合の疲労は侵入性の動機づけになっているが情動ではない。そのため、すべての情動を、そして情動だけを統一させるには、別の原理を探さなければならないのである。

かりに侵入性の動機づけに訴える提案がうまくいく〔グリフィスに応答できる〕としても、グリフィスの議論からは重要な帰結が出てくる。第一に、その議論は多次元評価説に追い打ちをかける。多次元評価説はそれぞれの情動をいくつかの評価次元で分析し、そうした評価次元はわれわれが情動反応をもつ前に下している実際の判断を捉えたものだと主張していた。そして多次元評価説では、すべての情動は、共通の評価次元に何らかの値を割り当てたものに対応するとみなされている（たとえばLazarus 1991）。だが、グリフィスの議論は、感情プログラムを作動させるメカニズムは高次認知的情動を作動させるメカニズムとはかなり異なっていることを示唆している。感情プログラムは限られた範囲の知覚的入力に反応するが、高次認知的情動は複雑な思考に反応する。そのため、両者はどちらもいくつかの共通の評価次元によって作動させられるという主張は、両者の原因が異なっているようにみえることと折り合いをつけるのが難しいのである。

両者に共通の評価メカニズムを仮定すると別の問題が出てくる。もし怒りや恐怖といった情動が生じる評価次元と同じものから罪悪感や誇りといった情動も生じるなら、前者をもてる生物は後者ももてることになるだろう。そうすると多次元評価説では、高次認知的情動は、感情プログラムと結びついた情動と複雑さの点で一般的に違いがないことになる。というのも、情動はすべて同じ評価次元に由来するからである。しかし、その生物のあり方からして感情プログラムはもつが高次認知的情動をもたない生物はたくさんいるように思われる。多次元評価説はこのことを説明するのが難しいのだ。

もしグリフィスの議論で多次元評価説が駄目になるなら、それはそれで私の立場にとっても都合が良いと思われるかもしれない。というのも、結局のところ私も多次元評価説を拒否しているからだ。しかし残念なことに、グリフィスの議論は私の身体性評価説にも懸念を投げかける。第3章で私は、情動は身体変化をモニターすることで中心的関係テーマを追跡する心的状態であると主張した。そして、（表1・2に転載した）ラザルスの中心的関係テーマのリストには、感情プログラムと結びついた情動だけでなく、高次認知的情動も挙げられている。たとえば、悲しみも嫉妬も載せられている。確かに私は、身体性評価説を説明するとき、感情プログラムと結びついた情動（とくに悲しみと恐怖）に焦点を合わせていた。だが私は、ラザルスのリストを引き合いに出すことで、高次認知的情動を含めすべての情動は身体性の評価と同一視できることも暗に示唆している。だが、グリフィスの議論はこの点を問題にする。感情プログラムは生理的変化を含むので身体性の評価に関わるだろうが、他方で高次認知的情動は、系統発生的により後に出てきた、生理的変化と緊密に結びついていない、非モジュラー的なシステムによって引き起こされるものだろう。そうすると、身体性評価説がすべての情動を包括的に扱おうとしているなら、グリフィスの議論から生じた懸念に答えなければならないのである。

## 基本情動

### 基本情動とは何か

情動クラスの統一性を主張するための一つの方法は、「基本情動」の組を仮定するというものだろう。基本情動は、そこから他のすべての情動が派生する特別な情動と仮定される。もし少ない数の基本情動のクラスを特定できれば、その他のすべての情動は、そのクラスのメンバーか、そのクラスのメンバーを含む状態として特徴づけられるだろう。このように基本情動を仮定する理論は、多次元評価説よりも良い点がある。それは、基本情動とそうでない情動を区別すると、感情プログラムと結びついた情動は人間以外の生物種にもみられるが、高次認知的情動はそうではないと説明できる、という点である。高次認知的情動は基本情動ではなく、そして、人間以外のほとんどの動物は基本情動しかもてなさそうである。人間以外の動物には、基本的でない情動をもつために必要な能力がまさに欠けているのだ。

いくつかの情動は他の情動より基本的であるという考えは、昔からさまざまな研究者に支持されている。たとえばデカルトにも支持されていた。デカルトは『情念論』のなかで、喜び、悲しみ、欲求、愛情、憎しみ、驚嘆（wonder）の六つの情動は原初的だと述べている（Descartes 1649/1988）。そして、その他のすべての情動はこれらから派生しうると考えていた。たとえばデカルトは恐怖を、自分が欲しているものを得る確率が低いという信念と定義している（Descartes, 1649/1988, II. 58）。これに続いて嫉妬が定義されるが、それによれば、嫉妬は、自分にとって価値あるものを保持しておきたいという欲求と関わる恐怖である（III. 167）。

スピノザも基本情動があると考えていたが、基本情動をデカルトが挙げた最初の三つだけに減らし、喜び（あるいは快）、悲しみ（あるいは苦痛）、欲求を挙げている（Spinoza 1677/1994）。スピノザが愛情と憎しみを原初的とみなさないのは、どちらも、その対象を考えることに伴う快や苦痛として定義できるからである。また、驚嘆を基本情動とみなさないのは、そもそも彼は驚嘆を情動とみなしていなかったからである。彼の定義では、驚嘆は、他の対象とは独立に考えられた単一の対象についての熟慮である。

二〇世紀になると、心理学者たちも基本情動の存在を支持するようになった（批判的なレビューとしてはOrtony & Turner 1990を参照）。マクドゥーガルは、怒り（anger）、嫌悪（disgust）、高揚（elation）、恐怖（fear）、服従（subjection）、慈愛（tender-emotion）、驚嘆を原初的な情動として定義している（McDougall 1908）。興味深いことに、デカルトのリストと重なっているのは驚嘆だけである。また珍しいことに、マクドゥーガルの見解では、喜びと悲しみが基本情動とみなされていない。他にも、トムキンス（Tomkins 1962）の影響をうけたイザード（Izard 1971）もリストを挙げているが、そこでは、怒り、軽蔑（contempt）、嫌悪、苦悩（distress）、恐怖、罪悪感（guilt）、興味（interest）、喜び（joy）、恥（shame）、驚き（surprise）が基本情動とみなされている。イザードが挙げた「苦悩」を「悲しみ（sadness）」と解釈するなら、このリストにはエクマンの感情プログラムの研究で扱われていた情動がすべて含まれている。また、「興味」は「驚嘆」と類似したものだろう。そして驚くべきことに、イザードの基本情動リストには罪悪感や恥といった高次認知的情動の典型例が含まれている。他方でオートリーとジョンソン‐レアードは、それらを基本情動リストから除外し、怒り、不安（anxiety）、嫌悪、幸福（happiness）、悲しみ、だけを挙げている（Oatley and Johnson-Laird 1987）。彼らのリストでは、そもそも情動であるのかが議論の余地がある「驚き」が外されている。そしてパンクセップは従来のものとは異なるリストを提案している。そこで挙げられているのは、慈しみ（care）、恐怖、性欲（lust）、パニック、遊び（play）、激怒（rage）、探求（seeking）である（Panksepp 2000）。また、エクマンは最近の著作で以前の著者で挙げていた六つの感情プログラムから数を増やし、十五の基本情動を挙げている。それは、楽しみ（amusement）怒り、軽蔑、満足感（contentment）、嫌悪、困惑（embarrassment）、興奮（excitement）、恐怖、罪悪感、自負心（pride in achievement）、安堵（relief）、悲しみ、充実感（satisfaction）感覚的な快（sensory pleasure）、恥、である（Ekman 1999a）。

このように、基本情動があると認める点は一致していても、研究者ごとにさまざまな違いがある。いまみたように基本情動として挙げられているものが異なっているのだ。さらに、何を基本情動とみなすかの基準にも違いがある。オートニーとターナーによれば、基本情動についての考えは大きく二つに分けられる（Ortony & Turner 1990）。それは、基本情動は心理的に原初的だという考えと、生物学的に原初的だという考えである。心理的アプローチの一例としては、哲学者によって展開されていた基本情動に関する初期の理論が挙げられる。そうした理論によれば、情動が基本的であるのは、それが別の情動を部分として含まない場合である。だがこの言い方は少し狭すぎる。というのも、この言い方では、基本情動と基本的でない情動の関係は部分‐全体関係であるという考えが前提とされているからだ。より中立的な言い方をすれば、情動が基本的であるのは、それが別の情動から派生するものではない場合だということになるだろう。

より最近の情動研究では、生物学的な基準が中心となっている。生物学的アプローチを裏から支える中心的な考えは、基本情動は生得的である、あるいは、特定の生物種に属するメンバーは通常その情動を発達させる、という考えである（生得性については第5章で詳しく検討する）。基本情動は進化的に獲得された反応のパターンだということだ。

だが私は、心理的アプローチか生物学的アプローチのどちらか片方を採用するのではなく、両者は統一されるべきだと考えている。つまり、基本情動は、他の情動から派生しない生得的な情動なのだ。まず、生物学的基準だけでは不十分である。というのも、別々に進化してきた区別できる二つの情動システムを統一する反応が進化的に獲得される可能性があるからである。両者が複合された情動は、直観的には、生得的ではあるが基本的ではない。また、心理的基準だけでも不十分である。その基準では、既存の情動に依存していない新しい基本情動が学習によって獲得される可能性が排除できない。だが、その可能性は反直観的である。確かに、新しい情動が無から生じると考えること自体は概念的に不整合ではないが、そのように生じた情動だと明確に言えるものはない。

では、基本情動を見極めるにはどうすればいいだろうか。一つの方針は、エクマンの研究のように、文化を超えて普遍的な表情を探すというものである。もし、同じ条件下で誘発される文化を超えた共通の表情があるなら、その反応の少なくとも一部は、生得的な情動によって媒介されていると考えてもよいだろう。しかし、そうしたものがあったとしても、そのことは情動が基本的であることにとって必要でも十分でもない。まず、必要条件ではないのは、エクマンも認めているように（Ekman 1999a）、対応する表情がない生得的な情動もあるかもしれないからだ。そして十分条件でないのは、ついさっき述べたとおり、基本的でない生得的な情動があるかもしれないからである。さらにオートニーとターナーは、表情は生得性のテストとして良くないかもしれないという不満を述べている（Ortony & Turner 1990）。というのも、表情の構成部分となるそれぞれの特徴は生得的な反応システムによって作動されつつも、そうした部分からなる表情全体が生じるのは、それぞれの特徴を誘発させる条件がたまたま一緒に成り立つことが多いためにすぎない可能性があるからだ。

基本情動を特定する別の基準として、プルチックは、最初に基本情動が果たす適応機能を特定するという方針を提案している（Plutchik 1980, 1984, 2001）。彼によれば、それぞれの基本情動は、人の祖先が直面した環境に存在する根本的な難題に対応している。たとえば彼は恐怖を防御と関係づけ、喜びを繁殖と関連づけている。しかしこのアプローチには、どのような難題が真に根本的であるか決めがたいという問題がある。たとえば、配偶者選択が出産にとって本質的であるなら（これは遺伝子にとって重要である）、嫉妬も基本的だということになるはずだ。一方でプルチックは、悲しみが基本的であるのは、それが「復元」行動〔栄養物の喪失に対する行動〕と関わっているからだと述べている。だが、復元が根本的な進化的難題であるのかは定かではない。結局、プルチックの考える基本情動は、彼がどの難題を根本的とみなしているかに基づいているようである。この懸念とより一般的な次の懸念、すなわち、進化的分析は簡単に作れるが検証するのが難しいという懸念（第5章を参照）を組み合わせると、プルチックの基準はあまり良くないようにみえる。

第三のアプローチとして、神経回路を特定することで基本情動を特定しようとするものが挙げられる。たとえば、パンクセップの考える基本情動とは、それに特化した解剖学的領域と神経化学的構成物を突き止められるものである（Panksepp 2000）。もし特定の情動反応に特化した神経回路が見つかれば、そのことは、当該の情動反応が生得的であること、そして、その情動が他の情動に分解できないこと、を共に示す良い証拠となる。この戦略を展開するなかでパンクセップも基本情動のリストを挙げているが、それは他の主要な理論とは異なっている。たとえば彼はパニックと恐怖を区別している。どちらも危険に対する反応だが、それぞれの媒介となる神経機構が異なっているからだ。こうしたパンクセップの考えは、基本情動を脳の観点から基礎づけるアプローチの有用性を描き出している。

だが、このアプローチにも限界がある。とくに重要なのは、神経回路は情動の基本性にとって必要条件ではないということである。というのも、異なる二つの情動がまったく同じ神経細胞活動を含むことは不可能だとしても、それらには同じ解剖学的構造や化学物質が関わることが不可能だと考える理由はないからだ。たとえば、ニューラルネットワークのよく知られた特徴として、ニューロン群が同じでもその活動パターンが異なれば異なる状態が付随しうるということがある。そうすると、原理的には、異なる情動が同じ回路を共有しうるということになるだろう。ここで私は、実際にこうしたことがあると主張しているわけではない。確かに、すべての基本情動にそれぞれに特有の回路が発見される可能性はあるが、私が言いたいのは、あらかじめそう想定できないということだ。

必要なのは、基本情動を特定するための収束的証拠だと思われる。特定の情動は他の情動から派生するものではないと考えるさまざまな状況証拠はある。たとえば、パンクセップが挙げているような神経生物学的発見が手助けになるだろう。それを使えば、ある情動の神経相関項に別の情動の神経相関項が含まれているかどうかが判定できる。もし含まれていないなら、その情動を基本的とみなす理由が得られる。また、発達に関する証拠も手助けになるだろう。もしある情動が発達する前から別の情動がみられたなら、後者を基本情動とみなしてもいいかもしれない。

さらに、情動概念の研究も基本性の証拠になる。確かに、情動概念と情動そのものを混同してはならない。たとえば、われわれがもっている怒りの概念は、怒りとはどういうものか、いつ怒りが生じるのか、どのような行動が怒りを引き起こすのか、等々についての信念を包括するものであり、こうした概念は怒りの経験が先天的に不可能な人でももてるものである。他方で、怒りの概念をもたない人が怒りを経験することは可能だろう。こうした違いがあるものの、われわれの怒りについての概念の一部は、怒りの実例を観察することによって形成されるだろう。それは、ゴリラ概念の一部がゴリラを観察することで形成されるのと同様である。このことは、われわれの概念が完全に正しいということを意味してはいない。われわれがかつてゴリラについての誤った信念をもっていたように（Putnam 1975 参照）、われわれは怒りについての誤った信念をもっているかもしれない。だが、われわれは怒りについていくつかの正しい信念をもっている可能性は高い。そうした信念は情動に関する何らかのことを教えてくれるだろう。

情動概念の分析を通して行われる情動研究はたくさんある。こうした方針はとくに哲学的な研究では標準的なものだ（たとえば Gordon 1987; Kenny 1963; Thalberg 1964）。しかし実のところ、概念分析は実験的な研究でも行われている。心理学者が被験者に、自分の情動を言語的に記述してもらったり、さまざまな情動の類似性を判定してもらったり、情動ということで何を意味しているかを言ってもらったりしている。どの課題にも反省や言語報告が必要とされるが、そこで情動概念が不可避に関わってくる。こうした研究手法を単独で用いる場合には限界が出てくるが（第3章を思いだそう）、その他の証拠と合わせることで、どの情動が基本的かを判定するための証拠の一部になるかもしれない。

たとえば、次のような簡単な「可能性テスト」ができるかもしれない。任意の情動用語 x と y について、被験者に「x を経験することなく y を経験できるだろうか」と尋ねるのである。たとえば、「怒りを経験することなく嫉妬を経験できるだろうか」や「嫉妬を経験することなく怒りを経験できるだろうか」と尋ねるのだ。私が思うに、たいていの人は最初の質問を否定し二番目の質問を肯定するのではないだろうか。こうした場合、別の情動を経験することなく経験できる情動は、基本情動である可能性が極めて高い。

情動概念から基本情動を特定する別の方法として、文化横断的な言語研究も使えるだろう。つまり、さまざまな多くの言語にみられる語を調べるのだ。もし基本情動がすべての言語で普遍的な構成単位になっているなら、その情動はすべての文化圏で経験されている可能性が高い。もし基本情動が経験されているなら、それに名前が与えられていることに何の不思議もないだろう。世界中の言語で情動の語彙に重なりがあれば、それは基本性の手がかりとなるのである。また、語彙を下位の語彙に分析するという方法も使えるだろう。いくつかの情動用語は別々の特徴に分析できそうだが、そのなかで、それ自体で情動に対応するようにみえる特徴を探せるかもしれない（たとえば、indignation〔義憤〕は injustice〔不正〕に対する anger〔怒り〕に分析できる）。また、英語の情動用語を構成する意味のユニットと、他の言語の情動用語の意味のユニットを比較することもできる。そして、普遍的に共有されているユニットは、基本情動を特定するのに役立つだろう（Wierzbicka 1999 を参照）。

まとめると、私は、基本性を判定する決定的なテストはないと考えている。最善の方法は、収束的証拠を探すことである。最初に挙げた可能性テストをクリアする情動を特定し、次に、その情動用語の対応物が他の言語にみられるかどうかを調べる。そして、普遍的に対応物がみられる情動に神経相関項があるか調べる。さらに、その相関項に、それ自体で情動とみなされる部分が含まれていないことを確証する。こうした手続きを経ることで、見込みのある基本情動リストが作れるだろう。

## 基本情動への疑い

だが、基本情動を特定しようという試みは失敗に終わると考えている研究者もいる。たとえばオートニーとターナーは、基本情動に関する文献に鋭い批判を与えている（Ortony & Turner 1990）。彼らが最初に指摘しているのは、基本情動リストに含まれるものにばらつきがあることである。研究者ごとに異なるリストを作っているなら、基本情動には秩序がないのかもしれない。また、そのリストで挙げられている基本情動は、（基本情動の研究が多く行われている）西洋文化でとくに普及している情動を反映しているだけなのかもしれない。さらにオートニーとターナーは、非常に熱心に、一般的に基本的とみなされているいくつかの情動が別の情動を含むことを示そうとしている。たとえば、怒りには苦悩が含まれているようにみえる［＊5］。

だが私は、〔何が基本情動かについて〕合意がないことは〔基本情動は本当にあるのかという〕懐疑主義には不十分だと考えている。オートニーとターナーは情動の多次元評価説を支持しているが、一方で、評価説を支持する研究者のあいだで何が基本的な評価次元であるかについて合意がないことを見落としている［＊6］。もし合意がとれていないことが理論に対する反例となるなら、多次元評価説も同じくうまくいかないことになってしまうだろう。それどころか、科学理論はすべてうまくいっていないことになる。というのも、科学は意見の不一致であふれているからだ。むしろ、合意がないことは何か間違いがあることを示しているであって、すべてが間違いだということを示しているのではない。基本情動リストのばらつきは、基本情動があるという枠組みそのものに疑いを投げかけるものではない。それは、〔物質の基本単位についての〕アリストテレスの四原因説が現代の周期表に疑いを投げかけないのと同じである。情動の科学はまだ未熟であり、現在挙げられているリストは手始めとなる考えを反映させたものなのだ

この点に訴えると、オートニーとターナーの別の議論にも応答できる。その議論は、基本情動リストに文化的なバイアスがかかっているというものだ。それは正しいかもしれない。だが、そうしたバイアスは文化横断的な心理学・言語学研究によって弱められるだろう。さらに別の主張、すなわち、怒りには苦悩が含まれているという主張にも応答できる。その主張は正しいかもしれないが、それが示しているのは、〔基本情動は存在しないということではなく〕怒りは基本情動ではないということでしかない、と言える。つまり、基本情動リストは改定の必要があるのだ。

私が基本情動リストに何を入れるかについては、本章ではなく第6章で、思索的な考えを述べることにしたい。本章の話題では基本情動をきちんと挙げる材料が足りないからだ。とはいえ私は、何が基本情動

になるにせよ、それらはすべて身体性の評価になるだろうと考えている。その根拠は次の二つにある。一つめは、情動はすべてわれわれに意識的に経験されうるというものである。この主張は、情動はすべて意識的であるというものではなく——その主張には議論の余地がある——情動はすべて意識的になりうるということでしかない。二つめは、ジェームズの主張と同じく、情動の意識的な感じはおそらく身体変化の感じに尽くされるというものである（第9章で扱う）。二つを合わせると、情動はすべて潜在的には身体変化の感じを生じるということになるだろう。このことは、身体変化と情動の緊密な結びつきはきわめて一般的だということを示唆している。そしてこの点は、基本情動を身体性の評価とみなす仮説で説明できる。また、基本的でない情動は基本情動から派生するものであり、そして、基本情動が身体性のものであるなら、基本的でない情動も同じく身体性のものであることになるだろう。つまり、基本的でない情動は、基本情動と相関する身体状態を引き継いでいるのだ。

## 基本的でない情動

基本情動があると考えるなら、どのようにして基本情動から基本的でない情動が生じるのかを説明する必要が出てくる[＊7]。そして、その説明は研究者によって異なっている。たとえば、ある提案は情動を色になぞらえ、基本情動は原色のようなものであり、基本的でない情動は基本情動が合わさったものだと主張している。プルチックはこの方針をとっており、色相環と同じように情動を円環状に体系化できると主張している（Pultick 2001）。そこでは、似たような情動は隣り合うように配置され、また、基本情動はすべて反対の基本情動と向かい合うように配置されている。そしてプルチックは、基本情動を組み合わせることで複合的な情動が作られると主張している。また、情動環で隣り合って配置されている情動を二つ組み合わせてできる情動を「一次対（primary dyads）」と呼んでいる。たとえば、悲しみと驚きが合わさ

図 4.1　プルチックの基本情動（円のなか）と一次対
*American Scientist* の許可のもと Plutchik（2001）p. 348 図 6 を転載。

ったものが失望であり、怒りと嫌悪が合わさったのが軽蔑である（図4・1を参照）。

とはいえ、プルチックの混合説がかなり人気だというわけではない。彼の提案の細かい点には問題がいくつかある。まず、プルチックが基本情動として選んだものに反論する人がいるかもしれない。たとえば、信頼と期待は基本情動どころかそもそも本当に情動と言えるものなのか。この懸念は、基本情動を二つ組み合わせた一次対、とくに、楽観的や攻撃的などにもあてはまる。それらは情動というより性格であるようにみえる。

こうした問題からプルチックの細かい論点が放棄されるかもしれないが、とはいえ、いくつかの情動は混合によって生み出されるという考え自体は損なわれない。たとえば、侮辱や失望が混合情動だというのは正しそうに思える。また、「スリル」ないしワクワクの感じは、喜びと恐怖の混合かもしれない。たとえばキャロルは、おぞましさの感じと恐怖を混合すると嫌悪になると主張している（Carroll 1990）。また、サディスティックな感じは怒りと喜びを含んでいるかもしれない。

だがグリフィスは、混合説のより深刻な問題を挙げている（Griffiths 1997）。それは、基本情動の混ぜ合わせだけですべての高次認知的情動を作れるとは思えない、というものである。たとえば、恋愛の嫉妬を考えてみよう。それには、不貞、性、資格などについての観念が含まれているだろうが、どれも基本情動から生じうるとは考えがたい。こうした概念はどれも、ふつう基本的なものとして挙げられる情動を含んではいない。もし、情動には基本情動かその混合物しかないとすると、恋愛の嫉妬を構成するいくつかの観念は無から生じたことになる。別の例として、シャーデンフロイデ（他人の苦しみを喜ぶこと）を考えてみよう。シャーデンフロイデに含まれる喜びは基本情動を取り入れたものだと考えていいだろうが、他人の苦しみの表象は基本情動ではない（サディズムとは微妙に違うことに注意。サディズムは特定の行動を駆り立てるものだが、シャーデンフロイデは特定の種類の出来事〔他人の不幸〕への反応である）。

こうした事例を明白に説明する方法は、それ自体は情動ではない心的状態と基本情動が組み合わさることで基本的でない情動が生じる場合がある、というものだろう。別の言い方をすれば、多くの基本的でない情動には基本情動の認知的精緻化が含まれているのである。この種の見解はオートリーとジョンソン－レアードによって擁護されている（Oatley & Johnson-Laird 1987; Johnson-Laird & Oatley, 2000）。彼らは、情動には基本情動の他に、基本情動と信念が組み合わさったものがあると主張している。たとえば、シャーデンフロイデは他人の苦しみについての思考と喜びが組み合わさったものだ、という説明は自然だろう。そうした思考が喜びの誘因として働くのである。

具体的に説明するために、ラザルスの中心的関係テーマのリストに挙げられた情動（表1・2）を考えてみよう。そのうちのいくつかは基本情動かもしれない。たとえば、怒り、不安、恐怖、悲しみ、幸せ、嫌悪などがあるが、これらはエクマンの基本情動リストに挙げられていた用語に対応している。それに対して、罪悪感、恥、嫉妬、誇り、安堵、希望、愛情は基本情動ではないと考えていいだろう。こうした情動がリストに挙げられていた基本情動とどういう関係にあるかについて、もっともな仮説を作るのは簡単だ。たとえば罪悪感は、害のある違反を犯したという信念によってもたらされる悲しみかもしれない。誇りは、困難な課題を達成したという信念によってもたらされる幸せかもしれない。嫉妬は、怒り、悲しみ、嫌悪など複数の基本情動を含んでいるだろうが、これらはすべて、愛する人が不貞を犯したという信念によってもたらされるだろう。しかし一方で、第3章で私は、ラザルスが中心的関係テーマを内的判断に対応づけている点を批判していた。だが、もし基本的でない情動がどのように派生するかについてのオートニーとジョンソン－レアードの考えが正しいなら、基本的でない情動は内的判断を含むことになるだろう。そうすると、基本情動は身体性の評価だが、基本的でない情動には身体性の評価だけでなく信念が必要とされるということになる。こうした複合説では、罪悪感、誇り、嫉妬は認知的状態を含むが、悲しみ、幸せ、怒りは含まないことになる。

これまで検討してきた提案から、グリフィスの不統一テーゼに対抗する手段が得られる。グリフィスが説得しようとしていたのは、情動カテゴリーは異なる種類のものの寄せ集めだということだった。すべての情動を一つにまとめる科学的に適切な理由はないというのである。他方で私が示唆してきたのは、この結論を回避する方法があるかもしれないということである。それは、他のすべての情動がそこから派生するような基本情動があると主張することだ。そうした基本情動は、身体性の評価という点で統一的にまとめられるものだろう。その他の情動はすべて、基本情動同士の混合物であるか、基本情動が認知によって精緻化されたものである。この提案がうまくいけば、すべての情動は基本的な部分を共有しているという点で統一されるだろう。では、情動がこのようにして統一されているということを疑う理由はあるのだろうか。

## 統一性への反論

う。

## 基本情動テーゼへの反論

グリフィスも、情動は基本情動とそこからの派生物に尽くされるという仮説をよく知っている。しかし、そうした仮説にはいいところがないと考えているのである。彼は、この仮説と関連する次の提案、すなわち、高次認知的情動はすべて感情プログラムを部分としてもつという提案を検討し、拒否している。その議論は、高次認知的情動はすべて身体性の評価から派生するという私の見解に反対する議論にもなるだろう。

よく言われる反論として、高次認知的情動は、身体性の評価と結びついていると言われる生理的変化や表情の変化なしに生じることが多い、というものがある（たとえば Griffiths 1997; Harré 1986; Solomon 1976）。たとえば、罪悪感や嫉妬と結びついている明確な生理的反応や表情はない。だが、もし高次認知的情動が身体性の評価を含んでいるなら、それと結びついた表情や内臓反応があると考えられるのではないだろうか。

この反論には答えられる。高次認知的情動は傾向的状態として帰属されることが多いと言えばいいのだ。そもそも、心に関する語彙の多くは、実際に生じている状態と傾向的な状態について体系的に曖昧になっている。たとえば、「マチルダはジョージ・ワシントンが初代アメリカ大統領であると信じている」と言っても、彼女がその時点でその信念を実際に抱いているということが必ず意味されるわけではない。彼女は、そうした話題になったときにその信念を実際に抱く傾向性をもっているのである。これと同様に、恋人に対する嫉妬も、恋人が予想より遅く帰宅したときに特定の感じをもつ傾向性だと言える。実際に生じている状態として嫉妬をもつとき、おそらく、短期間の生理的変化が実際に生じているだろう。同様にわれわれは、一瞬で燃え上がる嫉妬や突然生じる罪悪感の痛みを経験する。また、誇りでいっぱいになったり、恥でうなだれたりすることもある。このように、高次認知情動の感じを経験する場面を考えると、一見したところそれらには身体的要素がないという懸念は消え去るだろう。

高次認知的情動が身体性の評価を含むという仮説はさまざまな方法でテストできる。一番簡単なのは、さまざまな生理的兆候が異なる高次認知的情動と結びついているかどうかを尋ねる質問調査を行うことである。たとえばシェーラーとウォールボットが行った調査は、情動の文化的多様性を調べることを主な目的としていたが、一般的に高次認知的情動とみなされている罪悪感と恥の生理的兆候を尋ねる質問も含んでいる (Scherer & Wallbott 1994)。三七ヵ国から得られた三千の回答には、これら二つの情動と「高い頻度で」結びついている生理的状態があった。たとえば、喉が詰まることと罪悪感を結びつけた回答が28・1%あり、鼓動の速まりと恥を結びつけた回答は34・2%あった (Scherer & Wallbott 1994, table 8)。これらの数字は、身体的な基礎をもつ基本情動の典型例とみなされている嫌悪より高かった。

私自身もインフォーマルな予備研究として、質問紙を使って基本情動と高次認知的情動の重なりを調査した。その調査で回答者は、情動が関わるシナリオを読み、次に、さまざまな表情の写真がそのシナリオにどれだけ当てはまるかを尋ねる。その結果は、基本情動としてよく挙げられる情動の場合、よく当てはまる表情がそれぞれに一つだけある傾向にあったが、高次認知的情動の場合、一つの高次認知情動によく当てはまる表情が複数あった、というものである。たとえば、恋人が不貞を働いた状況が記述された嫉妬シナリオの場合、怒り、悲しみ、嫌悪と典型的に結びついた表情がよく当てはまると言われた (図4・2)。もちろん、この実験はよりフォーマルにすべきだが、こうした傾向から次のことが示唆される。すなわち、高次認知的情動は基本情動の表情と結びついており、そして、高次認知情動のなかには基本情動がいくつか混合されたものがある、ということである。

他にも、認知テストの実験も可能だろう。それぞれの情動では、記憶・注意・推論戦略に与える影響に違いがあることが知られている (第1章を参照)。たとえば悲しみは、集中した、分析的な、欠陥に敏感な、

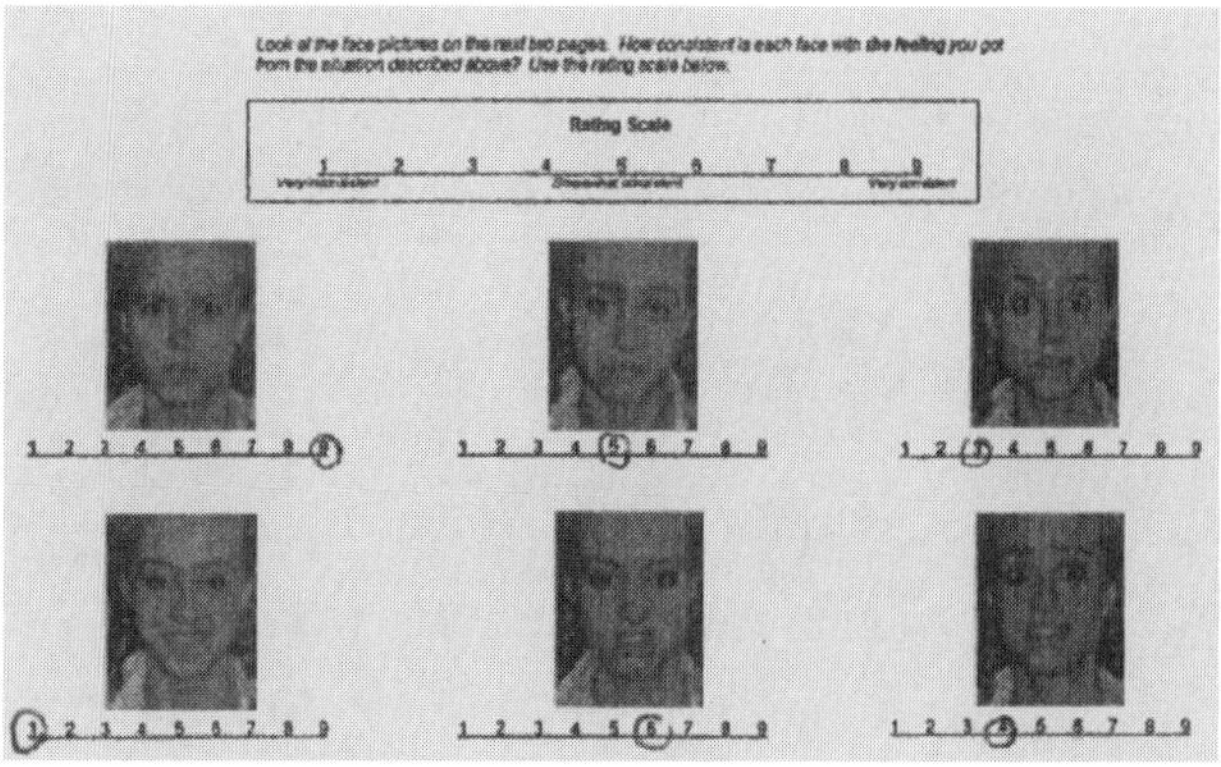


図4.2　さまざまな表情が恋愛の嫉妬に関わるシナリオにどれだけ当てはまるかを尋ねたときの被験者の典型的な応え

思考プロセスを促進する傾向がある。私は、罪悪感や恥といった悲しみを含むと考えられる高次認知的情動も同じ影響力をもつと予測している。

また、プライミング効果や促進効果から検討することもできる。たとえば、もし軽蔑に嫌悪が含まれているなら、一度嫌悪を誘発させれば、それに続けて軽蔑を誘発させるのが容易になるはずだ。もし政治演説を聞いているあいだに嫌な臭いがしていたら、演説を聞いた人はより軽蔑を表明するのではないだろうか。あるいは、ある情動を誘発させるように作った話を聞かせた後で、軽蔑を誘発させるように作った話（たとえば、偽善の話）を聞かせ、そのうえで軽蔑をどれくらい感じたか尋ねるとしよう。私の予測は、悲しみや恐怖を誘発する話の次に軽蔑の話を聞いた場合よりも、嫌悪や怒りを誘発する話の次に軽蔑の話を聞いた場合の方が、軽蔑が高められる、というものである。

高次認知的情動と基本情動に重なりがあるという考えは、脳の研究からも支持されるかもしれない。シンらはポジトロン断層法（PET）を用いて、極めて強い罪悪感を感じた経験を思い出している人たちを調べた（Shin et al. 2000）。そして、そのとき負の情動と結びついていることが別の実験からわかっている脳領域（とくに旁辺縁系領域）が活動していることを発見した。さらに、シンらの実験参加者は、罪悪感を経験しているときに悲しみや嫌悪も経験したと報告している。またバーテルズとゼキは、機能的核磁気共鳴画像法（fMRI）を用いて、愛情状態にあると述べている人たちを調べた（Bartels and Zeki 2000）。被験者が愛する人の写真を見ると島皮質が活動することが発見されたが、島皮質は内臓の活動を記録する構造物である。このことは、人が恋に落ちたときなぜ「胃に蝶々がいる」〔"butterflies" in the stomach そわそわして落ち着かないことの慣用句〕経験をもつかを説明する。また、島皮質の活動は、喜びや恐怖といったより基本的な情動の研究でも取り上げられている（たとえば、Damasio et al. 2000）。ひょっとすると、恋愛状態には喜びや恐怖の身体的要素が受け継がれているかもしれない。

さらに、ダマシオやルドゥーの研究は、決定的ではないもののかなり示唆的な根拠となる（Damasio 1994; LeDoux 1996）。彼らが強調しているのは、高次認知中枢から、系統発生的に原初的な情動と結びついた領域へとつながる経路があることだ。もし高次認知状態によってその領域が作動させられうるなら、高次認知状態は身体性の評価にとって本質的な過程を呼び起こしうるだろう。こうした経路の存在は、基本的でない情動は基本情動が認知によって精緻化されたものだという見解とうまく噛み合う。

高次認知的情動は基本情動から派生するという主張を裏づける実験的証拠が見つかったとしても、とくに驚きではないだろう。この仮説を支持するそれぞれの独立の考えがいくつもある。第一に、以前に述べたが、高次認知的情動が意識的に経験される場合、それは身体反応を含むようにみえる。第二に、どの情動も侵入性の動機づけとして働くことは、どの情動にも重なる部分が発見されれば簡潔に説明できるようになる。第三に、グリフィスに反して、高次認知的情動が少なくとも部分的にはモジュラーであることを示す事例証拠がある。第2章で、情動の感じを引き起こした信念が覆された後でも情動の感じが残る例を挙げたが、同じことは高次認知的情動でも起こりうる。たとえば、情報遮断性をもたない推論過程への反応として嫉妬が生じたとしても、ひとたびその感じが生じてしまえば、さらなる熟慮によってその感じを払いのけるのは難しい。愛する人に嫉妬を感じており、そして、嫉妬する根拠が誤っていたとふいに気づいたとしても、嫌な感じはなかなか消えないだろう。あるいは、その感じは別の情動に転換されるかもしれない。もし高次認知的情動がまったくモジュラーでないなら、こうしたことは起こらないはずである。それに対して目下の見解では、高次認知的情動はまったくの非モジュラーではない。というのも、高次認知的情動には身体性の評価が含まれており、そして身体性の評価はモジュラーだからだ（第10章参照）。嫉妬の発作を呼び起こす早とちりを撤回しても、嫉妬に含まれていた怒りは残り続けるだろう。嫉妬は不貞についての信念とは異なり、判断を変えるだけでは消せないのである。

以上のことから、基本情動テーゼに望みがないと考えたグリフィスは誤っていると言えるだろう。そのテーゼは既存の証拠と整合的であり、テストすることができ、説明力が豊かであることを示すことができそうだ。

## 情動は自然種か

私がこれまで提案してきたことがすべて正しかったとしても、グリフィスの不統一テーゼを依然として守ることができるかもしれない。本章は「情動は自然種か」という問いから始まった。そして私はここまでずっと、その問いに肯定的に答えるには、情動は基本情動とそこからの派生物に尽くされると示せればいいと想定していた。だが、この想定は確かなものではない。それを理解するためのアナロジーを考えてみよう。

私が説明してきた立場では、情動はアルコール飲料のようなものである。すべてのアルコール飲料には共通の統一的な核がある。それらは、アルコールを含み、さまざまな風味をもつ、飲料である。アルコールには共通の微細構造があり、それは同じ効果（酩酊）をもたらす。そして、風味づけは二通りある。蒸留や発酵の段階で使われる原料によってつくか、それより後の段階、たとえばカクテルを作るときなどにつくかである。

アルコール飲料の共通要素としてアルコールと風味があるように、情動には二つの基本要素がある。まず、情動のアルコールは感情価（valence）だ。情動はすべて正（ポジティブ）または負（ネガティブ）の価をもつのである。感情価は第7章で扱おう。次に、情動は評価によって風味づけされる。評価は純粋に身体性のものであるか、身体性の評価が認知的に精緻化されたものである。そして、基本情動は身体性の評価である。他方で、高次認知的情動には次の二つがあると考えられる。一つは（二つの蒸留酒が合わさったマティーニと同じように）基本情動同士が合わさった情動であり、もう一つは（蒸留酒とフルーツジュースが合わさったスクリュードライバーのように）基本情動と認知的に精緻化されたものが合わさった情動だ。

基本情動同士の混合物と基本情動は一貫したクラスをつくる。このクラスに属する情動はすべて基本情動から出来上がっている。だが、基本情動と認知的に精緻化された情動に関しては、私がこれまで提示してきた描像ではそうはいかない。一見したところ、すっきりしない部分がある。私は、認知的に精緻化された情動は、身体性の評価に加えて判断などの認知的な心的表象を含んでいると述べていた。これが正しいなら、認知的に精緻化された情動は、人間の情動生活のなかのカクテルである。だがそのために、それらは純粋な蒸留酒とは区別される。もし、身体性の評価がモジュラーシステムの状態である一方で、高次認知的情動はモジュラーシステムの状態に認知的に精緻なものが加わったものであるなら、高次認知情動は〔身体性の評価だけの情動とは〕非常に異なった心理的性質をもっていることになる。高次認知的情動は、完全な情報遮断性をもたず、概念所有に依存しており、文化から直接的な影響を受ける、等々である。こうした違いは、情動の統一的な科学を構築するうえで問題となる。というのも、高次認知的情動には〔身体性の評価とは〕かなり異なる種類のメカニズムが関わっているからだ。アルコール飲料の科学は純粋な蒸留酒とカクテルを区別しておかなければうまくいかないだろうが、そうした区別が情動にも必要だろう。

この反論には三つの応答が可能である。第一の応答は、以前に導入した自然種の定義に訴えるものだ。グリフィスはボイドにならって、自然種を恒常的性質クラスターとみなしている。自然種に属するメンバーは、因果的メカニズムにより共に存在する傾向をもった性質のクタスターから構成されている。これに基づくと、いくつかの高次認知的情動が身体性の評価以外のものを含むからといって、それらと身体性の評価が異なる自然種に属することにはならない。身体性の評価と結びついた性質として、身体変化、意識的な身体的感じ、動機づけへの影響などが挙げられるが、認知的に精緻なものもこうした状態を引き起こす傾向をもつだろうし、さらに、そうした状態は連合を介して認知的精緻化を促進する傾向があるだろう。そうであるなら、認知的に精緻化された情動は身体性の評価と同じ因果的恒常性をもつ。したがって、高次認知情動と身体性の評価のみからなる情動は同じ自然種に属すると言えるのである。

第二に、統一性を二種類に区別するという応答も可能である。カテゴリーは、そのメンバーが単一の自然種に属していることによって統一されるが、それだけでなく、そのメンバーが統一された科学理論のうちで説明できることによっても統一されうる。グリフィスはこの二つを一緒にする傾向があるが、実際のところ情動は、たとえ前者の意味では統一的なカテゴリーとみなされなくとも、後者の意味では統一的なカテゴリーを形成している。つまり、身体性の評価と高次認知的情動を同じ材料で説明できればいいのだ。

もしいくつかの高次認知的情動が身体性の評価を構成要素として含むなら、高次認知的情動の科学は、明らかに、身体性の評価の科学を包括するに違いない。実際にはその逆も言えるだろう。というのも、少なくとも人間の場合、認知的状態を伴って生じる身体性の評価の方が一般的だからである。確かにわれわれは大きい音や近づいてくる対象を怯えるが、むしろ、認知的に理解した危険について怯えることの方が多い。たとえば、荒れた市街地を歩いているとき、襲われる可能性があり助けてくれる人もいないと認識すると怖くなるかもしれない。ここで挙げた恐怖を呼び起こす複合的な思考は、高次認知的情動に含まれる認知状態と根本的に異なるものはない。情動は何であれ豊かな認知的エピソードのなかに組み込まれうるのだ。したがって、身体性の評価の完全な科学を構築するうえでは、身体性の評価を緩和・誘発・精緻化させる認知との相互作用を理解する必要があるだろう。

だが依然として、情動の統一科学を求める私の企てには、すっきりしない部分が残っている。というのも、ある種の情動は身体性の評価によって個別化されるが、別の情動は身体性の評価と非身体的な判断の二つを合わせて個別化されるということは、素朴心理学からすれば不可解なのだ。

ここで第三の応答の出番だ。いくつかの情動は認知的に精緻化された身体性の評価から構成されるというアイディアを導入するとき、私は、そうした情動が複合状態であることを示唆していた。つまり、そうした情動の実例は、身体性の評価と認知的状態の両方を含むということだ。だが、この考えを採用しない方針も可能である。そして私は、認知的に精緻化された身体性の評価は、実際には複合状態でないと主張する。むしろ、身体性の評価のみから出来上がったものなのだ。そして、身体性の評価を精緻化させる認知は、身体性の評価の先行条件であって構成要素ではないと主張する。

たとえば恋愛の嫉妬が生じるときには、まず、恋人が不貞を働いているという趣旨の判断が生じ、その次に身体性の評価が生じる。このときの情動、つまり嫉妬は、身体性の評価のみから出来上がっている。そして、この条件のもとで嫉妬を構成していた身体性の評価は、別の条件のもとでは別の情動とみなされるかもしれない。言い換えると、当該の身体性の評価は、不貞に関する判断への反応として生じたときには嫉妬を構成するが、別の原因によって引き起こされたなら別の情動を構成するのである。この提案では、認知的に精緻化された情動に伴う認知的状態は、情動の一部ではなく、〔身体性の評価が〕どの情動であるかを決める役割を果たすものなのである。

この提案はドレツキの心理意味論（Dretske 1986）の別の考えを援用すると明確になる。以前に説明したように、ドレツキによれば、心的状態が物事を表象するのは、その物事についての情報を担う機能が進化的に獲得されているためである。だが彼はそれとは別に、心的状態は、進化によって表象するように定まったのではない物事を表象するようになる場合があると主張している。われわれは、進化的に獲得された表象に新しい使い方を与えることができるのだ。ドレツキ流の用語を用いるなら、表象はある原因に「較正されている（calibrated）」が、さらに「再較正（recalibrated）」されうるのである。この考えを理解するために、心的表象ではない例を考えてみよう。たとえば、咳は喉を掃除するために進化的に獲得された機能である。しかし、スパイは仲間と連絡を取るための暗号として咳を用いるかもしれない。スパイの咳は、マイクロフィルムが届けられたことを表象するために使える。同様に、通常は侮辱的な侵害を表象する身体性の評価（怒り）は、適切な判断の制御下で用いられた場合、不貞を表象する（嫉妬）だろう。身体性の評価は、進化的に獲得された本来の状況とはいくぶん異なった状況で生じるように再較正できるのだ。

以上のことが示唆しているのは、高次認知的情動は結局のところ認知的に精緻化されたものではないということである。つまり、判断と身体性の評価から構成されているのではないのだ。むしろ、高次認知的情動は、判断によって再較正されることで、本来のものとはいくぶん異なった環境との関係を表象できるようになった身体性の評価なのである。より正確な描写は図4・3に記した。

判断によって再較正されても、身体性の評価は、再較正される前にもっていた意味を失うわけではない。スパイが咳を暗号として使っても、咳は依然として咳であり、咳である限り喉を掃除する機能をもっている。それと同様に、通常は怒りを構成する身体性の評価は、不貞についての判断の制御下に入っても、怒

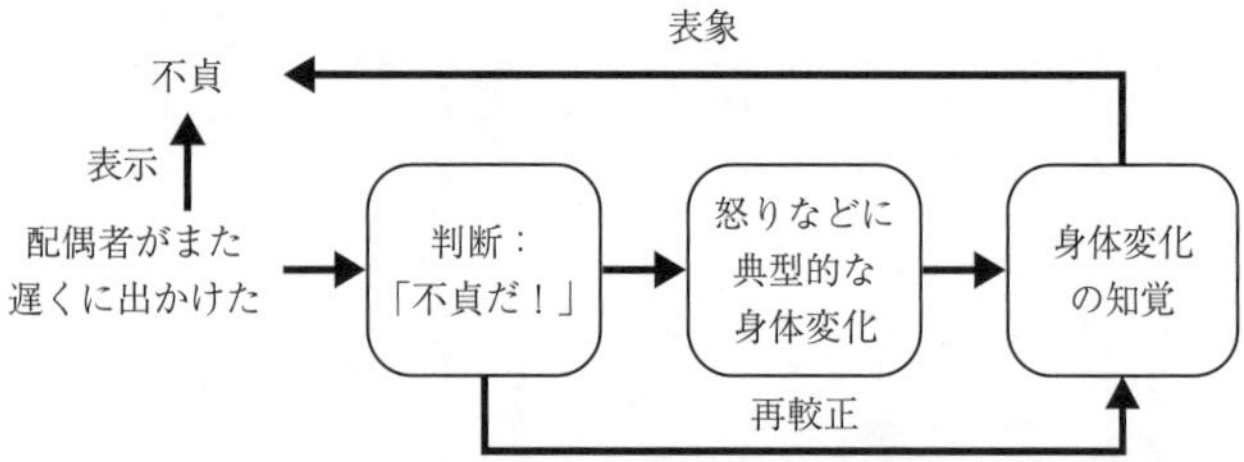


図 4.3　身体性の評価として再較正された高次認知的情動

りが表象していたものを表象する機能をもち続ける。それは依然として怒りの状態なのである。そのため、より正確には、怒りが不貞についての判断によって引き起こされる場合、それは怒りの状態でもあり嫉妬の状態でもあると言うべきだろう。その状態は、（怒りの内容である）侮辱的な侵害を受けているということ、そして、（嫉妬の内容である）恋人が不貞を働いたということを同時に表象しているのである。

だが、この提案は以下の疑問を呼ぶだろう。さきほど私は、嫉妬は不貞についての判断によって再較正された怒り（あるいは他の身体性の評価）だと主張した。しかし、怒りの引き金となる判断は他にもたくさんあるだろう。たとえば、ジョーンズは自分が解雇されたと知って怒るとしよう。その状態が高次認知的情動とはみなされないのはなぜか。なぜわれわれは嫉妬を情動とみなす一方で、失職に結びつく特別な情動があると考えないのだろうか。なぜ「失職怒」という情動はないのか。言い換えると、われわれは、認知的に呼び起こされる評価のいくつかをそれ自体で一種の情動とみなす一方で、別の評価にはそうした地位を与えていないのである。このことが示唆しているのは、高次認知的情動のクラスは恣意的だということだろう。

これに対しては二つの答えがある。第一に、認知的に精緻化された身体性の評価のうちのいくつかだけにしか専用の名前が与えられていないのは、言語的な偶然であると考えられる。実際のところ形而上学的には〔情動のあり方としては〕、失職怒も嫉妬も同等の地位をもっているかもしれない。高次認知的情動のクラスは際限なく広がっているのだ。認知的に呼び起こされる身体性の評価の多くは、たとえ専用の名前が与えられていないとしても、高次認知的情動とみなせるだろう。

第二に、判断によってたまたま引き起こされた身体性の評価と、信念によって再較正された身体性の評価には違いがあるとも言える。身体性の評価が信念によって再較正されるためには、身体性の評価がその種の判断によって信頼のおける仕方で引き起こされなければならない。言い換えると、特定の種類の判断と身体性の評価の結びつきを確かなものにする心的メカニズムがなければならないのである。そうしたメカニズムを「較正ファイル」と呼ぼう。較正ファイルは長期記憶のなかにあるデータ構造である。どの較正ファイルも、同じ（あるいは似た）パターン化された身体反応によって因果的に引き起こされうる表象のセットを含んでいる。そして、較正ファイルに含まれる表象によって引き起こされる身体反応の知覚が情動となる。また、その情動の内容は較正ファイルの表象によって決定される。情動は、較正ファイルに含まれる個々の表象の内容のどれかを表象しているのではなく、むしろ、そうした表象が集団的に追跡しているより抽象的な性質を表象している。たとえば、嫉妬の較正ファイルは不貞を追跡できる表象の集まりであり、そこには恋人が不貞を働いているといった明確な判断が含まれている。このファイルに含まれる表象が起動されると、表象は身体反応を引き起こし、その反応が身体性の評価を引き起こすことになる。他方で、何らかの特定の場面で単独の判断がたまたま身体性の評価を引き起こしただけの場合、その評価はまだ判断によって較正されてはいない。しかし、ある評価が特定の種類の判断によって信頼のおける仕方で引き起こされる場合、その評価は、そうした判断が表象されている外的条件によって信頼のおける仕方で引き起こされているということになる。ここで較正ファイルが必要となる。判断が指し示す性質を身体反応が表象できるためには、記憶において判断と身体反応が結びついていなければならない。身体性の評価が進化的に決まった表象内容を超えたものを表象できるようになるのは、新しい較正ファイルを作ることによってなのである。したがって、可能な高次認知的情動に限界はないものの、身体性の評価が判断によって引き起こされているからといって、それが独特の情動とみなされるとは限らないのだ。

最後にもう一つ検討すべき反論がある。較正としての原因と構成部分の区別は安易な言葉上のトリックにみえるかもしれない。もし判断が身体性の評価を信頼のおける仕方で生じさせる引き金であるなら、その判断を結果として生じる情動の一部とみなさない理由はほとんどないように思われる。結局のところ、そうした判断は情動が生じるときにはいつも生じており、さらに、情動がどの中心的関係テーマを表象するかを決める本質的な役割を果たしている。にもかかわらず、そうした判断を情動の構成要素とみなさないのは、恣意的なその場しのぎではないか。

この反論は誤った想定に基づいている。ある高次認知的情動が特定の判断によって信頼のおける仕方で引き起こされると言ったとしても、そのことは、その情動は必ずその判断によって引き起こされるということを含意しない。嫉妬は恋人が不貞を働いているという判断によって引き起こされうるが、他の判断によっても同様に引き起こされうる。たとえば、恋人が珍しく遅くまで残業しているという判断も嫉妬を引き起こしうる。また、恋人の服から知らない匂いがした場合に嫉妬するように、嫉妬は知覚状態によっても引き起こされうる。このように、さまざまな多くの判断や知覚が、信頼のおける仕方で不貞を追跡するために用いられうる。較正ファイルは、明示的な判断から感覚状態まで、さまざまな表象を含んでいる。そして、高次認知的情動を引き起こすうえで必ず貢献しているような特定の内的状態はない。較正ファイルに含まれるさまざまなものがそれぞれの機会で役割を果たしている。したがって、何らかの高次認知的情動は特定の判断を構成要素としてもつと言う必要はない。嫉妬をもつ場面が二回あったとしても、それらは非常に異なった仕方で引き起こされうる。それでも二つの嫉妬が統一されるのは、それらに共通の判断があるからではなく、似たような身体状態を共有しているからであり、そして、そうした身体状態は不貞を表象しているからである。二つの嫉妬が不貞を表象するのは同じ心的ファイルによって較正されているからだが、較正の役割を実際に果たし、そのファイルに含まれる実際の表象は、かなり異なったものでありうる。

較正ファイルに関するこの論点から、基本情動と基本的でない情動をまとめるより大きな統一性も明らかになるだろう。以前に述べた通り、基本情動は、特定の物事によって作動させられるように遺伝的に備わったものである。たとえば恐怖は（もし恐怖が基本情動でないなら、恐怖に近い基本情動を考えよう）、騒音、手助けが急になくなること、視覚的断崖、暗闇、虫やヘビなどによって作動させられるように傾向づけられたものだろう。これらはすべて感覚器官によって探知できるものである。そして、騒音や断崖などについての感覚的表象も較正ファイルを構成すると考えることができる。恐怖（あるいは恐怖に似たもの）が生得的であるという主張は、実のところ、特定の種類の表象から構成される較正ファイルを形成する遺伝的な傾向があるという見解にコミットしているのである。基本情動もそうでない情動も較正ファイルをもっている。ただ、それぞれのファイルの起源と内容が異なっているだけなのだ。基本情動とそうでない情動の違いは、前者は自然選択によって育まれてきたファイルによって較正されているが後者はそうでないという点にある。基本的でない情動は、すでに存在している情動を流用するために新しいファイルが備わったとき（あるいは、基本情動が混合されたとき）に生まれるのである。

以上のことから、基本情動と高次認知的情動の両方を含むカテゴリーにすっきりしない点はないと結論できる。どの情動も同じタイプの状態なのだ。情動はすべて、較正ファイルによって因果的に制御された、身体性の評価である。基本情動とそうでない情動の主な違いは、後者が再較正の結果として新しい内容をもつという点である。新しい較正ファイルは、遺伝的に探知が傾向づけられていない性質に反応するように既存の情動を調律し直す。基本情動でもそうでない情動でも、較正ファイルは原因であって構成要素ではない。どの情動も身体性の評価だけから成り立っているのだ。この主張の裏付けとして私は、関連する別の共通点も取り上げていた。すべての情動は、似たような種類の意味をもつだけでなく、表出行動との結びつきがあり、自律神経系の反応との結びつきがあり、関連する中枢神経システムの構造物を含んでおり、突発的なものである。またこれに加えて、情動はどれも、行動傾向と結びついており、動機を与え、注意に関わり、感情価をもつのである（感情価は第7章で取り上げる）。統一性を支持する事例は、実際のところとても大量にあるのだ。このように情動には多くの共通点があることをみると、多くの哲学者が情動カテゴリーを分割しようという気になったことがむしろ驚きだ。動物的な快感から美的な喜びまでの連続体を包括する単一の英単語（「情動（emotion）」）があることは、実際には不思議ではない。情動は強い意味での自然種であり、共通する本質がある。自然（そして素朴心理学）が、このようにすっきりしたカテゴリーを与えているのは珍しいことだ。

原注

＊1　グリフィスは、情動が自然種でないと主張するなかで、ときどきスピードと持続時間に言及する。素早く生じて短いあいだしか持続しない情動もあれば、生じるのが遅くて長く続く情動もある、というのだ。だが、こうした違いに目を奪われてはいけない。一貫したカテゴリーに属するメンバーのスピードや持続時間がかなり異なっている場合もある。たとえば、偏頭痛、ハリケーン、性交（はどれも自然種だろうが、それぞれに属するメンバー）のスピードや持続時間はさまざまである。

＊2　現在のエクマンは、ここで挙げたもののうちのいくつかを感情プログラムの枠組みで説明しようと試みている。

＊3　とはいえ、本章でこれから説明するように、これの情動が本当に高次認知を含むかどうかについては議論の余地がある。「高次認知的情動」という用語は、「高次認知を必ず含む情動」ではなく、「高次認知を含むようにみえる情動」を指すものとして用いるべきだ。

＊4　グリフィスはさらに、われわれが情動と呼んでいるかもしれない第三のクラスを挙げている。それは、特定の戦略的な目的から意図的に行われる、情動らしき表出である。そうした誇示は意図的だと気づかれずに行われることも多い（恋人同士の喧嘩のあいだ怒りが表出されているように）。グリフィスはこうした情動らしき表出を、「責任が否認される行為」つまり、自分に責任がない行為とみなしている。とはいえ彼は、これは実際のところ情動ではないと認めている。それは本物の情動ではなく、情動のふりをしたものなのだ。そのため、こうした行為は彼の不統一テーゼに使われていない。

＊5　またオートニーとターナーは、表情から基本情動を特定しようとする考えに疑いを投げかけている。その理由は、一つの表情の構成要素となっているそれぞれの特徴がそれ自体で独自の情動に対応している、というものだ。以前に述べたように私は収束的証拠が必要だと考えているので、表情だけに基づいて基本情動を推察するのは危ういという点には同意する。

＊6　注意すべきだが、多次元評価説は基本情動を認める考えと両立しうる（たとえばArnold 1960やFrijda 1986を参照）。たとえば、基本情動はいくつかの評価次元の組み合わせから生じるもので、基本的でない情動は基本情動が複数組み合わさって生じるものだと考えることもできる。

＊7　基本情動の存在を擁護する人のなかには、情動はすべて基本的だと主張することでこの問題を回避しようとする人もいる（Ekman 1999a）。この主張には情動はすべて他の情動の部分にはならないことが含意されるだろう。だが私はこの考えに懐疑的である。以下の議論で順次説明するが、複数の情動が組み合わさった複合的な状態を情動とみなさない理由はないように思われる。

# 第5章　情動と自然

## 生物学的還元主義

### 還元主義者の主張

二〇世紀のうちのかなりのあいだ、情動は文化ごとに異なるという考えが広く受け入れられていた。この考えは、人類学者が報告した文化的多様性に関する印象的な事例に負うところが大きい。たとえばマーガレット・ミードの先駆的なサモア文化研究では、サモア人は、怒りや性に関する嫉妬など、われわれがまったく自然なものとみなす情動から解放された生活を送っていると結論されている（Mead 1928）。またコリン・ターンブルは、ウガンダのイク族は愛情をもたないと主張している（Turnbull 1972）。こうした事例を突きつけられると、情動はすべて文化や学習の産物だと考えたくなるかもしれない。だが、そうした考えは現在の情動研究では少数派である。むしろ最近では、普遍的な情動があるという見解の方が優勢なのだ。そして、こうした普遍性は生物学的な基礎をもつと考えられている。便宜上、こうした主張を「生物学的還元主義」と呼ぶことにしよう。そして本章では、生物学的還元主義を批判的に検討する。私は、この立場を擁護するために用いられている多くの議論は誤っていると考えている。もちろん、生物学的基礎は情動の成り立ちにとって重要なのだが、還元主義者の主張には収まらない話があるのだ。

情動が生物学的基礎をもつという主張の一部には、感情の獲得に関する研究をどう行うべきかについての推測が含まれている。それは、生物学的基礎をもつ心理的特性を説明する際には、心理学よりも生物学を使った方が説明が豊かになる、というものだ（Cowie 1998）。この方法論的提案は、より特定のテーゼを暗に含んでいる。生物学的還元主義者が想定しているそのテーゼは、普遍的に共有された情動は生得的である、というものだ。そうした情動は社会的環境ではなく遺伝的構造の結果だというのである。さらに、ほとんどの生物学的還元主義者は、普遍的な情動がわれわれの遺伝子に刻み込まれたのは、それが果たす機能のためであると想定している。つまり、そうした情動は適応なのだ。

還元主義者のなかには、「生得的」という用語を避け、情動は「種特異的」だという言い方を好む人もいる（Griffiths 2002）。こうした用語が好まれるのは、生得的なものと学習されたものは原理的に区別できないという意見が強まってきていることを反映している。つまり、表現型は生まれと育ちの両方の産物なのである。表現形に関するこの主張に私は心から同意するが、その点を認めても説明概念としての生得性が損なわれるわけではないと思われる。たとえば、ヘビ恐怖症について考えてみよう。ヘビ恐怖症は霊長類に生得的であるという考えはいくぶん直観的に正しそうだが、実際にヘビ恐怖症になるには特定の環境条件が必要とされる。ヘビ恐怖症になるのは、臨界期のあいだに同種の個体がヘビに対して嫌悪反応を示しているのを見た場合だけである（Mineka, Davidson, Cook, & Keir 1984）。こうした事例は確かに、ヘビ恐怖症が遺伝子と環境の両方に依存していることを示しているが、それでも、ヘビ恐怖症が生得的であるということは理解可能である。また、「種特異的」という用語は不十分である。「種特異的」という用語が意味しているのが「その種のメンバーに広くみられる」ということであるなら、観察学習によって獲得されたと説明できる多くの特性も種特異的だということになるだろう。たとえば、多くの人間は太陽が昇るという信念をもっているが、その信念とヘビ恐怖症には大きな違いがある。そうすると、ヘビ恐怖症の何が特別であるかを捉える方法が必要となるが、生得性はその説明概念としてふさわしいように思われるのである。もし「種特異的」を専門用語として理解するなら、それは統計的規則性以上のものでなければならない。そうすると、「種特異的」は「生得性」の婉曲表現だということになるだろう。

出発点として、生得性を操作的に定義しよう。ヘビ恐怖症が生得的だと言われるのは、一度身につくと取り除くのが非常に難しく、そして、霊長類が行う学習に関するどんな一般的な事実によってもその強固さが説明できないからである。他方で〔ヘビ恐怖症とは異なり〕同種の個体が拳銃に顔をしかめるのを見ても、霊長類は拳銃恐怖症にはならないだろう。生得的な心理的特性は、それが獲得される環境の条件や、学習メカニズムの一般的目的に訴えるだけでは完全に説明できないものである（刺激の貧困を使った定義としてはCowie［1998］を参照）。

この定義は特定の種類の証拠を使って生得性を特徴づけているが、私は、もっとうまい特徴づけがあると考えている。ヘビ恐怖症は、究極的には遺伝子の組みに帰属されるのだ。何らかの特定の遺伝子の組みが、適切な遺伝的・環境的文脈において、たとえヘビとの遭遇が限られた回数しかなくとも、霊長類のヘビに対する非常に強い反応を促す手助けをする原因となっているのである。そして、ヘビ恐怖症が過去に適応度を増やしたため、ヘビ恐怖症を促進する遺伝子は他の遺伝子よりも複製されることになった。確かに、ヘビ恐怖症を促進する遺伝的要因が生じるためには環境の側の要因も必要なのだが、それでも、ヘビ恐怖症の情報をもっているのは遺伝的要因なのである。というのも、遺伝的要因はヘビ恐怖症と信頼のおける仕方で共に生じるものであり、そして環境の要因とは異なり、そのような仕方で生じるような機能をもっているからである。より一般的に言うと、ある表現型が生得的であるのは、過去にその表現型が因果的に促進されたために複製されてきた遺伝子の組みがあり、その遺伝子のためにその表現型の存在が因果的に促進されている場合のみだということになる。ヘビ恐怖症は生得的だが拳銃への恐怖がそうでないのは、われわれの祖先が拳銃に恐怖することはなかったので、拳銃への恐怖の遺伝子がわれわれに備わらなかったからである。

また、適応的でない特性にも、それを促進する遺伝的要因がある場合がある。たとえば、鎌状赤血球貧血は適応的でないが、マラリア予防を助ける遺伝子の副産物である。こうした事例では、生得性を特定するうえで注意が必要となる。鎌状赤血球貧血そのものは生得的ではなく、特定の病気の予防が生得的であり、鎌状赤血球貧血は副産物なのだ。そして、問題となっているのはこうした事例ではない。というのも、たいていの生物学的還元主義者は、情動は適応であると考えているからだ。そうすると、生物学的還元主義者とは、生得性の定義を適応に制限したうえで、情動は生得的だと考えている人ということになるだろう。

また生物学的還元主義者は、情動が文化の影響をまったく受けないと考えているわけでもない。自分がどういった情動をもっているかを他人に伝える方法や、どういった条件でどの情動が誘発されたりするかには、ばらつきがあるだろう。また生物学的還元主義者は、すべての情動について還元主義をとる必要もない。実際のところ高次認知的情動を進化的に説明しようとする進化心理学者は少数派である。とはいえ以下では、すべての情動についての還元主義を「包括的還元主義」を呼ぶことにしよう。他方で、より注意深い還元主義者は、少ない数の基本情動だけが生得的だと考えている（たとえば、Damasio 1994; Plutchik 1984）。こうした考えを「限定的還元主義」と呼ぼう。

包括的還元主義も限定的還元主義も、さらなる想定を置くことが多い。それは、生得的な情動は、情動についての英単語に十分納得できるかたちで対応づけられるという考えである。たとえば、「恐怖（fear）」や「怒り（anger）」は生得的情動だと言うだろう。こうした考えを「翻訳可能性テーゼ」と呼ぶことにしよう。以下では、包括的であれ限定的であれ、翻訳可能性テーゼを支持する還元主義者を「強い還元主義者」と呼ぶ。

## 還元主義の根拠

還元主義を支持する入念な根拠を最初期に提示したのはダーウィンである。その根拠の多くは彼の著作『人及び動物の表情について』でみることができる（Darwin 1872/1998）。そのタイトルが示しているように、ダーウィンの議論のほとんどは情動の表出行動に関するものであり、その表出の基礎となる情動そのものに関するものではない。とはいえ、表情行動の生物学的起源に関する根拠が示唆的であることは確かである。もし表出行動が生得的なものであり、同じ状況下で健常者がみせる表出行動が同じであるなら、情動も生得的だと考えてもおかしくない。

人間が作る情動的な表情が生得的であるという自身の仮説を支持するために、ダーウィンは、表情が普遍的であることを示そうと試みる。とくに彼は、互いに断絶した文化に属するそれぞれのメンバーが似たような表情をつくるという発見に興味をもっている。もしヨーロッパから隔絶された人々がヨーロッパの人々と同じような表情をつくるなら、その表情は文化に由来するものではなさそうだ。ダーウィンは、遠く離れたところに住む英国人に、その地域でどのような表情がみられるかを尋ねた。すると、西洋から隔絶した人々の表情も十分に特定できるという報告が得られた。このダーウィンの研究は非常に革新的である。というのもこの研究は、最初期の異文化比較研究として歴史的な意義があるのだ。ダーウィンはその英国人の証言を信頼しているが、とはいえ、ダーウィンの結果には疑いの余地が残されている。

シルバン・トムキンスは、ダーウィンの結果はより綿密に設計された実験で検証されるだろうと考えており（Tomkins 1962）、その考えを自身の二人の学生に教え込んでいた。その学生がポール・エクマンとキャロル・イザードである。彼らは、文化相対性がアカデミックな領域で支配的であった時期に、普遍性を示す証拠を見つけようとした（Ekman 1972; Ekman & Friesen 1971; Ekman, Sorenson, & Friesen 1969; Izard 1971; また Sorenson 1975 も参照）。とくにエクマンの研究は興味深い。彼が調査したのはニューギニ

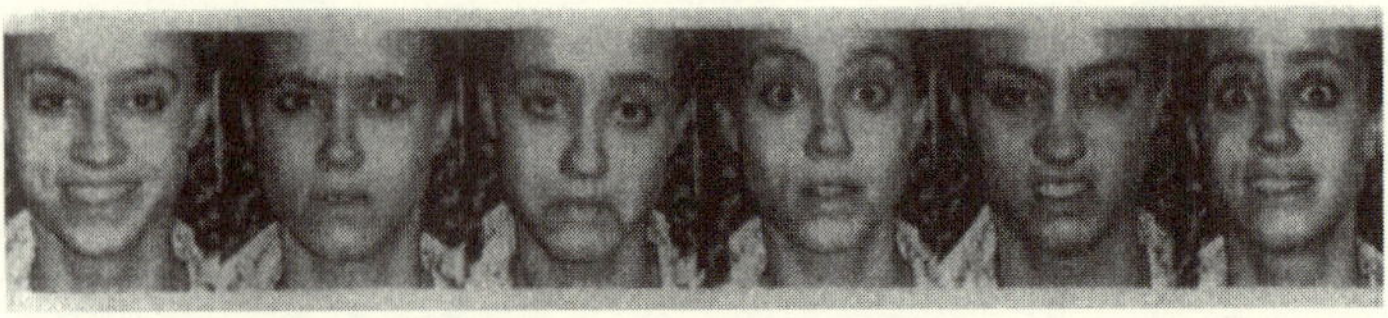

図5.1　Ekman & Freisen（1971）で用いられた例と同様の、喜び、怒り、悲しみ、驚き、嫌悪、恐怖の表情

アの高地に住む文字をもたないフォア族の表情である。フォア族は、彼の研究が始まる一二年前まで西洋から隔絶されていた。

エクマンと研究協力者であるウォレス・フリーセンが行った一連の実験は、バイリンガルの通訳が、さまざまな情動を呼び起こす出来事の話をフォア族の人々に読み聞かせるというものである（Ekman & Friesen 1971）。一つめは子供の死について話、二つめは旧友との再会の話、三つめは腐敗臭を嗅ぐ話である。そしてエクマンとフリーセンは、それらの話を聞いているフォア族の被験者にさまざまな表情の写真を見せ、話にうまく合う表情を選んでもらった。すると被験者の答えは、アメリカやヨーロッパの人々の答えと類似していたのである。子供の死の話ではしかめた顔が選ばれ、旧友との再会では笑みが、腐敗臭を嗅ぐ話では鼻にしわを寄せている顔が選ばれたのである。エクマンは全部で六つの表情を調べたが、それらは喜び、怒り、悲しみ、驚き、嫌悪、恐怖に対応している（図5・1はその例である）。フォア族は驚きの表情と恐怖の表情を混同する傾向にあったが、それ以外の点では、話と表情の対応づけは印象深いものである。ここからエクマンは、いくつかの表情は普遍的であると結論した。さらに、その表情に対応する情動も普遍的であると結論している。同じ状況下で同じ表情がつくられるなら、表情と状況のあいだを結ぶ内的状態も同様に同じである可能性が高いだろう［＊1］。

以前に私は、普遍性が生得性の証拠になるとは限らないと述べていた。たとえば、太陽は昇るという信念は普遍的なものだが、生得的なものではない。しかし、エクマンの事例では、普遍性から生得性を導くための確かな根拠がある。というのも、太陽についての信念とは異なり、表情は単なる観察によって簡単に獲得できるものではないからだ。確かに、われわれは周りの人を真似することで表情を捉えることができるが、真似されている人のその表情も、どこからか獲得されたものでなければならない。つまり、最初の事例がなければならないのだ。そして、完全に隔絶された文化のメンバーが何世代も前にまったく同じ表情をそれぞれで発明していたというのは信じられないほど低い確率だろう。さらに、乳幼児も情動的な表情をつくることを示す証拠、しかも、先天的に盲目的な乳幼児でも、そうした表情をつくることを示す証拠がある（Galati, Scherer, & Ricci-Bitti 1997）。こうした表情には遺伝的な基礎があるに違いない。

表情の生得性を示す証拠は、人間以外の動物の研究からも挙げられている。たとえば、目立った違いがいくつかあるものの、チンパンジーと人間の表情には連続性がある（Chevalier-Skolnikoff 1973）。また、表情より広い範囲に眼を向けると、より大きな連続性をみつけることができる。情動の身体的表出は、形態学的にかなり異なる動物をまたぐ連続性があることを示している。たとえばダーウィンは、人間も他の哺乳類も脅威に直面したときに体毛を逆立てると述べている（Darwin 1872/1988）。また、人間にも実験室のネズミにも硬直反応がみられる。ネズミは人間の文化に染まることでそうした反応を獲得したわけではないのは明らかなので、こうした反応も生得的であるように思われる。

また、皮膚より下のもので生物種を比較することもできる。まず、情動の神経回路の対応物はさまざまな生物種にみられる。脳の情動回路についての重要な初期モデルはパペッツによって展開されたが、マクレーンはそれを拡張し、大脳辺縁系という名前を与えている（MacLean 1952）。マクレーンは、大脳辺縁系は最も原始的な哺乳類にも備わっていると考えているが、さらに、本能的な闘争・逃避反応と結びついた脳幹にあるより古い回路は、爬虫類にも備わっていると考えている（MacLean 1993）。またルドゥーは、大脳辺縁系のなかでもとくに扁桃体は、人間とネズミが情動的に重要な刺激に対して反応するうえで似たような役割を果たしていることを発見した（LeDoux 1996）。情動に特化した回路が脳にあるというまさにその事実は、情動が生物学的に特定されるということを支持するだろう。人間以外の生物にも似たような回路が備わっていることから示唆されるのは、われわれがもつ情動のいくつかは、系統樹をかなり遡った祖先に由来するということである。

また、情動の生物学的基礎に関する証拠は遺伝研究からも得られる。通常、遺伝は特性の相関を調べることによって測られ、そして研究者は、同じ遺伝系統のメンバーのあいだの特製の相関を調べている。だが、情動はふつう外的条件に対する短い反応であり、特性ではなく状態であるため、情動の遺伝を測るのは難しい。とはいえ、情動は特性と緊密に関係している。情動との関連が最も明白なのは、パーソナリティ特性（あるいは気質）と感情障害である。これらはどちらも遺伝しうると考えられている（Jang, Livesley, Vernon, & Jackson 1996; Tellegen, Lykken, Bouchard, Wilcox, Segal, & Rich 1988）。もし情動と関連したものが遺伝しうるなら、情動は遺伝的な起源をもつと結論するのは理にかなっている。たとえば、もし鬱が遺伝性のものなら、人をとくに鬱にさせる傾向をもつものがあるということになる。そして、鬱と関係しているようにみえるのは悲しみである。そうするとここから、悲しみは人間本来もつものの一側面であり、人間文化の一側面ではないということが示唆されるだろう。

いくつかの情動をもつための能力が遺伝子に書き込まれているとして、なぜ書き込まれているのか疑問に思われるかもしれない。というのも、多くの情動は恣意的または非合理的であるようにみえるからだ。なぜ情動は世代から世代へと受け継がれてきたのだろうか。さらに、この疑問は情動の表出にもあてはまる。確かに、情動に対するいくつか身体反応は理解可能なものである。たとえば、怖くなって逃げ出したり硬直したりすることは理解できるだろう。しかし、不可解なものもある。たとえば、特定の仕方で顔をゆがめることに、別のものではなく特定の情動が割り当てられていると考える明白な理由はない。同様に、道具的行動〔何らかの目的を達成するための行動〕に直接関わらない身体変化と情動がなぜ相関しているかについての明白な説明もない。還元主義者がこうした疑問を扱うためには、なぜ情動が進化してきたのかについて説明する必要が出てくる。

こうした疑問を最初に取り上げたのはダーウィンであり、その際に彼は表出の進化に焦点を合わせている。彼は、いくつかの表出は適応的な機能をもつと主張している。たとえば、ある動物が犬歯をもっていれば、反撃する備えがあることが敵に伝わるだろう。また、動物が怖がって毛を逆立たせると、体の見かけが大きくなる。こうした表出がどのように遺伝するかに関して、ダーウィンはラマルク的な説明を与えている。それによれば、そうした表出は最初のうちは自発的な反応として行われているが、そのうちに習慣となり、そして、その表出が適応的な利点をもっているため将来の世代に受け継がれる、というのである。ダーウィンはこれを「有用な習慣の原理」と呼んでいる。現在では遺伝についてのラマルク的説明に人気はないが、ダーウィンの分析は、ラマルク的でない遺伝についての説明と調停することができ、また、ダーウィン自身もそうした説明を擁護していことは有名である。それは、犬歯をもつことや毛を逆立てることは突然変異として登場したが、自然選択を乗り越えて受け継がれたという可能性である。このように、「有用な習慣」の説明は「好都合な変異」の説明に置き換えられるのだ。

とはいえダーウィンは、情動の表出がすべて有用な習慣の結果だと主張しているわけではない。むしろ、いくつかの情動は、情動に関わる重要な刺激を経験することで「過度な神経力」が生じるためだと主張している。これは「神経系構造による反応の原理」と呼ばれるものである。この原理を使ってダーヴィンは、ショックを受けた後に身震いしたり白髪になってしまったりすることを説明している。また別種の表出は「反対の原理」を使って説明されている。それは、二つの正反対の情動があり、一方の情動にある表出が結びついている場合、もう片方の情動の表出は他方の表出とは正反対になることがある、というものである。この原理を使ってダーウィンは、謝罪の表明として肩をすくめることを説明している。謝罪の感じは怒りの感じとは正反対であり、後者は腕を前に出して攻撃の態勢をとらせるが、前者は腕を引っ込めて肩を丸めさせるというのだ。

とはいえ、ダーウィンが主張した神経系反応の原理と反対の原理を支持する証拠はほとんどない。どちらの原理も、情動研究で一般的な説明戦略として用いられなくなっている。しかし、有用な習慣の原理は、自然選択の原理として作り直されていまだ健在である。多くの情動研究者は適応に訴えた説明が可能であると考えている。そして、その陣営には進化心理学者も含まれている。

進化心理学は圧倒的な支持を得ている研究動向である（Barkow, Cosmides, & Tooby 1992; Pinker 1997）。そして、そこに携わる人は典型的に次の三つの想定をおいている。第一に、心はコンピュータ的なものとしておおよそ特徴づけられる情報処理システムである。第二に、高次認知は高度に専門化した複数のモジュラーサブシステムに分割でき、そうしたサブシステムは互いの直接の影響を比較的受けつけない。第三に、そうしたサブシステムの処理に含まれる規則や性質は、更新世やそれ以前の環境でわれわれの祖先が直面した困難を生き抜くために備わった適応的反応である。こうした作業仮説はダーウィンを超え出たものである。というのも、まずダーウィンは心についてコンピュータまたはモジュラー的見解をとっていない。そして、ダーウィンの進化に関する主張は、内的な心的状態よりも、情動の表出などの外から観察可能な特性に焦点を合わせている場合が多い（とはいえダーウィンは表出と内的状態は相関すると考えている）。また、進化心理学者は情動の表出だけでなく情動それものも進化の産物だと主張している（Tooby & Cosmides 1990）。さらには、進化の産物である情動のクラスを拡張し、第4章で取り上げた基本情動だけでなく、人間という種に固有のものかもしれない高次認知的情動までをそこに含めている（たとえば、Buss 2000; Frank 1988; Trivers 1971）。一般的に言って、進化心理学者の考える適応主義的説明は、ダーウインの大胆な想像をはるかに上回るものを含んでいるのだ。

進化心理学者の情動へのアプローチを理解するために、ロバート・フランクによるロマンティックな愛情〔男女の一対一の関係が念頭に置かれた恋愛感情〕の分析（Frank 1988）を考えてみよう。フランクによると、われわれが何か良いものを求める場合には、可能な限り良いものではなく、手に入るもののなかで一番良いもので妥協しなければならないことが多い。そして、それはロマンティックな愛情も同じである。結婚市場で出会う人が自分の絶対的な理想に合致していることはおそらくないだろう。だが、出会えた人のなかの誰かで妥協している場合、より好ましい人がそのうち現れる可能性が常にある。しかし、別の相手を求めるのではなく、その人で妥協するのはなぜなのだろうか。フランクによれば、このコミットメント問題に対して自然が与えた解決策が、愛という情動なのだ。もしあなたがある人に惚れ込んでいるなら、その人は、あなたがそばにいてくれるという確信をもてる。愛情は、自分が献身的であること、そして、もし関係が終わりを迎えた場合に自分が多大なコストを負う（不幸になる）ことを信号化する一つの方法なのだ。さらに、二人が「愛し合っている」場合、別れのコストは法外に高くなり、それによって、関係に投資し続けることのリスクに価値があるように思えてくる。愛情は、不貞によって二人に絶望がもたらされることを確実にし、それによってコミットメントを築き上げるのである。

こうしたフランクの愛情の分析は、進化心理学的説明の典型例である。進化心理学的説明は、適応度を高めるための自然が与えた賢い戦略として情動を分析するのである。愛情は、二人が結束するリスクを少なくみせることで結束を保証する手助けとなっている。それによって繁殖の見込みが向上するのだ。またフランクは、本物の愛情は他の情動と同じく偽るのが難しく、そのため、他人を騙して長続きしない性的関係を結ぶことが進化的に難しくなっている、ということを暗に示唆している。進化心理学者は、情動は単に普遍的であるだけでなく、生存を保証する生物学的プログラムにおいて主要な役割を果たしている、と主張するのである。

厳密に言えば、進化心理学の議論は生物学的還元主義を前提としてしまっており、その前提を証明しようとはしていない。進化心理学者は、愛情は生得的であると仮定したうえで、なぜ愛情が生得的なのかを説明しようとしているのだ。だが、そうした議論は、ときに弁証法的に、還元主義を支持する根拠の一部として用いられる。もし情動が適応的だと示せたならば、生得性の主張を妨げている潜在的な障壁を取り除くことができるだろう。つまり、進化心理学者は一種のゲシュタルト転換を促しているとみなすことができるのだ。われわれの心がもつさまざまな側面を適応として見ようとすると、十分満足でき非常に正確な予測を与える進化的な話を作ることができ、その話を正しいものとして受け入れる他なくなるだろう。理論につねに隠れた変数があるかぎり、理論構築の際には、これと同じように、信じる他にない要素が必ずある。ある理論が受け入れられるのは、その理論によってわれわれが観察したものが理解可能になるからである。進化心理学者もまさに、そうした理解を与えてくれる人たちの一員なのである。

まとめよう。還元主義を支持する議論にはさまざまなものがある。人間の文化を超えた普遍的な情動表出に訴える研究者もいれば、生物種を比較する人もいる。さらに、感情的特性の遺伝可能性を調べることで情動が遺伝することを示す証拠を探している人もいる。それぞれの戦略は異なっているが、どれの戦略にも共通する点がある。それは、二つのグループに相関するものを挙げ、その相関を説明する生得的な能力を仮定することである。文化横断研究では文化が異なる人々の表情の相関が調べられ、動物の研究では異なる生物種の特徴の相関が調べられている。そして遺伝の研究では、遺伝的につながった個々人の相関が調べられている。他方で、進化心理学の議論はこれらとは形式が異なっている。進化心理学では質的な分析を用いるではなく物語的な方法論を採用することが多い。情動がなぜ進化してきたのかについての話が、情動が実際に進化してきたものであることの証拠として挙げられているのである。では、それぞれの戦略の議論がうまくいっているかどうかを検討しよう。

## 表情から遺伝子発現まで

### 情動は普遍的か

表情の文化横断研究は、還元主義を支持する議論のなかでも特別な地位をもっている。その研究成果は非常に多くの教科書で賞賛されており、さらには、情動の普遍性の主張を支持するものとして無批判に載せられていることが多い。その議論は単純である。異なる文化に属するメンバー同士が同じような条件のもとで同じような表情をつくることは、彼らが同じ情動を経験していることを示唆している。そうすると、それについての最も良い説明は、そうした情動は生物学的な基礎をもつ、というものになるだろう。したがって、いくつかの情動は生物学的な基礎をもつ、ということになる。

表情からの議論には暗黙の前提がある。それは、表情と情動に緊密な結びつきがあるというものだ。だが、同じ条件のもとで同じ表情をつくる人々は同じ情動を経験していると考えてよいのだろうか。また、表情は情動の表出だと考えていいのだろうか。その暗黙の前提には二つの重要な反論が向けられている。

第一の反論はオートニーとターナーによるものだ（Ortony and Turner 1990）。彼らは、実際のところ表情は複合的なものであり、表情を構成するそれぞれの部分は評価次元に対応していると主張している。たとえば、怒りと結びついた顔の部分となる皺の寄った額は、目標を達成できないことについての意識を反映しており、口を四角くして歯をむき出しにするのは攻撃する傾向を反映しているのかもしれない。この分析が正しいなら、怒った顔と呼べるものがさまざまな文化でみられることは、怒りそれ自体が普遍的であることではなく、怒りを構成するものが普遍的であることを支持しているだろう。

表情についてのこうした代替案は、還元主義にとって致命的ではない。還元主義者は反論として、オートニーとターナーの説明で怒りの表情の基礎にあると言われている状態は、それ自体で情動であると主張することができる。目標を達成できないことについての意識は欲求不満と同じであり、攻撃する傾向は喧嘩腰になっている感じを反映しているのかもしれない。つまり、怒りそのものも欲求不満と喧嘩腰になる感じの混合物なのかもしれないのである。もしそうなら、オートニーとターナーの提案は怒りを基本情動とみなすテーゼへの反論にはなるが、基本情動というものがいくつかあるという主張を否定することはできない。

顔と情動は緊密に結びついているという想定から離れ、フライドランドは根本的に異なった見解を擁護している擁護している（Fridlund 1994）。彼の主張は、表情がもつ役割は表出ではなく伝達だというものである。とくに、表情はわれわれの行動の意図や他人に対する明確な行動反応を伝えているという。たとえば、通常われわれが怒りの表情と呼ぶ顔は、内的な感じを表す外的サインなのではなく、その表情をしている人は攻撃するかもしれず、見ている人は気をつけたほうがいいというメッセージである。また、眉をひそめた表情は、抱きしめて安心させてくれという懇願を見ている人に送る合図である。こうしたフライドランドの考えでは、情動と表出の対応はきわめて偶然的だとみなされる。

この仮説を支持するためにフライドランドが引き合いに出している証拠は、情動が強く感じられてもそれを表出するとは限らない、というものである（Fridlund 1994）。たとえば、フェルナンデス‐ドルスやルイズ‐ベルダによれば、金メダルが決まった直後にオリンピック選手が笑うことはめったになく、選手らが期待通りに笑うのは観衆の前で表彰台に立ったときである。（Fernandez-Dols & Ruiz-Belda 1995）。またクラウトとジョンストンによれば、ボウリング選手が笑うのもストライクをとったときではなく、たいていは他人に見られているときである（Kraut & Johnston 1979）。ここからフライドランドは、笑顔は幸福感の表出ではなく、他人を近くに招く誘いだと結論している。彼が正しければ、エクマンとフリーセンの研究に対する批判的な証拠があることになる。普遍的な表情は、さまざまな文化の人々が似たような条件のもとで似たような意図をもつということしか示していないことになり、情動〔の生得性〕の問いには何の答えも与えないことになってしまうからだ。

エクマンはフライドランドに応答している（Ekman 1997）。まず彼が指摘しているのは、人前よりも一人でいるときの方が情動が生じやすい場合もあるということである。たとえば日本人は、他人といるときより一人でいるときのほうが負の情動を表すことが多く、とくに目上の人の前では負の情動を表さない（Ekman 1972; Friesen 1972）。またエクマンは、なぜ観衆の前で特定の表情が増えるのかについても説明を与えている。そうした「観衆効果」は、ある種の情動がもつ社会的なあり方を反映しているというのだ。人が観衆の前で笑うのは、他人からの肯定的な反応によって幸福が誘発されうるからである。そうだとすると、他人から見られているときにより笑うという事実は、表情が情動を表していないことを示しているのではなく、むしろ、社会的な評価は幸福をとくによく誘発するということを示しているだろう。確かに、表情が伝達的な機能をもつという点でフライドランドは正しいかもしれないが、彼はそれを過度に強調し、表情と情動の結びつきを断とうとしている。だが、意図的な行為を伝達するために表情が用いられるのは、そうした行為と典型的に結びついた情動とその表情が自然に結びついている**まさにそのため**であるという可能性がある。さらに、第2章では表情の変化が情動の変化をもたらす証拠を挙げたが、これは両者の緊密な結びつきをとくに示唆している。

情動の表情に関するより説得的な批判は、ラッセルが提示したものである（Russell 1994）。彼によれば、文化横断的研究の結果は、研究者たちがよく想定するような強固さには程遠いものである。ここでは、彼の論点のうちのいくつかだけを紹介しておこう。批判点の一つは、エクマンとフリーセンが用いた強制選択法に向けられている。もしフォア族の人々が三枚の写真から表情を選ぶよう言われていたら、どれを選ぶかを消去法で決めたかもしれない。彼らの反応は、選ばれた写真が最適な選択であることを必ずしも意味しているわけではない。むしろ、限られた選択肢のなかでの最善のものなのだ。実験者は、非常に難しい対比を除くことで選択の決定を簡単にしている（たとえば、被験者に「驚き」の顔と「恐怖」の顔の中間を選ばせるようなことはしない）。ラッセルはまた、実験に参加したフォア族の被験者は西洋と完全に接触していない人ではなく、実験者たちの西洋的な表情が彼らにうっかり見られていたかもしれないと主張している。そして彼は、西洋人との接触が少ないフォア族の人ほど実験結果が低くなる傾向にあるだろうと述べている。

強制選択法に伴う問題は自由選択法を使えば回避できるかもしれない。被験者に表情の画像を見せ、その表情に対して被験者たちが使っている名前を答えてもらえばいいのだ。何人かの研究者は、自由選択法を用いて十分に良い結果を挙げている（たとえば、Izard 1971; Boucher & Carlson 1980）。これに対しラッセルは、この実験はリベラルな符号化基準に依拠していると主張している。つまり、特定の表情が何を意味するかについて広く合意がとれるのは、とても多くの多様な語が同義であると扱われる場合のみだということである。たとえばイザードは、「孤独（loneliness）」「痛み（pain）」「哀れみ（pity）」「悩み（worry）」を同等のものとして扱い、これらをまとめた「苦痛（distress）」という一般的なラベルを与えている。イザードはまた「苦痛」は「悲しみ」の同義語として扱うべきだと述べているが、その際に彼が示唆しているのは、自由選択法を用いた彼の実験の被験者たちは、一貫して眉をひそめた顔を悲しい顔としてみなしているということである。これは確かに拡大解釈である。自由選択法は、悲しみなどの特定の情動が表情と結びついていることを単純に示しているのではない。それが示しているのは、情動の広い「クラスター」が表情と結びついているということである。そのため自由選択法では、特定の情動が普遍的であるのか、そのクラスターを統合させている広範囲の感情的次元が普遍的であるのかを決めるのが困難である。眉をひそめた顔は、悲しみだけでなく文化的に特定される悲しみの類似物も含めて、一定の範囲の負の情動状態を表しているのだろう。だが、前者と後者には重要な違いがある。

表情が特異的でないことを納得させるために、ラッセルは次のような実験を行っている（Russell 1993）。それは、アメリカ人の被験者に情動の表情としてスタンダードなものをいくつか見せ、それに合う情動の語を選ばせるというものだが、選べる語のなかにその表情と標準的に結びついている語はない。そうすると、たとえば「怒り」の表情を見せたが選ぶ語のなかに「怒り」がない場合、その表情は「軽蔑」とラベルづけされた。また、「悲しみ」が選択肢にない場合に「悲しい」顔をみせると、被験者は「恐怖」を選んだ。この実験では、スタンダードな語がないにもかかわらず、被験者の反応には高い一致がみられた。このことが示しているのは、表情は曖昧で文脈に左右されるということである。

ラッセルはまた、文化横断研究でみられた一致の実際のパーセンテージは、情動が生物学的基礎をもち普遍的であると考えた場合に期待されるものより低いと指摘している。たとえばフォア族が写真の表情に合う情動の名前を挙げる実験では、われわれが悲しみの表情とみなす顔を見たとき、56％はそれに「怒り」を対応づけた（Ekman, Sorensen, & Friesen 1969）。ここでは、アフリカのいくつかの言語では怒りと悲しみに一つの語しかない、ということに注意した方がいいかもしれない（Leff 1973）。ひょっとすると、フォア族にとって怒りと悲しみは明確に区別されていない情動なのかもしれない。別の実験として、言語的ラベルではなく話を聞かせるものがあるが、そこでは一致のパーセンテージは高くなった。たとえば、子供の死の話で悲しい表情を選んだフォア族の被験者は81％だった（Ekman & Friesen 1971）。だが、強制選択法が使われていることを考慮すると、この割合は印象的とは言えないかもしれない。また、文化横断研究が一番良い結果を出したのは、「幸福な」表情の認識の場合である。しかし、幸福は唯一テストされた正の情動であるため、「幸福な」表情に結びついている話と語は消去法で選ばれた可能性がある。ラッセルは、こうした実験についての文献は表情の普遍性を示す決定的な証拠にはならないと結論している。

当然ながら、エクマンはラッセルに応答している（たとえば、Ekman 1994, 1999b）。彼はラッセルのそれぞれの反論に応答するだけでなく、さらに、もし表情と情動の結びつきが文化的に決められた恣意的なものであったら、文化ごとのばらつきがもっと大きくなっていただろうという点を強調している。文化横断研究の結果は、どの情動にどの表情が割り当てられるかが自然によって決められていることを示唆している。もちろん、文化や個人に依存してちょっとした違いはあるかもしれないが、〔表情と情動のあいだには〕しっかりとした反復可能な一般的パターンがあるのだ。

この返答は極端な文化相対主義に対して有効である。しかし、包括的な還元主義を支持するには十分ではない。エクマンの実験でみられた文化を超えた表情の大規模な一致は、扱われていない情動の表情に大規模なばらつきがあることによって、小さいものにみえてくる。文化特異的にみえる表情の数は非常に多い。表情に関する初期の研究では、興味、驚嘆、宗教的献身、ロマンティックな愛情など、非常に多くの情動についての表情が扱われている（たとえば、Feleky 1914; Langfeld 1918）。こうした表現のいくつかは西洋では理解可能なものである。たとえば、ルネサンス期のキリスト教絵画では、敬虔な信者は頭を少し傾けて目を見開き、天を見つめるように描かれていることを考えてみよう。宗教的献身そのものは文化を超えた普遍的なものであるが（Boyer 2001）、こうした表情自体が文化を超えたものでないのはほぼ確実である。別の例を考えてみよう。メノンとシュウェーダーによれば、インドのオリッサ州の人々は舌を噛むことと恥を結びつけている（Menon & Shweder 1994）。また中国の西の方では、舌を少し出すことが申し訳なく思う感じと結びついている（Morris 1994）。共通の表情が生物学的普遍性の証拠となるなら、文化特異的な表情は社会文化的な影響の証拠になるかもしれない。そのため、エクマンのリサーチプログラムは限定的な還元主義しか支持しないことになる。つまり、情動には普遍的なものとそうでないものがあるのだ。

では、どの情動が普遍的なのだろうか。還元主義者の研究をざっとみてみると、喜び、恐怖、嫌悪、悲しみといった情動は（ひょっとすると驚きと怒りも）、すべての文化にあると考えたくなるかもしれない。だが、これらの情動用語と同義とされている外国語の語と、期待される表情とのあいだに興味深い相関がみられるのは、強制選択法の実験だけである。自由選択法の実験では、同義ではない語もまとめてしまわないかぎり、そうした興味深い結果は得られない。エクマンはこの反論に応答するために、驚くべき調停案を提示している（Ekman 1993）。それは、情動が「家族」をつくっているというものだ。そして、そうした家族は普遍的であるが、家族のうちの特定のメンバー（さまざまな言語で語が与えられている個々の情動）は、文化に応じてある程度変わりうると主張している。エクマンが言う情動の家族は、ラッセルが「クラスター」と呼んだものと同じであるようにみえる。エクマンもラッセルも、英語の情動ラベルは他の言語の情動に完全に対応するわけではないと考えているようにみえるのだ。むしろ、さまざまな文化で類似した情動が見出せるのだ。

情動の家族仮説は強い還元主義に反している。というのも、とくに翻訳可能性テーゼに反しているからだ。われわれの情動用語が指しているものが普遍的な情動の家族に文化的な影響が与えられて具現化されたものであるなら、われわれの言語における情動の語が別の言語のものに対応づけられるとは言えなくなるのである。

ラッセルとエクマンの違いは、どれだけの普遍的家族あるいはクラスターが存在するのかについての問いに帰着するようにみえる。ラッセルはそうしたものはとても少ないと考え、そしてクラスターは究極的には、特定の情動ではなく情動空間を構成する主要な次元（たとえば、感情価と覚醒）に対応すると考えている。それに対してエクマンは、普遍的な情動の家族は最大で十五あるかもしれないと考えている（Ekman 1999a、また本書第6章を参照）。表情の文化横断実験から得られた証拠から支持されるのはこれの半分以下しかないが、そうした家族のうちのいくつかは適切には調査されておらず、また、特徴的な表情がないものもあるだろう。だが、どれだけ多くのクラスターがあろうとも、エクマンの現在の見解は、翻訳可能性を強調する純粋な還元主義は維持できないという譲歩的なものであるようにみえる。

こうした一般的な結論を乳幼児や人間以外の動物についての研究に拡張するのはたやすい。還元主義は乳幼児や動物の研究からかなり後押しされているようにみえる。というのも、乳幼児や動物は文化的影響を受けずに行動しているからだ。乳幼児は刺激されたときに笑い、ネズミは怯えさせられたときに硬直し、ネコは捕食者が近づいてきたときに毛を逆立てる。こうした表出はおそらく脳構造の制御のもとで働いており、そして、その構造に相当するものは成人にもあるだろう。もし人間と同じような情動回路と表出が人間の文化の外で行動している生物にもみられるなら、情動を文化的なものとみなすのは不可解である。明らかに、情動は生物学的基礎をもつということになるだろう。

この議論の問題は、結論が曖昧だということである。情動が生物学的基礎をもつということは、ある意味では当たり前だ。情動の基礎は脳にあるはずである。しかし、完全に受け入れられる実質的な解釈もある。成人がもつ情動のあり方は、他の生物にも対応物があるような、情動に特化した神経回路によって部分的に決定されている。われわれが日常生活で経験する情動は、内的な神経構造の資質のうえに成り立っているのである。しかし、情動は生物学的基礎をもつという主張は、これら以上の主張として解釈できる。そのより強い解釈とは、情動は生物学的に決定されており、人間がもつ情動は、乳幼児や類人猿、研究室のげっ歯類にも共有されているというものである。そして、この主張には検討の余地がある。

情動の表出と神経生物学的側面に関して、人間と他の生物のあいだに連続性があっても、両者が同じものをもっているということにはならない。表出や解剖学的なレベルの違いは、類似と同じく、際立ったものであることが多い。まず表出について考えてみよう。人間の乳幼児もわれわれがよく知っている表出を行うが、それを行っているときに乳幼児が経験している情動は、成人がそれを行っているときに経験している情動とは対応していないかもしれない。たとえばカムラスの報告によれば、乳幼児は馴染みのある刺激をみたときに驚きにみえる表出を行う。また、成人の場合には分離した個々の負の情動（怒り、恐怖、悲しみ）と結びついた表出は、乳幼児の場合には区別されていない苦悩に対応している（Camras 1992）。二歳あたりになると情動と表出の相関は大人のパターンに近くなるが、それでも完全な一貫性はない（Camras 1994）。こうしたことから情動が文化的に獲得されることが示されるわけではないが、成人と乳幼児の比較から生得性についての結論を引き出すのにリスクがあることは示される。

神経解剖学からの証拠も同様に危うい。成人の脳は、乳幼児や他の動物の脳よりも前頭葉が発達している。そして、前頭野とより原始的な情動回路には広範囲にわたる相互接続可能性がみられるのである（たとえば、Amaral, Price, Pitkaner, & Carmichael 1992; Devinsky, Morrell, & Vogt 1995）。マクレーンの三位一体型脳モデルでは、古い神経回路は新しい脳回路が加わっても以前と同じように機能すると想定されているが、この考えは批判されることが多い。こうした考えは、脳活動と進化のダイナミックなあり方からすると信じがたいのである。また、古い回路と成人の前頭皮質の結びつきは情動に影響を与えていそうだ。前頭野は高次認知の座であり、そこには文化的知識も含まれている。前頭野と古い情動回路が接続されると、その回路は異なる仕方で機能するようになるだろう。

もし乳幼児と動物が成人と同じように行動するなら、共通の情動があると考えていいかもしれない。だが、そんなことはまったくない。乳幼児と動物は成人とは異なる対象によって情動を触発され、また、情動の表出もさまざまである。異なる生物種をまたいでみられる類似性は、類似性でしかないのだ。生物種の比較や人間の発達段階に基づいた議論は、成人がもつ情動が他の生き物にみられる状態と関連していることしか示していない。情動は人間の文化の外にも存在しうるだろうが、成人がもつ情動が文化の外に存在しうると信じる理由はないのである。だがここで、文化的なばらつきに対するエクマンの調停案にしたがい、乳幼児や動物の情動は成人の情動と同じではないが、同じ「家族」には属していると推察できるかもしれない。たとえば、ネズミも恐怖らしき反応を示すだろう。しかし、だからといって、われわれが危険にさらされたときにとる嫌悪反応の語として定義された「恐怖」と同じものをネズミがもつと結論すべきではない。むしろ、ネズミは恐怖の対応物をもつ、あるいは、ネズミは恐怖らしき情動をもつと言う方がよいだろう。

### 情動の遺伝子?

先ほどの議論は、成人と乳幼児や他の生物種のあいだの類似性に訴えて還元主義を支持しようというものだった。還元主義者は普遍的なものを見つけたいと思っている。というのも、それが見つかれば、特定の情動は生得的だと主張できるからである。だが、より直接的に生得性の証拠を提示する別の方法がある。情動の遺伝子を見つければいいのだ。しかし皮肉なことに、遺伝子の研究ではおおよそ、普遍的なものよりも差異が取り上げられている。遺伝学心理学の研究者たちは、個人ごとに異なる特性を見つけ出し、そうした相違を説明しようとしているのである。もし個人ごとの差異が遺伝子に関わる要因の差異と相関しうるなら、もとの差異の原因は遺伝子にあると言えるだろう[*2]。遺伝可能性（遺伝率）は遺伝的要因と相関しうる差異の割合なのである。

情動の遺伝子を見つけるのは難しい。というのも、情動は状態であって特性ではないからだ。とはいえ情動は、遺伝可能なことがわかっているいくつかの特性と結びついている。ここでは、以前にも挙げた述べた二つの知見がとくに関連している。一つめは、性格（パーソナリティー）または気質である。性格特性は生涯にわたってきわめて安定していることが知られており、さらに、それが遺伝によって受け継がれることを示す証拠がある（Tellegen et al. 1988）。そして、性格の主な次元のいくつかは情動と緊密に結びついているようにみえる。たとえば、神経症傾向は恐怖と関連しているようにみえる。神経質な人はさまざまなものに不安を覚える傾向があるだろう。別の主な次元である外向性は、幸福と関連しているかもしれない。外交的な人は、いっときの幸福を経験している人と同じように、物事を前向きに捉え、他人と交流をもち、まわりの環境を活動的に探索することが多い。そして、神経症傾向も外向性も遺伝的要素をもつと考えられている。クロニンジャーはそうした遺伝的要素が何であるかについて特別な考えを提示している（Cloninger 1994）。クロニンジャー自身が用いている説明概念は外向性と神経症傾向ではなく新奇性探求と損害回避だが、前者をドーパミン受容体に影響を与える遺伝子と関連づけ、後者をセロトニンに影響を与える遺伝子に関連づけている。もし感情が関わる性格特性が遺伝的な基礎をもつなら、それに対応する情動も同様に遺伝的な基礎をもつことになるだろう。

二つめの知見は精神病理学に関するものである。いくつかの気分障害のなりやすさは遺伝すると考えられている。たとえば、鬱は非常に遺伝しやすいと聞いたことがあるだろう（Sullivan, Neale, & Kendler 2000）。そして、鬱は悲しみと結びついている。鬱状態にある人は、悲しんでいる人と同じように、物事を後ろ向きに捉え、泣き、やる気がでないと感じることが多い。もし鬱に遺伝的要素があるなら、悲しみにもあるだろう。

しかし、遺伝可能性に基づく議論には反論の余地がある。まず、性格特性に関する議論を検討してみよう。たとえ性格特性が非常に遺伝しやすいものだとしても、そのことは特定の情動の生得性を支持する証拠としては弱い。性格特性は、感情価や覚醒といったおおまかな感情的次元としか結びついていない。たとえば、神経症傾向は負の感情価に由来し、外向性は正の感情価または基準覚醒度の低さに由来するだろう（Eysenck 1967; Meyer & Shack 1989）。性格特性についての理論を作っているほとんどの人は、幸福や恐怖といった個々の情動状態ではなく、こうしたおおまかな次元を用いて情動と性格特性を結びつけている。そして、こうした結びつきにも文化ごとに多少の違いがある。たとえばルーカスらの報告によると、東アジアは西洋よりも外向性と幸福の相関が低い（Lucas, Diener, Grob, Suh, and Shao 2000）。さらには、性格特性が遺伝しうるという主張にもいくらか論争がある。リチャード・ニスベットと共同研究者は、長いあいだ性格特性によって説明されてきた行動に環境の要因が寄与しうると何十年も主張し続けている（Ross & Nisbett 1991）。彼が正しければ、「性格」についての研究は実際のところ生物学的還元主義に反対する証拠を提示していることになる。

気分障害の遺伝可能性についての研究も、情動の還元主義を擁護するには不十分である。まず、鬱の遺伝的バイアスを示す証拠に疑いの余地がある。鬱はかなり遺伝しやすいという主張を支持するために使われてきたいくつかの研究は、一卵性双生児のあいだの相関に基づいている。そして、一卵性双生児では30%を超える変異性が遺伝的要因で説明できるという。しかしこの見積もりでは、一卵性双生児が同じ環境的影響を多く経験することが考慮されていない（Kendler 1993）。養子に出されていた場合であっても、二人はどちらも養子であるという不名誉に耐えなければならないし、養子に出されていなければ二人は同じ家で育つことになる。さらに重要なこととして、一卵性双生児の二人は同じように扱われることが多いということもある。気分と関係していない心理学的特性や身体的特性が同じなので、双子が他者と交流するパターンは互いに似たものになるだろう。こうしたことがあれば、一卵性双生児が二卵性双生児より鬱の相関が高い場合があることも説明できるだろ（とはいえ、相関が高いということも正しいとは限らない。Sullivan et al. 2000 を参照）。

たとえ鬱に遺伝的なバイアスがあるとしても、鬱は完全に生物学的に決まるものではない。鬱の症状は文化に応じて異なっているのである。たとえば、ナイジェリア人が鬱状態になった場合、アメリカ人よりも取り返しのつかなさを感じていると報告することが少ない。また、鬱になった中国人は身体的な弱さを報告することが多く、ラテン系の人は神経の過敏さに不満を述べることが多い（American Psychiatric Association, 1994; Kleinman 1988）。確かに、すべての文化圏で鬱がみられることは、鬱に生得的な基礎があることを示唆している（Kleinman 1988）。だが、遺伝子によって与えられるのは鬱の中核となる病態であり、それが文化的要因の影響で肉付けされるのだろう。

手短に言えば、鬱も家族的概念なのである。鬱は、文化的影響によって特定の仕方で具現化された、似たような病態の集まりなのである。そして、もし鬱に悲しみの基盤となるメカニズムのいくつかが関わっているなら、悲しみも同様に文化的影響を受けると判明してもとくに驚きではないだろう。この結論は、表情の文化横断研究から私がすでに引き出したものである。「悲しみ」という語が遺伝的基礎をもつ普遍的なものを指すのは、文化ごとに異なるメンバーが含まれた上位カテゴリーを指す家族的概念として「悲しみ」を用いている場合のみである。個別的な情動を指すために「悲しみ」を用いようとすると、文化ごとに固有の使い方をせざるをえなくなり、悲しみが普遍的なものだと考える理由がなくなってしまう。そうした悲しみは、より広いカテゴリーに含まれたものが文化的ニュアンスを帯びた実例なのかもしれない。

確かに、遺伝可能性から得られる証拠も、情動の表出や生理学から得られる証拠と同様に、生物学的基盤が人間の情動に重大な影響を与えるという結論を支持する否定しがたい根拠を与えている。さらには、生物学的基盤によって感情空間を少数の根本的カテゴリーに分割できるかもしれない。しかし、文化・年齢層・語族ごとにみられる差異は、そうしたカテゴリーが非生物学的な影響を受けやすいことを示唆している。強い還元主義者は英語で名前が与えられているような個々の情動が生得的だと主張しているが、私がみた限り、この主張を支持する証拠はほとんどない。とはいえ、より弱い還元主義にはまだ見込みがあるかもしれない。

### 進化心理学

進化心理学に基づく議論は、これまで検討してきた議論とは異なっている。その支持者は、生得性（あるいは種特異性）の主張を支持するために、さまざまな状態や特性の適応機能についての直観的に説得力のあるストーリーを作っている。進化心理学者たちもまた包括的な還元主義を支持することが多く、高次認知的情動は自然選択の産物だと主張している。他方で、ここまで私は、基本情動として広く認められているものの生得性に関する議論しか検討してこなかった。私は、基本情動は遺伝子によって境界が決定されている情動カテゴリーと、同一ではないにしても、関連していると認めていた。では、高次認知的情動もそうなのだろうか。

この疑問に取り組む前に、進化心理学に基づく議論と遺伝可能性に基づく議論の違いを、鬱に対する進化的アプローチを例にして説明しよう。なぜ人が鬱になるのかについての進化的説明の数はますます増えている（概説としては、Nesse 1998 を参照）。進化心理学者は、鬱の要因となる遺伝子を見つけることで人が鬱になることを説明しようとはしない。そのかわり、なぜ鬱が自然選択されたのかについてのストーリーを提案するのである。臨床医は鬱を障害とみなすことが多いが、進化心理学者は鬱を適応とみなすことが多い。言い換えると、鬱はわれわれの先祖がいた環境の要求によりよく応えるために備わったものだと考えているのである。

典型的な理論では、鬱は地位の喪失に対する反応として進化したと考えられている（Price, Sloman, Gardner, Gilbert, & Rohde 1994）。鬱は、階級構造がある集団のなかで、階級を上げ損なった個体にとって適応機能として働くというのである。言い換えると、鬱は階級内での自分の現在の場所を伝えているのである。人間以外の動物、たとえば鹿などは、階級闘争に負けた個体が実際に鬱の兆候を示す（Raleigh, McGuire, Brammer, Pollack, & Yuwiler 1991。しかし、Marrow, Overton, & Brian 1999も参照）。こうした階級説では、いくつかの不可解な事実に説明を与えることができる。たとえば、なぜ鬱が動機づけを失わせるのかを説明できる。ある個体が自分よりも強い個体に打ちのめされたばかりの場合、その個体が自分の立場を再び上げようと試みるのはあまりに危険になると言えるのだ。さらに階級説は、鬱がわれわれの社会で増加していることも説明できる。現代社会で生活の質が向上している点を考慮すると、われわれはより幸せになっていると考えられるかもしれない。だが実際にはそうではない理由は、一部の進化心理学者によると、自分より良い人のメディアイメージをわれわれが絶えず浴びせられているからである（Price et al. 1994）。テレビや映画、雑誌で、自分よりも健康で、かわいく、力強く、素晴らしい人々を絶えず見せつけられているからなのだ。

鬱についての階級説は魅力的である。この説は鹿のケースから経験的に支持され、また、いくつかの不可解な事実を説明できるのだ。だが私は、階級説はおそらく偏狭すぎると考えている。階級はわれわれが直面する困難の一つにすぎないので、鬱は階級闘争のためだけに作られたと考える理由は私にはほとんどわからない。階級説が正しいなら、直観的には、より成功した人ほど鬱でなくなると予測されるのだが、実際にはそうではない（Diener, Sandvik, Seidlitz, & Diener 1992）。また、階級説が正しければ、テレビをよく見る人ほど鬱になると予測される。さらに重要なのは、この理論が正しければ、他の苦しみやストレス、喪失よりも、階級闘争が鬱の信頼出来る原因となると予測されることである。愛する人の喪失やトラウマになるような経験は、社会階級を上げる能力の減少となるかぎりで、鬱の原因になるということになるのだ。確かに、トラウマは一般的にそうした結果を生じさせうる。だが、愛する人の死によって鬱になるのは、群れのボスになるための力が低下するからというのは不自然な話だ。鬱は一つの根本的な適応問題に結びついているのではなく、むしろ、何であれ重大な喪失に対する反応とみなせるだろう。

鬱がさまざまな機能をもつと認める進化心理学者もいる（Nesse & Williams 1997）。こうした代替案も、鬱は適応反応だという仮説とまったく矛盾することはない。私が先ほど階級説を紹介したのは、階級説が進化心理学にみられる一般的な傾向を具現化しているからである。進化心理学の支持者は、それぞれの心理学的特性についてかなり具体的な適応的説明を与えようとしている。人間の心は、特定の進化的目的のために丹念に作られた工具が複数集まった多機能ナイフだというのである（Pinker 1997）。他方で次の代替案は、進化とまったく矛盾しないものの、進化心理学のイデオロギーには収まりが悪い。その代替案は、われわれの心に備わっているのは、非常にさまざまな難題に対処するうえで手助けとなりうるかなり一般的な道具であり、またわれわれの心は、自然が予期していなかった難問に対処するために、経験を通して形作られうる、というものである。この見解では、心は組み立て玩具のようなものである。組み立てる部品は最初に与えられているが、新しい要求が出てくるとそれに応じて既存の部品を違った仕方で組み立てられるのだ。進化についてのこれら二つの見解は根本的に異なっているというわけではない。しかし、情動が生物学的に還元できるかという問いを考えると、対照的なものとなる。

多機能ナイフモデルと組み立て玩具モデルからは情動に関して異なる予測が導かれる。多機能ナイフモデルでは、それぞれの情動はそれぞれ異なる特定の難問に答えるために進化したという予測が出てくる。他方で組み立て玩具モデルでは、多くの情動は予期していなかった多様な要求にこたえるために単純な部品を〔異なる仕方で〕組み立てたものだと予測されるだろう。そして、生得的情動は少数だがそれらが組み合わさって多数の情動ができるという仮説は、二つのモデルのあいだのどこかに収まるだろう。だが、予想される通り、進化心理学者はより包括的な説明を求めている。つまり、包括的還元主義者が多いのである。このアプローチによれば、恐怖から愛情まで、人がもつそれぞれの情動は、何らかの用途で使うために自然選択によって磨き上げられたものである。

こうした傾向の一例として、ロバート・フランクによる愛情の理論をすでに取り上げていた。フランクによれば、愛情はコミットメント問題に対処するために進化したものである（Frank 1988）。愛情は、他者と長続きする強い結束を構築し、そのことを伝える手段なのである。性的同盟を冷静に作っても長続きしないだろう。というのも、より魅力的な「毛のないサル」が現れたらすぐ恋人のもとを去ってしまうからだ。だが、愛情で結ばれたペアは長続きするし、愛し合う二人はコミットするための犠牲をあえて払う。というのも、情動的な結束によって、長続きする同盟関係を通した、長期間での見返りが約束するからである。

このストーリーはまったくもっともらしい。だが、正しいのだろうか。愛情を理想的に考える人はフランクの分析に、愛情を物資交換の道具に貶めているという理由から反対するかもしれない。フランクは愛情を実利的なものとして説明し、そこから高尚な輝きをすべて奪い取っているようにみえるのである。だが私は、実際のところフランクの分析では正反対のことが問題になると考えている。彼の分析は、西洋文化に特有かもしれない非常にロマンティックな愛情観に基づいているのである。フランクは、愛情が長期的なコミットメントを構築する（あるいは、少なくともそうした幻想を抱かせる）役割を果たすと考えているが、それは愛情が長期的に結束する欲求を植え付けると想定しているからである。彼の分析における愛情は、永遠に続く見込みをもつものとして経験される、非常に強く一見したところ不合理な力である。この考えは西洋での愛情の描かれ方と一致してはいるが、文化を超えて正しいわけではない。たとえば、ディオン夫妻による中国の文化研究の概説によれば、中国における愛情で長期の関係は重視されていない（Dion & Dion 1988）。また、愛情は不倫に関わるものだとも考えられている（Hsu 1981）。そして、結婚は信頼や友情に近いものに基づいてなされるという。さらに、中国人女性にパートナーに求める特性を答えてもらった場合、ロマンスは挙げられない（Chu 1985）。こうした研究が正しいなら、中国にいる一定の人は、愛情をつかの間で信頼できないもののサインとみなしており、関係を構築するようなものではないと考えているということになる。もし本当に愛情がコミットメントの構築や伝達のために進化したものであるなら、愛情に関してこうした劇的な違いがあるとは思えない。愛情は、西洋ではコミットメント問題を解決する手助けをしているかもしれないが、その役割を必ず果たすために進化したものではないだろう。ひょっとすると、自然選択の産物でもないかもしれない。

進化心理学者が提示している別の分析を検討してみよう。関係性は同じままにして、恋愛の嫉妬（以下、単に「嫉妬」）を考えてみよう。嫉妬は進化心理学でかなりの注目を集めてきた（Buss 2000）。人によっては、なぜこんな不快な情動が進化したのか疑問に思われるかもしれない。嫉妬（「緑の目の怪物」〔嫉妬を表す英語の慣用句〕）があって人生がより楽しくなるわけではないのは確かだ。だが、進化は楽しみを気にかけていない。進化心理学者によれば、嫉妬が進化したのは、われわれの遺伝子が最大限成功するためである。遺伝子が「気にかけている」のは複製である。人間の場合、遺伝子はセックスによって複製される。だが、セックスによって遺伝子がこれからさき複製されるかどうかは、子供が繁殖可能な年齢まで生き延びられるかどうかにかかっている。そのため、遺伝子を複製する者としての人間には、子供を生んで守るためのプログラムがなされている。われわれが他人の子供より自分の子供を気にかけるのは、自分の子供は自分と同じ遺伝子をもつ確率が最も高いからである。われわれの遺伝子は、別の遺伝子を気にかけて労力と資源を無駄にしてほしくない。遺伝子は利己的であり、自分とその複製にのみを気にかけてもらいたいのである（Dawkins 1976）。ここまでのことで性欲と育児が説明されるだろうが、では嫉妬はどう関わってくるのか。進化心理学者によれば、嫉妬は、われわれの遺伝子が複製される見込みを保証するうえで手助けとなるプログラムの別の部分なのである。

この原則を踏まえた進化心理学者は、嫉妬にジェンダーの違いがあると予測する。子供をもつ女性は、その子供が自分の子供であると知っており、彼女たちが子供に投資すると遺伝的に近い親戚に投資することになるとわかっている。他方で、男性にそうした確証はない。パートナーの女性が子供を産んだとしても、その子供が自分の子供であるという確証は得られない。女性に別の性的パートナーがいる可能性があるのだ。男性が子を自分の子とみなして投資する場合、遺伝的に無関係な他人に投資するリスクがいくらかある。そうすると、男性にとって性的な不貞は非常に大きな脅威だということになる。男性は女性のパートナーがみだらではないという確証を得て、他人の遺伝子を手助けする羽目になりたくないのだ。他方で女性はまったく異なるリスクに直面する。女性には子供が自分の子供であることを疑う余地はないが、男性パートナーが子育てを手伝ってくれないかもしれないという懸念がある。そのため女性は情動的な不貞をより気にかけなければならない。男性パートナーが他人に好意を示している場合、彼はさらに、自分がもつ資源を別の場所で使う計画を立てているだろう。

進化心理学からの予測をまとめると、男性は性的な不貞により嫉妬するが女性は情動的な不貞により嫉妬する、ということになる。この主張の裏づけを目論んだものとして、バスとラーソンとゼンメルロートの一連の実験がある（Buss, Larson, Westen, and Semmelroth 1992）。そこでは二つの不貞のどちらが悪いかが尋ねられるが、男性は性的な不貞がより悪いと答え、女性は情動的な不貞がより悪いと答えた。バスとラーソンはさらに自律反応を測定し、男性が性的な不貞について文句を言っているときに非常に大きな自律反応がみられることを発見した。彼らは、こうした結果を自身の進化的仮説を裏付ける実験的証拠とみなしている。彼らが正しければ、嫉妬は生物学的に基礎をもつ情動であり、それが果たす適応的役割によって選択されたものだということになる。

こうした嫉妬の説明は魅力的である。だが、詳しく検討してみると、挙げられた証拠は十分なものではなく、別の説明も作れる。まず、男性と女性は優先順位が同じだと想定しよう。最も重要なのは経済的資源へのアクセス、二番目が性へのアクセス、三番目が情動的結びつきだとする。似ているのはここまでだ。ほとんどの文化圏で男性は女性よりもより経済力があり、最近になるまで女性は男性の経済力にかなり依存していた。すると女性からすれば、情動的に不誠実な男性は深刻な経済的リスクをもたらすが、性的に不誠実な男性は、性的に満足できなくなるかもしれないリスクをもたらすだけである〔したがって女性は情動的な不貞の方が悪いと答えるだろう〕。他方で、一般的に男性は女性に経済的に依存していない。われわれの文化圏では、実際のところ男性は離婚したほうが経済的にうまくやっている（Holden & Smock 1991）。そのため、情動的な不貞は、情動的なコストはかかるが銀行口座を脅かすようなものではないのである。そうすると、男性は情動的な不貞より性的な不貞の方が悪いと答えるだろう。なぜなら、男性も女性と同じく性へのアクセスを価値づけているからである。

ハリスとクリステンフェルドは、これとわずかに異なる（とはいえ両立可能ではある）提案を行っている（Harris & Christenfeld 1996; DeSteno & Salovey, 1996 も参照）。彼らは、嫉妬の違いは性と愛情の結びつきについてのジェンダーステレオタイプに由来するだろうと主張している。男性は、女性は愛した人としかセックスしないと信じつつも、女性はセックスをしなくても他人を愛することがあるかもしれないとも信じている。そうすると、性的な不貞があると必ず情動的な不貞もあることになるので、男性は性的な不貞をより悪いものとみなすだろう。それに対して女性は、男性は愛していない人とセックスすることがあると信じつつ、男性は愛している人とは必ずセックスをすると信じている。そうすると、情動的な不貞は性的な不貞を含むが、性的な不貞は情動的な不貞を含むわけではないので、女性は情動的な不貞が性的な不貞より悪いとみなすということになるだろう。ハリスとクリステンフェルドは、男女とも実際にこうした推論を行っていることを発見した。これによると、ジェンダーによる嫉妬の違いは、嫉妬の生得性を前提とせずに説明される。

だが、バスとラーセンとウェステンはこうした説明に反論している（Buss, Larsen, & Westen 1996）。ジェンダーのステレオタイプの違いを説明するためには、依然として生得的なジェンダーの違いが必要とされるというのだ。なぜわれわれの文化圏では、（女性ではなく）男性が愛なしにセックスすると考えられているのだろうか。ハリスはより最近の論文で、ジェンダーによる嫉妬の違いに遺伝子が寄与するという、かなりデフレ的な説明を与えている（Harris 2000）。おそらく、男性はよりセックスに心を奪われるように遺伝的に傾向づけられているだけなのだ。もしそうなら、男性はセックスへのアクセスを阻むものを何でも嫌がり、また、愛なしでセックスするような傾向をよりもつだろう。この説明では、嫉妬に関するジェンダーの違いは遺伝的な源泉をもつが、嫉妬そのものは生得的ではない。

またハリスはこうした性衝動説を使って、男性が性的不貞について考えたときに自律反応が高まることを説明している。そうした反応は男性がセックスについて考えるときに必ず生じる性的な興奮なのかもしれない、というのだ。この仮説を検証するためにハリスが行った男性の自律反応を調べる実験では、パートナーの女性が浮気していると考える場合と、そのパートナーとセックスしていることを考える場合の自律反応が計測される。そして、どちらの条件でも自律反応は同じであった。そうすると、最初に挙げたバスらの実験の生理学的結果は、嫉妬の感じとはあまり関係ないことになるだろう。

こうした証拠が嫉妬の生得性を支持するとしても、せいぜい弱い証拠にしかならない。実際のところ、別の証拠からは嫉妬にかなり大きな文化的差異があることが示唆されるようにみえる。たとえば、オランダと中国では男性も女性も性的不貞よりも情動的不貞に動揺すると報告されている（Buunk, Angleitner, Oubaid, & Buss 1996; Geary, Rumsey, Bow-Thomas & Hoard, 1995）。バスはこうした結果と進化的説明は矛盾しないと考えているが、実のところ、〔次のように〕文化を使った説明を持ち出すと進化的説明は不必要になる。たとえば、オランダはアメリカよりも性的にリベラルだが、そのことは、セックスが重大な関心事とみなされていないことが反映されているかもしれない。また、中国において情動的な不貞に関してジェンダーの違いがないことは、社会的関係が強調される文化が反映されているのかもしれない。さらに根本的なものとしてフプカの研究が挙げられるだろう（Hupka 1991）。そこでは、インドのトダ族はグループ内の性的な不貞にほとんど嫉妬を示さない、と言われている。同じことは、女性が多くの性的パートナーをもち、子供を男性のきょうだいとして育てる一妻多夫制のオジ権（avunculate）文化に一般的に当てはまるかもしれない（Hill & Hurtado 1996）。結局のところ、嫉妬に関する研究は還元主義モデルよりも社会文化的モデルをより決定的に支持する傾向にあるのだ。嫉妬が生得的だという証拠はほとんどないが、嫉妬が文化に影響されることを示す良い証拠はある。

進化心理学は他にも多くの根拠から批判され続けている（たとえば、Dupré 2001; Griffiths 1997; Rose & Rose 2000; Scher & Rauscher 2002）。批判者が進化心理学者に向けている不満は、進化的説明が物語としてよくできていることをその説明を支持する根拠として扱うのは誤りだ、ということである。どのような心理現象についても、膨大な数の進化的ストーリーを作ることができる。だが、問題となっている現象がどのような条件下で生じたのかが特定されない限り、そうしたストーリーは未検証の推測の域を出ない。こうした例として、バスと共同研究者の想定、つまり、女性が嫉妬を獲得したのは男性パートナーが子育ての助けをすることとの保証となるためだという想定が挙げられるだろう。しかし、初期のヒトの氏族は集団で子供を育てていたために、特定の男性の貢献は重要でなかったという可能性も同じくらいありうる。またバスは、男性はすでに性的関係にある女性パートナーとセックスできるようにしておきたいと望むと想定しているが、実際には、遺伝的多様性からの要求によって、セックスを終えた後は新しいパートナーを探させる進化的な衝動があるかもしれない。想定されていた嫉妬に関するジェンダー的差異が、われわれの文化における婚姻に関する価値観と一致するかは疑わしい。

またバスと共同研究者は、なぜ嫉妬が進化したのかについての説明を考案する前に、嫉妬が生得的であることを確証していない。むしろ、考案された説明が、その説明が説明しようとしていたこと〔嫉妬の生得性〕を支持する証拠として扱われているのである。こうした誤りは進化心理学に頻繁にあるとグリフィスは指摘している（Griffiths 1997）。目下の文脈ではこの誤りがまさに重要である。というのも、それによって嫉妬の生得性を支持する議論が弱められるからだ。この事例は、進化心理学でよくなされる考えの典型例となっている。以前に、なぜ人が愛情をもつかについての心理学的説明を述べた。その説明はもっともらしく聞こえるのだが、愛情が生得的であると示さない限り、その説明に価値はない。たとえば、農業技術についての知識が進化によって人間の心に備わっていたら好都合だっただろうとは言えるが、そう言えるからといってそうした知識が生得的であるということにはならないだろう。嫉妬などの認知的情動には確かに価値があるが、そうした情動は、輪作の農法と同じように、文化的な発明であるかもしれない。

ロマンティックな愛情が生得的だと示すためには何が必要なのだろうか。また、嫉妬が生得的だと示すためには何が必要なのか。そのヒントは、本章の最初の節で挙げた生得性の定義から得られるかもしれない。そこで述べた生得的特性とは、一般的な学習メカニズムと学習が基づいている刺激に訴えてもその獲得が説明できない特性だった。だが、嫉妬もロマンティックな愛情もこの条件を満たさないようにみえる。嫉妬を恋人の不貞に対する嫌悪反応とみなすなら、その獲得はきわめて容易に説明できる。まず、ある有機体に一定の負の情動（怒り、嫌悪、悲しみ、恐怖）が備わっているとしよう。さらに、その有機体は性的アクセスと親密さを価値づけているとしよう。これらが脅かされると、その有機体は嫌な情動を感じるだろう。もし嫉妬がこうした嫌な反応の特別な名前だとしたら（第6章を参照）、それを生得的とみなす必要はない。他の嫌な情動がどのようにして生じたのか説明できるなら（生得的なものもあるかもしれないが）、嫉妬も特別な手間をかけることなくそれらと同じように説明できるだろう。

ロマンティックな愛情に同じような話ができる。その基礎には、より根本的な情動とみなされている愛着（attachment）があるかもしれない。愛着は、他人のそばに居ることに伴った正の情動である。とくに、乳幼児と養育者の結びつきの構築に適したものだと言えるかもしれない。シェーバーとハザンとブラッドショウは、愛着とロマンティックな愛情のあいだの示唆的な類似関係を明らかにしている（Shaver, Hazan, and Bradshaw 1988）。たとえば恋人同士は、乳幼児と養育者の関係と同じように、甘えた声を出したり赤ちゃん言葉を使ったりする。恋人同士は互いにそばに居ようとするし、離れることになると苦痛を感じる。シェーバーらはまた、乳幼児と養育者のあいだに成り立つことが十分に立証されている複数の愛着スタイルと類似したものが、成人のロマンティックな愛情関係のスタイルにもあることを示している。これらすべてが示唆しているのは、愛情は実際のところ愛着から派生したものだということである。だが、シェーバーらも認めているように、これだけではまだ不十分である。ロマンティックな愛情と愛着の違いの一つは、単なる愛着にはロマンスがないということである。しかし、足りない部分は、愛着と他の感情的状態を組み合わせることで捉えられるかもしれない。それは性欲である（Sternberg 1986と比較せよ）。確かに、ロマンティックな愛情と性欲の結びつきが否定されることもある。両者を混同するなとよく注意されるだろう。だが、性欲が何かしらの役割を果たしていることはほぼ確実である。愛情と性欲の生理的状態に重なりがあることはほぼ確実なのだ（Hatfield 1988）。恋に落ちた人は、気持ちが高まったり、動揺したり、興奮したり、幸福感にあふれたりもする。

性欲と愛着は都合の良い組み合わせである。性欲は他人と緊密なコンタクトをとらせようとする傾向があるが、それによって養育のための緊密な結束が発展しうるのだ。他方で愛着は人同士を親密にさせる傾向にあるが、親密になった人のうちの誰かは性的パートナーにふさわしいと認識されるかもしれない。そのため、愛着は性欲の見込みを上げ、性欲は愛着の見込みを上げるのである。二つがともに生じると、その組み合わせは、ロマンティックな愛情がもつ意味のうちの一つと合致するかもしれない。愛情のなかには猥褻な愛着にすぎないものもあるかもしれないし、愛情に他の情動が含まれている場合もおそらくあるだろう。とはいえ、もしすべての愛情の具体例が他の情動の混合として特徴づけられるなら、愛情を学習された反応とみなすのはもっともである。進化心理学者たちは、特定の情動が生得的であると考えるよい根拠を与える前に、その情動は適応だと仮定してしまうことが多い〔が、それは不適切である〕。

この教訓をしっかりと心に留めるために、もう一つだけ別の情動を取り上げよう。愛情や嫉妬だけでなく、進化心理学者は罪悪感も進化的な適応だと主張してきた。とくに目立ったものとして、フランク（Frank 1988）とトリヴァース（Trivers 1971）の説明が挙げられる。フランクによれば、罪悪感は互恵的利他主義を促進するために進化したものである。互恵性利他主義とは、最終的に自分を助ける結果をもたらすと思われる他人のために自分を犠牲にして働く、というものである。しかし、利他的に振る舞うのは簡単ではない。というのも、人生には裏切りの機会が非常に多いからである。仲間内で窃盗を働いたり、学期末のレポートを盗用したり、浮気をしたりするのは簡単だ。そして、裏切りによって裏切り者は利益を得る。これが難題となる。自然選択では利己的な行動が有利に働き、また、働くはずなので、裏切りは有利になるのだが、多くの人は裏切ったりしない〔それはなぜか？〕。このパズルを解くには、自然選択によって集団のメンバー全員が裏切り者になってしまったらどうなるかを考えてみるのがよい。そうした集団のメンバーは決して互いを信用せず、協力や取引から利益を得ることができないだろう。そのため、自然選択は裏切らない方が有利になるように働いたのである。しかし、自然選択では裏切り者を完全に排除できない。裏切らない人々の世界に裏切り者が入り込んで誠実なふりをすると、裏切らない人より多くのものを必ず得られる。裏切り者が根こそぎもっていくのを防ぐには、どうにか裏切りを発見できなければならない。だが、必ず発見できるわけではない［＊3］。メンバー全員をずっと見張るのは労力がかかりすぎる。均衡が成り立つのは、裏切り者とそうでない者がそれぞれある程度いて、両者を見分ける不完全だが良い方法があるときだ。

裏切らない人は、自分が誠実であることを他人に確信させる方法が必要となる。それができなければ、誠実であることにたいした意味はないだろう。だが、自分は誠実だと言うだけでは信頼してもらえない。裏切り者は嘘をつくからだ。自分の誠実さを他人に確信してもらう方法としてフランクは二通りの方法をあげているが、どちらにも罪悪感が関わっている。

他人に誠実さを確信させる一つめの方法は、表情である。よく知られているように、偽の表情を装うのは難しいのだ。だが残念なことに、誠実さの表情というものはない。ここで罪悪感が登場する。フランクは罪悪感の表情があると主張している。彼によれば、たとえば、罪悪感によって顔が赤くなり、目をそらすようになる。そして、不誠実な人が裏切りを行うとき、罪悪感を感じることはないだろう。そのため、裏切り者は罪悪感に特徴的な表情を作ったりしない。ここから、誠実な人と不誠実な人を見分ける方法が得られる。過ちを犯した人を捕まえたとき、その人が罪悪感のサインを示しているなら、その人は道徳感情をもっていることがわかる。他人と協力する場合には、犯罪を犯してもポーカーフェイスでいたり笑っていたりする人よりも、そうした罪悪感を示す人との方がうまくいくだろう。

誠実さを他人に確信させる二つめの方法は、「あの人は他人を裏切らない」という評判を得るというものである。こうした評判を得るのは難しい。というのも、われわれには、将来のより大きな利益よりも近々の利益を好み、また、将来のコストが増えるとしても近々の利益に手を出してしまう強い傾向が備わっているからである。このバイアスは自然選択の産物である。われわれの祖先がいたリスクの多い環境では、明日の百より今日の五十の方が重要だった。裏切る機会があるときに裏切れば利益はすぐさま手に入るが、裏切らないことの利益やコスト（評判が上がったり下がったりすること）は遅れてやってくる。報酬を望むバイアスによって、裏切りは非常に魅力的なものとなるのである。こうしたなかで評判を確立させるには、裏切りの誘惑を弱めるメカニズムが必要になる。

ここでも罪悪感が貢献する。フランクによれば、人が罪悪感を感じるように進化したのは、結果的に誠実さが有利になるためなのだ。裏切りの誘惑を振り払いたいなら、裏切って得られる利益より裏切るコストの方が高くなっていた方がよいだろう。また、人は将来のコストを差し引いて考えがちなので、コストは今すぐ理解できる方がいい。ここで罪悪感は、目の前の報酬を好むバイアスを相殺させるのだ。裏切りには悪い感じが伴うが、その感じが罰として働き、裏切りが魅力的に映らなくなるのである。裏切ったときに罪悪感を感じる人（誠実な人）は、目の前の報酬に飛びつきたくなる一般的な誘惑に抗い、裏切らない。罪悪感を感じない人は誘惑を弱めるこうしたメカニズムをもっていないだろう。そうした人は裏切る傾向にある。そのため誠実な人と不誠実な人の行動は異なっている。そして、誠実な人の行動はよい評判を得る。その行動は罪悪感があることで可能になるのだ。結果として、その行動は罪悪感を示すよい指標ともなる。良い評判は、その人が利己的ではない動機によって動機づけられていることを示している。というのも、そうした動機をもたない人は、利己的な誘惑に負けて評判を落とす可能性が高いからである。利己的ではないと装うだけでなく本当に利己的でないことは、交渉する可能性がある人に、この人は信頼できるという信号を送る行動パターンをとることになるだろう。利己的でないことで、交渉の機会がより多くなるのだ。本当の利己性は人を私欲に走らせるが、罪悪感は、利己的な行為をとりたい誘惑をふりはらううえで不可欠な役割を果たしているのである。

フランクの主張をまとめると、罪悪感は、個人の資質についての重要な情報を伝える助けとなるために自然選択されたものだということになる。罪悪感があることで道徳に敏感であることを示す表情を作られ、罪悪感が裏切りに歯止めをかけることで良い評判を確立できる。フランクの説明はトリヴァースの研究（Trivers 1971）に基づいているが、トリヴァースは罪悪感が互恵的利他主義を促進させていると最初に主張した人である。とはいえ、トリヴァースの説明では罪悪感が果たす役割は少し異なっており、罪悪感は裏切り者に償いをさせるものだと言われている。捕まってしまった裏切り者は、関係者に対して利他的な行動をとることで、傷ついた関係を修復しようとするだろう。それによって信頼を取り戻し、汚名を返上できる。この仮説を支持するためにトリヴァースは、過ちを犯して捕まった人は普通の人よりも自己犠牲的な行動をとることが多いという証拠を引き合いに出している。ウォリスとサダーラによれば、高価な装置の一部を壊してしまった人はつらい実験に奉仕することが多い（Wallace and Sadalla 1966）。

フランクとトリヴァースを合わせると、罪悪感には互恵的利他主義を促進させる三つの役割があることになる。罪悪感は、表情を通して道徳的な資質を伝える、裏切りを抑止することで評判を高める、実際に裏切りを働いたときに埋め合わせをさせる、ということだ。彼らが正しければ、罪悪感は非常に役立つ情動である。罪悪感は、互恵的利他主義を促進させることで適応度を上げるのだ。罪悪感がランダムな突然変異で生じたとしたら、自然選択で残るほど十分な利点があると言える。

だが、ここまでは単なるお話でしかない。フラクとトリヴァースは、どのようにして罪悪感が適応度を上げうるかについてのもっともらしい物語を述べてはいるが、これだけでは不十分である。足りないのは、彼らが言う通りに罪悪感が適応度を実際に上げていることを示す証拠、そして、罪悪感が学習されたものではなく生得的なものである証拠である。罪悪感の進化的説明を評価するためには、進化に訴えない説明と比較する必要がある。そこで二つの代替案を考えてみよう。

第一の非進化的説明は、罪悪感を文化的に植えつけられるものだとみなす。文化や親類グループのメンバーは、新しいメンバー（子供など）に、そこで成り立つルールを守らせる必要がある。ルールを守るように仕向ける便利な方法は、ルールを破ったときにばつの悪さを感じるように仕向けることである。そして、罪悪感はこの目的のために構築されたのかもしれない。子供たちは、ルールを破ったときにばつの悪さを感じるように教え込まれているかもしれないのだ。この説明を用いると、罪悪感は他人から明確に促されることが多いという事実を理解することができる。人々、とくに養育者は、「罪悪感を強いる」ことで、従順になるように圧力をかけるのだ。

第二の非進化的説明は、罪悪感を、より基礎的な特性から学習される副産物とみなす。人間は社会的な動物であり、他人からの援助が必要となる。そのため、他人に危害を加えるようなことをしてしまったら、そこからの援助は得られない。このような援助の喪失は悲しみを引き起こすだろう。そして、援助を失ったときの悲しみは、連合によって、援助の喪失の原因となった違反と結びつく。罪悪感の本質は、こうした違反に際しての悲しみなのである。この第二の非進化的説明は第一の説明と両立可能である。罪悪感は、養育者や文化によってより深く染み込まされ、より細かく調整された、学習された副産物であるかもしれない。

罪悪感の進化的説明と非進化的説明のどちらを選ぶかを決めるためには、証拠を見つけなければならない。罪悪感はフランクとトリヴァースが言った三つの役割を果たす生得的な適応だと考える理由はあるだろうか。まず、フランクの表情に関する主張を検討しよう。それによれば、罪悪感は、他人に道徳的資質を評価してもらう手助けとなる表情を作り出す。罪悪感の顔は道徳に敏感であることを表示する、とフランクは主張しているのである。罪悪感を覚えているようにみえる人は過ちを犯したときに悪く感じる人であることが明らかになっており、そのことが、他人がその人と交渉する可能性を増やすというのである。

このストーリーには問題が二つある。一つめは、フランクが挙げた罪悪感の表情のリストは適切な支持を得ていないということだ。罪悪感の表情についての良い実験的文献はないのである。また、結局のところフランクが言及している表情は罪悪感に特有のものではない。視線をそらすことは社会的服従にきわめて一般的に結びついているし、顔を赤らめることは罪悪感よりも困惑や恥と結びつくことが多い。罪悪感が進化的に獲得された情動であることを示し、また、その進化は他人に罪悪感を伝える能力に部分的に依存していることを示したいなら、罪悪感に特有の表情があることを示すのがいいだろう。だが、フランクはそうした表情が存在する証拠を何もあげていない。そして、罪悪感を伝えるために他の心的状態の表情が使われているということは、むしろ非進化的説明から予測されることである。このことは、罪悪感とは既存の負の情動（あるいはそれらの複合体）が学習により自身の違反によって作動させられるようになったものだ、という仮説と噛み合う。

表情のストーリーの第二の問題は、罪悪感の表情は信頼を構築し協力的な同盟を作るうえで役に立ちそうにないということである。フランクも注意しているように、われわれは罪悪感の表情を一度もつくったことがない人々と取引する方がよりうまくやっていける。というのも、罪悪感に値することを決してしない人々と取引する方がよりうまくやっていけるからである。そうだとすると、誠実さを示す別の手段が必要となる。そしてフランクは、共感のサインを探すという戦略を挙げている。彼によれば、共感しやすい人は、自分が共感した人を騙すことはなさそうである。この提案の問題は、共感に特徴的な表情がないことである。誠実な人が共感しているのを見つけるのは、罪悪感を覚えているのを見つけるのと同じくらい難しい。結論として、罪悪感は表情を通して人の資質についての情報を伝える役割のために進化したという証拠は、非常に弱いと言えるだろう。罪悪感の表情は互恵的利他主義を促進しないし、罪悪感は生得的であるという主張を支持するための特有の表情はない。

罪悪感の進化的機能として他に主張されているものはどうだろうか。罪悪感は裏切りを抑止したり埋め合わせを促したりするために進化したのだろうか。これらの提案は先ほどのものより見込みがある。罪悪感はどちらの役割も果たしているようにみえるし、そして、その役割を果たすなかで適応度が上がる。しかし、このことは、罪悪感が適応的だということしか示していない。フランクとトリヴァースが説得しているのは、罪悪感は適応だということなのだ。だが、適応では進化的に備わった特性と学習された特性を区別できないことが問題になる。利点となるために獲得される学習された反応もたくさんある。輪作もそうだった。罪悪感は、裏切り者を抑えて集団生活を促進させるまさにそのために文化的に発展したものかもしれない。

進化的説明を擁護したいなら、罪悪感は学習されたのではなく生得的だという証拠を挙げなければならない。罪悪感が生得的だということは、ペットを飼っている人にはもっともに思えるかもしれない。外ではなくカーペットにおしっこした犬がきまり悪そうにしているのを見たことがあるだろう。犬はその行為に罪悪感を感じているようにみえるが、この点を考えると、罪悪感は生得的なものであるように思えてくる[＊4]。

そうした事例を生得性の証拠とすることには次のように反論したくなるかもしれない。それは、罪悪感は洗練された概念を必要とする、というものだ。たとえば、自己や他者、道徳違反の概念をもたない生物が本当に罪悪感をもつ事例を想像するのは難しい。犬が罪悪感をもっているようにみえる事例は、見せかけなのかもしれない。実際に多くの研究者は、罪悪感をもつための概念的要件から、人間以外の動物あるいは人間の乳幼児は罪悪感をもたないと結論している（動物についてはHauser 2002、乳幼児についてはLewis 2000; Sroufe 1984を参照）。ほとんどの発達心理学者は、人間が罪悪感をもつのは二歳以降だと推察している。もし罪悪感をもつために重要な認知的必須条件があるなら、罪悪感は〔特定の概念の学習を経て〕学習されるものであるかもしれない。

だが私はこの議論には納得がいっていない。なぜなら、罪悪感にそうした概念が必要とされるということに納得できないからだ。〔以前に述べた通り〕情動が意味をもつのは、中心的関係テーマを信頼のおける仕方で追跡するからである。そして、罪悪感の意味は、個人の違反を追跡することで得られる[＊5]。このように考えると、自己の概念や違反の概念は必要とされない。生物は自分の違反を別の仕方で追跡できる。たとえば、犬のファイドーが、以前にそれをやって罰せられた行為に対して情動反応を生じさせる較正ファイルをもっているとしよう。そうすると、飼い主の前でカーペットにおしっこをしたとき、ファイドーは負の情動をもつことになるだろう。これは原始的な罪悪感とみなせる。というのも、その情動状態は自分の違反によって信頼のおける仕方で引き起こされるものだからである。ファイドーがこの状態になるうえで「しまった、道徳違反を犯してしまった」という思考を抱いるわけではない。ファイドーは、違反となる出来事を知覚し、ばつの悪さを感じるという反応をしている。〔このように考えると〕動物が罪悪感をもつことは簡単に否定できない。

動物の罪悪感に訴える方針の真の問題は、罪悪感に洗練された概念が必要とされることではない。というのも、罪悪感は概念的に高くつくものではなく、犬も人間以外の類人猿も似たようなものをもっているかもしれないからだ。本当の問題は、動物が罪悪感をもつことは生得性の証拠にならないということだ。われわれは、動物にみられるものは何でも生得的なものに違いないと考えがちである。動物は生物学的主体として人間よりも原始的なあり方をしており、学習という不純物によって汚されていないと考えてしまうのである。しかし、こうした理想主義的な幻想はすぐ打ち壊される。動物も学習できるからだ。動物は自身の行為について悪く感じるように学習することができる。たとえば、電流が流れた格子を怖がるように条件づけられたり、飼い主が玄関のドアを開けたときに興奮するように条件づけられたりするが、それと同じように、自身の行為についてばつの悪さを感じるように学習できるだろう。このことは、罪悪感を副産物とみなす理論や、文化的な押し付けとみなす理論と整合的である。われわれの文化の規範を動物が犯したとき、その動物がばつの悪さを感じるように訓練できるだろう。今のところ人間以外の動物が罪悪感を示しているのかどうかについて議論の余地はあるが、たとえそれを示す事例が見つかったとしても、それで生得性の問題に決着がつくわけではない。

ある特徴が生得的であることを示すための最善の戦略は、その特徴は学習されえないものだと示すことである。たとえば言語学では、「刺激の貧困」がそのために用いられている。言語学者は、子供が言語学習のあいだに耳にする文を遥かに超えた言語技能を発展させると示すことで、言語能力は生得的であると主張している。それとの類推で進化心理学者は次のように主張しようとしてきた。すなわち、罪悪感は、それが獲得される期間内に、罪悪感に特有の生得的な資質の助けなしでは獲得不可能である、というのである。だが、こうした議論はどれもうまくいかないだろう。もし罪悪感が（副産物説が主張しているように）自身の違反についての悲しみでしかないなら、罪悪感の獲得に必要とされるのは、悲しみ、違反の概念、連合学習の三つだということになる。つまり、罪悪感に特有の生得的な資質は何も必要とされないのだ。

罪悪感が生得的であることを立証するために、罪悪感を感じるための能力をもたずに生まれてくる人もいるということを示そうという考えもある。サイコパスはまさにそうした障害をもっていると考えられる。このことは、罪悪感が遺伝的特性だという主張を支持する証拠にみえるかもしれない。だが、別の説明も可能だと思われる。そのために、罪悪感は悲しみから構成されていると想定しよう。罪悪感は、自分が他人に与えた危害に向けられて較正された悲しみなのである。この分析が正しいなら、悲しみに障害があれば罪悪感にも障害がでることになる。この点は、サイコパスの道徳障害についての説明として説得的である。サイコパスは、かなり広い範囲で情動反応が平板化していることが知られている（Hare 1993）。ここからわかるのは、サイコパスの悲しみのレベルは異常に低いということである。そうすると、罪悪感が生じるための材料が不足していると言えるだろう。また、発達の観点からすると、次のようなストーリーが成り立っているかもしれない。まず、子供が何らかの過ちを犯したとき、親や養育者は動揺する。そして、さまざまな仕方で反応するだろう。怒ったり、子供に自分がもたらした損害に注意を向けさせたり、子供に向けられる愛情や慈しみが弱まったりする。子供は社交的な存在であり、親からの愛情を望んでいるため、叱られたり見放されたりすることは愛情の喪失につながり、自然と悲しみが生じる。また、危害を与えられた人に注意を向けさせると、その人の情動が伝染し、悲しみが引き起こされる。このように、通常親がとっている反応はどれも悲しみを導くのである。親の反応によって悲しみと違反が記憶のなかで結びつけられ、そこで罪悪感が生まれるのである。そのため、子供の情動レパートリーから悲しみを差し引くと罪悪感も差し引かれることになるだろう。その結果、生涯にわたって反社会的な行動をとるようになってしまうのである。

別の著作で私はこの点をより詳細に説明した（Prinz 2003b, 2007）。ここでのポイントは、罪悪感の発生は生得性なしに説明できるということである。罪悪感をゲノムに位置付ける必要はまったくない。罪悪感は生得的でありうるかもしれないが、その結論を支持する積極的な証拠がない以上、より保守的な仮説を受け入れるべきである。罪悪感は、他の情動（愛情を求めること）と学習のための一般的な能力から成り立っている、教育の産物なのである。

ここでも、愛情や嫉妬から引き出した教訓と同じことが言える。学習に訴えるストーリーがうまくいくなら進化的説明は不要なのだ。学習を通して容易に生じうるものを、わざわざゲノムに位置づける理由はない。われわれの祖先のなかに、愛や嫉妬、罪悪感を発展させるための特別な生得的な資質をもつ者がたまたまいたとしても、その資源は生存にとって重要な利点にはならない。生得的な資源をもたない者も、もともとは別の目的のために設計されていた資源を使ってそれらの情動を獲得できるからである。

私の結論は、生物学的還元主義を支持する議論は非常にうまくいっているわけではない、というものである。進化心理学者が提示する理論はとりわけ不安定な基盤のうえに構築されており、包括的還元主義を支持する証拠はほとんどないのだ。他方で、共通の表情、共通の生理学的機能、遺伝的要因を支持する証拠の方はより信頼できる。これらの証拠が示唆しているのは、ある種の情動には生物学的なものが重要な仕方で貢献しているということである。しかし、この証拠は、英語で名前が与えられている情動がすべての文化圏に存在することを示しているわけではない。そのため、翻訳可能性テーゼは支持されない。厳密に言えば、ここで取り上げた証拠は、限定的な還元主義を支持する適切な証拠にもなっていない。というのも、その見解は、人間がもつある種の情動は文化の影響を受けないという主張にコミットしているからである。文化的多様性を示す証拠を考慮すると、情動には生まれも育ちも重要であるようにみえる。次の第6章では、文化が果たす貢献について議論し、生得的と呼ぶに値する情動があるのかどうかを検討しよう。

原注

＊1　さらにエクマンは、情動は表情を構成要素として含むと考えている。そのため彼は、表情の普遍性を、情動の普遍性を示す直接的な証拠とみなしている。

＊2　注意すべきだが、遺伝可能性は生得性を含意しない。というのも、遺伝可能性は相関測度だからである。そして、生得的でない特性も生物学的性質と相関する場合がある。たとえば、肌が黒いという生物学的性質は偏見の被害者になるということと偶然的に相関しているため、偏見の被害者になることは遺伝可能だということにな

る。しかし、偏見の被害者になるということは明らかに生得的なものではない。また、肌が白いことは皮膚ガンと相関しており、そのため皮膚ガンはいくぶん遺伝しうると言えるが、皮膚ガンは生得的なものではない。つまり、遺伝可能な特性は生得的な特性の副産物として備わりうるのだ。

＊3　進化心理学者は、裏切り者を発見する生得的なメカニズムがあると主張している（Cosmides 1989; Gigerenzer & Hug 1992）。他方で、そのメカニズムを示す証拠には疑いもある（Liberman & Klar 1996）。私も疑わしいと思っているが、とはいえ、そうした疑いは脇に置き、ここではこの問題については扱わないことにする。というのも、問題となっている裏切り者発見メカニズムには罪悪感の探知または他の何かしらの情動も関わっていないからである。

＊4　ポール・グリフィスは（個人的なやりとりのなかで）犬の生得的特性から人間の生物学的構造についてわかることはほとんどないと言っていたが、それは正しいだろう。犬は社会的情動とみなせるものを示すように人為選択されているのだ。人間について、生物学的な基礎をもつ情動の自然な系統発生に関する結論を引き出すためには、類人猿の情動について考察するほうが良いだろう。

＊5　この考えは、自分自身は何も悪いことをしていないと考える人にも生じる「生存者の罪悪感」を無視しているようにみえるかもしれない。生存者の罪悪感とは、自分が気にかけている人が危害を被ったが自分には危害がなかったときに生じるものである。しかし私は、生存者の罪悪感は実のところ罪悪感ではないと考えている。生存者の罪悪感は、本物の罪悪感の典型例にみられる二つの重要な特徴をもっているために本物の罪悪感と混同されている。一つめは他人への危害であり、もう一つはその危害に続いて生じる「私はその危害で苦しんで当然だ」という思考である。だが、この二つの特徴があるだけでは罪悪感には足りない。また、「私は苦しむべきという」罰についての思考は罪悪感に必須の要素ではない。たとえば、道に落ちている財布を持ち去った場合、罰を受けるという明確な思考を抱いていなくとも罪悪感を感じうる。生存者の罪悪感が「罪悪感」と呼ばれているのは、その典型例と本物の罪悪感の典型例とのあいだに家族的な類似性が成り立っているからである。情動はそ

れぞれが追跡している性質によって個別化されるものであるなら、二つはまったく異なる情動である。

# 第6章　情動と教育

## 構成主義と両立論

### 社会的構成主義

情動には見たところ普遍性があるということに感銘を受けている研究者がいる一方で、情動のばらつきに感銘を受けている研究者もいる。いくつかの文化には、アングロ－アメリカ的世界で見受けられる情動とはきわめて異質な情動が存在する。少なくとも、そうした異質な情動用語が存在している。たとえば、オランダには「ヘゼラッハ（gezellig）」という言葉がある。その意味は「和やか（英語ではcozy）」に近いが、ヘゼラッハは他者がいるときにのみ生じる和やかさである（Harré 1986）。また、日本には「甘え」と呼ばれる情動があるが、甘えは幼児が母親に対して感じるものに近い依存的な感じとして特徴づけられる（Doi 1973; Morsbach & Tyler 1986）。甘えは日本では、ありふれたものであり、人々を互いに結びつけたり、大切にしている組織と個人を結びつけたりするものとみなされている。また、ミクロネシアの珊瑚礁島であるイファラクに住む人々は、現地で「ソング（song）」と呼ばれる情動をもっている。ソングと一番的に似ているのは「怒り」だが、さらに道徳的なニュアンスを含み、復讐する気はない叱責の感じに近いようなものである（Lutz 1988; Wierzbicka 1999）。

私の文化圏にある情動のうちのいくつかも、他からするとまったく風変わりにみえるかもしれない。たとえば、アメリカで言われる「愛国心」の感じについて考えてみよう。アメリカの愛国主義者は、国歌を聞くと起立して目に涙を浮かべる。この場合の情動と身体反応の結びつきは、他の情動の場合と同じく自然なものだと思われるかもしれないが、他の文化からすると風変わりにみえるだろう。国歌や国旗、自国についての考えが、なぜここまで強烈な身体反応を生み出すのだろうか。

ヘゼラッハさ、甘え、ソング、アメリカの愛国心といった情動は、特定の文化に特有のものに違いないと考えている研究者もいる。それらは社会的構成物であり、人間の集団によって考案され普及されたものだというのだ。ある情動が社会的に構成されていると主張するとは、次のように主張することだ。すなわち、社会的に構成された情動の同一性条件は、その情動をもつ主体が住んでいる社会文化的環境の結果として発生した特徴に依存している、というのである。そうした情動の同一性条件は、特定の人間集団に特有の信念、価値、実践、組織の影響により発生した性質に言及している。つまり、文化が構成的に貢献しているのである。

構成された種類のものとは、イアン・ハッキングによれば、その種類に属する実例が、われわれがそれをどのように分類し認識するかの影響を受けるものである（Hacking 1999）。よく知られた例はジェンダーのカテゴリーだ。われわれがどういったものを男性的または女性的とみすかの一部は、文化によって決定されているようにみえる。西洋文化での女性性は、ドレスを着る、花が好き、マニキュアを塗った爪、ピンク色、といった恣意的な特徴と結びついている。より懸念のある特徴としては、従順さ、礼儀、軽率さ、とも結びついてきた。女性であるとは、一定の特性・見た目・行動の組み合わせをもったラベルを貼られることである。つまり、女性性とは役割なのだ。その役割を演じている人は、自分が文化的に命じられた行動をとっていると常に気づいているわけではないが、実際にそうした行動をとっている。ジェンダー的役割によって、生物学的に義務づけられていない選択が要求されるのだ。

情動についての社会構成主義者は、甘え、ソング、愛国心を女性性とかなり似たものとして考えている。国歌を聞いて拳を胸にあてる人は、音楽につられるがまま受動的にそうしてしまうと感じているかもしれないが、少し考えれば、そうした行動はある意味で自発的なものだとわかる。アベリルは情動を「責任が否認される行為（disclaimed actions）」と呼んでいる（Averill 1980）。それは、咳やくしゃみなどの反射であるかのように無意識に行われる、文化によって筋書きを与えられた行動なのである。

「スクリプト（筋書き）」という考えは社会的構成主義者にとってとくに重要である。社会構成主義に属するほとんどの研究者は、情動は単なる身体反応ではないと考えている。情動は複雑な行動「実践」であり、特定の条件のもとで生じ、そして、そこから一定の行動が後に続くものだと考えられているのだ。認知科学のなかで、スクリプトという考えが最も関係しているのはシャンクとエイベルソンによる人工知能研究である（Schank and Abelson 1977）。シャンクとエイベルソンによれば、人間がもつ知識は、さまざまな条件のもとで何を行うべきかについてのスクリプトのような指示に基づくことが多い。彼らの例を使えば、レストランで何をすべきかについて知識に含まれる指示とは、メニューから食べるものを選び、注文し、食べ、お金を払う、といったことをすべき、というものである。そして社会構成主義者は、人間の情動も同様に、こうした指示によって編成されると考えている（D'Andrade 1992; Shaver, Hazan, & Bradshaw 1992; また、Tomkins 1979 や Goldie 2000 も参照）。

同じ精神のもと、アベリルは情動を一時的な社会的役割として記述している（Averill 1980）。その役割は、何が情動を誘発しうるか、そして、ひとたび情動が誘発された場合にどのように行動すべきか、ということをわれわれに教えるルールによって支配されている。われわれの文化のメンバーは、侮辱を受けた人はわれわれが「怒り」と呼ぶ状態になって当然だということを知っているだろう。その状態には、対立姿勢、脅迫、そして、「遺恨をもつ」と言われるような長期にわたる社会的相互作用が含まれることが多い。他方で、イファラク文化に属する人々は、禁忌が侵されると怒りに対応するソングが生じるはずだと知っている。また、その状態は、叱責や不機嫌な様子、さらには食事の拒絶によって表出されるはずだということを知っている。

怒りはまた、構成主義的説明の別の側面を描き出している。それは情動と道徳的価値の結びつきだ。怒りは道徳違反によって誘発される。怒っている人は、自分が不当な扱いを受けていると感じているのである。しかし、何が不当だとみなされるかは、それぞれの文化の価値に依存している（Harré 1986）。配偶者への虐待は、われわれの文化では激怒を駆り立てるだろうが、南アメリカのヤノマミ族では愛情を示す望ましいサインとみなされているらしい（Chagnon 1968）。だが、どちらの文化でも、適切でない状況で怒りを示す人は道徳的に非難されるだろう。こうした怒りの文化的差異はとりわけ目を引く。というのも、多くの人々は、怒りは生物学的に基本的な情動あり、他の生物種も人間の怒りと同じようなものをもっていると考えているからである。もし情動が道徳的価値に依存しているなら、情動は動物的な本能ではなく、人間がもつ最も洗練された形式の思考をいくらか反映した知性的な技能だということになるだろう。

構成主義者は情動を知性的な技能とみなしているため、情動についての認知説を好む傾向がある。アーモン－ジョーンズによれば、構成主義には「認知を基礎とした」情動理論が必要とされる（Armon-Jones 1986, p. 36）。そして構成主義者は、生理的要素の役割を軽視する傾向にある。彼らは、情動に身体変化が伴いうることや、情動が概念化されるうえで身体が寄与しうることは認める。だが、情動に身体変化が不可欠だとは考えていない（Harré 1986）。身体的要素を伴う傾向にある情動にも文化的な情報に基づいた認知的要素が含まれており、そして、そうした認知的要素こそ情動にとって本質的だというのである。

構成主義的アプローチと進化心理学の違いを理解するには、再びロマンティックな愛情について考えてみるのがいいだろう。何人かの構成主義者は、ロマンティックな愛情は中世フランスで発明されたという

C・S・ルイス（Lewis 1936）の論争を呼ぶテーゼを認めている（論争については Oatley & Jenkins［1996］や Averill［1985］を参照。似たような見解は Finck［1887］によっても提示されている）。十二世紀のフランスでは、自分より社会的地位の高い既婚女性に夢中になるのがとても流行っていたらしい。そうしたフランス人は、自分の気持ちを伝えるために、愛する人に熱のこもった手紙を書いただろう。もちろん、そうしたアプローチは決してうまくいかない。こうした表出は報われない愛の萌芽だろう。

報われない愛情が最も強固だということは、西洋的なロマンティックな愛情概念のモチーフの一つだが、モチーフは他にもある。第二のモチーフとして、ロマンティックな愛情は一瞬で燃え上がりうる、というものが挙げられるだろう（Averill & Boothroyd 1977）。つまり、一目惚れがあると考えられるのだ。さらに、アベリルの責任が否認される行為という考えと整合的な第三のモチーフとして、愛のなすがままに打ちのめされ、振り回され、盲目にさせられる、というものがある。第四のモチーフは、変わらぬ献身である。愛情のスクリプトを演じる人は、どうにかして〔愛する人への〕コミットを示そうとする（Averill 1985）。そして、還元主義と構成主義のどちらが愛情について冷淡な分析を行っているかは明らかではない。愛情は、前者によれば進化的に裏付けられた信条であり、後者によれば、たまたま定着したフランスの流行である。

還元主義がそうだったように、構成主義も主張の強さでバリエーションが分かれる。包括的な構成主義者は、基本情動と言われるものから最大限に認知的な情動まで、情動はすべて社会的に構成されたものだと主張する。他方で、限定的な構成主義者は、いくつかの情動だけが文化の産物であると主張する。アーモン＝ジョーンズによれば、限定的な構成主義の方が擁護しやすい（Armon-Jones 1986）。というのも、その立場の方が人間の情動と人間以外の動物がもつ感情的状態を比較することが容易だからだ。しかし、強い構成主義を支持する人もいる。そうした人は、人間と人間以外の動物を近いものとして比較できることを疑っているのである。とはいえ、どちらのバージョンの構成主義も、「翻訳不可能性テーゼ」と呼ばれるものを擁護する点は共通している。そのテーゼは、ある言語における情動用語は別の文化で使われている別の言語の用語に完全には対応づけられない、というものである。

### 両立論

限定的な構成主義と限定的な還元主義が両立しうることは明らかだ。いくつかの基本情動は生得的で普遍的なものだが、いくつかの高次認知的情動は文化によって突き動かされたものだと主張できるだろう（Griffiths 1997を参照）。

この主張によると、情動には社会的に構成されたものとそうではないものがある。この考えは、構成主義と還元主義を別々の範囲に適用することによって両者を調停しようとしている。これを「範囲両立論」と呼ぼう。しかし、他の形態の両立論も可能である。適用範囲ではなく、情動の構成要素に注目することもできるのだ。もし情動が複数の要素から成る複合体であるなら、そのうちの一部の要素は生物学的な基礎をもつが、別の要素は社会的に構成されたものだと考えることもできる。これを「要素両立論」と呼ぼう。さらに、範囲両立論と要素両立論を組み合わせて、いくつかの情動は純粋に生物学的なものであるが、他の情動は生物学的に基礎づけられた要素のみをもつ〔その他に社会的に構成された要素を含んでいる〕と主張することもできる（Damasio 1994; Frijda & Mesquita 1994; Johnson-Laird & Oatley 2000）。

要素両立論にもバリエーションがある。たとえば、情動に含まれる生理的要素は生物学的に基礎づけられているが、認知的要素は文化的な情報に基づくと主張できるだろう。ダマシオの著作（Damasio 1994）で支持されているのはこの立場かもしれないが、そこでは文化についてほとんど言及されていない。他方で、評価説の支持者が好む別の考えとして、情動を成り立たせる認知的次元のうちのいくつかは普遍的だが他のものは文化的だ、というものがある。情動には、普遍的な次元のみから成るものと、普遍的な次元と文化的な次元の両方から成るものがあるかもしれない（Frijda & Mesquita 1994）。

近年のポール・エクマンは要素両立論をとっているようにみえる（Ekman 1992, 1999a）。最近の彼は、個々の情動は情動の家族を作っていると主張している。そして、情動の家族は生物学的に普遍的なものだが、家族のメンバー（メンバーの同士の差異）には文化的な影響があると述べている。ただしエクマンの著作では、こうした文化的差異そのものがどのようにして具現化するのかについて完全に明らかにされているわけではない。一つの手がかりは、エクマンが情動の表出方法に文化が影響しうることを認めていることである（これについては後でより詳しく扱う）。エクマンはまた、表出は情動の単なる結果ではなく情動の構成要素だと考えている（Ekman 1977）。この二点を合わせると、エクマンの見解は次のものだと言えるかもしれない。すなわち、文化的な形態の情動とは、生物学的な基礎をもちつつも、その表出に社会文化的環境からの影響があるもの、である。

この種の両立論は、情動科学のなかでは例外というよりむしろ通例であるかもしれない。構成主義も還元主義も、互いに両立不可能なほど極端なバージョンを支持するのは難しい。ほどんどの研究者は、生物学的なものと文化なものの両方が情動に寄与すると認める傾向にある。しかし、方針としてそれを認めても、実際にそれにしたがって研究しているとは限らない。情動研究のリサーチプログラムは、生まれ／育ちを分断したうえでどちらか一方に焦点を合わせるものが多く、二つの要素がどのようにして混ざるかについて詳しく述べているものはほとんどない。さらには、要素両立論と範囲両立論の二つ以外にも、可能な選択肢があるかもしれない。

## 構成主義を支持する議論の検討

第5章で私は、強い還元主義を支持するものとして広く認められている議論はうまくいっていないと示唆した。そうした議論はどれも、英語で名前が付けられているどの情動についても、それが文化的影響を免れていると示せていない。しかし、生まれと育ち双方の貢献する仕方はまだ特定されていない。私は、文化がどのようにしてわれわれの情動に寄与するのかを示していなかった。本章で私は、多くの構成主義者は文化的な寄与のあり方を誤って特徴づけていると主張する。本節ではまず、構成主義を支持する議論に反論する。その次に、どういった形態の構成主義がその反論を回避できるかについて検討しよう。

たいていの構成主義者は、具体例を提示することで自身の見解を擁護している。他の文化の情動がわれわれの文化の情動と異なっているようにみえるなら、文化は情動に構成的な影響を与えていると考えることができるのだ。世界中でみられる情動の多様性は、見たところ非常に印象的である。叱責に似たイファラクの情動「ソング」、依存的な日本の情動「甘え」など、いくつかの例はすでに取り上げた。

さらに風変わりなのは「文化依存症候群」である。サイモンとヒューズの定義によると、文化依存症候群とは、「西洋における従来の精神医学的な診断カテゴリーからは外れるようにみえる、再発する地域特異的な異常行動・経験パターン」である。精神障害は異常な脳機能を反映した病状と広く受け入れられているが、構成主義者は、そうした考えは生物学的なものを過度に強調している可能性があると考える。文化的多様性が示唆しているのは、精神医学的な症候群に、生物の生理的特徴に直接的に起因するものではない症状が含まれることである。たとえば、アルゴンキン語族のネイティブ・アメリカン(チペワ族、クリー族、オジブワ族など)には、「ウィティコ」(あるいは「ウィンディゴ」)と呼ばれる症状があると報告されているが、それにかかった人は、自分が人肉を渇望する人食いモンスターになってしまうのではないかという恐怖が大きくなっていく(Trimble, Manson, Dinges, & Medicine 1984)。また中国には「パーロン(怕冷）」という風邪を病的に恐れる症状があるが、それには陰と陽のバランスが結びついている（陽が少なすぎる)。これにかかった人は、暖かい陽気のときでさえ、毛布を何枚も重ねてかぶって寝る(Kleinman 1980)。また、マレーシアの中年女性は「ラタ」というものを経験することがあるが、その場合、過度な驚愕反応をとったり、口汚い言葉を大量に吐いたり、自分が聞いたものを繰り返し喋る傾向をもったりする(Simons 1996)。さらに、不幸にも「ピブロクト」を患ったグリーンランドのイヌイット集団のメンバーは、叫んだり、自分の服を破いたり、ものを壊したり、糞を食べたりし、その後、発作で倒れこみ、深い眠りについてしまう。これにかかった人は通常こうした出来事のあいだの記憶がない(Yap 1974; とはいえ Dick 1995も参照)。また、インドのアッサムや中国の南には、「コロー」と呼ばれる、男性器ないし乳房や女性器が縮んで体のなかに入ってしまうことへの強烈な恐怖がみられる(Yap 1965)。そして、ニューギニアのグルルンバ族では、先祖の幽霊に噛まれた青年が「野ブタになる」ことがあると言われ、その場合、数日荒々しく走り回ったり、強奪や窃盗を働いたり、矢を放ったりする。そして、この症状を治療するために、焚き火の煙を浴びせられる(Averill 1980; Griffiths 1997; Newman 1965)。とはいえ、われわれの〔文化圏における〕診断カテゴリーも、世界の他の地域からすれば同じくらい奇妙にみえるだろう。たとえば、神経性無食欲症〔拒食症〕がそうだろう。これにかかった人は、体重が増えることに極端におびえ、歪んだ身体イメージをもち、食事を拒絶するようになる(Nasser 1988)。

これらの症候群はどれも情動的な要素をもち、また、そこには文化的な信念や価値が反映されている。拒食症には西洋的な体重に対する関心が、ウィティコには食人の神話と文化史が反映されており、パーロンは陰陽のバランス(陽が少なすぎる)のために生じるとされている。こうした文化依存症候群は、次の誤りの可能性を理解するのにとくに役立つ。それは、そうした病状は自然なものであり、その病状になることに対してわれわれは完全に受動的であるとわれわれが誤って信じてしまう可能性があるのはなぜか、ということである（Averill 1980）。こうした病気を患っている人は、おそらく、風邪やインフルエンザにかかるのと同じく、そうした症状の原因は自分にはないと感じているだろう。われわれはこれと同じようにして情動を考えてしまう傾向があるのだ。情動の多様性や情動障害の多様性、そして、その多様性には明らかに文化的影響があることを前にすると、構成主義は非常にもっともに思えてくる。

とはいえ、文化横断的な情動の違いが純粋に言語的なものにすぎない場合もある。たとえばピンカーは、シャーデンフロイデに相当する語がない国でも、そうした情動にはとても馴染みがあると述べている（Pinker 1994）。依存の感じである「甘え」や他人と一緒にいるときの心地よさである「ヘゼラッハ」も、日本やオランダ以外でもおそらく経験されているだろう。実際のところ、旧友とビールを飲みにいくときには二つを同時に感じるかもしれない。そして、語彙の違いから社会的構成は導かれない。また、翻訳不可能性テーゼが支持されることさえもない。甘えやヘゼラッハを英語で説明できることは確かだ。説明が困難であるということもない。また、こうした語彙が、怒りや喜び、恐怖といった他の情動用語の翻訳可能性に疑いを投げかけることはまったくない。

文化依存症候群として挙げたピブロクトも、その名前のせいで実際よりユニークに見えているのだろう。ピブロクトに似たものは他の文化にもあり、マレーシアのアモックやタイのピーポップがそうである（Simons & Hughes 1993）。また、ラタと似た情動も他の文化でみられる。フィリピンのマリマリ、ミャンマーのユアン、シベリアのイコタ、メイン州のフランス系カナダ人のメーヌ跳躍フランス人病がそうだ（Simons 1996）。これらの症候群には共通する生理的基礎があるのだが、それが異なる文化でたまたま異なった名前を与えられ異なった説明を与えられてきた可能性がある。われわれの文化ではこれらの状態に臨床医学的な名前は与えられていないが、さまざまなインフォーマルな診断カテゴリーは関係するかもしれない。ラタと共通している症状は「神経衰弱」と呼ばれており、アモックと共通する症状は「ポスタルになる〔キレる〕」と言ったりする[★1]。銃乱射事件の犯人として夜のニュースで取り上げられる人は、アモックを経験するマレーシアの人と非常に近い状態にあるのかもしれない。

構成主義者は、感情的状態にみられる文化ごとの差異は、言語上のものではなく実質的なものであると信じている。そう結論するために、構成主義者はたびたび、感情的状態は構造的なものであると想定する。ある文化における情動を作り上げているすべての要素をみてみると、対応する要素を全てもっているものは別の文化にはないとわかるかだろう。だが、こうした議論に頼った構成主義者は困難に直面する。情動は構造的なものであるという想定には疑問の余地がある。構成主義者が〔情動の〕本質的な部分とみなすものを、還元主義者は付随物とみなすかもしれない。構成主義者は、情動そのものと、情動の単なる付属物の境界を曖昧にする傾向にある。つまり、情動そのものと情動の原因や結果の境界を曖昧にすることが多いのだ。だが、情動の原因と結果に文化的な影響があっても、情動そのものは変わらないかもしれない。

まずは原因から検討しよう。第3章で私は、個別的対象と形式的対象を区別した。情動の対象は、情動を誘発した現実ないし想像された条件であるが、そのうちの個別的対象は、情動を誘発したとみなされる特定の出来事である。他方で、形式的対象は次のような一般的な性質、すなわち、一定の個別的対象がそれをもつことによって当の情動を誘発することになった性質、である。そして、情動が表象しているのは形式的対象である。ウィティコ、パーレン、コローは、向けられている個別的対象は異なるが（食人、風邪、性器収縮）、形式的対象は同じである。それらはすべて危険を表象しているのだ。そうすると、これらはすべて恐怖だということになる。つまり、同じ情動が異なる個別的対象をもっているのだ。〔この点を理解するために次のことを考えてみよう。〕私は自分の配偶者を愛していてあなたはあなたの配偶者を愛していることは、あなたと私がもつ愛情が異なる情動であることを意味しない。それと同様に、異なる文化のメンバーが異なるものを怖がることは、文化ごとに異なる情動があることの証拠にはならないのである。

同じことが以前に取り上げた例にも言える。配偶者への虐待はわれわれの文化では怒りを引き起こすが、ヤノマミ族ではそうではないらしい。しかし、どちらの文化でも、怒りはまったく同じ情動である。怒りは侮辱的な侵害を表象しているのだ。文化は、何が侮辱や侵害とみなされるかに影響しうるが、怒りが追跡しているのは常にその中心的関係テーマである。

情動の結果への文化的影響にも同様のことが言える。表情を考えてみよう。たとえば、飛行機の客室乗務員はなるべく笑うように、葬儀屋はなるべく笑わないように言われているだろうが、文化も特定の表情を推奨したり禁止したりする場面を教える。エクマンとフリーセンは、そうした影響を「表示規則」と呼んでいる（Ekman and Friesen 1971）。フリーセンの影響力のある研究では、日本とアメリカそれぞれの複数の学生が一人で座って外科手術の手順についての動画を見ているときの表情が記録されている（Friesen 1972; Ekman 1972には要約が載せられている）。そのとき、どちらのグループも同じように嫌悪感を示していた。次に、学生が目上の人の前で同じ動画を見る様子が調べられたが、その場合、日本の学生はネガティブな表情がはるかに少なくなった。この結果は文化的な影響を示すものとして印象深い。だが、だからといって二つの文化で嫌悪が異なっていると考える理由にはならない。まして嫌悪が文化的に構成されたと考える理由にもならないのである。

構成主義者はすぐさま、文化はもっと劇的に情動の結果に影響しうると指摘するだろう。たとえ表情が〔社会的〕構成の証拠とならないとしても、別の行動は証拠となるかもしれない。たとえば、グルンバ族の「野ブタになる」症候群を検討してみよう。この症候群自体は情動ではないが、情動によって引き起こされるものかもしれない。ニューマンによれば、青年が「野ブタになる」のは、大人の生活で新たにのしかかった責任と結びついた経済的ストレスにさらされたときである。われわれの文化では、ストレスは短気な行動や不機嫌、ときに自殺の原因にもなるが、野ブタになったかのようにして走り回ったりする人はいない。また、ラタについて考えてみよう。この症候群は、文化が押し付けた役割への欲求不満からマレーシアの女性を解放する役割を果たしているのだろう。こうした欲求不満は西洋にも非常によくあるが、欲求不満が溜まった西洋の女性が過度驚愕症的なトランス状態になるわけではない。われわれの文化でも、経済責任に不安を覚えたり、文化が押し付けた社会的役割に欲求不満をもったりする。だがわれわれは、そうした情動をかなり違った仕方で表出する。われわれは木に矢を放ったりトランス状態になったりしない。われわれがもつ不安や欲求不満のスクリプトは大きく異なっている。このことは、不安や欲求不満が文化を超えて一様なわけではないことを示しているのではないだろうか。そして、そうした情動が社会的に構成されたことを示しているのではないだろうか。

必ずしもそうとは言えない。こうした構成主義的帰結が導かれるのは、情動がスクリプトだと考える理由がある場合だけである。確かに、われわれが情動を経験するとき、文化的に教え込まれたさまざまな複雑な行動をとっていることは疑えない。だが、そうした行動と情動そのものとを混同してはならない。愛し合う二人が（同じ文化に属していて性別が異なる場合）結婚することは文化的なスクリプトの一部である。だが、結婚は愛情の一部ではない。愛情と結婚は馬と馬車のように一緒にあるかもしれないが、片方だけでも可能である。また、もし結婚が愛情の一部であるなら、愛情を結婚の動機とみなせなくなる。さらに、結婚する予定がない人たちのあいだでの愛情について語れなくなってしまう（結婚について性別を限定している法律と戦おうとはしていないゲイカップルを考えてみよう）。愛情のスクリプトと結びついている他の考えも同様に付帯的なものである。たとえば一目惚れは、徐々につのる愛情とは正反対のものと考えられている。確かに両者は異なる愛情スクリプトだが、その基礎にある情動は同じだとみなすことができる。手短に言えば、情動にスクリプトがあるということから情動はスクリプトであると考えてしまうことが致命的な誤りなのだ。情動のスクリプト説は概念的真理であるかのように擁護されることもあるが（Armon-

Jones 1986 を参照)、スクリプトからは外れるが情動は同じままであるような情動概念は明確に理解可能であるように思われる。

情動は少し摂食に似ているかもしれない。何を食べるか、どこで食べるか、どうやって食べるか、食べ終わったらどうするか、といったことには文化的な影響がある。よく知られているように、レストランで食事するときのスクリプトがある。だが、摂食それ自体は生物学的な過程であり、どの文化でもおおよそ同じである。噛んで飲み込むのだ。口が開いていたり閉じていたり、食べ物がスパイシーであったりマイルドであったり、げっぷを大げさにしたり我慢したりするが、摂食自体は普遍的なメカニズムに裏書きされた進化的に獲得された過程である。構成主義者は、情動の原因と結果が情動の同一性に寄与することを示さなければならないのだが、その論証責任が果たされないことは非常に多い。

構成主義の正しさを示すためには、情動は文化が影響しうる種類のものであると示さなければならない。このために、構成主義者は情動の認知説を強く信奉している。情動はスクリプトではないと譲歩する人でも、情動には信念や価値が含まれるという考えには固執するだろう。文化がそうした認知的状態に影響しうるのは確かだ。そうすると、もし情動が信念や価値を含むなら、文化は情動に構成的に寄与することになる。しかし、前章で私は、情動が認知的状態を含むという主張に疑いを示していた。構成主義者は、そうした疑いを覆す何らかの理由を挙げられるだろうか。理由を挙げる議論を二つ検討してみよう。

第一の議論は、ハーレによるものである(Harré 1986)。彼は、私が第4章で検討した議論の変形版を別の文脈で展開している。彼は情動が認知的次元をもつと主張しているが、その理由は、身体状態と認知的状態の両方に結びついた情動がある一方で、認知的状態としか結びついていないものもある、ということである。彼はその例として寂しさを挙げている(Wood 1986 も参照)。寂しさにはある種の態度が付帯しているが、身体にはまったく変化がないように思われる。ここから、情動は認知的であり、したがって、文化的影響を受けるものであることが示唆される。

だが私はこれでは説得されない。まず、寂しさが情動であるのかどうかが明白ではない。怒りや恐怖といった情動の典型例とは異なり、寂しさは、ゆっくりと訪れ、知覚的な引き金がなく、長期間持続する傾向にあるからだ。とはいえ、議論のために寂しさを情動とみなすことにしよう。ハーレは、寂しさには身体的兆候がないと述べている。これは経験的な主張である。そして、寂しさを感じていると言う人が寂しさに対応する身体状態をもたないと判明したら、私には驚きである。確かに、寂しさを感じているときに鼓動が早くなっているのを想像するのは困難だ。だが、これが示唆しているのは、寂しさには副交感神経系の反応が含まれるだろうということである。寂しい人に寂しさが持続しているあいだずっとこの身体状態にあるわけではないかもしれないが、私が第5章で提示した議論が正しければ、寂しさはこうした傾向性を常にもっているだろう。自分は孤立していると判断するが身体的な感じが伴っていない人は、寂しい人とみなされないかもしれない。

また、寂しさに認知的次元が不可欠であると簡単に認めるべきではない。証拠はないが、寂しさはフェロモンのシステムによって引き起こされる原始的な反応であると考えることも可能である。他人のフェロモン（あるいは、もしわれわれの鋤鼻システムがフェロモンの違いを弁別できるなら、いくらか近しい人のフェロモン）が一定のあいだ探知されない場合、われわれは悲しみと似た身体状態になるかもしれない。そうした状況にあるときわれわれは孤独について考えるようになるだろうが、その考えは寂しさにとって必要でも十分でもないかもしれない。寂しさがこのようにして働く可能性を考慮すると、寂しさが認知的要素をもつと決めてかかることはできなくなる。

ハーレは、情動と身体状態との結びつきは偶然的だが、認知状態との結びつきは必然的だと主張している。だが、この主張は文化横断的な証拠とは噛み合わない。文化横断研究の文献からわかるかなり際立った発見の一つとして、情動の身体メタファーがすべての文化で使われているということが挙げられる（Heelas 1986 や Wierzbicka 1999 で概説されている）。中央マレーシアのチュウォン人は情動を肝臓と結びつけているし（Howell, 1981）、ニューギニアのガフク・ガマ族は情動を胃に位置づけ（Read 1967）、タヒチとマオリの人々は腸に位置づけている（Levy 1973; Smith 1981）。ルソン島〔フィリピン〕のイロンゴッド族はわれわれと同じように情動と心臓を結びつけている（Rosaldo 1980）。身体メタファーが広範囲にみられることは、すべての情動が特定の身体状態と結びついていることを示しているわけではないが、緊密な結びつきがあることを指し示している。認知的なものを強調する構成主義者は、この点を無視することが多い。

情動は認知的要素をもつという構成主義を支持する第一の議論が説得的でないのは、情動は身体的要素を欠くという疑わしい前提に依拠しているからである。だが、第二の議論はそうした前提を置かない。情動がすべて身体的要素をもつ可能性と両立しうるものである。この議論によれば、情動が少なくとも部分的に認知的でなければならないのは、情動には「規範が侵入可能」だからである。私はこのフレーズを次の考えを捉えるために用いる。すなわち、情動は文化的な価値システムを反映したかたちで具現化している、というものである。価値は一般的に高次の認知的状態を通して伝達される。価値には作法や慣習の理解が必要とされるのである。もし情動に規範が侵入可能であるなら、情動には文化的要素が染み込んだ認知的要素が含まれるだろう。

規範の侵入可能性を説明するために、道徳性と嫌悪の相互作用を考えてみよう。道徳性にほとんど関係ない嫌悪もあるが（たとえば、腐った食べ物に嫌悪する）、緊密に結びついているものもある。道徳的価値が嫌悪を生み出したり増幅させたりする場合がある。たとえば、近親相姦や人種差別といったものが嫌悪を生じさせる（Haidt, Rozin, McCauley, & Imada, 1997）。また、道徳的観点からベジタリアンになった人は健康志向のベジタリアンより食肉を嫌悪する（Rozin, Markwith, & Stoess 1997）。そして、喫煙が不道徳だとみなされるようになってきた現在では、煙草に関わるあらゆることが、以前よりも嫌悪を引き起こしているように思われる（Rozin & Singh 1999）。さらには、もの自体は無害でも、極悪な人が触ったためにそれが嫌悪されることがある。ネメロフとロジンの研究によれば、ヒトラーのセーターを試着することを考えるとひどい嫌悪が生じる（Nemeroff and Rozin 1992）。こうした場合では、道徳に関する見解が嫌悪に影響を与えている。他方で、嫌悪が道徳的判断に影響を及ぼすようにみえるケースもある。ハイトとコーラーとディアスの研究によれば、行為そのものは無害でも（被害者のいない犯罪）、嫌悪を引き起こすために、その行為を不道徳とみなす人もいる（Haidt, Koller, and Dias 1993）。たとえば、鶏の死骸とセックスすることは道徳的に間違っていると考えられることがある。さらにハイトらは、そうした判断が社会・経済的地位や文化に応じて変化することも発見した（Haidt et al. 1993）。たいていの人は動物の死骸を強姦することに嫌悪感を覚えるが、アメリカの恵まれた大学生は、収入が低いアメリカ人や収入が変動するブラジルの人よりも、それを不道徳とみなす傾向がかなり低い。

規範の侵入可能性の第二の例となるのは、よく言われる、個人の独立にかなりの価値を置く文化（個人主義）と、人々の相互依存にかなりの価値をおく文化（集団主義）の相違だ（Triandis 1988）。アメリカや西洋ヨーロッパは集団主義を犠牲にして個人主義に価値を置いており、逆のパターンは極東でよくみられる。そして、この違いは情動に影響する（Markus & Kitayama 1991）。日本における甘えが果たす中心的役割は、日本人的な相互依存の強調を反映しているだろう。また日本人は、困難を見事に乗り越えた人を見たとき、「いじらしい〔人や行為に「いじらしさ」を帰属させる際の独特の感じ〕」という情動が生じる（Matsumoto 1994）。また、他人の成功に対する情動反応にも集団主義的傾向がみられる。集団主義者は他人を誇りに思うのである。マーカスとキタヤマ（Markus & Kitayama 1991）が引用している逸話（出典は

Hsu 1975）によると、日本企業の職員は、客を豪華な家具がある上司の仕事場に迎え入れ、そこの机を指して「これが課長の机だ」と得意げに自慢するという。他方で西洋では、誇りはふつう自分に向けられるものであり、他人の成功を誇らしく思うとしても、たいてい自分の家族のものくらいである。

個人主義と集団主義の違いは負の情動にも出てくる。アメリカやヨーロッパの人が規則を破った際に感じる傾向のある罪悪感は、自分の悪い行いに関するかなり個人的なものである。他方で、集団主義の文化での規則違反は恥を生み出す傾向にあり、恥は悪い行いをした人の関係者にも悪い結果をもたらす。悪い行いをした人の家族も恥を感じるのだ（Benedict 1946; Creighton 1990）。また集団主義者は、個人間の関係に亀裂をもたらす負の情動に慎重になりがちである。この点から、怒りはとりわけ忌避される。〔それを反映するように〕日本の乳幼児が母親の怒った口調を聞いた場合、アメリカの乳幼児よりもおとなしくなる（Miyake, Campos, Kagan, and Bradshaw 1986）。別の集団主義文化であるウトゥク・イヌイットは、可能な限り怒りをこらえようとする（Briggs 1970）。

規範の侵入可能性に関するこれらの例は、確かに、情動反応が道徳的価値に敏感であることを示唆している。このことは、情動が認知に影響されるという主張を支持する明らかな根拠となるが、もちろんその認知には文化によって形づくられたものも含まれている。だが、どの事例も、情動が文化的に構成されたものだということを示してはいない。嫌悪が道徳性に影響されるという事例は、嫌悪そのものが道徳性の産物であることを示しているわけではない。どのケースでも、嫌悪は、物理的ないし比喩的な意味で口に合わないものを表象しているようにみえる。道徳的価値は、そうした性質をもつのは具体的にどういったものかに関するわれわれの信念に寄与する。道徳的ベジタリアンは食肉に対して嫌悪反応をもつことで、比喩的な意味でも文字通りの意味でも食肉は口に合わないと気づく。だが、その反応の意味はいつも同じである。ブラジル人や収入の低いアメリカ人は、たとえ無害なものでも嫌悪の対象を不道徳とみなすが、このことが示しているのは、道徳性の概念が文化や社会経済的グループに応じて変わるということでしかない。嫌悪そのものに違いはないのだ。

それよりも、個人主義と集団主義の相違の方が〔構成主義にとって〕より見込みがあるだろう。価値観が異なる文化では情動が異なることを示しているようにみえる。たとえば、西洋文化にはいじらしいという情動はないようにみえるし、ウトゥク・イヌイットには怒りがないようにみえる。だが、こうした違いは錯覚であるかもしれない。レビーは、「高認識（hypercognized）情動」と「低認識（hypocognized）情動」という役に立つ概念を導入している（Levy 1973, 1984）。ある情動が高認識であるのは、それがある文化内で強く強調されたり価値づけられたりする場合であり、低認識であるのは、無視あるいは無価値とみなされて抑制される場合である。ウトゥク・イヌイットもおそらく怒りを経験しているが、経験しないように試みたり、怒りについて話し合わないようにしたりしているのだろう。西洋人も（他より才能が下回っている人がアカデミー賞を獲った場合などに）いじらしいという情動を経験しているだろうが、そうした経験が頻繁にはないだけだろう。

私の主張をまとめよう。私の議論が正しければ構成主義を支持する議論は、文化がわれわれの情動に構成的に寄与していることを示せていない。文化は、具体的にどのようなものが情動を引き起すか、そして、どのようなものが情動から帰結するかに影響しうる（文化的スクリプトと一致する複雑な行動も含まれる）。文化はまた、情動に向けられる態度にも影響しうる。言い換えると、情動が生じる頻度や、人々がその情動に気づく頻度、そして、その情動を表すためにどのような語彙を使うかに影響を与えうるのだ。こうした影響が大きい場合は多く、文化的差異を理解するうえで重要な情報を与えている。しかし、情動そのものが文化ごとに異なるということは示しているわけではないのだ。

## 構成主義の再構築

### 身体の習慣

これまでの議論は還元主義に軍配を上げているようにみえるだろう。構成主義を支持するためのよくある議論は、情動の原因や結果となるものに文化的な影響があることを示してはいるが、情動そのものに文化が影響することを示せてはいないのである。こうした議論の主な欠点は、誤った情動理論を前提としていることである。その議論では、まず、われわれの文化にはみられないような思考パターンや行動と一緒になっている情動が指摘される。だが、情動が社会的に構成されたものであることを示すには、さらに思考パターンや行動が情動の一部を構成していることを示す必要がある。そのため、情動の認知説やスクリプト説が拒否された場合、構成主義を支持する議論の足場はなくなってしまうようにみえる。

だが、還元主義者の祝勝パーティーも長くは続かない。構成主義を支持する標準的な議論がうまくいかないとしても、その議論で提示されている例は、別の仕方で構成主義を推し進める手助けになるだろう。そのため、よりよい情動理論から議論を作ることにしよう。第3章で私は、情動は身体性の評価だと述べた。これは身体説である。身体性の評価は、中心的関係テーマと共に生じる身体変化を記録することによってそのテーマを表象する心的状態である。この理論では、情動の個別化に二通りの方法がある。個別化は、情動が記録している身体変化（情動の名目的内容）、あるいは、情動が表象している中心的関係テーマ（情動の実質的内容）によってなされるのだ。たとえば悲しみは、特定の身体反応パターンを介して取り返しのつかない喪失を表象する。同様にどの情動にも二種類の内容が備わっている。実質的内容あるいは名目的内容のどちらかを別のものに置き換えると、情動も置きかわることになるだろう。そして、どちらの内容も文化的な影響を受けうる。構成主義者は多くの事例を使って身体説を拒否しようとしているが、そうした事例は身体性の評価が文化的な情報に基づいていることを示すために再利用できる。この項では名目的内容への文化的影響を検討し、次の項で実質的内容への影響を検討しよう。

名目的内容に含まれるものとして呼吸の変化が挙げられるだろう。たとえば、悲しみのときは呼吸が大きくなり、パニックのときはぎこちない呼吸になるように呼吸の仕方は情動に応じて変わりうる。そして、リヨンの研究によれば、呼吸は学習や文化に応じて変わりうる（Lyon 1999）。彼女が指摘しているのは、呼吸は新皮質によって制御されうるものであり、そして、喋ったり歌ったりする場合の呼吸は新皮質の制御が必要となることが多い、ということである。もしわれわれが自分の意思で呼吸を制御することができ、そして、文化はわれわれの意思を制御しうるものであるなら、呼吸は文化的な影響を受けうるものである。リヨンは具体例として、北ケニアのサンブル族とモル族が儀式でトランス状態になるために行うリズミカルな呼吸を挙げている。彼女はまた、〔南部アフリカの〕クン族が、情動を高めるために速い呼吸を行うという研究を引用している。おそらく、こうした呼吸の制御は習慣的なものになるだろう。そして文化的な条件づけを通して、クン族の人は、われわれとは異なる情動経験を発達させているだろう。リヨンは、マルセル・モースの言葉を借りて、文化的に条件づけられた呼吸の制御は「身体の習慣」であると述べている。

身体の習慣という考えは、私が以前に拒否した構成主義を支持する議論を蘇らせるために用いることができる。ラダや野ブタになるといった文化依存症候群を考えてみよう。私は、こうした症候群は構成主義を支持する証拠にはならないと述べた。その理由は、そうした症候群に含まれた、他の文化からすれば異質な行動は、同時に生じている情動を構成する部分ではないからである。だが、こうした応答は重要な可能性を見落としている。情動の名目的内容を決める身体状態は、行為の準備状態である。たとえば恐怖には、逃げる準備となる身体変化が関わっている。同じことは文化依存症候群の行動に伴った情動にもあてはまるかもしれない。ラタ状態になろうとしているマレーシアの女性は、それより前に不安な欲求不満状態を経験しており、そのときの身体的プロフィールは、ラタを特徴づけるトランス状態の前触れになるようなものだろう。同様に、グルグンバ族の人が野ブタになる直前にも、独特な身体状態が生じているだろう。また、その症候群のあいだには、その文化で馴染みのない身体パターンによって決定された名目的内容をもつ情動が生じているかもしれない。もちろんこれはまったくの推測である。とはいえ、ポイントは、情動が関わる行動の文化的な違いは、情動に付随する身体的要素に影響しうるということである。そうした付属物が名目的内容を決定し、そして、名目的内容がわれわれの情動の同一性条件に寄与するなら、文化はわれわれの情動に影響しうるということになる。

私が以前に拒否した第二の議論も、身体の習慣に訴えることで救い出せる。表示規則についてのエクマンとフリーセンの研究は、表情が文化的な影響をうけうることを示している。文化は、表情を誇張ないし抑制する条件づけを与える。以前に私は、表示規則が画一的でないことは構成主義を支持しないと主張した。同じ情動が異なる仕方で表出されているかもしれないのである。だが、この応答は再検討しなければならない。もし身体性評価説が正しいなら、情動に伴う身体変化は、表情の変化も含めて、どれも情動の名目的内容に寄与しうることになる。表情の変化は情動がどのように経験されるかに影響を与えうる。たとえば、くしゃみをするまえに大げさに顔を歪めるように特訓すると想像してしよう。それが習慣化すると、くしゃみの経験が以前とは異なったものになるだろう。つまり、くしゃみの経験に制御された表情筋の経験が含まれるようになるのである。また、くしゃみをするときになるべく表情筋を動かさないようにする特訓をするとしよう。すると、くしゃみの経験に筋肉を制御する感じが含まれるようになるだろう。同様のことが情動にも言える。習慣となった表情は情動のあり方に影響を与える。顔面フィードバックがその影響に拍車をかけるかもしれない。表情をつくることで生理的変化のパターンが生じるなら、情動の表出も変化を増大させるだろう。たとえば、コメディを見て、笑いをこらえる場合と笑ってもいい場合の違いを考えてみよう。負の情動を人前で見せることを抑制されている日本人の被験者は、アメリカの被験者と比べて、経験される情動の強度が低いことが実験で示されている（Scherer, Matsumoto, Wallbott, & Kudoh 1988）。

だが、こうした議論で対処できない反論がある。構成主義者は、文化が情動に構成的に寄与すると主張する。これが意味するのは、情動のあり方は社会文化的影響の結果でありうるということだ。そうだとすると、文化が情動の名目的内容に影響しうると示しても、文化が情動に構成的に寄与していると示したことにはならない。というのも、直観的には、名目的内容が異なっても同じ情動であるとみなされる場合があるように思われるからだ。一般的に、情動のラベルづけは名目的内容よりも実質的内容に関わっている。たとえば、危険に直面すると必ずふくれっ面をする人々の文化を考えてみよう。その行動は確実に彼らが危険な場面で経験する情動に影響するだろう。だが、それでも彼らがもつ情動は恐怖とみなされると言いたくなる。直観的には、身体的に媒介された危険の表象は恐怖とみなされるように思われる。だからこそわれわれは、人間とはかなり違った身体をもつ動物にためらいなく恐怖を帰属させるのである。したがって、身体の習慣に基づく議論は構成主義の正しさを保証するものではない。

これに応答するために必要なのは、より下位の細かい情動カテゴリーに目を向けることだけだ。情動はさまざまな抽象度でカテゴリー分けすることができる（図6・1）。上のレベルは感情空間を正と負に分けている。少し下のレベルでは、実質的内容が似ている情動がまとめられ、第5章で検討した情動の家族やクラスターのようなものになる。たとえば、怒りと関連した情動の家族がありつつも、その家族の構成員は文化ごとにいくらか異なっているかもしれない。より下のレベルでは、情動の家族が同じ実質的内容

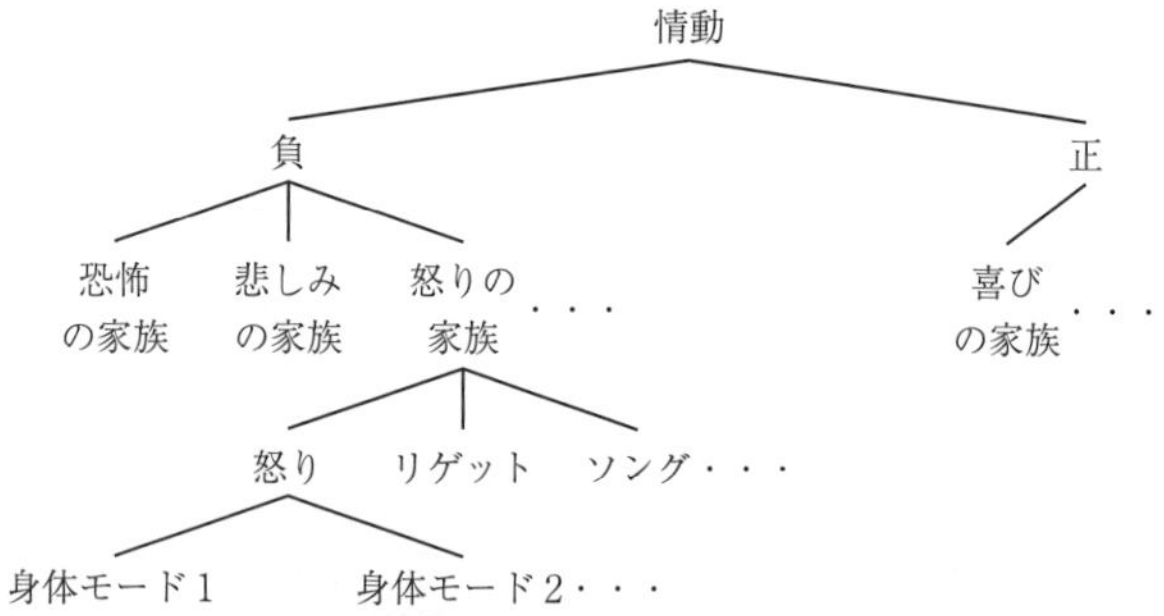


図6.1　情動カテゴリーの階層

「リゲット」はイロンゴッド、「ソング」はイファラクにみられる怒りの変種

をもつメンバーのカテゴリーに分けられる。「怒り」や「喜び」といったたいていの情動用語はこのレベルで情動を選びだすと通常想定されている。さらに細かいレベルでは、怒りや喜びのなかに種類が分けられる。ここでは、実質的内容は同じだが名目的内容が異なる情動が区別される。この細かいレベルでの情動は、中間レベルとしては同じ情動の〔異なる〕「身体モード」とみなせる。しかし、それらを異なる情動とみなすこともできる。このことは矛盾ではない。それはちょうど、チワワとロットワーラーは同じ動物（犬）であるが、異なる動物（犬種）だと言うのと同じだ。前述の議論が示しているのは、文化は品種としての情動に影響を与えうるということである。だが以下では、文化は、抽象度の中間レベルでも多様性を生み出しうると主張しよう。

## 混　合

情動の実質的内容に文化がどのように影響するかを示すために、第4章で導入したいくつかの道具立てが必要になる。そこで私は、情動には基本的なものと派生的なものがあるという見解を擁護した。派生的な情動には、高次認知的情動と呼ばれるものが含まれている。また、基本情動の組み合わせから新しい情動が派生する仕方として、私は、混合と較正を説明した。これらのプロセスはどちらも文化的な影響をうけるものである。

混合は二つの基本情動がまとめて結合されたときに生じる。その例としては、軽蔑（contempt）、陽気（exhilaration）、おぞましさ（horror）が挙げられるだろう。軽蔑は怒りと嫌悪の混合と言えるかもしれない。原理的に言えば、混合された情動が生得的なものである可能性はある。言い換えると、有益な突然変異の結果、特定の情動をまとめる遺伝的傾向が備わったかもしれないのだ。だが、（軽蔑がすべての文化でみられるかもしれないのと同じく）たとえ混合がすべての文化にみられるとしても、そのことは、混合が生得的なものであることを示してはいない。混合が生得的であることを示すためには、混合が学習されえないものであることを示さなければならない。ひょっとすると、ある種の混合は獲得するのが簡単なのですべての文化で生じているのかもしれない。

軽蔑が広く見受けられることはそのように説明されるだろう。軽蔑はとくに混合されそうなものである。以前に述べたように、嫌悪は、道徳的な嫌悪のケースなどの比喩的に消化できない〔むかつく〕ものに適用されうる。道徳的嫌悪の対象となる人は、われわれの社会道徳を侵している。そして、そうした違反は一般的に攻撃的である（offensive）とみなされる（「刑事犯罪者（criminal offender）」というフレーズを考えてみよう）。というのも、その違反はわれわれの個人的な価値を無視しているからである。そして、怒りはわれわれを攻撃するものに向けられる。したがって、われわれの道徳観を破る個人や行為は、嫌悪と怒りを同時に引き起こす可能性が高く、そのため軽蔑が出来上がるのだ。このように、嫌悪が広く見受けられることは、生得性なしでも説明できる。

同じことが愛情にも言える。第5章で私は、愛情は性欲と愛着の混合であると示唆した。もし愛着が基本情動であり（次節を参照）、性欲が基本的な動機づけであるなら、愛情は既存の二つの感情的状態の副産物だということになる。このことは、標準的な構成主義のストーリーからは逸脱している。私は、愛情が物語的スクリプトであると示唆しているのではない。愛情は混合情動なのである。とはいえ、愛情の混合は、物語的スクリプトと同じく、文化によって育まれているかもしれない。性欲の対象と愛着を感じる対象が必ず一致しているわけではない。文化によって育まれているかもしれない。性欲の対象と愛着を感じる対象が必ず一致しているわけではない。もしそうであったらポルノ産業は成り立たないだろう。しかし、文化は二つが共にあるように圧力をかける。性欲が繁殖を導く場合はとくにそうである。いくつかの文化では、両親が育児の責任を分担するのが推奨されている。もし両親が互いに愛着で結束していたら、協力を要する仕事はより容易に達成できるだろう。とはいえ、われわれの文化ではもはや、育児のために両親が一緒にいつづける必要があるとは考えられない。そのため、両親が関係をつづけるための愛着という圧力が少なくなり、「愛が冷める」と言われる。文化は、愛情の混合が生じるかどうか、もし生じるならいつ生じるのか、どれくらい長続きするのかを決定するうえで寄与しているだろう。文化は愛情にとって不可欠ではないが、影響力をもっている。

いくつかの情動の混合は、異様な経験や文化的影響なしには生じ難い。たとえば、怒りと喜びの組み合わせは、多くの人の場合ふつう生じないが、それを培うことも可能である。兵士には、戦争のトラウマに対処するためにそうした混合が発達するかもしれない。敵に怒りを向けその怒りを楽しむなら、敵を殺すのが容易になるだろう。暴力的なビデオゲームで遊ぶというより無害な活動でそうした混合を発展される子供もいるだろう。怒りと喜びの混合に似たものは、ヤマノミ族の文化の中心にもあるかもしれない(Chagnon 1968)。侵略、殺人、血が流れる復讐、という終わりのないサイクルに固定された文化の人々は、喜ばしい怒りが、動機づけを高めて絶望を寄せつけないうえで有利になると気づくだろう。

二つの情動を一緒にして混合することで実質的内容に影響が出てくる。原初的(プリミティブ)な心的表象(たとえば、意味のある部分をもたない表象)が表象するのは、それが探知する機能をもっているものである。だが、原初的な心的表象が二つ合わさると、実質的内容が変化する。ある場合には、複合的な心的表象の実質的内容が、その部分となる表象の実質的内容をそのまま反映している場合もあるかもしれない。文や句に相当して「論理形式」をもつ心的表象は多くの場合そのように働く。たとえば、「黄色と青色」という句に相当する心的表象は、黄色と青色の両方であるものを指示する（黄色の部分と青色の部分は異なる場所だろうが）。というのも、それがもつある部分は黄色いものを探知し、別の部分は青いものを探知しているからだ。だが、情動の混合は、混色と同じように、論理形式をもたない。そのため混合情動は、部分となっていたそれぞれの情動〔の対象〕の交点を指示するとは限らない。そうした混合情動は原初的な情動のように機能するだろう。つまり、それらは派生した原初的情動なのである。混合情動は、それが探知する機能をもつものを何であれ指示する。つまり、その情動を信頼のおける仕方で引き起こし、初めにそれを探知するために混合が生じたようなものを探知する機能をもっているのである。

混合情動が心的な句のように働く場合もあるだろう。言い換えると、部分となる情動がそれぞれ単独で探知していたものの交点を探知するのである。再びロマンティックな愛情を考えてみよう。愛情は初め性欲と愛着の混合として生じたとしよう。ある人に性欲と愛着を感じる場合、特定の生理的状態になる。それは、同時に生じた性欲の変化パターンと愛着の変化パターンがまざった結果生じるものである。この生理的状態が最初に生じるのは、性的に惹かれている人と初めて子育ての関わり合いをもつことになった場合だろう。その後でその状態は記憶に蓄えられ、それ自体で情動として機能するようになる。だが、記憶された情動は引き続き性的な愛着を探知するものとして働く。意味が変化してしまうことはないのである。

他方で、混合された情動が、部分の総和以上の意味をもつ場合もある。軽蔑を考えてみよう。もし軽蔑が表象しているのがその部分が探知していたもののブール代数的な複合物であるなら、それが表象するのは、侮辱的な侵害をもたらすものと、比喩的ないし文字通り消化の悪い〔むかつく〕ものの両方だということになる。だが実際のところ、軽蔑の実質的内容はそれとは微妙に異なっている。ある人が、何らかの道徳的侵害を見た結果として、初めて怒りと嫌悪が結合された状態を経験するとしよう。さらに、その後にもいくつか道徳的侵害に遭遇し、その結合が一つの単位として記憶に蓄えられるとしよう。すると、新しく情動を混ぜ合わせる過程を経ることなく、こうした混合を生み出すための情動回路が備え付けられる。怒りと嫌悪の混合は、特定のクラスの、むかつく腹立たしい物事の結果として記憶に備え付けられる。つまり、道徳的な侵害探知機として備え付けられるのだ。したがって、怒りと嫌悪の混合物は、ブール代数的意味論から予測できる消化の悪い侵害すべてではなく、とくに道徳的侵害を表象するものだろう。このことは、なぜ軽蔑が怒りと嫌悪以上のものにみえるのかを説明する。嫌悪は二つの情動の混合として生じたのだが、わずかに異なる探知機能をもっている。嫌悪は、すべてのクラスのむかつく侵害ではなく、その部分集合を探知するように備え付けられているのである。

混合は、文化が情動に影響を与える方法の一つである。どの情動が混合されることになるのかは、部分的に、個人的な来歴、また同様に社会文化環境に左右される場合がある。喜びと怒りの混合はその一例だった。また別の可能性を考えることもできる。甘えは愛着と喜びから派生するのかもしれない。イファラクは「ファゴ」と呼ばれる情動に価値を置いているが、それは愛情、哀れみ（compassion）、悲しみを結合させたものにみえる（Lutz 1988）。ダビッツは、英語話者のウガンダ人とアメリカ人の比較を比較し、ウガンダ人は「anger（怒り）」という語に泣くことを結びつけていることを発見した（Davitz 1969）。このことは英語話者のウガンダ人はその英単語を怒りと悲しみの混合として用いていることを示唆している。またフォア族も、「怒り」のシナリオにしかめ面を結びつけているので、同じことが言えるかもしれない。反対に、悲嘆（grief）の状況は、イロンゴットで怒りと緊密に結びついた「リゲット」を引き起こす傾向がある（Rosaldo 1980）。愛する人の死は、首狩りの襲撃を奮起させるかもしれない[★2]。

高認識情動と低認識情動も混合に影響を与えうる。高認識情動は頻繁に生じるものであるため、より混合に使えるだろう。低認識情動はまれにしか生じないので、あまり利用できない。怒りに関連する情動の認識が高いイロンゴッドのような文化は、軽蔑のような情動をもつにいたる傾向がとりわけあるかもしれない。怒りが低く認識されているウクタのイヌイットでは、侮辱はより起こりにくいかもしれない。また、認識を低くさせる過程が普通ではない混成を促進する場合もある。性に関する思考が抑制されている文化では、性欲が生じたときには嫌なイメージも喚起し、性欲を抑え込もうとするかもしれない。その結果、性欲、嫌悪、恥の奇妙な混合が生じるかもしれない。

混合された情動の実質的・名目的内容は、その構成要素となっていた情動の内容とは異なっている。文化は混合を助長しうるので、文化は情動の内容に影響しうるといえる。情動が内容によって個別化されるものであり、そして、内容は部分的に文化的影響を通して決定されるものであるなら、文化は情動が構成されるうえで寄与しうる。文化が情動の混合を導くとき、文化は構成的な寄与を果たしているのである。

## 較　正

文化が較正を通して情動に構成的に寄与する場合もある。第4章で私は、高次認知的情動は認知を構成要素として文字通り含んでいるわけではないと主張した。シャーデンフロイデは、苦しんでいる人がいるという思考と喜びの感じが合わさったものではない。むしろ、他人の苦しみについての認知（あるいは知覚）によって引き起こされる喜びの感じなのである。認知は原因であって構成要素ではない。だが、特別な種類の原因ではある。苦しみについての信念は、シャーデンフロイデを経験している人の記憶に幸福感を引き起こすものとして備え付けられている。われわれはみな他人が耐えてきた不幸の記録を含む記憶ファイルをもっているが、シャーデンフロイデをもつことが多い人は、そのファイルと幸福が結びついているのである。そういう人は、思いやりのある人にはないような較正ファイルをもっているのだ（第4章）。

較正ファイルには、情動の原因を較正させる表象状態が含まれている。その状態が情動と一定の誘発条件を結びつけるのだ。一般的に言って、新しい較正ファイルが形成されるためには、新規のファイルに含まれるものが既存の情動の中心的関係テーマと関連していると認識される必要がある。シャーデンフロイデ獲得の初期段階には、他人の苦しみが自分の目的と合致しているという信念が形成されているかもしれない。特定の物事が自分の目的と合致するという思考は、明らかに、喜びの中心的関係テーマを記述している。そして、中心的関係テーマを明示的に記述した思考は、それに対応する情動の引き金となりうる（第3章）。シャーデンフロイデ獲得の初期段階における情動反応は、自分の目的が果たされという明示的な信念に依存しているだろう。だが後に、そうした思考は不要になる。この悪意のある情動に較正された人の心では、他人の悲鳴の単なる音が喜びを誘発しうるのである。

較正と混合の両方を通して作られる情動もある。第4章と第5章で述べたように、嫉妬はそうしてできたのかもしれない。自分の恋人が不貞を働いたと気づいたとしよう。すると、喪失についての思考が悲しみを導き、侵害についての思考が怒りを導き、汚らわしいという思考が嫌悪を導くかもしれない。それらの情動が合わさってできる混合物は、胃をむかつかせ、むせび泣きを引き起こし、拳を握らせるような情動である。そしてこの過程のあいだに較正ファイルができあがるかもしれない。不貞についての思考や目に見える不貞のサインはそのファイルに記録され、混合情動を引き起こすものとして働く。そのファイルは、そのファイルと不貞のあいだに信頼のおける因果関係を確立することで、情動の混合を較正するのである。

文化が情動を較正するうえで役割を果たしうるのは確かである。たとえば、精神的な怠惰と定義されるアケディア（「アクシディア」とも呼ばれる）を考えてみよう。この情動を経験するのは、宗教的実践と関連した規則的な務めにうんざりした人だと言われている。ハーレはアケディアが社会的に構成された情動だと述べており（Harré 1986）、私もその考えは正しいと思っている。中世や初期ルネサンスではこの情動について広範囲にいろいろ言われていたが、プロテスタンティズムの台頭後には情動のリストから消えてしまった。私は、アケディアは文化に突き動かされた較正を通して構成されたものではないかと考えている。それは、宗教的文脈に較正された倦怠なのだ。最初、通常の倦怠は繰り返し行われる礼拝によって誘発され、その次に較正ファイルが備わり、その結果、宗教的な用具や建物を見るだけで陰鬱な感じが引き起こされるようになる。中世において、そうした感じは悲しみとみなされていたが、道徳的には許容できるものだった。だが、プロテスタント文化ではその感じは忌避される。宗教的な熱心さが弱まることは陰鬱ではなく恥の源泉になる。この刷新によってアケディアはなくなったのだ（Harré 1986）。

恥そのものも文化的に較正された情動かもしれない。恥は、自分が道徳規定に違反したことに較正された悲しみであるかもしれない。罪悪感とは異なり、恥の較正ファイルには、自分の違反が他人にどんな影響を与えうるかについての思考が含まれている。恥は、近しい仲間に悪評が立ちそうな自分の行為という文脈に較正されている。恥はそうした思考を含んでいるわけではないが、そうした思考が生じたとき（あるいは、そうした思考が保証されるような状況で）生じるものである。

不名誉の感じも較正された情動だろう。不名誉の感じは、おそらく、名誉に関する規定をやぶった侮辱に較正された、怒りの派生物だろう。正常に機能しないコンピュータはあなたを怒らせるが、不名誉さを感じさせるものではない。たとえコンピュータを擬人化したとしても、不調のコンピュータは、社会の大切なルールのどれかを軽視しているわけではない。不調のコンピュータがわれわれに引き起こす身体状態は、名誉を傷つけられることで引き起こされる身体状態と区別できないかもしれないが、前者は不名誉ファイルのはたらきによって引き起こされたものではない。

ニスベットとコーエンは、不名誉の感じは特定の地域文化ではとくに一般的だと述べている（Nisbett &

Cohen 1995)。アメリカ南部の白人男性は、この情動をとくに激しく感じているようにみえる。ニスベットとコーエンによると、南部の白人は名誉の文化をもっている。不名誉の情動は文化特異的なものかもしれない。つまり、文化的に決められた較正ファイルをもっていることに依存しているのである。

不名誉の感じから特定の行動も帰結する。情動が較正ファイルをもつように、情動は行動ファイルをもっているだろう。それは、特定の情動を経験したときに何をするかを告げる文化的スクリプトである。私は、そうしたスクリプトはわれわれの情動に対してわずかに構成的影響をもつかもしれないと述べていた。不名誉ファイルによって生み出された怒りは、復讐を導く傾向がより高いかもしれない。ニスベットは、名誉の文化における短気な反応と過度の暴力について言及している。不名誉になることによって生み出される怒りは、そうした行動反応と整合的な生理的兆候を含むだろう。

文化的に促進される較正の別の例として、いじらしいという情動を検討しよう。根本的なところでは、この情動は、幸福と同等の身体的兆候をもった喜びの一種であるかもしれない。しかしそれは、感心される人が障害を乗り越えたのを見ることで引き起こされるものである。西洋人もこの情動を時々経験していると述べたが、日本の人々はおそらく、この情動を感じるために重要な仕方で定着した較正ファイルをもっているだろう。この情動用語が日本にあるというまさにその事実は、別の仕方では幸福の源泉としては見落とされるかもしれない事例に注意を向けさせるかもしれない。較正ファイルが定着すると、感心される人の成功は幸福の引き金になることが多くなる。このようにして引き起こされる幸福は、新しい意味をもつようになるのだ。

こうした事例は、構成主義を支持するスタンダードな議論に対する私の反論の一つを無効にする。構成主義者は自身の立場を守るために、情動は異なる文化で異なる誘因をもちうると指摘するだろう。以前に私は、こうした違いは〔情動そのものに〕違いをもたらさないと述べた。いくつかの文化依存症候群についても同じような教訓を引き出していた。たとえば、中国のパーロンと呼ばれる病気は構成主義の結論を支持しないと述べた。その理由は、それに含まれる情動はごく普通の恐怖だからである。他の恐怖と同様に、パーロンの恐怖は危険を表象しているのである。

だが、較正という考えは、構成主義の議論を棄却するのが早急だということを示している。パーロンになった人は、冷たさを思い起こさせる状況で恐怖を促進する較正ファイルをもっている。パーロンの人が弱いそよ風を感じると、おぞましさを感じる状態になる。その感じは、ある意味で、ありふれた恐怖である。その感じには、〔普通の恐怖と〕同じ一般的な生理的状態が伴っている。だが、別の意味ではまったく普通ではない。それは冷たさに対する恐怖に較正された心的ファイルによって引き起こされているのである。この分析では、パーロンに含まれる情動は恐怖ではなく、「冷たさに対する恐怖」である。文化的に較正された恐怖の派生物なのだ。この情動の実質的内容は、一般的な身の危険ではなく、特定の種類の危険なのである。

本節では、文化が情動に構成的影響を与える三つの方法があると主張した。文化に可能なのは、身体の習慣を身につけさせる、混合を促進する、較正ファイルの作成を導く、ことである。身体の習慣は情動の名目的内容に影響するが、混合と較正は、文化的に決定された新しい実質的内容を情動に与える。以前に退けた構成主義を支持する議論の多くは、こうした文化的影響を支持するのである。構成主義を支持する標準的な議論の主な問題は、間違った情動理論に依拠しているということである。情動理論が訂正されれば、そうした議論は再び使うことができ、ある程度うまくいくだろう。

## 構成主義と還元主義の調停

### 基礎訓練

本章の結論を引き出すために、基本情動の問題に立ち戻ろう。較正と混合には原材料が必要となる。こうした過程が生じるためには、まず原材料となる情動がなければならないのだ。そしてそれが基本情動である。第4章で私が与えた基本情動の定義は「別の情動から派生しない情動」というものだった。そこでは私が基本情動をどう考えているかについて述べたが、基本情動のリストは挙げなかった。情動の科学はまだ若い分野であり、どの情動が基本的であるかを検証できるほど成熟していない。この問題に答えるには、神経科学・心理学・比較研究・言語学を包括的に扱う必要がある。とはいえ、比較文化研究の証拠を手助けにして、暫定的な思索を少しばかり与えることができる。

まずは基本情動の候補としてもっともポピュラーなものを概説しよう。それは、エクマンの初期の表情研究で挙げられたものである。そこでは、怒り（anger）、嫌悪（disgust）、恐怖（fear）、幸福（happiness）、悲しみ（sadness）、驚き（surprise）が挙げられている。のちにエクマン自身はより長いリストを作っており、そこでは、楽しみ（amusement）、怒り、軽蔑（contempt）、満足感（contentment）、嫌悪（disgust）、困惑（embarrassment）、興奮（excitement）、恐怖、罪悪感（guilt）、自負心（pride in achievement）、安堵（relief）、悲しみ／苦悩（sadness/distress）、充実感（satisfaction）、感覚的な快（sensory pleasure）、恥（shame）の十五個が挙げられている。私はこの先これらすべてに言及しよう。〔このうち最初の〕六項目リストは、エクマン自身の提案の通り基本情動として教科書的に受け入れられているが、後者のリストはそれほど認められていない。

民俗誌的手法を用いる心理学者のなかには、スタンダードな六項目リストには文化と言語から強いバイアスがかかっていると主張する人もいる。ルッツによれば、イファルクの情動用語のうち英語の情動用語に同義のものがあるのは一〇個だけであり、そして、スタンダードな基本情動のリストに挙げられているものと一致するのは(「嫌悪」に相当する語)一つしかない(Lutz 1989)。他の文化の民族誌学者が似たようなリストをこれまで作ったことがあるのかという疑問はもっともである(Wierzbicka 1999)。

だが、ある文化で名前が与えられていないからといって、その文化にはそれに対応する情動がないと考えることはできない。語彙が経験の境界を決めるという仮説は、色との関連で、かなり前に否定されている。色用語が少ない言語を話す人でも、依然として、普遍的に一定の色のセットをおおよそ経験している(Berlin & Kay 1969)。だがホワイトは、情動と色のアナロジーを批判している(White 1993)。彼が主張しているのは、情動は色とは異なり、複雑な社会的原因・結果をもち、それらが情動の同一性に寄与しているということである。私の主張は、情動の原因や結果は情動に常に構成的に寄与するわけではないが、構成的に寄与する場合もある、というものだった。ホワイトの基本的なポイントは正しい。

ここで、ラベルづけは同一性に影響しうるというハッキングの主張を思い出すのが良いだろう。あるものを「怒り」と呼ぶとき、われわれは別のものからそれを区別し、そこにさまざまな信念・期待・価値を入れ込む。こうした態度は、どのような場面で怒りが生じ、怒りがどのように表現されるかに影響を与える。どちらの影響も怒りに構成的な影響を与えるのだ。他方で色経験は、情動とは異なり、われわれが直接コントロールできない初期視覚過程における細胞の生理的特徴の制約を受けている。ある情動を基本情動とみなしてラベルづけしたり、その名前がない文化にもその基本情動は存在すると想定したりするとき、われわれ自身の分類が与える影響が見落とされている。われわれがラベルづけした情動が基本的だと想定すべきではない。ラベルづけというまさにそのことが、〔情動を〕変形させる影響をもつかもしれない。

皮肉なことに、基本情動と言われているスタンダードなリストに挙げられた情動は、われわれがリストに挙げられるラベルをもっているというまさにその点で、基本情動の候補ではなさそうである。

まずは怒りから取り上げよう。怒りは比較文化研究でかなりの注目を集めている。怒りに相当するものが避けられる文化もあれば、強められている文化もある。イファラクは怒りにぴったり当てはまる語がないし、いくつかの比較文化研究では、ある文化の人々は、西洋では怒りを引き起こす状況に「悲しみ」の顔を結びつけることが示されている。このことは、怒りが基本情動だという想定に疑いを投げかける。

ここで私は、オートニーとターナー（Ortony and Turner 1990）から着想を得た別の可能性を示唆したい。ひょっとすると、欲求不満のようなものは生得的かもしれない。われわれを束縛したり、われわれの目標を阻止したりするものに対して、普遍的に経験されている嫌がりの反応があるかもしれない（Watson 1919を参照）。発達の段階でわれわれは、他人が自分の目標を阻止する場合があることに気づく。われわれのうちの何人かは、そうした状況で欲求不満の情動を経験する。他人によってもたらされた欲求不満に特別な強調を置く文化もある。そうした文化の人々には、他人が意図的に自分を不満にさせたケースと欲求不満を結びつける較正ファイルが備わっている。そうした較正ファイルは、物理的な脅威から侮辱や道徳的不正まで、〔欲求不満を〕誘発する条件を符号化しているだろう。どの文化にも道徳的システムがあるため、行為者性に関する理論や欲求不満は（必ず生じるわけではないものの）生じる可能性はきわめて高い。いくつかの文化では、他人による意図的な不正行為は悲しみに近いものを喚起する。

悲しみそのものは、基本情動に完全に対応していないかもしれない。悲しみが遺伝プログラムに根ざしたものであるかどうかについては少々疑問がある。泣くことは普遍的な現象であり、それはほとんどすべての文化で愛する人の死と結びついている（バリ島の人々は例外の可能性がある。Rosenblatt, Walsh, & Jackson 1976を参照）。しかし、だからといって悲しみが普遍的であるということにはならない。乳幼児も泣くが、それは〔成人とは〕異なる意味をもっている。乳幼児の泣きのいくつかは痛みや不快と結びついている。そうした泣きは身体的な苦痛を示している。これは普遍的な情動かもしれない。健常者な人がみな身体に有害な刺激に嫌がりの情動反応を示すことに疑いはほとんどない。しかし、この反応と悲しみを同一視することはできない。身体的な苦痛は、進化によって較正された、身体の生理的状態に対する不安の一種かもしれない。もうしそうであるなら、そうした反応は普遍的だが基本的ではないことになる。それは、すぐ後で扱う、基本情動である不安から派生するものである。

乳幼児の泣きにはもう一種類ある。それが結びついているのは、主な養育者と離れることである。クン族の乳幼児は、ほとんど常に養育者の体に触れており、泣くのはまれである（Konner 1976）。離れているあいだに泣くことは悲しみと関連している。言ってしまえば、離れることは一種の喪失なのである。未来というものを理解していない乳幼児にとって、養育者と〔一時的に〕離れることは取り返しかつかない喪失にもみえるのだ。しかし、さらに考えてみると、乳幼児が養育者と離れたときの反応は悲しみと同一視できないことが示唆される。というのも、悲しみが指示しているのは、養育者の喪失だけでなく、何であれ取り返しのつかない喪失だからだ。これに対し、乳幼児の反応はより特定のものに向けられているようにみえる。その反応には人から離れることが関わるので、「分離苦悩」と呼べるかもしれない。より成長してから、人は他の種類の喪失（職、財産、地位）に悩まされるようになる。小さい子供は誰かにおもちゃを取り上げられると泣くだろうが、これは欲求不満のサインとして容易に解釈できる。私は、人と離れることを嫌がる反応は独立の情動ではないかと思っている。

私の考えが正しいなら、われわれが「悲しみ」と呼ぶ情動は、生まれて数ヶ月のあいだには備わっていないことになる。それでも、悲しみが生得的である可能性はある。悲しみは、分離苦悩から自然に帰結するものであり、最初の歯が生えてから思春期までのあいだのどこかで現れるように遺伝的にプログラムされたものであるかもしれない。しかし、悲しみが生得的でない可能性も同じくらいある。悲しみは、分離苦悩が学習によって一般化されたものかもしれない。この点からすると、悲しみは怒りと正反対なものだろう。怒りは、広い範囲に適用できる欲求不満として始まり、そのうちに範囲が狭く、人に向けられる情動になる。他方で、悲しみは、範囲が狭く、人に向けられた情動として始まり、そのうち広い範囲に適用できる情動になるのだ。

次に恐怖を検討しよう。スタンダードなリストのうち、恐怖は、基本情動であると主張するのに最もふさわしいものだろう。というのも、人間以外の動物も恐怖に相当するものを明らかにもっているし、恐怖は確かに適応度を増やすからである。いくつかの恐怖の引き金（助けを急に失う、高所、暗闇、ヘビ）には、確かに遺伝的な要因があるようにみえる。しかし、恐怖の誘因は学習されうるものでもあり、何を恐怖の誘因として学習するかには文化的な違いがある。たとえば、新規の状況、人間関係、交通の流れは、アメリカ人よりも日本人にとって恐怖の誘因となりやすい（Masumoto, Kudoh, Scherer, & Wallbott 1988）。還元主義者は、こうした違いは表面的なものだと言うだろう。日本人もアメリカ人も危険に恐怖するが、危険とみなされるものが異なるだけである。

こうした発見はどれも、恐怖を基本情動とみなす仮説と矛盾しないが、そう結論するのはまだ早い。というのも、日常的に恐怖と呼ばれるカテゴリーには異なる二つの状態が含まれていることを示す証拠があるからである。その状態は、〔日常表現ではなく〕専門用語としての「パニック」と「不安（anxiety）」である。第4章で触れたとおり、パンクセップはパニックと不安を区別している。ラザルスも、不安と脅え（fright）という関連する区別を設けている（Lazarus 1991）。またグレイは、条件づけされた刺激によって引き起こされる恐怖と、条件づけされていない刺激によって引き起こされる恐怖を区別している（Gray 1991）。そしてヘラーらはニューロイメージングを用いて、慢性的に心配してしまう精神障害とパニック発作がある精神障害を区別している（Heller, Nitschke, Etienne, and Miller 1997）。パニックは切迫した身体への脅威に対する反応である。それは闘争・逃走反応（逃げられないなら戦う）と結びついている。他方で不安はより先を見越したものである。それは、迫りつつある危険を探知するものであり、硬直反応と結びついている。だからこそ、不安は条件づけされた刺激によって引き起こされるのかもしれない。電気ショックをうけるときにはいつもベルの音を聞いていた動物がベルの音を聞くと、ショックへの備えが生じるだろう。グレイは、生得的に嫌な刺激もパニックを引き起こしうるし、それはおそらく不安も引き起こすだろうと示唆している（Gray 1991）。助けを急に失ったりヘビが視界に入ったりすることは闘争・逃走反応を引き起こす確率が高いが、他方で、暗闇を見たりや高所にいることを知覚することは硬直反応を引き起こすだろう。暗闇と高所は迫りつつある危険を示しており、切迫した脅威を示しているのではない。以前に私は、痛みも同様に不安と結びついているかもしれないと述べた。痛みがパニックではなく不安と関わるのではないかと予想する原理的な理由は三つある。第一に、われわれは病気や怪我に対して闘争も逃走もできない。第二に、怪我の本当の危険は、生命や生命維持に不可欠な資源へのアクセスに脅威をもたらすことであるが、どちらも、本質的には、将来に関わるものである。第三に、怪我は、行動を控えれば治る確率が高くなることが多い。パニックは行動を駆り立てるのに対して、不安はわれわれを抑制する。この予想は経験的探求から裏づけられる。ルディとマハーはパニックと不安が痛みにもたらす影響の違いを調べ、痛みの反応は不安によって増加し、パニックによって減少することを発見した（Rhudy & Meagher 2000）。危険を見越しておくと、単に危険に直面する場合より痛みがひどくなるのだ。この研究はまた、両者の影響の違いを実証するなかで、不安とパニックが異なるものであるということも確かめている。私は、恐怖は二つの異なる基本情動を含む上位の情動カテゴリー（図6・1の情動の家族）であると考えている。

恐怖についてのこうした所見は、同じく基本情動と言われている驚きの身分を査定するうえで役に立つ。第5章で触れたとおり、ある文化の人々は恐怖の顔と驚きの顔を区別するのが難しい。恐怖と驚きには明白な結びつきがある。われわれを驚かせるものは危険であることが多く、危険なものは驚かせるものであることが多い。パニックと驚きの結びつきはとくに緊密であるかもしれない。生得的なパニックの誘因として最もふさわしい候補のいくつか（助けを急に失うこと、ヘビ）は一般的に驚くべきものであり、そして、われわれの祖先がいた環境では、完全に新規ないし予期せぬものに対しては、闘争・逃走反応をとるのが最も安全だっただろう。驚きとパニックはもともと一つの情動だったのではないかと考えたくなる。驚きは穏やかなパニック（覚醒の度合いが低いパニック）であるかもしれない。文化的生活長くを送るなかで人は新規なものにとくに脅威を感じなくなったので、驚きとパニックは二つの情動に別れたのだろう。いくつかの文化において、覚醒度の低いパニックを引き起こす多くの刺激は完全に安全である。このことは、信じられないくらい多様なわれわれの文化にあてはまるが、フォア族の文化にはあまりあてはまりそうにない。パニックと結びついている身体変化はまずもって闘争・逃走反応だが、そうした身体変化には、情報取得を可能にする状態のクラスターも含まれる（口を開く、呼吸する、目を見開く）。脅威に直面したとき、われわれは反応を選択するために情報取得が可能でなければならない。こうしたクラスターは独立しうるものであり、驚きの反応の基礎となりうる。パニックと驚きの表情はこのストーリーと整合的である。パニックも驚きも、眉をひそめ口を開けるという傾向があるが、パニックの場合の口は、しかめ面のときのように角が下がっていることが多い。驚きはパニックから苦悩を引いたものにみえる。こうしたかなり思索的な推測が正しいなら、驚きは基本情動ではないことになる。驚きはパニックから派生するものなのだ。ここで、驚きは較正や混合によって派生したのではないことに注意しよう。そうではなく、別の情動を構成している身体反応のパターンから抽出されることで派生したものである。こうした派生についてはこれ以上議論しないが、今後の重要な研究課題になるだろう。

次に嫌悪をみてみよう。ポーランド語などいくつかの言語では、この情動に正確に対応する言葉がない（Wierzbicka 1999）。それでも、どの文化でも人は何かを嫌悪しているように思われる。ロジン、ハイト、マコーレーは、嫌悪は普遍的な論理をもつことを実証している（Rozin, Haidt, and McCauley 1993）。嫌悪はふつう動物そのものや動物の生成物と結びついているのである。人は、動物から出てきた涙以外の物質に嫌悪を抱く。糞、吐瀉物、尿、汗、血液はどれも気持ちを悪くさせる。ここにはいくらか文化的多様性がある。インドには尿を飲む人がいるし、乳幼児は大便を食べてしまうことが知られている。だが、嫌悪を引き出す一番のものに動物が関わっていることは普遍的に正しい。また、嫌悪は接触感染の規則によって統制されている。ゴキブリが入ってしまった飲み物は、たとえ素早くゴキブリを取り除いたとしても、飲みたくない（Rozin, Millman, and Nemeroff 1986）。ここから示唆されるのは、嫌悪は細菌から自分を守るために進化したものだということである。細菌が発見される前から、われわれはそうした目に見えない殺し屋を避ける方法が必要だった。その目的を達成するためのシンプルなメカニズムは、嫌悪される対象（虫や動物の死骸など）が触れてしまったものを嫌うことである。

こうした普遍性があるものの、嫌悪が文化的な影響を受けた情動であると考える理由がまだあるかもしれない。英語の disgust は、物理的に口に合わないものだけでなく比喩的に口に合わないものも指している。すでに示したように、道徳的嫌悪というカテゴリーがあるが、これは文化横断的に生じているようにみえる（ブラジル人のケースを思い出そう）。だが、英語圏の道徳的嫌悪の概念は普遍的ではないかもしれず、そのため、嫌悪の概念そのものも普遍的ではないかもしれない。ハイトらは日本人とアメリカ人の道徳的嫌悪を比較し、興味深い違いを複数発見した（Haidt et al. 1997）。アメリカ人は人に危害をもたらすもの（大量殺人、人種差別など）に道徳的嫌悪を表明する傾向があるが、日本人は個人的な失敗（入学試験に落ちるなど）に道徳的嫌悪を表明する傾向があるのだ。

より詳しく検討してみると、「比喩的に口に合わないこと」という考えは、嫌悪の実質的内容を説明するには曖昧すぎるかもしれない。比喩的に口に合わないとはどういうことなのだろうか。一つの答えは、比喩的に口に合わないのは、嫌悪の原因が無毒の場合だというものである。だが、この定義は循環している。第3章で述べた通り、中心的関係テーマはこうした循環なしに定義すべきである。よりより定義は「比喩的に口に合わないのは、われわれの道徳的規約を無視しているものだ」というものだろう。これは改善されてはいるが、少しばかり広すぎる。嫌悪の情動は、特定の種類の道徳的規約の違反に適用されるようにみえる。とくに、残虐なもの（大量殺人）や「自然に反するもの」（獣姦）といった違反である。嫌悪の実質的な中心的関係テーマは、文字通り口に合わないものと、残虐ないし不自然な道徳違反である。

だがここに困難がある。日本で disgust になぞらえられる情動〔嫌悪〕は、適用範囲が異なっているようにみえる。それは、文字通り口に合わないものだけでなく個人的な失敗に適用される。このことが示唆するのは、disgust という語、そして、disgust の情動そのものに正確に対応するものは日本にはないということである。日本の「嫌悪」の意味にこうした道徳的次元が含まれる限り、それは文化特異的な情動である。私は、disgust と関連する基本情動があるが、それは disgust と呼ぶべきではないと考えている。というのも、その基本情動は文字通り口に合わないケースにしか適用されないからである。厳密にいえば、disgust は基本情動ではない。それは、一定の範囲の道徳違反を含む較正ファイルによって再較正されてきた、基本情動の拡張なのである。

スタンダードな六項目の基本情動リストで残っているのは幸福である。エクマン自身は、もはや幸福を基礎情動とみなしていないようにみえる（Ekman 1999a）。彼が改訂した十五のリストでは、幸福はいくつかの正の情動に置き換えられている。楽しみ（amusement）、自負心（personal pride）、満足感（contentment）、充実感（satisfaction）、興奮（excitement）、安堵（relief）、感覚的な快（sensory pleasure）、である。だが私は、これらのほとんどについて、基本情動なのか疑いがある。

自負心は較正を通して獲得されるものかもしれない。われわれは、自分自身の達成に快を覚えるように学習できる。安堵は、嫌なものがなくなったことで生じる快かもしれない。ほっとした安堵でため息をつくことは、安堵が基本情動だということを示してはいない。ため息は、苦悩の後の浅い呼吸が終わったことを特徴づけているだけかもしれない。満足感は、おそらく、それ自体で情動であるというより、低い度合いのさまざまな正の情動を包摂する用語だろう。そして、興奮は、快と高い覚醒が合わさったものかもしれない。

楽しみ（amusement）はおそらくパンクセップが言う「遊び（play）」の考えと関連している。第4章で述べた通り、パンクセップは遊びを基本情動とみなしているが、その理由は、遊びがすべての動物にみられ、また、その神経相関項が特定でき、さらに、普遍的な行動的反応、つまり笑うことがあるからである（Panksepp 2000）。楽しみにも遊びにも、パニックの要素があるようにみえる。子供が遊ぶいないいないばあは、それを示す明確な例である。取っ組み合いの遊びもパニックを引き起こす。というのも、それは模擬戦闘だからである。だがどちらのケースでも、見かけの脅威は善意のあるものである。楽しみは混合情動と言いたくなる（ひょっとすると楽しみは、それを混合させる生得的な傾向性がわれわれにあるものの一つかもしれない）。材料はパニックと快かもしれない。それは、不安と快を組み合わせた陽気（exhilaration）と対になるものかもしれない。

私は、さまざまな基本的でない情動には快（pleasure）が材料として含まれると述べてきた。このことは、快が基本情動だということを暗示している。だが、快は一枚岩の概念ではなく、いくつかの異なる生得的なものに分けられる。感覚的な快は確かに基本情動にみえる。乳幼児は撫でられたときに甘えた声をだす。

だが「感覚的な」という形容詞は広すぎるかもしれない。われわれはさまざまな快楽的状態をもつようにみえる。飲食を堪能し、セックスで満足し、特定の音の連なり、描かれた線、光景に喜びを覚える。最後に挙げた形式の快〔喜び delight〕はさらに細部化される必要がある。ある種の喜びは、何らかの衝動・目標・願望を満たしたときに生じる。エクマンの「充実感（satisfaction）」という用語は適切であるように思われる（「嬉しさ gladness」という用語もそうかもしれない）。他方で、物理的に刺激された場合の喜びなど、喜びには前もってもっていた目標なしに生じうるものもある。刺激（stimulation）は充実感とは異なり、われわれの注意をその源泉へと向けさせるだろう。他方で充実感は、自己満足を生み出したり、われわれを別の目標へ向かわせたりする。

性的喜びや満腹感はそれぞれ刺激にも充実感にもなりうる。これらの状態は基本情動と情動ではない状態の混合であるかもしれない。性的喜びは、生殖器への感覚を伴った刺激と性欲（動機づけ）が結合したものだろう。満腹感は味覚的感覚の充足と摂食行動の抑制の結合だろう。そうであるなら、刺激と充足は、多くの感覚的な快の背後にある二つの基本的な状態だということになる。しかし、刺激も充足も感覚的要素を必要としないことに注意しよう。問題について考えることは刺激になりうるし、それを解くことは充足になりうる。「感覚的な快」は生得的な情動ではなく、生得的な情動と他の状態の合成物である。生得的な情動は刺激と充足である。

私はさらに、生得的な正の情動のリストに愛着（attachment）を加えたい。愛着は養育への反応、言い換えると、他人との身体的な交流への反応である。その身体的付属物には、フェロモンの信号、筋肉の弛緩、見つめること（とくに、他人の目を見つめること。これは別の状況では脅威になる）、身体的接触への備え、などがあるだろう。愛着は生涯のなかのきわめて早い段階に現れるように思われるし、また、分離苦悩の反対にあるものかもしれない（Bowlby 1973 を参照）。

もし私が正しければ、快は三つに切り分けられる。充足、刺激、愛着である。こうした快のうちのどれかは「幸福」に対応しているのだろうか。イエスでありノーである。もし幸福がすべての種類の快を指せるような上位語なら、幸福は生得的である。より正確に言えば、幸福に分類される種類のものが生得的である。他方で、幸福がそれ自身で個別の情動だとみなされるなら、幸福は生得的なレパートリーに入っていない。情動のスタンダードな六項目リストにある他の用語と同じく、「幸福」はミスリーディングであるかもしれない。

スタンダードな六項目リストに入っていない他の情動はどうだろうか。他に基本情動はあるだろうか。よく挙げられるのは困惑（embarrassment）である。困惑には特有の生理的特徴がある。困惑すると赤面するのだ（Miller 1996）。だが、赤面するのは困惑したときだけではないだろう。ジョン・キーツ〔一九世紀イギリスの詩人〕が述べているように、「お願いで顔を赤くするし、嫌だといっても赤くなる。してやったと赤くもなる」。ヴィエルジュビツカが提示している言語学的証拠からは、困惑は、英語で正確な名前がない基本情動に基づいて派生する情動だという主張が支持される（Wierzbicka 1999）。困惑を指す語がない言語もあるが、そうした言語にも、他人の注目を集めること歓迎しない（自己嫌悪意識）に関わる社会的情動を指す語はある。

ヴィエルジュビツカは、困惑の根にある自己嫌悪意識は、恥の根にもなっていると主張している（Wierzbicka 1999）。東洋のいくつかの言語には、二つの情動の両方を包摂する単一の語がある。別の言語には、困惑と重なるが、誘発される条件が大きく異なる語がある。フェスラーによれば、マレーシアのドゥスン族のバグーク村[★3]の人々が経験する「マル」という情動は恥と困惑に重なるもだが、高い地位の人がいることによってでも誘発されうるものである（Fessler 1999）。

エクマンの新しいリストには、困惑も恥も基本情動として挙げられている。だが私は、ヴィエルジュビツカにならい、どちらも基本情動ではないと考えている。困惑は、実際には、関連するいくつかの情動を包摂したものだろう。サビーニらは、人を困惑させる引き金には異なる三つのものがあるという証拠を提示している（Sabini, Siepman, Stein, & Meyerowitz 2000）。失言、自分が注目の中心にいること、他人の社会的アイデンティティを脅かしてしまうこと、である。これが引き起こす情動は、他人から注目されたときに生じる基本情動を較正することによって生み出された別個の情動かもしれない。これらはどれも、赤面させ、逃げたくなる欲求を導くものであるため、われわれはこれらをまとめているのだ。恥は、他人を失望させる違反を自分が犯したときに生じる、注目を歓迎しない感覚である。他人を失望させるかもしれないという懸念は、悲しみや分離苦悩に含まれる要素を生じさせるだろう。この点で、恥は三種類の困惑とは異なっている。また悲しみは、恥のいとこである罪悪感の核心でもあるようにみえる。エクマンは今では罪悪感を基本情動とみなしているが、私は、恥は自分自身の違反に較正された悲しみの一種である可能性が高いと考えている（第5章を参照）。

第5章で指摘したように、エクマンは普遍的な情動よりも普遍的な情動家族について語ることを好んでいる。私もその方針がよいと考えている。というのも、その方針は、英語の情動用語は生物学的な基本情動と完全に対応しないだろうという主張を含んでいるからである。エクマンのスタンダードな六項目のリストの用語は、人間の生得的資質と完全には対応していない。その情動用語をルーズに用いて情動家族を指すことはまったく問題ないし、そうした意味である限りで私は、エクマンの基本情動へのアプローチ一般に問題を感じていない。しかし私は、おそらくエクマンは家族について何かしら誤っていると考えている。彼は混合や較正の効力を低く見積もっているのではないだろうか。

基本情動の最終リストは、これまで述べてきたこと以上のものになるだろう。私の提案がまずもって意図しているのは、方法論に関する二つの警告を理解させることである。まず、基本情動と言われているものが混合や較正によって説明できないのかを必ず問わなければならない。次に、われわれが使っている情動用語を用いて感情空間を遺伝に基づいた節目に分けるのには慎重になる必要がある。

以上の議論を要約し、かなり思索的なものだが、私も基本情動のリストを提案しよう。負の基本情動には、欲求不満、パニック、不安、身体的嫌悪、分離苦悩、自己嫌悪意識がある。正の基本情動は、充足、刺激、愛着だ。

## 統合両立論

第5章での私の主張は、生理的特徴は情動にいくらか寄与するものの、強い還元主義は支持されないというものだった。本章では、生得的な情動のリストを提示し、文化が構成的な影響を与えうる三つの仕方を特定することで、いくらか具体案を述べた。結果として出てきた見解は明らかな両立論である。情動は生まれにも育ちにも依存している。しかし、これはどういった両立論なのだろうか。

本章の冒頭で二種類の両立論を挙げていた。一つめの範囲両立論は、いくつかの情動は生物学的な基礎をもつが、他のものは文化的な基礎をもつと主張するものである。もう一つの要素両立論は、単一の情動が生物学的特徴に由来する部分と文化に由来する部分の両方をもつと主張するものである。だが、私が擁護しようとしてきた両立論は、このどちらかに完全におさまるものではない。

私の立場は確かに一種の範囲両立論である。私は、生得的な基本情動がいくつか存在すると考えている。しかし、典型的な範囲両立論や還元主義とは異なり、私は、こうした情動は英語の情動用語を使って単純にラベルづけできないと考えている。また私は、成人が経験するたいていの情動は文化的影響を受けているとも考えている。成人の情動は文化的でありかつ生物学的なのである。この重なりを捉えるための両立論が必要になるのだ。

この点からすると、要素両立論に見込みがあるように思えるかもしれないが、それでは不十分である。たいていの要素両立論者は、たいていの構成主義者と同じように、情動を構成するものの少なくとも一部は判断であると考えている。だが私はこの見解を拒否する。また私は、情動を意味のある部分に分割できるという見解も拒否している。そのため、情動のある要素は文化によるものであり、別の要素は進化によるものであると言うことはできない。そのため私は、次の「統合両立論」を支持したい。すなわち、生まれと育ちが果たす貢献は継ぎ目なく統合されており、二つを簡単に分けることはできない、というものである。

脳の観点からみてみると、基本情動とそうでない情動は似ている。情動はすべて、身体状態のパターンに対する神経反応なのだ。生まれと育ち双方の貢献のあり方を見極めるためには、情動の内的機構ではなく情動の歴史をみる必要がある。情動と結びついた身体パターンの多くは、遺伝的にあらかじめ決められている。文化は、身体の習慣を形成させたり、混合や再較正を生じさせたりすることで影響を与えることができる。混合や再較正が起こると、身体パターンは新しいクラスの外的誘因の探知機となる。後者（再較正）の場合、遺伝的に決められていた身体パターンは変化せずにそのまま残っているだろう。そのため、文化によって調律された情動は、遺伝子によって備え付けられた情動と非常に似ているようにみえるだろう。両者の違いを理解するためには、情動の誘発条件がどのようにして時間をかけて変形されてきたのかを理解する必要がある。そうした情動は文化的とも生物学的とも言うべきではない。というのも、二つは継ぎ目なく統合されているからである。

私が支持する統合両立論では、情動を個別化する方法は複数ある。一方で、情動が反応する身体状態（名目的内容）によって情動を個別化できる。他方で、情動が表象する関係的性質（実質的内容）によっても個別化できる。以前に述べたように、実質的内容が同じ情動でも異なる名目的内容をもつことがある。

その議論からは、同じ名目的内容をもつ情動が異なる実質的内容をもつ場合があることも導かれる。このことを理解するためには、実質的内容を二種類に分けるのがいいだろう。基本情動は特定の性質に向けて生得的に調律されたものである（これを基本内容と呼ぼう）。しかし、基本情動は、新しい性質を選び出すために再較正されうる（派生内容と呼ぼう）。同じ名目的内容をもつ情動の実質的内容が異なりうるのは、実質的内容が生得的な傾向もしくは学習のどちらかで特定されうるからである。

同じ基本内容をもつ二つの情動も異なる派生内容をもちうるだろう。たとえばシャーデンフロイデを考えてみよう。シャーデンフロイデは、特定の種類の快（たとえば刺激）と同じ名目的内容と基本内容をもっているかもしれない。この意味では、シャーデンフロイデを快の一種として語るのは完全に理解できる。だが、シャーデンフロイデの派生内容は他人の苦しみである。この意味では、シャーデンフロイデを快から区別して語ることも理解可能だと言えるだろう。同様に、われわれは嫉妬を（基礎となる基本情動としての）怒り、悲しみ、嫌悪の混合として記述することもできる一方で、嫉妬を独立の情動として記述することもできる。情動の異なった個別化方法は、どの内容が用いられているか念頭においているかぎりで、完全に両立可能である。この見解では、情動には内容または意味に三つの層があることになる。文化や経験の影響を受けないのは、定義上、生得的に決定されていると言われる基本内容の層だけである。残りの二つの層、つまり名目的内容と派生内容は、生まれもったもののさまざまな育てられ方を反映しているのである。

訳注

★1　ポスタル（postal）の本来の意味は「郵便」だが、スラングの go postal には「発狂する」「キレる」という意味がある。一九八六年にアメリカの郵便局員パトリック・シェリルが起こした銃による大量殺人事件に由来する。

★2 イロンゴットには首狩りの風習があった。レナード・ロサルド『文化と真実 社会分析の再構築』（椎名美智訳、日本エディタースクール出版部、一九九八年）を参照。

★3 Fesler（1999）によると村の名前（Baguk）は偽名である。

# 第7章　感情価

## グッド・タイムズ・バッド・タイムズ

### 感情価の導入

ジョージ・W・ブッシュの二〇〇〇年の選挙の夜のことを考えてみよう。驚くべき逆転の後、テレビの報道では、ブッシュがフロリダの選挙人投票で勝利し、それによって大統領選出がほぼ決まったと伝えられた。フロリダ州知事であるブッシュの弟は、フロリダの選挙人が確保されることをブッシュに保証した。その後、対立候補のアル・ゴアは敗北宣言を述べ、ブッシュの勝利を讃えた。ひどく疲れる選挙運動と苦痛なほど長い選挙の夜の後、ニュースでは、正の感情の嵐が伝えられたに違いない。とてつもない安堵、わき上がる誇り、謙虚な感謝、そして何にもまして高揚である。

だが、その後再び電話が鳴った。ゴアは、フロリダでの競合は敗北宣言をするにはあまりに接戦だったと述べ、敗北宣言を撤回したのである。いまや嵐は風向きを変えている。以前の高揚は、欲求不満、苛立ち、当惑、激しい絶望へと変わった。そして、次に何が起こるのかという新たな不安がやってきた。

ゴアとの二回の会話の後でブッシュがもった情動の根本的な違いを見極めるのは難しくない。最初の情動は正の（ポジティブな）ものだが、二回目は負の（ネガティブな）ものである。たいていの人は、誇りや高揚といった情動をもつことを好み、立腹や失望を嫌う。正の情動と負の情動の区別は、他の情動の区別

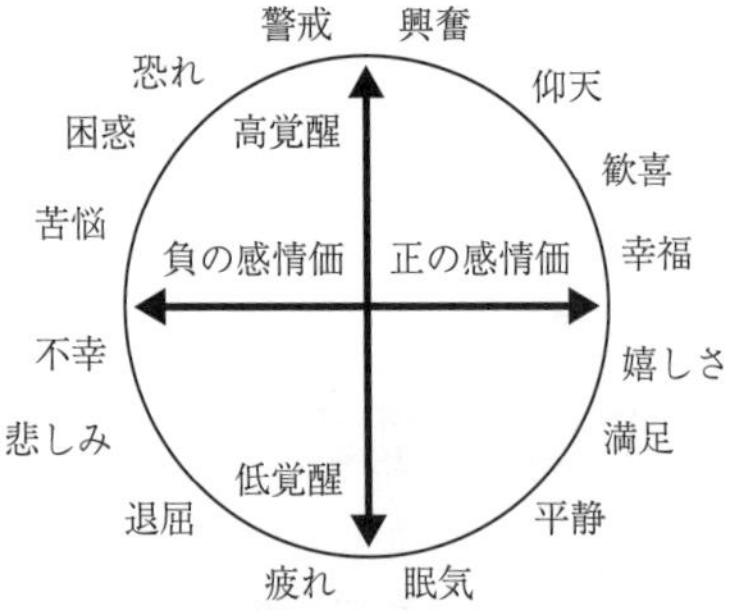


図 7.1　ラッセルの情動構造の円環モデル（Russell 1980, p. 1160 図 4）を改編したもの。版権は American Psychological Association。

を横切るものである。不安と失望は確かに異なる情動だが、どちらも嫌なものである。同じことが恐れと退屈にも言えるかもしれない。それとは反対に、歓喜と感謝はどちらも好ましいものである。負の情動と正の情動の違いは、「感情価（valence）」の違いと呼ばれている。情動がもちうる感情価には正と負の二つがあり、そして、どの情動もどちらかをもっているようにみえる。

情動の研究者たちは、感情価は情動の根本的特徴であるという直観を支持する経験的根拠を探し続けてきた。そのうちの一つは情動の類似性空間の研究に基づいている。研究者は、われわれが情動についてどのように考えているかを理解するために、被験者に二つの情動用語の類似性を判断してもらう実験を行ったりしている。そして、集められた多くの類似性判断は統計学的手法を使って図式化される。より似ていると評価された情動同士は近くに配置され、似ていないと評価されたものは離される。これにより円形構造または「円環」ができあがる（Larsen & Diener 1992; Russell 1980）。何が類似性判断を促しているのかを理解するために、研究者は、円環を意味のある対比次元にそって組織立てようと試みている。研究の積み重ねの結果、二つの次元が浮かび上がってきたようだ（図7・1）。

一つめの次元は「覚醒（arousal）」である。覚醒の度合いが高いと思われる情動は円環の片方にまとめられ、低いものは反対側にまとめられている。プルチックは、情動はどれも覚醒において違いがあると説得的に主張している（彼はここでいう覚醒を「強度（intensity）」と呼んでいる）。たとえば怒りは、ちょっとした苛立ち（低強度）から猛烈な激怒（高強度）まで幅があり、幸福には穏やかな充実から恍惚までの幅がある。

覚醒と直交する第二の次元は、ときに「快・不快度（hedonic tone）」と呼ばれる[＊1]。そして、こちらが感情価に相当する。正の情動は片側に配置され、負の情動は反対側に配置される。感情価が円環の次元として浮かび上がってくるということが示唆しているのは、感情価は情動空間の構造に関するわれわれの暗黙的な信念を裏書きしているということである。怒りや恐怖、悲しみのような負の情動は、互いに似たものと考えられているのだ。そのことは言うまでもなく思えるほど明らかだ。だが、よく考えてみると、これはきわめて驚くべきことである。というのも、それぞれの情動と結びついている中心的関係テーマはかなり異なっているからである。怒りは侵害を、恐怖は危険を、悲しみは喪失を表象している。これらの情動がまとめられるのは、どれも負の価をもっているからだ。

円環モデルを提示する研究者のなかには、正と負の感情価は同じ連続体上の両端であると考えている人もいる。他方で、二つは独立だと主張する人もいる（Watson & Tellegen 1995）。負の感情価と正の感情価は互いを抑制する傾向にあり、両者はそれぞれ独立のシステムに由来するといえるのだ。この結論は認知神経科学の研究から支持される。多くの研究者が感情価の神経相関項を捜し求めてきた。これまでのところ、そうした試みから一貫した結果は得られておらず、さまざまな研究室からさまざまな結果が発表されている。だが、一貫してみられる傾向が一つある。どの研究でも、正の感情価と負の感情価が関わる脳領域はそれぞれ独立であることが示唆されているのである。エリオット、フリストン、ドーランは、ｆＭＲＩを用いて、ギャンブル課題を行っているあいだの報酬と喪失に対する神経反応を測定した（Elliott, Friston, and Dolan 2000）。そこで彼らが発見したのは、被験者が高い報酬を獲得しているときには右中脳と腹側線条体が活動し[＊2]、高いペナルティーを受ける場合には両側海馬が活動するということである。レイン、チュア、ドーランは、PETを用いた研究でいくらか異なった結果を得ている（Lane, Chua, and Dolan 1999）。彼らは女性の被験者に、好感のもてる画像、不快な画像、中立的な画像を見せ、そのときの局所脳血流を測定した。すると、不快な画像は、両側後頭側頭皮質、左海馬傍回、左扁桃体、小脳の活動を引き起こすことが発見された。しかし、この実験では、正の感情に特有の構造は特定されていなかった。他方で、PETを用いた別の研究でパラディーゾらは、好感のもてる画像は不快な絵よりも新皮質領域（背側前頭皮質、眼窩前頭皮質、内側前頭皮質）をより活動させる傾向にあり、不快な画像は新皮質の外の皮質下領域（扁桃体と小脳）をより活動させる傾向にあるという結果を得ている（Paradiso et al. 1999）。

別の研究室では、負の情動と正の情動の両方に新皮質の活動が関わるという結果が得られている。fMRIとMEGを組み合わせた研究で、ノートフらは、ネガティブな画像は内側眼窩前頭皮質の活動を引き起こし、ポジティブな画像は外側眼窩前頭皮質の活動を引き起こすことを発見した。別の研究でデヴィッドソンは、感情価に敏感な前頭葉の活動が左右に分かれていることを示す証拠を発見した。彼と共同研究者は、EGGとPETを用いた研究で、正の情動をもつあいだには左前頭前皮質の活動が増大し、負の情動をもつあいだには右前頭前皮質の活動が増大するという結果を得ている（Davidson 1992; Sutton & Davidson 1997）。こうした非対称性は、被験者が情動を喚起する映写スライドを見ているときにみられ、またこのことは、情動障害と脳損傷をもつ患者にみられる神経パターンと整合的である（Davidson & Irwin 1999 のレビューを参照）。

当然ながら、正と負の感情価の正確な解剖学的基礎は依然として未解決である。とはいえ、正と負の感情価に関わる神経構造が異なっていることは同様に明らかだ。また、さきほど挙げた複数の研究では、一貫して、同じ感情価をもつ異なる情動が引き起こす脳活動に重なる部分があることが示されている。たとえば、パラディーソらの実験で使われた写真のうちポジティブなものは、幸福、食欲、満足、美、成功の意味を喚起するものであり、ネガティブなものは、恐怖、嫌悪、悲しみ、失望を喚起する写真である。こうした多様性があるにもかかわらず、ポジティブなグループとネガティブなグループそれぞれに特徴的なパターンがあったのだ。

ここで、研究室ごとに得られた結果が異なっていることが不思議に思われるかもしれない。可能性の一つとして考えられるのは、正と負の感情価は多くの脳領域が関わる複雑なネットワークに付随している、ということである。テスト方法の細かな違いのためにネットワークの異なる部分が活動することになり、そのためにまったく異なるニューロイメージング結果が出ているのかもしれない。いずれにせよ、こうした研究は、感情価というものが実在しており、そして、正と負が独立の価であることの良い証拠になるだろう。

とはいえ、こうしたことのうちのどれも、同じ感情価をもつすべての情動にはまったく同じ神経相関項があるという結論を支持する証拠として受け取るべきではない。それは正しくない。たとえば、さまざまな負の情動はそれぞれ異なる活動パターンをもつことを示す研究もある。パターンの違いが解剖学的には同じ領域で生じることもある。リオッティらがPETを用いて行った研究では、悲しい出来事の記憶は右後部島皮質の活動を引き起こし、不安を含む出来事は右腹側島皮質の活動を引き起こすという結果が得られている（Liotti et al. 2000）。また、フィリップスらがfMRIを用いて行った研究では、嫌悪を示す表情の知覚が前島皮質の活動を引き起こすという結果が得られている。こうした研究では、島皮質以外の脳領域に独特の活動があることも示されている。ここで私が島皮質に言及したのは、この領域が身体変化、とくに、内臓の変化への反応と結びついたものだからである。島皮質の活動のバリエーションは、それぞれの負の情動に対応する独特の身体反応パターンがあることを示唆している。このことは、第3章で擁護した身体性評価説を支持するだろう。

ここでのポイントは、情動は二つの異なる部分をもつようにみえるということだ。情動はすべて感情価をもっており、その価は他の情動と共通のものである。それだけでなく、どの情動にも、神経活動の（ときに微妙な）違いに反映される固有の身体プロフィールがある。身体性評価説を擁護するなかで私が焦点を合わせてきたのは、第二の部分、つまり、身体性の評価の方だった。だが、感情価に関する証拠から、身体性評価説を補う部分が必要だということが示唆される。情動はすべて、身体性の評価だけでなく、「感情価マーカー」と言えるようなものをもっていると考えられるのである。こうした改定モデルでは、悲しみは複合的な状態であり、喪失を探知する身体性の評価と、喪失をネガティブなものとして表象する活動から成り立っていることになる。

情動の二つの要素が結びついていないケースもあるかもしれない。たとえば驚きを考えてみよう。驚きは、自分の期待が裏切られたことを表象する身体性の評価だと考えられる。期待が裏切られたとき、さまざまな身体変化が生じる。一番目立つのは、顎が下がって口が開き、目を見開くことだろう。ダーウィンの推察によると、口を大きく開けるのは開くのは、音を立てずにたくさんの空気を吸うためである(Darwin 1872/1998)。また、口を開けることで鼻の穴も開き、驚きの原因となった対象をよく嗅げるようになる。驚きには、予期せぬ有害なものの登場に関わるものと、予期せぬ有益な機会の登場に関わるものがある。それらに対応して、嫌な驚きと喜びの驚きがある。喜びの驚きの極端なものは仰天（amazement）を生み出し、極端に嫌な驚きはショックを生み出すだろう。同じことは、情動のリストに挙げられることが多い、好奇心や興味にも言えるだろう。直観的には、こうした状態が情動とみなされるのは、それが感情価をもつときに限られるようにみえる。たとえば、美しい絵画について勉強しているときにもつポジティブな興味、そしてそれとは反対の、道路沿いにある交通事故の残骸や損傷を見ているときのネガティブな興味について考えてみるのがいいだろう。

驚きは、評価と感情価は情動を構成する別個の要素であるという推測を強く後押しする。さらに驚きは、〔ある心的状態が〕情動であることにとって感情価が本質的だと考える根拠を与える。情動研究者が通例として驚きを情動とみなしていることを知った門外漢が当惑することも多い。驚きは、恐怖、悲しみ、喜びとは異なるものであるようにみえる。その違いは、驚きは感情価を欠く場合が多いということに由来する。その例としてオートニーとターナーは、出会った人が自分と同じ誕生日だとわかったときの驚きを挙げている（Ortony & Turner 1990）。直観的には、驚きは正か負の感情価マーカーを伴っている場合にのみ情動になりうると思われる。宝くじに当たったというニュースや家が全焼したというニュースに続いて生じる驚きを情動と呼んでも、日常的な直観は損なわれないだろう。私は、感情価はわれわれの心理がもつ本物の特徴であり、〔ある心的状態が〕情動であることにとって本質的だと考えている[＊3]。

驚きとは異なり、片方の感情価マーカーしかもたない傾向にある情動も存在する。たとえば、悲しみはふつう負の価をもっている。この点は腑に落ちる。というのも、悲しみは喪失を探知するものだからだ。もし喪失探知機がネガティブな関心事に対してもたれるように備え付けられていなかったとしたら、そうした探知機を進化によって獲得したとしても、そこから利益を得ることはほとんどできないだろう。このことは、恐怖など負の情動として特徴づけられる他の情動にも言える[＊4]。

### 複雑な気持ち

さきほど私は、情動はすべて感情価をもつと主張した。情動には、本来的に負のもの（悲しみ、恐怖）、本来的に正のもの（喜び）、どちらの感情価マーカーももちうるもの（驚き）があるだろう。他方で、負の情動と正の情動が同時に経験されることもある。たとえばグリーンスパンは、自分も参加していたコンテストで友人が勝った場合に幸福と悲しみの両方を感じるという例を挙げている。また、ある種の情動は本来的に正と負の両方の感情価をもっている。ある種の情動は本来的に複雑なのだ。

たとえば「郷愁（nostalgia）」を考えてみよう。過去の思い出にふけるとき、われわれは喜ばしい悲しみの渦を経験することが多い。回想は、そうした経験を不可避にもたせる構造をもっているようにみえる。たとえば、良い思い出にふけっているとしよう。楽しい日々を思い出すことは確かに喜びを引き起こす。だがそれと同時に、過去はもう戻ってこないとはっきり自覚される。回想は、過去の良い日々を呼び起こす一方で、それがもうないことを認識させるのだ。このことはある意味での喪失であり、悲しみの引き金となる。このように喜びと悲しみが組み合わったものが郷愁なのである。郷愁は相反する二つの感情価マーカーをもつ状態だと考えていいだろう。

別の複雑な情動は「感動を覚える（touched）」場合である。次の場面を想像してみよう。病気で長く休んだ後で初めて職場に行ったところ、同僚があなたの机に花束を置いていったのを見つける。こうした他人からの思いやりは感動させるものである。とくに、他人は自分のことなど考えていないだろうと思っていた場合は感動するだろう。こうした場面で経験される感じは、幸福とともに悲しみを含んでいるように思われる。われわれはそうした親切な行いに幸福を感じるが、悲しみも感じるかもしれないのだ。というのも、そうした他人の行為は、以前に自分が経験していた孤独や不安、苦難の感じを指し示しているからである。こうした点から、人は感情価が曖昧な状態に置かれるかもしれない。この点で、感動は郷愁と正反対のものだと言えるだろう。郷愁を感じるとき、われわれは過去の喜びを思い出しつつも、その喜びの対象はもはやないと考えている。他方で、感動しているときには、いまある喜びの源泉が過去の苦難を思い起こさせるのである。

より目を引く複雑な情動もある。涙をもたらす喜びについて考えてみよう。たとえば、危機的状況から脱したとき、宝くじが当たったとき、素晴らしい人の功績を目にしたとき、長く消息不明だった友人と再会したとき、涙がこぼれる。そして、泣くことそのものが、情動研究において未解決の謎とされている。なぜ人が泣くのかについて、広く受け入れられている説明はない。デカルトは、悲しみに続いて愛や喜びがくるときに涙が流れると主張している（Descartes 1649/1988, II. cxxviii-cxxxi）。まず、悲しみが眼の穴を収縮させ、穴同士を近づける。次に、喜びあるいは愛情が体から蒸気の排出を増やす。最後に、収縮した穴は目の周りに蒸気を集め、それが液体になるというのだ。他方でダーウィンの考えでは、泣くことは、叫んでいるあいだ眼を保護するために涙管に圧力をかけたことの偶然の結果である（Darwin 1872/1988）。彼は、新生児は生まれて数ヶ月は涙を流さないと述べている。幼年期における悲しみは叫びを引き起こす主な原因であるが、そのうち叫んでいるあいだに眼を保護するために涙が流れるようになり、そして、涙が悲しみと結びつくようになるというのだ。また、突飛な仮説では、泣くことは、亡くなった親類を薪で火葬したころにさかのぼる反応であると言われている。火葬の煙が涙を自然に引き起こし、そして、そのときの身体保護メカニズムが、重大な喪失の瞬間と結びついたというのである（MacLean 1993）。こうした提案はどれもほぼ確実に間違っている。だが、これらに共通の次の想定、すなわち、泣くことは悲しみの感じを含むという考えは、自然なものである。

だがこのことは、嬉し泣きをきわめて不可解なものにする。この不可解さに対する物議をかもす返答は、泣く場合にはすべて実際には喜ばしいと主張するものである。涙は悲しみに愛情や喜びが続いたときに流れるというデカルトの背後には、このような考えがあるかもしれない。より明確な定式化はエフランとスパングラーによるものである（Efran & Spangler 1979）。彼らの主張は、泣くことには常にストレスや緊張からの回復が関わるというものだ。この考えはいくらか直観的に惹かれる。悲しみの場合、涙は、喪失が差し迫っている感じに続き、最終的な結果を告げるニュースがあったときに生じることが多い。われわれが泣くのは、愛する人に対して自然に抱く懸念が、その人の死というニュースによって葬られる場合である。また、素晴らしいニュースで泣くこともある。なぜならそれは、重荷が消えたことを示していることが多いからだ。宝くじに当たって泣くのは、経済的な苦悩の終わりを示しているからだろう。

だが私は、この回復モデルに納得していない。第一に、このモデルは乳幼児が涙を流すことをほとんど捉えられていない。乳幼児が泣くことは救難信号であることが多い。乳幼児の泣きは安堵の瞬間に生じているのではない。第二に、回復モデルからは、自律神経システムのうちの交感神経の部分は泣くときに活動が弱まるという予測が出てくる。というのも、交感神経システムは覚醒を生み出し、覚醒は回復と結びついた鎮静を打ち消すからだ。しかし、当然のことだが、実験的な証拠は、泣くときには実際より覚醒していることを示している（Gross, Fredrickson, & Levenson 1994）。

喜びの涙を理解する鍵は、郷愁や感動の感じにあるかもしれない。どちらのケースでも、複雑な気持ちは、過去を一瞥することで生み出されている。とくに、感動の感じがよいモデルになる。同僚からの予期せぬ愛情の表れは、過去の困難を思い起こさせるだろう。同様に、危機的状況からの解放、宝くじの当選、旧友との再会といったものからくる高揚は、破滅、経済的重荷、別れといった苦難を思い起こさせるだろう。また、素晴らしい人の達成を見たときに喚起される涙は、人間の弱さについての考えを呼び起こす。つまり、か弱い生き物がどうしてそれを達成できるのか、と思うのである。喜びの涙は安堵を含むことが多い。というのも、安堵には過去の苦難を一瞥することが含まれているからである。

だが、この提案は以下の反論には太刀打ちできない。もし喜びの涙が思い出された苦難の不幸さを反映しているなら、涙の源泉となっているのは苦難さの方だということになるだろう。だがそうすると、現に苦難な状況にいるときにはより一層の涙が出るはずである。このことはときに正しい。乳幼児が苦痛で泣くとき、過去に起きた何かを嘆いているわけではない。しかしわれわれは、苦難の最も悪い部分が過ぎ去った後で泣くこともある。燃え盛るビルに閉じ込められた人は、そうした苦境に立たされているあいだよりも、救出された後で泣くだろう。

乳幼児の涙は、こうした現象を理解するための手助けにもなるかもしれない。私は、乳幼児が泣くことは救難信号だと述べた。もし泣くことがコミュニケーションの道具として働くなら、コミュニケーションをとれる人がいる人の前で泣くことの方が多そうである。苦痛の訴えに答えられる養育者がいるときに泣く確率が高そうなのである。喜びの涙も、苦悩があるあいだにはいなかった潜在的な養育者がいるときにしばしば生じる。このことは、救出後の涙や、旧友と再会したときの涙の場合とくに明白である。宝くじに当たったときに涙が出るのは、お金そのものが養育者の象徴として機能しているからだろう。

私が正しければ、泣くことは常に救難信号である。この点からすると、泣くことは必ず負の情動の表出である。しかし、大きな幸福や安堵を経験しているときに失望が生じることも多い。現在の良さが過去のトラウマを思い起こさせるのである。このことは、なぜ泣くことが複雑な気持ちを伝えることが多いのかを説明する。喜びの涙は、悲しみの涙でもある。その基礎にある情動は複雑なのである。

複雑な気持ちをもう一つ検討しよう。それは、ある種の笑いのあいだに生じるものである。笑いは泣きの反対である。泣くのはふつう悲しいときであるように、笑いはふつう幸せなときに生じる。たいていの人は、笑いは本質的にご機嫌な反応だと考えている。だが、プロヴァインはこれに反対する興味深い証拠を提示している（Provine 2000）。それによると、ジョークにつづく笑いは、笑い全体のうちの20％だけである。われわれが笑うたいていの場合とは、出合いや別れの挨拶を交わしたときなど、無難なことをした後なのだ。プロヴァインは、笑いはもっと一般的な社会的信号だと結論している。それは社会的な結びつきを表しており、さらには支配や従属を表していることもある。われわれがいるような男性優位文化において、笑いが従属を表す役割をもつということを最も驚くべき仕方で示している事実は、女性は話し相手が女性の場合よりも男性の場合の方がよく笑う、ということである。従属の笑いは、喜びと敗北のあいだのぎこちない立場を漂っている。それは複雑な気持ちを表しているのだ。

パンクセップとバーグドルフはこれと関連する考えを推し進めてきた（Panksepp & Burgdorf 2000）。彼らは、笑いに相当するものが研究室のネズミにもみられると主張している。笑いは、遊びと相関した表現なのだ。彼らはネズミをくすぐって笑いを誘発した。くすぐりは、もし敵がそれをやってきたら非常に恐ろしくなるような身体への刺激だろう。だが、兄弟姉妹や友人、恋人がやると少し快いものである。それでも、恐怖が完全になくなったわけではない。パンクセップは、遊びは模擬戦闘システム、つまり、さほど友好的でない攻撃に対処する訓練として進化したのではないかと推測している（Panksepp 2000）。笑いは、遊びで攻撃されていることを伝える。笑いは、攻撃をしている側に、その攻撃を真剣に受け取っていないことを理解させるための、服従の手がかりなのである。以上のことから私は次のように提案しよう。くすぐられているときに経験される情動は、攻撃の恐怖から持ち込まれた負の感情価マーカーと、自分が近しい人と身体的な相互作用をもつ喜びと結びついた正の感情価マーカーが結合されたものである。

## 感情価とは何か

### 感情価の理論

感情価には二つの本質的な風味がある。正と負だ。私が主張してきたのは、情動には、常に負のもの、常に正のもの、どちらかになりうるもの、どちらも混ざっているものがあるということである。しかし私は、正の情動と負の情動はどう区別されるべきかについてはまだ何も述べていない。正（ポジティブ）と負（ネガティブ）という用語は、さほど説明的ではない。問題となるのは、何が正の情動を正のものに、そして、何が負の情動を負のものにしているのか、ということである。正または負という一般的な用語を、より説明的な特徴づけに置き換えるのがいいだろう。だが実際のところ、どういった特徴づけがいいのかについての合意はほとんど取れていない。考慮すべき選択肢がいくつかある。

一つの可能性は、正の情動は快く負の情動は不快だというものである（たとえばFrijda 1993）。これはいまのところ正しいようにみえる。喜びは快いが恐怖はそうではない。問題は、「快」と「不快」は意識的な感じを記述する語だということである。われわれは無意識的に不快な状態をもつことはできない。感じられない状態はどれも、快くも不快でもないのである。そのため、正と負の感情価マーカーを快や不快と同一視すると、無意識の情動はありえないということが含意されてしまう。しかし、情動はすべて意識的でなければならないと考えている人も、情動状態に相当する無意識のものがありうるということには同意している。たとえば、恐怖と多くの性質を共有しているが、恐怖に特有の感じをもたない無意識的状態がありうる（LeDoux 1996）。恐怖の無意識的な相応物は負の状態である。そのため、負の感情価マーカーを不快さによって定義することはできない。正の感情価マーカーも同じである。

正の情動と負の情動を区別する第二の方法は、多次元評価説に負うものである。ラザルスをはじめとして何人かの研究者は、正の情動はわれわれの目標と一致したとみなされるものに対する反応として生じ、負の情動は一致しないとみなされるものに対する反応として生じると主張している（Lazarus 1991、また Oatley & Johnson-Laird 1987; Stein, Trabasso, & Liwag, 1993も参照）。目標と一致しているかどうかの査定は無意識に生じうるので、この方針は快に訴えるより見込みがある。だが、独自の問題もある。

それは、情動はすべて目標に関わるという考えはもっともらしくないということだ。たとえば、予期していなかったプレゼントをもらったとしよう。そのとき経験する喜びは確かに正のものだが、プレゼントをもらうことが自分の目標だったという想定は信じがたい。同様に、家で座っているときに突然窓が割れる音を聞くとしよう。そのとき経験される恐怖は負のものだが、事前に強盗に入られないという目標をもっていたという想定は信じがたい。確かに、インフォーマルな意味では、人は誰も強盗に入られたいと思っていないと言えるかもしれない。だが、強盗に入られたいという欲求をもっていないことに、強盗されることに対する負の態度を加えても、強盗に入られないという目標になるわけではない。目標をもっていると言うことには、その達成を能動的に追い求めることが含意されている。だが、情動を経験しているときには必ず目標をもっていたのだと言ってしまうと、過度な認知化が要求されてしまう。やはり、いくつかの情動エピソードは目標や計画とは完全に独立であるようにみえるのだ。

別のポピュラーな方針によれば、感情価には接近や撤退の傾向が関わっている。正の情動は、それを誘発したものへわれわれを近づかせるが、負の情動は、それを誘発したものを避けさせるのだ（たとえば、MacLean 1993）[＊5]。この分析は情動が意識的であることを前提としていないし、情動は必ず目標に関わるということも前提としていない。しかし、まだ問題がある。負の情動には、撤退行動だけでなく接近行動が関わるものがあるのだ。たとえば、怒りは一般的に負の情動とみなされるが、攻撃を駆り立てることが多い。そして、攻撃は間違いなく接近行動である。他方で、恐怖は、表面上は撤退行動を含むようにみえる。というのも、怖いときには逃げる傾向があるからだ。だが、逃避は安全を能動的に求める行動とも解釈でき、そして、能動的な追及は接近行動である（Ikemoto & Panksepp 1999）。

反対に、正の情動が必ず接近行動を駆り立てるとも限らない。たとえば、音楽を聴いて楽しんでいるとき、もっと近づきたいと駆り立てられるわけではない。正の情動はわれわれを満足な状態にすることが多い。その状態を維持し、正の情動を誘発したものを楽しみ続けたくなる。この考えを捉えるには、接近行動は能動的すぎるのである。正の情動は接近傾向をもたらすという考えを擁護する何人かの研究者は、幸福はわれわれを探索に向かわせることが多いと指摘している。幸福はクリエイティブな思考を促進するのである（Isen, Doubman, & Novicki 1987）。一見したところ、このことは接近傾向と似ている。だが、探索し始めるときにわれわれが接近しているものは何か、と言い返されるかもしれない。探索と創造性はどちらも、新しい可能性に対する受容性に関わっているようにみえる。そして受容性は、接近を〔正の情動の〕構成概念とする考えが示唆するものよりも受動的なものであるかもしれない。

トムキンスの提案（Tomkins 1962）に基づいて、感情価についての別の提案が作れるかもしれない。彼は、負の感情価マーカーは内面への注目を促し、正の情動は外部への注目を引き起こす傾向にあると述べている。悲しいときわれわれは自分について考え、幸せなときは世界について考える。このことは気分の場合にとくに明白である。自分自身に、とくに自分の欠点に長いあいだにわたって注目することは鬱に特徴的である。

だが、この提案には明らかな反例がある。軽蔑は外に向けられた負の情動であり、誇りは内に向けられた正の情動なのだ。これに対する応答として、軽蔑の状態にあるときには自分がどんな不正を受けたかに注目しており、誇りを感じているときには世界が自分に提供する好機に注目している、と言えるかもしれない。だが、たとえそれが正しくとも、結論として認められるのは、どちらの情動にも内と外の両方への注目を含むということでしかない。注目の方向は感情価に完全に沿っているわけではない。さらに、内部への注目がなぜ負のものであり外部への注目がなぜ正のものであるのかは明らかではないのだ。注目の方向は感情価と直交するものであるようにみえる。もし両者が結びついているなら、一般的に、自分に注目すると不快になり、外部に注目すると心地よくなるはずである〔が、そうではないだろう〕。

感情価の基礎について最も詳細な提案をしているのは、動物の学習理論の枠組みにしたがっている研究者かもしれない。このリサーチプログラムは行動主義者によって創始されたものだが、行動主義者は内的な心的ないし神経的状態に訴える説明モデルに懐疑的であることが多い。だが、動物の学習理論の伝統に属する最近の研究者は、方法論的に不利なこの手の考えを放棄し、内的なメカニズムについてみごとに明確な説明を提示している。その最もよい例は、おそらく、ジェフリー・グレイだろう（Gray 1982, 1987, 1991）。

　グレイの感情価の理論を説明するためには、学習理論の核となるいくつかの概念を概説する必要がある。学習理論の根本にある洞察は、適切に選択された刺激で行動反応を制御することができる、というものである。特定の刺激は反応の確率を上げ、別の刺激は確率を下げる。そうした刺激はすべて強化子と呼ばれる。強化子には正のものとも負のものがある。正の強化子には、欲求反応を増やすもの（たとえば、食べ物）と、嫌悪反応を減らすもの（たとえば、電気ショックをやめる）がある。正の強化子は、報酬、または、罰を取り除く緩和なのである。他方で、負の強化子には、嫌悪反応を増やすもの（たとえば電気ショック）と、欲求反応を減らすもの（食べ物を与えなくする）がある。負の強化子は、罰、または無報酬への不満なのである[＊6]。

　情動と強化子を関連づける研究者は多い（たとえば、Millenson 1967; Rolls 1999; Watson 1919; Weiskrantz 1968）。近年ではグレイの理論がとくに影響力をもっている。彼は、哺乳類の脳にはＢＩＳ（行動抑制系 behavioral inhibition system）とＢＡＳ（行動接近系 behavioral approach system または行動賦活系 behavioral activation system）があると提案している。ＢＩＳは負の強化子に反応し、その結果として、行動が抑制され、注意や覚醒が増す。たとえば、脅威となる刺激に対して硬直反応をもたらすかもしれない。他方で、ＢＡＳは正の強化子に反応し、その結果として接近行動を促す。たとえば、過去に栄養源となった対象に生物を近づけさせる。

　グレイはこれらのシステムの神経相関項について具体的な提案を行っている。ここではその要約だけ述べておこう。彼によれば、ＢＩＳは主に中隔海馬系を含んでいる（Gray 1991）。これは、二つの重要な回路を含んだネットワークである。まず、海馬体（海馬、嗅内皮質、海馬台領域を含む）は世界についての情報を受け取る。そして海馬台領域は、その情報を、運動計画をモニターするパペッツの回路（乳頭体、前腹側視床、帯状皮質）に送る。そしてパペッツの回路は海馬台領域に情報を送り返すが、これによって世界と計画の比較が可能になる。ミスマッチが生じた場合は前帯状皮質に信号が送られ、それによって実行中の運動計画が抑制できるようになる。また抑制信号は中隔野を介して、交感神経の自律反応に関わる視床下部にも送られうる。グレイによれば、こうしたミスマッチは（青斑核を介して）覚醒に調節を加え、また、（新皮質への嗅内野への投射を介して）注意を調節する。

ＢＡＳにも主な回路が二つある。尾状核運動系（運動皮質、感覚運動皮質、視床腹側核群、尾状核 - 被殻、背側淡蒼球、黒質）は、運動プログラムの各段階において、刺激、反応、強化子の関係を符号化する。側坐核運動系（側坐核、前頭前野、帯状辺縁領域、視床背内側核群、腹側淡蒼球、腹側被蓋野のA10細胞群）は、目的に向けての進捗と運動プログラムの段階の切り替わりをモニターする。側坐核はＢＡＳの中心基地としてとくに重要である。側坐核は、中隔海馬系の海馬台領域が運動計画と世界のマッチを探知した場合に、そこからの入力を受け取る。そして、自身が部分として含まれた側坐核運動系に出力を送り、さらに、黒質を介して尾状核運動系に出力を送ることで、運動反応を調整する。

グレイはＢＩＳとＢＡＳと情動の関係性について二つの重要な主張を行っている。第一の主張は、異なる情動は異なる種類の強化随伴性によって特徴づけられ、そして、そうした随伴性は、彼が挙げているＢＩＳとＢＡＳの活動レベルと関連しうるということである[＊7]。この方針では、安堵は負の強化子がなくなったときに生じ、喜びは正の強化子が始まったときに生じる、ということになるだろう。これを「個別化の主張」と呼ぶことにしよう。グレイの第二の主張は、目下の議論とより関連している。彼によれば、正の感情価は高いＢＡＳレベルと、そして負の感情価は高いＢＩＳレベルと、それぞれ同一視できると述べている。これを「感情価の主張」と呼ぼう。

どちらの主張も興味深いのだが、私はどちらもうまくいかないと考えている。私の反論は三つある。第一に、感情価の主張と個別化の主張をともに認めると、好ましくないことが含意されてしまう。つまり、もし情動がBISとBASの観点からを個別化され、そして、感情価はBISとBASのレベルで同定されるなら、同じ情動が異なる感情価をもつことが不可能になってしまうのである。このモデルでは、正の怒りや、畏敬の驚きとショックの驚きの対比の説明が難しくなるのだ。私は、それぞれの情動を区別する要素と感情価は分けるべきだと考えている。

第二の反論は個別化の主張に向けられる。グレイは、情動を強化随伴性とBIS／BASのレベルで区別しようとしている。だが、強化随伴性には、われわれがもつ多くの情動を説明するために必要な多様性や内容の特定性がないように思われる。嫉妬や憤慨、恥といったものを説明する強化子のパターンはないのだ。

第三の反論は感情価の主張に向けられる。グレイは、BISとBASのシステムと行動との直接的な結びつきを暗示することが多い。その名前が示しているように、BISは行動の抑制と結びつき、BASは接近行動と結びついている。そうすると、感情価はBISとBASに関連しているという提案は、感情価とは結局のところ退避傾向や接近傾向であるという提案と非常に似たものとなるだろう。だが、感情価の基礎にあるメカニズムは、このように単純な仕方で行動と結びつきうるものではない。以前に述べたように、接近は感情価が正であるために必要でも十分でもない。確かに、抑制と負の感情価は少しばかり緊密に結びついている。負の情動は行動の抑制を仕向けることが多い。たとえば、道を歩いているときに恐怖を経験すると立ち止まってしまうだろう。また、嫌悪は食事の手を止めさせるし、悲しみはすべての行動を邪魔するだろう。だが、負の感情価と行動の中止との同一視には慎重になるべきだ。というのも、負の感情価が全体的な行為を増やす場合もある。たとえば、憤慨することで声を荒げる抗議者集団に加わるようになるかもしれない。これはある意味では中止と言えるかもしれない（「もう我慢するのは止めた！」）が、行動をやめているのではない。

この反論は神経解剖学的レベルでも展開できる。グレイは、側坐核がBASにおいて中心的な役割を果たしていると述べている。この想定は自然なものである。というのも側坐核は、摂食や嗜癖といった報酬に向けて調整された接近行動と結びついてきたドーパミン作動性ネットワークの中核に位置しているからである。しかし、側坐核は負の感情価をもつ状態とも結びついている。側坐核は、負の防御行動（Reynolds & Berridge 2001）、恐怖を条件づける文脈での環境の探索（Fanselow & LeDoux 1999）、ストレスとなるものへの順応（Anisman, Zaleman, & Zachorko 1993）、逃避（Ikemoto & Panksepp 1999）にも寄与している。実際のところグレイ自身も、側坐核が嫌悪反応にも寄与することを認識するようになっている。彼と研究協力者はネズミを使った実験で、足へのショックと結びついた手がかりによって側坐核の活動が引き起こされることを発見した（Young, Joseph, & Gray 1993）。

さらに、感情価と行動を結びつけようというグレイの試みに対して、より一般的な不満があるかもしれない。というのも、人間の情動反応は極めて柔軟だからだ。たとえば、つまらない映画の昼興行に行ってイライラした場合、私は、同じ監督の映画を観ないようにするかもしれないし、映画をまったく観なくなるかもしれないし、昼興行に行かなくなるかもしれないし、その映画を観た映画館に行かなくなるかもしれないし、次に映画を観るときに前より多くのキャンディーを買うようになるかもしれない。さらには、映画の作り方をハリウッドに教えてやるために映画製作者になろうと決意するかもしれない。どの行動を起こすかは、少なくとも二つの要因に依存している。まず、過去の情動の源泉をどれとみなすか（監督なのかハリウッド映画なのか）、そして、何を最善の対処戦略とみなすか（あまり映画をみないようにするのか自分で映画を作るのか）に依存しているのである。負の感情価をもつ状態にある人がさまざまな行動をとりうることを考えると、負の感情価を単なる抑制とみなす考えは疑わしく思えてくるだろう。

私はBISとBASが存在することを疑っているわけではない。そうしたシステムは、広範囲にわたって研究されてきた神経回路と解剖学的なレベルで同一視できる。私が反論しているのは、BISやBASと情動の関わりに関するグレイの二つの主張である。私自身は、情動には感情価と身体性の評価の二つの要素があると考えている。抑制と喚起の両方を含む情動はたくさんあるので、BISとBASは感情価マーカーと同一視できない。さらに、BISとBASは評価的要素とも同一視できない。というのも、BISとBASの随伴性の範囲は、下されうる評価の範囲よりも狭いからである。とはいえ、以上のことは、BISとBASが情動に何も貢献しないということを意味しているのではない。二つのシステムは、情動が生じ始めるうえで役割を果たしているということはありそうだ。

BISとBASは、罰や報酬といった出来事に対する反応の準備を促す。BASは新たな行動反応を始めるための準備となる生理的変化を生じさせ、BISは進行中の反応を中断させる生理的変化を生じさせる。私は、情動の評価的要素についての身体説を擁護してきた。評価は、身体変化のパターンを記録する内的状態である。もしBISとBASがそうした変化の編成に関わるなら、それらは情動状態に先行するものであるということになる。それらは、身体性の評価の基礎を形成する生理的変化を生じさせるものである。

この意味では、グレイの個別価の主張はいくらか正しいかもしれない。BISとBASは情動を個別化するうえで本質的な役割を果たしているだろう。というのも、それらは身体変化を編成するという役割をもっているからである。それぞれの情動には、それぞれに特有なレベルのBISやBASの活動が関わるというのは、かなり正しそうだ。喜びと怒りのどちらにも接近の準備が関わるので、どちらも高いBAS

が関わるだろう。恐怖と悲しみは、さまざまな行動の中止と注意の向け直しが関わるため、高いBISが関わるだろう。また、恐怖と悲しみには低いBASも関わるだろう。というのもこれらは探索をさまたける傾向があるからである。だがこのことは、負の情動にはBASがまったく関わらないことを意味していない。とくに恐怖は、逃走や避難が選択肢にある場合には、いくらかBASの活動を必要とするだろう。また、第6章で論じたパニックと不安の区別は、BASにおける違いとして説明できるかもしれない。パニックも不安も強い抑制状態であるが、パニックの場合には逃げることが不可能な危険が知覚されており、そのため行動的な活動が停止する。このように、BISとBASは情動を個別化するうえで有益な役割を果たしうるのである。しかし注意すべきだが、これはグレイが擁護していた個別化の主張には程遠いものである。というのも、異なる情動が同程度のレベルのBISとBASと結びついていることも多いからである。活動や抑制だけでは、それぞれの情動を異なるものにしている身体反応のパターンを区別できない。とはいえ、BISとBASは、情動を区別する身体パターンに本質的に寄与している[＊8]。情動はすべてBISとBASのシステムにおける何らかのレベルの活動と結びついている可能性がある。

グレイの感情価についての理論もいくらか正しいかもしれない。確かに、私がこれまで検討してきた感情価についての理論はすべて誤っているように思え、グレイも例外ではない。しかし、学習理論の道具立てを用いるグレイの方針は正しい方向を指し示しているだろう。

## 感情価と内的強化子

グレイのBISとBASのシステムは、強化子に対する行動反応を編成している。感情価は異なるレベルのBISとBASの活動だと主張するうえで、グレイは、感情価は反応調整の特徴だと考えている。代替となる可能性は、感情価は反応を調整するシステムの入力側に属するというものである。つまり、強化子への反応と感情価を同一視するのではなく、強化子そのものと感情価を同一視できるのだ。

以前に注意したように、正の強化子も負の強化子も複数の形態をとりうる。正の強化子には報酬あるいは無罰があり、負の強化子には罰あるいは無報酬がある。それに加えて、学習理論の研究者は、報酬と罰それぞれに、生得的に決められているものと学習されたものを区別している。生得的あるいは一次的な強化子には摂食や痛みといったものがある。だが、古典的条件づけを通して、ほとんどどんなものでも強化子になりうる。以上のことが含意しているのは、強化子は多くの形態をとりうるということである。そうすると、脳には強化子を追跡し続ける方法が必要となる。言い換えると、どの刺激が正の強化子や負の強化子となるかを記録する方法が必要だとなるのだ。私は、それは二つの内的ラベルを使ってなされると提案する。脳には二つの内的強化子がある。それらは、刺激の表象と結びついている状態である。一次強化子は遺伝学的に内的強化子と結びついてきた刺激であり、二次強化子は連合が学習された刺激である。そして、これらの内的強化子が感情価マーカーなのである。負の価をもつ状態は内的な負の強化子（inner negative reinforcer, ＩＮＲ）を含むものであり、正の価をもつ状態は、内的な正の強化子（inner positive reinforcer, ＩＰＲ）を含むものなのだ。

動物の学習に関する文献では、負の強化子と正の強化子は外的刺激であるということが想定されており、また、二つは将来の行動確率に言及するかたちで定義されている。負の強化子は確率を下げ、正の強化子は上げるのである。他方で、私の説明では、強化子は内的状態である。それは、行動主義の道具立てを認知科学の時代のために作り変えたものである。だが私は、行動主義者の操作的手続きを捨てなくてよい。内的強化子を特徴づけるうえで、それが将来の行動に与える影響を用いることができる。ただ、その影響はいまや心理主義的な観点から説明できるのだ。

私の考えは、ＩＰＲとＩＮＲは内的命令として機能する、というものだ。ＩＰＲは「これを増やせ！」

といったことを述べた指令であり、ＩＮＲは「これを減らせ！」と述べているのである。正の情動はわれわれが維持したいものであり、負の情動は取り除きたいものである。こうした内的命令にしたがうためには、情動の源泉を特定する必要がある。私がチョコレートスフレを食べて大喜びしているとき、私は、「これを増やせ！」という指令を最もよく果たすのはスフレをさらに食べることだと認識するだろう。また、ひどい映画を観て苦しんでいる場合、「これを減らせ！」という指令は、映画館から出ることで最もよく果たされる。

内的強化子は、それに伴った身体性の評価とともに記憶に蓄えられたときに、将来の行動に影響を与えるようになる。私がチョコレートスフレを食べることについて考えるとき、私は過去の経験を思い出し、そして、ＩＰＲはその選択肢を高く価値づけさせる。以前に観た最新作がひどくつまらなかった監督の別の映画を観ることについて考えている場合、思い出されたＩＮＲが観るのをやめさせる。この点はダマシオの主張と非常に似ている。それによると、情動は意思決定に影響を与える記憶マーカーとして働くものである（Damasio 1994）。一定の行動を選択するうえで、われわれは自身の行為からどのような情動が帰結するかを予測するのだ。このようにして感情価マーカーは現在と将来の行動の両方に影響しうる。感情価マーカーは現在に影響を与える能力によって将来に影響を与えるのである。

感情価と内的強化子を同一視すると、なぜ情動はときに接近や退避を駆り立てるのかが説明できる。負の情動は、それを誘発した状況からの退避を促し、正の情動は、それを誘発した状況の追求を促す。われわれの環境にある何らかの対象が負の強化を与える場合、われわれは別の場所に移動しようとするだろう。他方で、対象が正の強化を与えるなら、それを追いかけようとするだろう。また、強化子による分析では、感情価の正／負が、接近／退避に対応していないケースも扱うこともできる。怒りは退避ではなく攻撃に駆り立てるが、それは、攻撃は怒りを誘発した状況を取り除くための手段になりうるからである。恐怖は、逃避反応が驚異からの退避でありつつ安全への接近とみなされたとしても、負の強化を与える影響をもつ。幸福が受動性を促すことが多いのは、現在の状況が正の強化を与えており別の状況を追求する必要がないからである。手短に言えば、内的強化子説は感情価に関する他の理論よりも、行動の柔軟性を説明するうえでかなりよい仕事をするのである。

### スリル好きと禁欲主義

内的強化子説は他の理論より良いものかもしれないが、一つ深刻な反論がある。もし感情価が内的強化子から構成されているなら、人は、正の情動を引き起こす行動を繰り返し、負の情動を引き起こす行動を避けるような傾向をもつはずである。一見したところ、この予測はまったく妥当に思える。だが、人間の行動を正確に反映していないかもしれない。たとえば、禁欲な人は快楽を避け、マゾヒストは痛みを求め、スリル好きの人は恐怖を求めるだろう。

こうした行動は以下のように説明できるかもしれない。まず注意すべきなのは、人間の行動は複雑なものだという点である。ある活動によって引き起こされる情動は、人が将来にその活動をどれくらい追求するかを決める多くの要因のうちの一つでしかない。快を避けて不快を追求する禁欲な人は、自制による大きな満足を求めているか、あるいは、無節制に伴う堪え難い罪悪感を避けようとしているのかもしれない。一連の虐待関係に入ることで自滅的なパターンを繰り返す人は、単に、一番馴染みがある状況としてそれを選んでいるだけなのかもしれない。フロイトの洞察に満ちた主張によれば、パターンを繰り返したいという脅迫的な衝動は快の追求を上回りうる（Freud 1920/1922）。

別の可能性として、感情価と身体性の評価は切り離せるという考えが使えるかもしれない。以前に私は、情動には、必ず正のもの、必ず負のもの、どちらでもありうるもの、があるだろうと述べた。だが、経験的には、この想定が間違っている可能性もある。たとえば、恐怖が学習や経験を通して正の情動になるということがあるかもしれない。ひょっとすると、ある種の危険な状況はリスクを上回る利益をもっていると発見されるかもしれない。こうした発見によって、特定の状況下での恐怖が正の情動に変わるかもしれない。スリルを求める行動のいくつかはこのように説明されるだろう。とはいえ、今のところこの可能性を支持する証拠はないので、この説明は自信をもって主張するにはあまりにも推測的だと思われる。

いくらか経験的に支持できる別の可能性がある。情動状態を均衡に保つ傾向をもった心理メカニズムの存在を示唆する証拠がある。無制限の快は負の残効によっておさえられ、極端な苦痛は正の残効によって軽減される、というものだ。この原理は「相反過程」と呼ばれている（Solomon 1980）。負の情動が生じると正の情動がそれに対する反応として自動的に作動され、正の情動の場合には逆のことが起こる。たとえば、スカイダイビングをする人は、最初に飛んだときはこのうえなく恐ろしかったが、その後に目眩がするほどの興奮がやってきたと報告している。反対に、薬物中毒者は、ドラッグをきめたときにとてつもない陶酔感があるが、その後に離脱症状が続くことが多いと報告している。感情システム、バランスをとるのを避けようとしているようにみえる。システムが問題なく機能している場合、システムは片方が過剰になるのだ。薬物中毒のような極端なケースでは、最初に引き金となった反応を弱めるために相補的な情動反応が生じる。ドラッグによるハイな状態が弱まると、離脱症状はひどくなる。逆に、スカイダイビングの場合、最終的にスリルが鎮静に勝るのだ。

相反過程は、なぜわれわれはときに情動の強化性質からすると奇妙にみえる行動をとるのかを説明する。正に強化された情動は非常に強い負の残効をもたらしうるし、その逆もそうであるのだ。とはいえ、そうしたケースは例外的である。通常は、ある行動によって引き出された最初の情動の強化性質は、相反過程を通して生み出された相補的な情動の強化性質よりも、非常に大きな影響力をもっている。他のすべての条件が同じなら、過去に不幸を引き起こした行動を繰り返したりしないだろう。

結論として私は、強化子説が感情価についての最も擁護できる説明だと主張する。負の情動は負の強化を与えるものであり、正の情動は正の強化を与えるものである。感情価マーカーは内的強化子なのだ。情動が経験されるとき、その情動に含まれている感情価マーカーは継続か中断を促す。何らかの計画を立てているなかである行為について考えるとき、われわれはその行為によって促進される状況を想像する。その状況が過去における感情価をもつ反応と結びついているなら、その反応の感情価は、行為の決定にかかわる要因となるだろう。このようにして感情価マーカーは、過去に経験した情動を再び誘発する状況が生じる確率に影響を与えるのだ[＊9]。

## 感情価に独特の感じはあるか

以前に私は、感情価マーカーは常に意識的であるとは限らないと主張した。だからこそ、感情価マーカーと快や不快の感じを同一視すべきでないのだ。だが、たとえこの点が認められたとしても、感情価マーカーが意識的になる場合もあり、そして、意識的になるのは、感情価マーカーが快や不快の感じをもたらすときではないか、と主張したくなるかもしれない。この見解からすると、感じられる快の度合いは必ず感情価の帰結だということになる。

感情価マーカーが独特の感じをもつという仮説が直観から支持されるのは確かである。負の情動と正の情動が非常に異なって感じられるのは、それぞれの感情価の違いのためであるように思われる。しかし、別の可能性もある。ひょっとすると、負の情動と正の情動の感じられ方の違いは、それぞれに含まれる身体性の評価からの帰結かもしれない。情動はすべて評価と感情価マーカーが組み合わさったものであるなら、実のところ、情動の感じは評価によって尽くされるかもしれない。さまざまな負の情動の感じに共通のものがあるという主張は、錯覚であるかもしれない。嫌悪、裏切り、悲嘆を結びつけている現象的な特徴はないかもしれない。

私はこの考えを支持する。私は、感情価マーカーそれ自体が何らかの現象学[★1]をもつとは考えない。だが、私の見解は間違っているように思えるかもしれない。まず、以前に取り上げた驚きについての所見を思い出してみよう。驚きには、快なものと不快なものがあるようにみえる。さらに、これら二つの形態の驚きは、感じが異なるように思われる。宝くじに当選したときの驚きは、自分の家が火事で全焼したとわかったとき驚きよりも、ずっとよいものに感じられる。

これら二つの驚きが示しているのは、驚きは感情価をもちうる状態であり、さらに、驚きの感情価は変わりうるというものである。だが私は、現象学についての直観を信用していない。宝くじの驚きが火事の驚きよりもよく感じられるとしたら、それは、宝くじの驚きには至上の喜びが伴っており、火事の驚きには悲嘆が伴っているからかもしれない。感じの違いは、驚きに付帯する評価の現象学の違いなのである。極端な負の驚き（ショックなど）が、極端な正の驚き（畏敬など）よりも悪く感じるというのは明白ではない。二つの主な違いは、われわれはショックを与える状況ではなく畏敬をもたらす状況を探しもとめる傾向がある、ということで説明されるだろう。

感情価マーカーは本来的に感じをもたないという見解に対する別の反論は、痛みがもつお馴染みの特徴から得られる。多くの人は痛みには二つの要素があると考えている。感覚的要素と感情的要素だ（Melzack & Casey 1968）。痛みの経験は、身体の病理的記録（感覚部分）と嫌悪の感じ（感情的部分）に分解できるのだ。通常、二つの要素は切り離せないのだが、離れる場合がある。たとえば、怪我があってもモルヒネが効いていれば、痛みはあるがちっとも気にならないかのようだと報告される。モルヒネが効いているときの痛みの経験は通常の条件のもとでの痛みの経験とは異なっており、それらの感じの違いは感情的状態があるかどうかである。そのため、通常の痛みの経験の感情的要素は負の感情価マーカーにすぎないと考えたくなる。もしこれが正しければ、この例は、感情価が本来的に感じをもつことの証拠になるだろう。

痛みからの反論は驚きからの反論とほぼ同じように応答できる。痛みの感情要素に伴う感じは、身体性の評価からくるものだろう。痛みの感情的要素は単なる負の感情価ではなく、負の感情価マーカーと身体性の評価の両方をもつ苦悩の状態だという可能性がある。第6章で私は、身体的苦痛は実際のところ不安の特殊事例かもしれないと示唆した。この解釈では、痛みに悪い感じがするのは、感情価をもつからではなく不安が含まれているためである。その感情価は、痛みを生じさせる状況を回避するように駆り立てるものでしかない。この説明は解剖学と整合的である。痛みの感情的要素は、情動の領域としてよく知られた前帯状皮質と島皮質の活動と結びついている（Berthier, Starkstein, & Leignarda 1988; Rainville, Carrier, Hofbauer, Bushnell, & Duncan 1999）。そして、前帯状皮質は、不安とも結びついている（Luu, Collins, & Tucker 2000）。また、痛みと不安に相互作用があることを示す研究もある。感じられる痛みの強度は、不安になっているときに増すのである（たとえば、Ploghaus et al. 2001）。もし痛みが不安を含むなら、このことは難なく説明できる。

感情価には本来的な現象学がないという主張に対する最も強力な反論は、快や不快の感じが一見してリアリティをもつということからくる。もし感情価が快や不快の感じを生み出さないなら、その感じとは一体何だというのか。まず、快の感じについては応答しやすい。たいていの快の実例はある程度の喜びを含むようにみえる。私の見解では、喜びは、正の感情価マーカーと一緒になった身体性の評価である。宝くじの当選、旧友との再会、公園でのランニング、化学の最終試験での良い成績に共通の快の感じはすべて共通の核として喜びをもっているのだ。

不快の感じはより扱いが難しい。悲嘆、嫌悪、怒りといった負の情動にはそれぞれ独自の身体性の評価がある。この点を考慮すると、こうした負の情動がどれも不快なのは、これらに共通する感じがあるからではありえないことになる。私は、この考えが直観に反するとは思っていない。われわれがこれらの情動を一緒のものに分類するのは、それらがすべて似たような形式の嫌悪行動を導くからである。とくに、われわれはそうした行動を導く情動や状況をすべて避ける傾向にある。そうした傾向にあるのは、それらがすべて負の強化を与える感情価マーカーを含むからである。〔すべての負の情動の感じに共通する〕「不快さの感じ（feeling of unpleasantness）」というものはない。あるのは「好まれない感じ（unpleasant feelings）」だけである。好まれない感じにはさまざまなものがあり、それぞれかなり異なって感じられるが、たいていの人々はそれらすべてを避けようとするのである。

私は、感情価マーカーには本来的な感じはないと主張してきた。この立場が維持できることは確証されたと願いたい。だがここで、表向きは魅力的な対立案を拒否する必要はあるのか、という疑問が湧くかもしれない。感情価マーカーが本来的に感じをもつことを否定する何らかの理由があるのだろうか。私がそれを拒否する主な動機は内観に由来している。不快さと結びついた独特の感じがあるという強い直観があるものの、私が〔自分の負の感情を〕内観したときに、その感じに対応するようなものは見つけられなかった。嫌悪、裏切り、悲嘆の身体性の評価に伴う感じを差し引く想像をしたとき、私には、何か残っているものは見つけられない。嫌悪の不潔さ、悲嘆の救いようのなさ、裏切りの傷は、どれも異なるものとして私の心を打つ。このように内観に訴えた議論は強いものではない。より強い支持は、情動的意識の理論を提示する第9章で与えよう。

## 結論　感情価をもつ身体性の評価としての情動

第4章で私は、情動はすべて身体性の評価を含むため一貫したクラスを形成すると主張した。本章で行った考察は、この一貫性を示すさらなる根拠になる。情動はすべて感情価マーカーを含むのだ。二つの特徴を合わせると、情動は感情価をもつ評価だと言うことになるだろう。同じ定義に達している人は他にもいる。オートレイ、コリンズ、クロアが提示している定義はまさにこうしたものだ（Ortony, Collins, and Clore 1988）。しかし彼らは、評価を身体状態ではなく高度に構造化された内的判断と同一視している。私の見解では、情動は感情価をもつ「身体性の評価」である。

感情価と評価は問題なくつじつまがあう。評価は福利に関わる関係を表象しているのだが、そうした関係を福利に関わるものとして表象しているわけではない。たとえば恐怖は危険を表象しているが、危険は望ましくないものであるという事実を表象しているわけではない。危険に無頓着である場合を想像できるだろう。評価はわれわれにとって重要なものを表象するが、それがわれわれにとって重要であるという事実を表象しているのではない。ここで感情価マーカーが登場する。恐怖の身体性評価と負の強化子が一緒になると、恐怖を呼び起こす状況は重要であるという事実が表象されるようになる。評価ぬきの情動には内容がなく、感情価ぬきの情動にはパンチがない。第4章で挙げた比喩を再び使えば、評価は情動状態の風味であり、感情価はアルコールである。二つを一緒に合わせることで、人を酔わせるおいしいカクテルができるのだ。

## 原注

＊1　円環モデルを提示する研究者のなかには、二つの次元だけですべての情動を区別できると考えている人もいる。だが、ラーセンとディーナーが指摘しているように、それはもっともらしくない（Larsen & Diener 1992）。というのも、異なる情動が円環の同じ場所に位置づけられうるからである。たとえば、憤慨（fury）と戦慄（terror）はどちらも負の感情価と高い覚醒度をもっている。こうした情動はそれぞれに含まれる評価によってしか区別できない。

＊2　こうした神経機構と結びついた他のいくつかの領域（両側淡蒼球、右側前腹側視床、膝下帯状皮質）も、勝ちがつづいているあいだ活動していた。

＊3　もちろん、科学理論を作るための指針として前理論的直観を用いることにいくらかリスクはある。とはいえ、驚きのさまざまな実例を経験的に調査し、それらを情動の典型例と比較するのは有用だろう。たとえば、感情価の神経相関項を見つけ出し、それが正の驚き、負の驚き、ニュートラルな驚きに関わっているかをテストできるだろう。暫定的なものとしてだが、驚きは感情価をもつことが可能であり、そして、感情価はすべての情動にみられる、という作業仮説を支持するものとして、直観を用いることができるだろう。

＊4　スリルをもとめる人は恐怖を正の情動として経験していると言われることがある。だが、私は本当にそうなのか疑っている。おそらく恐怖はすべての人にとって本質的に負のものである。何人かの人に経験されている恐怖の見かけのスリルには別の説明が与えられるかもしれない。それについては後で触れる。

＊5　〔正や負に相当するものとして〕「欲求（appetitive）」や「嫌悪（aversive）」という用語を用いる人も同様のことを考えているだろう。

＊6　学習理論の観点では、無報酬は、求められたり期待されたりしている報酬がないときに生じるものである。

＊7　実際のところ、すべての情動の基礎としてグレイが仮定しているシステムは三つある。ＢＩＳとＢＡＳ、そして、闘争・逃走反応を始動させるシステムである。グレイによれば、ＢＩＳは学習（条件づけ）された嫌悪刺

激に対する反応にしか関わらない。そして、学習（条件づけ）されていない嫌悪刺激は、闘争・逃走システムを活動させるというのだ。だが私には、この区別は奇妙に思われる。私は、闘争・逃走システムが本当に存在しているなら、それは身体への切迫した脅威に特別反応するシステムであると考える方に傾いている。身体への切迫した脅威のいくつかは条件づけされていないが、条件づけされているものもあるかもしれない。

＊8　少なくとも、基本情動の場合はそうだろう。他方で、基本的ではない情動は較正を生じさせた原因によって区別されることが多い。

＊9　感情価マーカー自体も情動とみなせるのではないかと思われるかもしれない。もしそうであるなら、感情価マーカーは基本情動であるに違いない。第4章で私が挙げた基本情動の定義は、別の情動に分解できない情動、というものである。感情価マーカーは他の情動に分解できるものではなく、すべての情動の構成要素である。そうすると、もし感情価マーカーが情動とみなせるのなら、それは唯一の基本情動だということになるだろう。こうした見解はフライダによって擁護されている（Frijda 1993）。だが私は、感情価マーカーが情動だとは考えていない。本物の情動は、第3章で述べたように、中心的関係テーマを表象するものだからである。感情価マーカが表象しているものがあるとすれば、特定の状況を追求したり避けたりさせるリマインダーだろう。それらは評価行動のあり方を決定する働きをもっているが、有機体と環境との関係を追跡していない。感情価マーカーは評価ではないのだ。

訳注

★1　第2章訳注★1を参照。

# 第8章　感情的状態の分類

私は、情動は一貫したクラスを形成していると主張した。情動はすべて感情価をもつ身体性の評価なのである。だが、こうした一貫したクラスのなかに、重要なサブカテゴリーを分けられるかもしれない。その種の区別としてすでに二つのものが議論されていた。私は、基本情動と基本的でない情動を区別し、また、正の情動と負の情動を分けていた。同じように、情動カテゴリー内にさらなる区別を与えられるかもしれない。それに加えて、むずがゆさ、飢え、好み、欲求といった感情的なものと情動を区別することもできるかもしれない。本章では、私が擁護してきた情動理論を使って感情的領域のありようを描き出してみよう。私の主張は、感情的なものはすべて、身体性の評価と感情価マーカーによって特徴づけられるというものである。

## 情動クラス内のさらなる区別

### 態度的情動

情動に関する日常的な語り方には、かなり異なる二種類のものがある。一方で、情動は独立した心的状態であるかのように語られることがある。たとえば、ヘビを見た後にジョーンズは恐怖の状態に陥った、侮辱的な発言はスミスを激しい怒りに向かわせた、と言われる。こうした場合、情動を引き起こした対象は、情動が生じた後ではほとんど役割を果たさないかもしれない。情動はそれ自体で成立できるものなのだ。他方で、情動がより複雑な心的状態の一部であるかのように語られることもある。われわれは、ジョーンズはヘビにおびえている、スミスは侮辱を怒っている、と言ったりする。この種の言い回しのなかには、「こと〔that 節〕」と一緒に情動用語が使われる場合もある。ジョーンズはヘビが噛むだろうということを恐れている、スミスは誰かが自分を侮辱したことを怒っている、と言われる。こうした場合、情動とその個別的対象を完全に切り離すことはできない。〈ヘビの恐怖〉と〈ヘビが噛むだろうということへの恐怖〉は統一的な全体を構成しているようにみえる。それらは構成部分に分解できる〔恐怖、個別的対象の表象〕が、そうした部分は一緒になっているのである。一方で〔前者の言い回しのように〕もしヘビが恐怖の状態を引き起こすなら、ヘビの経験がなくなった後でも、恐怖の状態は残りうる。他方で〔後者の言い回しのように〕ジョーンズがヘビは噛むだろうということを怖がっている場合、この恐怖は、噛まれることについての思考がおさまると消えることになるだろう。

ここでは、〔前者の言い回しの〕独立した状態として持続しうる情動を「状態的情動」と呼ぼう。他方で〔後者の言い回しの〕より大きな全体の部分としての情動を「態度的情動」と呼ぼう。態度的情動では、対象または事態が情動的に構成されている。日常言語にみられるこの区別は、人の感情的生活に実際にある区別に対応している。これまでの章で私が述べてきたことの大半は、状態的情動に最も自然にあてはまる。だが、態度的情動はまだ十分に説明されていない。

一つの自然な提案は、態度的情動は傾向性だというものである。ウォルハイムは、情動はすべて傾向性であると主張し、さらに、傾向性と状態とを区別している（Wollheim 1999）。情動は痛みなどの身体的感じを生じさせうるが、感じは状態であり、そして、感じは情動そのものではなく情動の結果とみなすのが最もよい、というのだ（Ryle 1949 も参照）。この分析は私が擁護してきた説明とは明らかに調和しない。

情動が身体性の評価であるなら、情動は状態であり、その状態は身体的感じというかたちで意識的に経験されうることになるだろう。これら二つの説明の見かけの不一致は、次のように言えば調停できる。すなわち、ウォルハイムの説明は態度的情動の特徴づけとして正しく、身体性評価説は状態的情動の特徴づけとして正しい、というのである。ヘビに噛まれるだろうということへの恐怖は傾向性であり、ヘビを見たときに生じる恐怖は状態なのだ。

この考えは見込みがありそうだが、その真偽を評価するには曖昧すぎる。態度的情動はどのような傾向性なのだろうか。何を傾向づけているのだろうか。一つの可能性は、態度的情動は特定の仕方で行動する傾向性だというものである。この分析によれば、ヘビの恐怖にはヘビを避ける傾向性が関わっている。だが、これだけではうまくいかない。というのも、ヘビを避ける傾向性ではヘビ恐怖に十分ではないからだ[＊1]。たとえば、脳の損傷のために恐怖を経験できない人を想像してみよう。そうした人も、ヘビは身の危険をもたらすと気づき、そして、(恐怖からではなく、今後の人生も健康でありたいという観点から)身の危険を避けたいと望むかもしれない。この場合でも結果的にはヘビを避ける傾向性が備わるが、仮定上、それはヘビの恐怖によりもたらされたものではない。そのため、もし態度的情動が傾向性なら、そうした傾向性の一部は、特定の種類の経験をもつ傾向性であるに違いない。傾向的な恐怖は、恐怖の状態に陥る傾向性であり、恐怖の状態は、これまで私が主張してきた通り身体性の評価とみなせる。

こうした説明は、私が第4章で推し進めた提案と整合的である。身体的動揺と結びついていない情動があるかもしれないという反論に対して、私は、そうした情動には、少なくとも身体的動揺を経験する傾向性が結びついていると主張した。その例として、恋人の貞節に関わる長続きする嫉妬を挙げていた。ヘビの恐怖と同じく、これも態度的情動である。長続きする嫉妬は身体的動揺を経験する傾向性であるという議論は、態度的情動は身体性の評価と切り離せないという、より一般的な見解の特殊例にすぎないのだ。

情動の傾向性説には、二つの装飾が必要となる。第一に、顕在化していない態度的情動のみが傾向性であることを強調しなければならない。態度的情動が実際に生じたものとして抱かれる（たとえば、ヘビの恐怖を経験する）場合、身体性の評価は作動している。

第二に、態度的情動は状態的情動とは異なり、身体性の評価だけから成り立っているわけではない。さきほど述べた通り、態度的情動は個別的対象の表象と一緒になって全体を形成しているようにみえる。侮辱に怒っているときの侮辱についての思考は、怒りの原因になっているだけでなく、怒りの部分にもなっているのだ。このことは、態度的情動には身体性の評価（あるいは身体性の評価の傾向性）と対象ないし事態の表象の両方が含まれていると言うことで説明できるだろう。二つの要素は心において一緒に結びつけられている。こうした結びつき（バインディング）が実際どういったものであるかは、まだ十分に探求されていない。ひょっとすると、情動と個別的対象の表象の結びつきは、複合的な知覚の要素を一緒に結びつける神経メカニズムのようなものを介して成立しているかもしれない。先導的な提案によると、そうしたバインディングは、関連する神経細胞群の同期発火によって成立すると言われている（Singer & Gray 1995）。それを態度的情動にあてはめると、情動的な身体状態の神経表象が発火するのは、個別的対象の表象の神経表象が実現されたときと同時だということになるだろう。このバインディングが実際のところどのように成立しているにせよ、適切な依存関係にしたがって成立しているだろう。言い換えると、態度的情動が生じるときには、身体性の評価（あるいは評価の傾向性）が個別的対象の表象によって引き起こされていなければならず、また、ひとたび引き起こされるとその表象と必ず結びつくのだ。その結果、二つは同期して持続するのである[＊2]。

ウォルハイムは、いくつかの情動は傾向性であると述べた点で正しい。顕在化していない態度的情動はこの存在論的カテゴリーに分類される。しかし、情動はすべて傾向性だと考えた点では誤っている。顕在化している態度的情動と状態的情動は傾向性ではないのだ。またウォルハイムは、傾向性的な情動が身体的動揺を経験する傾向性であることを否定した点でも誤っている。傾向性的な情動はまさにそういうものであり、そのため、身体的動揺は傾向性的な情動に存在論的に先行する。より正確に言えば、状態的情動と同一視される身体性の評価が存在論的に先行するのである。態度的情動が情動と呼ぶに値するのは、顕在化した身体性の評価ないし傾向性的な身体性の評価を含んでいるというその点においてのみである。態度的情動は、個別的対象を表象する心的状態と結びついてきた顕在的ないし潜在的な情動なのである。

ここで、態度的情動は単なる傾向性ではありえないという反論があるかもしれない。ソロモンは例として長期間の愛情を挙げている (Solomon 1976)。たとえば、自分の配偶者に初めて会ったときから毎日、毎分、ずっとその人を愛していると主張する男性を想像してみよう。この男性がずっと絶え間なく身体的動揺を経験しているわけではないのは明らかだ。しかし、彼の状況を傾向性として記述することもできない。というのも、傾向性はまだ起こっていないものであるからだ。もし顕在化していない情動が傾向性であるなら、ある意味では、顕在化していない情動を情動とみなすべきでないとも言える。それは情動になる潜在性をもつものでしかないのだ。この分析では、長期間の愛情は、時々に生じる愛情として記述したほうがよいことになる。ソロモンが挙げた男性は、本当に何年ものあいだ休みなしに愛情をもっていたわけではない。愛情をもつように傾向づけられていただけなのである。しかし、この説明は直観に反する。

だが、この反論は誤った傾向性概念に基づいている。傾向性は単なる潜在性ではない。傾向性は、顕在化していないときにも存在し続けているものである。次のことと比較してみよう。塩は、溶けていないときでも水溶性をもっている。なぜなら、水溶性は、塩が常にもっているなんらかの構造的性質によって実現されているからである。他人に対して長期間の愛情を持っている人も同様である。その人には常に、すべての瞬間において、ドキドキする感じをもたせるように傾向づける心的構造をもっている。そして、その構造は愛情の対象をなった他人を表象するものなのだ。ドキドキは持続するものではなく、ドキドキの引き金として働く表象が持続しているのである。この表象は、地球は太陽のまわりをまわっているという信念が持続しているのと同じように、持続している。われわれはこの信念をすべての瞬間に抱いているわけではなく、この信念はずっと長期記憶に存在している。同様に、態度的情動は、顕在化していないときでも、持続する傾向性として脳神経回路に具現化されており、そのようにして存在しているのである。

## 気分

気分（mood）は情動と非常に似ているようにみえる。気分が情動のように感じられることも多く、また、気分が情動と同じ名前で呼ばれることもある。さらに、気分は情動と同じくらい思考や行動に影響を与える。また、情動と同じく、気分も明らかに命題的でないようにみえる。気分が特定の判断を促すこともあるが（憂鬱な人はすべてに対して間違った判断を下してしまうことを考えてみよう）、どのような判断も気分の構成要素ではない。憂鬱はむしろ身体状態であるように感じられる。体が鈍く消耗したように感じられるのだ。この点から、気分も情動と同じく身体性の評価だという仮説が作れる。この仮説は、情動と気分に体系的な対応関係がみられることから支持されるだろう。どの気分についても、みたところそれと緊密に関連している情動があるのだ。たとえば、憂鬱は悲しみと漠然とした不安は恐怖と、苛立ちは怒りと関連している[＊3]。

こうした明白な対応関係があるにもかかわらず、多くの人は、気分と情動は異なるという直観をもっている。そのため次の課題を果たす必要が出てくる。すなわち、情動と気分の似た点を説明しつつ、両者に違いがあることも言えなければならないのだ。両者の緊密な関係を維持しつつ両者を区別する指標が必要とされているのである。そして、以下の三つの提案が気分に関する文献で何度も繰り返し登場している。

第一のものは時間的な基準であり、気分は長続きする情動にすぎない、というものである。第二の提案は傾向性に訴えたものであり、気分は情動そのものではなく、情動を形成する傾向性である、というものだ(Lormand 1985を参照)。第三の提案は志向性に関わる。気分は情動に似ているが、気分は何も表象していない、というものである。たとえば、特定の何かについて落ち込むことなく、単に落ち込むことが可能なのである(Armon-Jones 1989; Frijda 1994; Sizer 2000)。私は、これらの提案はどれも綿密に吟味すれば誤りと判明すると考えている。順に検討しよう。

何人かの情動研究者は時間基準に疑いをかけている。時間では情動と気分の境界を引くことはできないというのだ。たとえばラザルスは、いくつかの情動は長続きすると主張している(Lazarus 1994)。彼が挙げている例は、カップルが朝に口喧嘩し、それによって怒りが生じるが、仕事中はいくぶん静まり、夜に再び会ったときに怒りが再燃する、というものである。他方でデヴィッドソンは、いくつかの気分は長続きしないのではないかと推測している(Davidson 1994)。彼は具体例を挙げていないが、次のような状況が想像できるだろう。窓越しに曇り空が見えて陰気になったが、旧友からの嬉しい電話がきたので陰気さが飛んで行ってしまった、など。そのため、気分は長続きする情動にすぎないという提案は維持できない。

気分は情動をもつ傾向性であるという提案にも疑いを投げかけることができる。まず、傾向性基準では、気分と心情(sentiments)、そして、顕在化していない態度的情動を区別するのが難しい。この二つも傾向性だが、明らかに気分とは違いがある。これに対する応答として、気分は多くのさまざまな個別的対象に向けられた情動を感じる傾向性であるが、心情と態度的情動は常に単一ないし一種類の個別的対象にしか向けられないと言われるかもしれない。もしあなたがスピルバーグの映画が嫌いなら(心情)、あなたはスピルバーグの映画にネガティブに反応しがちになるだろう。また、あなたが苛立った気分にあったなら、目の前にあるあらゆるものに対してネガティブに反応しがちになるだろう。また別の例として、〔詩人の〕

ジョン・アップダイクの短編集のなかの一つをみてみよう。

一人で旅をしていると人間はロマンティックな目眩におちいるものだ。ベックはすでにプラハのアメリカ大使のそばかすのできた夫人と恋におちたし、ルーマニアの出っ歯の女性歌手とも、カザーク・ソヴィエト社会主義共和国のたくましい蒙古人の女流彫刻家とも恋におちた。トレチャコーフ美術館では横渡っている彫像と恋におち、モスコー・バレー学校では一室にいっぱいになっている少女たちと恋におちた。（Updike 1965 p. 221）

目下の提案にしたがうと、ベックのロマンティックな目眩は気分ということになる。つまり、恋に落ちる（情動）経験をもつ一般的な傾向性である。もし気分が一般化された情動の傾向性であるなら、それは心情や顕在化していない態度的情動とは区別される。

この提案の問題は、気分は顕在化しうるということである。たとえば、よく知られているように、憂鬱に耐えるのは不幸である。憂鬱になっている人には痛ましい不幸が現れている。憂鬱は、単に悲しく感じる傾向性ではないのだ。同様に、アンニュイな感じに胸を痛める人、躁状態の高揚ではしゃいでいる人、恥ずかしくて赤面している人、不機嫌でぼやいている人を考えられるだろう。これらはすべて気分と呼んでいいが、どれも傾向性でもなければ傾向性が顕在化した情動でもない。どれも完全に顕在的な状態〔顕在的な気分〕である。

第三の提案は、気分は情動と似ているが志向的対象を欠くというものである。この提案は、気分は傾向性であるというもっともらしくない主張を回避し、一方で、気分は一般化されるというアイディアを捉えている。気分はありとあらゆるものに付帯するようにみえるが、それは気分が何かについてのものではないからかもしれない。

私は、志向性基準は維持できないと思っている。だが、この提案は正しい方向を示しているだろう。以前に述べたように、ある対象によって信頼のおける仕方で引き起こされるという機能をもつ心的状態は、その対象を表象していると言える。もし気分がそうした機能をもつなら、気分は志向的状態である。この想定はかなり正しそうだ。というのも、気分はでたらめに生じるものではないからだ。気分は、食事、天気、ホルモンなど、みたところ任意の要因によって誘発されるが、生活のなかの出来事によって引き起こされるものでもある。愛する人の死、離婚、失職に続いて憂鬱を体験するのだ。憂鬱を引き起こす化学的要因のいくつかでさえ喪失に関わっている。たとえば悪天候は、価値ある資源へのアクセスを減らす外的条件のサインであるかもしれない。そのため、気分はそれに対応する情動が表象しているものを表象しているだろうし、さらには、対応する情動とまったく同じ出来事によって引き起こされているかもしれない。エクマンが指摘しているように、気分は、それに対応する情動が強く感じられ、繰り返し経験されるエピソードによって誘発されることが多いのだ（Ekman 1994）。

ここで〔志向性提案の〕問題点を埋めるために、気分には形式的対象はあるが個別的対象がない、と言われるかもしれない。「志向的」には二つの意味があり、気分は片方の意味でだけ志向的だというのだ。憂鬱は喪失についてのものだが、何か特定の喪失についてのものではないのである。だが私は、これで志向性提案が救えるとは思わない。第一に、ある種の情動（私が状態的情動と呼んだもの）にも個別的対象はない。第二に、気分が個別的対象をもつ可能性が少なくともありはすることは確かだ。たとえば、「スミスは人間関係で失敗したことについて憂鬱になっている」といったことはよく言われるだろう。

情動と気分の違いは、何かを表象しているかどうかの違いではなく、それぞれが表象しているものの違いによって捉えられるべきである。ラザルスは、気分は生活の「実存的背景」についての評価だと主張している（Lazarus 1994）。もう少しわかりやすく言えば、気分は、生活全体においてわれわれがどのように振る舞うべきかを表象しているのである（Lyons 1980も参照）［＊4］。気分は特定の出来事によって誘発されるかもしれないが、気分の機能は、一般的にどのようすればうまくやれるのかを教えることなのである。私は、この提案は正しいと考えている。

情動と気分は同じ個別的対象をもちうる。悲しみと憂鬱はどちらも失職によって引き起こされうる。さらに、ある意味で気分と情動が同じ形式的対象を表象しているとも言える。私が定義した形式的対象は、それによって情動が引き起こされる性質だった。悲しみも憂鬱も同じ性質、つまり喪失によって引き起こされる。両者が表象すべきもの違いを説明するために、新しい用語を導入しよう。ある用語が適用されるものの存在論的なクラスを、その用語の「存在的対象」と呼ぼう。存在的対象は、ある用語の形式的対象を構成している性質を示した種類を指示する。たとえば、固有名は個物を指示し、一般名詞は性質ないし個物のクラスを指示し、時制の用語は期間を指示し、数学用語は抽象的なものを指示する、等々。そして、情動と気分の存在的対象はわずかに異なっている。

情動は特定の物事ないし状況を指示する。他方で、気分は物事や状況をきわめて一般的に指示する。適切に適用された情動は局所的な物事に対応するが、適切に適用された気分は大局的な条件に対応している。適情動は他から切り離れた対象や出来事に反応するが、気分は世界のなかでの個人の一般的な立ち位置に反応する。この違いは微妙だが重要である。悲しみは特定の喪失を表象するが、憂鬱は勝ち目のない勝負を表象する。恐怖は特定の危険を表象するが、不安な気分は一般的な危機を表象する。怒りは特定の侮辱的な侵害を表象するが、苛立ちは世界の一般的な侮辱さを表象する。形式的対象は本質的には同じだが、存在的対象が異なっているのである。

この分析に対する反論として、個別的対象をもつ気分が挙げられるかもしれない。以前に私は、人間関係を失敗したことについて憂鬱になる例を挙げていた。一見したところ、これは一般的なパターンではなく特定の対象に向けられた気分であるようにみえる。だが幸いにも、別の解釈が可能である。人間関係の失敗が物事は全体にわたってうまくいかないという結論に導くのは確かに可能である。親密さへのアクセスという、人生のなかで最も中心的で大切なものが危機に瀕している。人間関係で失敗したことについて憂鬱になっているとき、その失敗から帰結する喪失一般を表象する状態にあるのだ。同じ個別的対象について悲しみもてるし憂鬱もてるのである。両者の違いは、悲しみは対象を他から切り離された喪失として表象しているが、憂鬱はその対象を人生における自分の一般的な立ち位置に関わるものとして表象していることである。

この説明は興味深い事実を理解可能にする。いくつかの出来事は、気分を誘発することなく非常に強い情動を生じさせる。たとえば、高速道路で割り込まれた後に感じる「ロード・レイジ」は、強烈なものである場合が多いが、長続きするものではない。他方で、失職などの出来事は、強い情動と長続きする気分の両方を生じさせることが多い。この非対称性は次のように説明できる。すなわち、失職は高速での無作法と違って、人生がうまくいかないことの根拠とみなしうる、ということだ。失職は、今ここだけの困難だけでなく、不可欠な資源へのアクセスが潜在的に減少することを示している。

もし気分が表象しているものが、人生はどうすればうまくいくか、ということであるなら、結局のところ、持続時間は情動と気分の区別に寄与していることになるだろう。情動は切迫した難題に対する反応であり、気分は長続きしうる難題に対する反応なのである。したがって、持続基準がつねに感情的状態の長さにあてはまらないとしても、その状態が表象している中心的関係テーマの長さには当てはまるだろう。情動は環境との短期間の関係を表象しており、気分は環境との長期間の関係を表象している。このことは、なぜ気分は長続きするか、なぜ特定の誘因とあまり結びついていないのか、ということを、気分は長期間続くものだとか、情動は志向的内容を欠くものだとか言うことなく、説明するのである。

さらに、この理論では、なぜ気分がときに傾向性とみなされるのかも説明できる。憂鬱は悲しさを感じるように傾向づけるが、それは憂鬱が、自分の人生は失望ばかりだということの表象だからである。このような一般化された評価が誘発される状況では、より特定の評価が生じやすいことが多い。顕在的なものとして強烈に感じられる気分は、それに適合した情動が育ちやすいような一般的な見通しを捉えているのだ。

まとめると、私がラザルスから借りてきた気分の理論は、他の気分の理論を動機づける直観を説明しつつも、そうした理論に備わる欠点がない。このことはラザルスの理論が強く支持されることを示している。だがここで、ラザルスの理論を私が使えるのかという疑問があるかもしれない。ラザルスは感情の認知説を支持しているが、私はそうではない。では、〔私の理論の〕身体性の評価はどのようにして、全体として物事がどううまくいくかを表象するようになるのだろうか。私が支持する志向性の理論では、心的状態は何であれそれが探知する機能をもつものを表象する。ここで、ある感情的状態は仕事を解雇されることで生じ、別の状態は道路の割り込みによって生じるとしよう。どちらの状態にも同じ身体状態が含まれている。では、何が両者を区別するのだろうか。言い換えると、前者を気分にして後者を情動にするのは何なのだろうか。ラザルスの理論では、その違いは内的判断を使って説明される。被害を被った人は、ある場合には、自分が特定の出来事によって脅かされていると判断し、別の場合には、より一般的な仕方で脅かされていると判断しているということになる。私は情動と判断を同一視したくないので、こうした説明は使えない。

私の解決策は、手始めに、情動と気分は異なる目的のもとで備わったと想定する。情動は、生物と環境との関係における局所的な変化を探知するために備わったものである。他方で気分は、より大局的な変化を探知するために備わったものである。この違いは、気分と情動が果たす機能的役割に違いをもたらすだろう。もし情動と気分がわずかに異なった存在的対象を探知するように備わったものであるなら、心‐脳が両者を用いる仕方もいくらか異なっているはずである。気分の機能の大局性は、気分障害における神経化学的変化や気分調節異常に関する文献で強調されている。グリフィスによれば、気分は、状態遷移確率における、化学的に駆動させられた大局的な変化として特徴づけることができる（Griffiths 1989）。それとは対照的に、情動は、その個別的対象に関わる処理と関連したより局所的な変化に関わっている。

大局的／局所的の対比は、情動と気分のあいだの、経験的にテストできるさまざまな機能的差異を思い起こさせる。ここでは二つ事例を挙げよう。第一に、大局的変化を探知するために備わった感情的状態は、動向（trends）に敏感であるはずだ。情動はもつが気分はもたない生物は、一般的な動向に気づかないだろう。たとえば、同じ環境で一〇回脅威にさらされた後でも、最初に脅かされた後と同じく、不安をもたないだろう。他方で、気分はもつが情動はもたない生物は、切迫した身の危険にさらされても恐怖を経験しないだろうが、そうした環境で繰り返し脅威にさらされた後では不安な気分を経験するだろう。われわれが知る限りこうした生物は存在していないが、この違いはテストできる予測を導く。単一の出来事によって引き起こされる感情的状態に加えて、〔特定の〕感情的状態が繰り返し生じることで引き起こされる〔別の〕感情的状態があるということだ。

第二に、大局的な変化を探知するために備わった感情的状態は、プランニング（計画の立案）に特別な種類の影響を与えるはずである。脅威には、すぐさま対処できるものもあるが、長期間の戦略を必要とするものもある。心に備わるプランニングシステムは、階層的に組織化されたｔｏ‐ｄｏリストの集まりとして理解することができる。その階層の一番下には、もうすぐ行われる行為のための一時的なワークパッドがある。その反対の端には、生活における主要な目的がリスト化されている。あるリストには明日の朝食をどこで食べるかについての計画があり、二つめのリストには進行中のプロジェクトなど、三つめにはキャリアの目標、四つめにはどういった人になりたいのかに関する情報が含まれているだろう。情動は直近のリストに計画を生じさせるが、気分はより上の階層に計画を生じさせる。一般的な不安は、直近の目標よりも進行中のプロジェクトに関わる一般的な用心を生じさせるだろう。この仮説が正しければ、情動と気分の違いは、それぞれが影響するプランニングの階層のレベルの違いにみられるだろうと予測できる。情動は直近の目標の優先順位をつけ直させるが、気分は長期的な目標の順位をつけ直させるだろう。

また、気分の機能的役割に関するどちらの提案も、なぜ気分が情動とは微妙に異なる意味論的性質をもちうるのかを説明する手助けにもなる。まず動向を考えてみよう。もし気分が繰り返された情動によって引き起こされうるものなら、気分は福利のうちの大局的な特徴を表象できるだろう。遠くから聞こえる捕食者の音が引き起こす不安（情動としての不安）は切迫した危険を表象するだろうが、不安が繰り返されることによって引き起こされる不安（気分としての不安）は、一般的な危険パターンを表象するのだ。次に、目標の階層を考えてみよう。目標を達成する試みの成果は感情的状態の引き金となりうる（Oatley & Johnson-Laird 1987）。このようにして生じる感情的状態は、取り組んでいる目標の階層的レベルに応じて、異なる意味論的性質をもつだろう。直近の目標を達成しそこねたことで生じる感情的状態は、長期間の目標を達成しそこねたことで生じる感情的状態とは内容が異なっているだろう。たとえば、良い親であろうという目標が達成できなかった場合、その結果として生じる情動は、物事が全体としてうまくいっていないということを表象するだろう。良い親であろうとすることは包括的な願望であり、一時の要望ではない。

以上のポイントをまとめると、気分と通常の情動はいくぶん異なる機能的役割をもっている、ということになる。両者は異なる目的で備わったのである。気分は、自分はどうすれば全体的にうまくいくかを探知するために備わったものである。気分がこうしたことを信頼のおける仕方で探知できるのは、部分的に、気分が、動向や長期的な目標の成果によって引き起こされる傾向にあるからだ。このように、気分と情動の違いは内的判断を使わずに説明できる。仕事を解雇されて生じる感情的状態が（道路で割り込まれたときのものとは反対に）気分とみなされるのは、その出来事が福利に大局的な影響をもたらすと明示的に判断されているからではない。その状態が気分であるのは、解雇がキャリアの目標と衝突し、そしてキャリアの目標は本来的に目標階層の上位にあるものだからである。私は、われわれの心‐脳はショートカット術を使っていると提案する。われわれは、長期間の目標を達成したり達成しそこなったりしたとき（そして情動的な動向を探知したとき）、その結果が大局的な影響をもつと明確に判断なすることなく、気分を経験するようになっている。判断は不要なのだ。

この説が正しければ、気分と情動は異なるものだが、その違いは非常に微妙なものだということになる。どちらも感情価をもつ身体性の評価である。情動と同じく気分も中心的関係テーマを表象している。たとえば、憂鬱は人生を半分も満たされていないものとして表象する。また、気分は感情価をもつ。憂鬱は負の強化を与える。人は、過去に憂鬱を引き起こした状況を避ける傾向にあるのだ。たとえば、憂鬱な子供時代を過ごした人は、自分が育った町を避けようとするだろう。

情動と気分の違いは、志向的内容の範囲だけである。情動が感情価をもつ身体性の評価として定義されるなら、気分は特殊なクラスの情動だとみなされるだろう。このことは、なぜこれら二つが素朴心理学でとても緊密に結びついているかを説明する。また、気分と情動に同じ語が与えられることが多いという事実も理解できるようになる。われわれは、特定の要因や人生全般について苛立ったり、高揚したり、悲しんだりする。私は、気分は特別なクラスの情動にすぎないと結論したい。気分は情動とは独立のカテゴリーではないのだ。気分でない情動と気分は明確に分けられるのだが、気分と情動とのあいだに明確な区別はない。セダンが車〔の一種〕であるように、気分は情動〔の一種〕なのである。〔セダン以外にも〕どの製造業者もドアが四つのモデルを作っているだろう。これまで議論で私が「情動は気分とは異なる」と言っていたところは、「気分ではない情動は気分である情動とは異なる」と言った方が正確だっただろう。こうした語り方は、気分と情動の深い結びつきを尊重する一方で、両者の違いを認めているのである。

## その他の感情的なもの

### 心　情

だが、情動と多くの共通点がありつつも情動とはみなされない感情的状態は他にもさまざまある。ここではそうしたものをいくつか検討してみよう。私は、それらは身体性の評価を使って最もよく理解されると主張するつもりだ。まず心情（sentiments）から検討しよう。

「心情」という用語は、かつては「情動」と同義だった。だが、今ではより狭い意味で、好き嫌いを指すものとして使われることがある。また、これらは感情的な傾向性と解釈されることも多い。出発点として次のように言えるだろう。すなわち、何かを好きになるとは、それに対して特定の情動を感じるよう傾向づけられることである。あるものが好きなら、それと関わることで喜びなどの正の感情が生じるはずだ。嫌いについても同様のことが言える。

この点で心情は顕在化していない態度的情動にとてもよく似ている。どちらも傾向性なのである。だが、二つの重要な違いがある。第一に、顕在化していない態度的情動は顕在化しうる。たとえば、配偶者に向けられた長期にわたる嫉妬に火がついたとき、嫉妬の状態が経験される。しかし、好きや嫌いの状態というものはない。嫌いの状態になるということは不可能なのだ。心情は傾向性としてのみ存在するのである。この傾向性が実現されるときに経験されるのは情動であって心情ではない。

態度的情動は傾向性としても顕在化した情動としても存在しうるのに、「心情」という用語を傾向性のみに制限するのは一見すると奇妙かもしれない。だが、この規定は見かけよりも恣意的ではない。顕在化していない態度的情動と心情の第二の違いは、心情はさまざまな異なる情動的状態として顕在化されうるということである。もしあなたが誰かを好きなら、その人がいるときに喜びを経験する。だがそれだけでなく、その人が冗談を言えば楽しみも経験するだろうし、その人と次に会うことを考えると興奮するし、別れるときには悲しみを、その人が傷つけば嫌悪を抱く、などなど。誰かを嫌っている場合、その人がいれば、怒り、嫌悪、軽蔑を経験するだろう。その人が不幸に見舞われたときにはシャーデンフロイデを経験することさえあるかもしれない。

いくつかの英語の語は、情動（emotion）なのか心情（sentiment）なのか体系的に曖昧である。格好の例は、「愛情（love）」と「憎しみ（hate）」だろう（Frijda 1994を参照）。人は、他人を愛する状態になりうるし、あるいは、他人を愛する傾向性を抱きうる。この場合の愛情は情動である。しかし、「私はピーナッツバターを愛している」とか「雨の日を愛している」といった言い方が使われることも多い。この場合、特定の情動が生じているのではなく、さまざまな傾向性的情動の複合物がある。そうした言い回しを使う人は、雨の日は、喜ばしい、望ましい、落ち着いている、といったことに気づくのだろう。同様に、憎しみが情動として経験される場合もある。たとえば、強い憎しみをもつ状態になりうる。この場合の憎しみは特別な形式のものであるかもしれない。つまり、特定の行為ではなく一人の人間に対して較正された怒りかもしれないのだ。しかし、「私はピーナッツバターを憎んでいる」や「私は雨の日を憎んでいる」とも言ったりする。この場合の憎しみは、さまざまな異なる情動を経験する傾向性である。

フライダは、われわれの用語におけるこうした曖昧さを説明するために次のことを指摘している。すなわち、心情は同じ名前のついた情動を経験させるようわれわれを傾向づける、ということである。愛情の心情には、愛情を経験する傾向性が含まれているのだ。私は、これは理にかなった分析だと考えている。私がフライダと異なるのは、心情は〔同じ名前の情動だけでなく〕さまざまな情動を経験させるよう傾向づけるだろう、という点だけである。

この分析が正しければ、心情と情動は異なる種類の状態だということになる。日常表現でこれらは曖昧に一緒になっているが、切り離した方がいいだろう。心情は、情動をもつ傾向性なのである。情動も傾向性的でありうるので、心情はときにそれ自体が二階の傾向性として実現される。誰かを好きなことは、その人がいるときに傾向性的な快をもつ傾向性でありうる。

情動と心情にはこうした微妙な違いがあるが、心情が感情的要素を情動から受け継いでいるのは明白だろう。心情が感情的なものであるのは、まさにそれが情動として顕在化するからなのだ。したがって、心情についての理論は、情動理論の基礎的な構成要素から組み立てることができる。心情の基底には身体性の評価があるのだ。

## 感情価をもつ身体状態

第7章で私が下した結論は、情動は感情価をもつ身体性の評価だというものである。だが、この定義は情動カテゴリーを日常的な範囲よりも広げすぎていると批判されるかもしれない。この定義は私が第4章で提示した議論の餌食になるようにみえる。そこで私は、情動は侵入性の動機づけとして定義できるという提案を拒否した。侵入性の動機づけであることは、情動であることに十分ではない。私はそれを示すために疲労を引き合いにだした。疲労は侵入性の動機づけだが情動ではないのだ。私の定義した情動も同じ反例に直面する。一見したところ、疲労は感情価をもつ身体性の評価である。疲労は、負の条件づけを与え（「続けるのをやめて少し休め」）、身体性のものであり（活気がない感じ）、中心的関係テーマを表象している（「十分な休息を取っていない」）。

同じ懸念が他のいくつかの身体的感覚からも出てくる。痛み、かゆみ、くすぐったさは、どれも感情価をもち、身体状態の変化が関わっている。私が定義した情動では、こうした状態すべてと情動とを区別するのが難しい。私の定義は広すぎるようにみえるのだ。

この懸念を解消するには、情動は疲労や身体感覚とは意味論的に異なることを理解すればよい。情動は身体状態を含んでいるが、身体状態を表象しているわけではない。情動は、生物と環境の関係を表象するために身体状態を用いている。たとえば恐怖は、危険を表象するために身体を用いている。第3章で導入した用語を使えば、恐怖は身体状態を実質的内容としてではなく名目的内容としてもっている。では、疲労はどうだろうか。むしろ疲労は身体状態を表象している。言い換えると、休息が不十分だということを探知する機能をもっているのだ。疲労は名目的内容としてではなく実質的内容として身体状態をもっているのである。疲労は感情価をもつが、評価ではないのだ。

私が挙げた意味論的な違いは次の事実からさらに支持できる。すなわち、情動はふつう、さまざまな感覚器官を通して知覚されるさまざまな刺激によって引き起こされる、ということである。われわれは、何かを見たり、聞いたり、嗅いだりしたときに怖がるようになる。もし恐怖が身体状態を表象しているなら、外界に向けられた感覚を通して知覚される、身体の外部の原因がきまって必要とされることはないだろう。それとは対照的に、疲労はふつう、身体内部から生じる条件によって誘発される。かゆみにも同じことが言えるだろう。それらは感情価をもつかもしれないが、評価ではない。かゆみは特定の身体状態（皮膚の受容器の興奮パターン）を表象した感じでる。

だからといって、情動は身体が関わる条件を表象できないわけではない。結局のところ、情動は非常に柔軟なのである。情動は較正を通して、限りない数のさまざまな性質の探知器となりうる。そうした性質のうちのいくつかは身体と関連しているだろう。たとえば、ジョーンズは暖かい砂の上を歩くと必ず幸せになるとしよう。さらに、その感じはとても満足がいくものであるため、彼女はそうすることについてよく考え、また、そうする機会を探しているとしよう。しばらくすると、暖かい砂との接触と幸福を結びつける心的較正ファイルが備わるかもしれない。そのファイルによって引き起こされる幸福は新しい意味合いを帯びるようになる。つまり、〈足で暖かい砂を感じる幸福〉になるのだ。それは、シャーデンフロイデが〈他人の苦しみの幸福〉とみなされるのと同じである。そして、ジョーンズの足の幸福は、身体的刺激を含む条件を表象している。つまり、彼女の足の感覚を表象しているのである。だが、表象されているのは感覚だけではない。その感覚とジョーンズとの関係性も表象されているの。足に暖かい砂を感じることは彼女の目標を満たすということも表象されているのだ。彼女が暖かい砂の上を歩くときにもつ身体感覚状態は身体状態を表象しているが、彼女の情動反応は、その身体状態を不可欠の要素として含むようになった中心的関係テーマを表象しているのである。

この例は痛みのケースを理解する手助けとなる。第7章で私は、痛みは不安を構成要素として含むだろうと述べていた。この不安は、身体的病理のケースに対して（おそらく進化によって）較正されてきた不安である。したがって、それは病理探知器なのである。それは身体的病理によって信頼のおける仕方で引き起こされる。だが、病理が単独で不安を引き起こしているのではない。それを引き起こしているのは、病理を関係項の片方にもつ関係的性質である。痛みの不安は病理的な危険さを表象する。それは〈病理の危険〉を表象するのである。この分析では、痛みは二つの意味論的に異なる要素から成り立っていることになる。痛みの感覚的側面は病気や怪我を表象するが、感情的側面はその病理的状態がもたらす危険を表象するのだ。では、「痛みは情動か」と問われると、答えはノーである。痛みは情動を含んだ複合的状態である。だが、痛みには身体状態を表象する状態も含まれている。この分析が正しければ、痛みは疲労や痒みとはわずかに異なっている。疲労と痒みは情動を含んでいない。身体状態を表象するだけである。これらはどれも感情価をもつ状態であるが、どれも私が擁護している情動の定義を満たさない。

### 動機づけ

感情的なものとして、最後に動機づけ（motivation）を検討しよう。動機づけには、飢え、渇き、性衝動、といった状態がある。これらは原初的な動機づけである。というのも、われわれはそれをもつように遺伝的に傾向づけられており、それらは基礎的な生命機能として働くからである。原初的な動機づけは（Woodworth 1918 以来）「動因（drives）」と呼ばれるが、「動機づけ」という用語の方が流通するようになっている。動機づけのクラスは、生物学的に基礎的なものを越えて、さまざまな衝動や欲求を含むまでに拡張しているだろう。タバコを吸いたいという衝動も同じカテゴリーに分類されるだろう。さらには、こうした単純なケースと、映画を見たいという衝動や衝動買いのケースを統一的にするようなメカニズムがあるかもしれない。これらはすべて同じ意味で動機づけであるかもしれないのだ。情動と同じように、動機づけも行為をやめさせたり続けさせたりする。このことが示唆するのは、動機づけも感情価マーカーをもつということである。

だからといって動機づけが情動であることにはならない。その違いを理解するためには、まず、疲労は動機づけだということに注目するといいだろう。疲労は、飢えが摂食を強要するのと同じように、休息を強要する。だが、疲労は情動ではない。さきほど説明したように、疲労と情動には意味論的な違いがある。疲労は身体状態を表象するが、中心的関係テーマを表象しない。同じことは、飢え、渇き、性衝動にも言える。これらはそれぞれ、栄養不足、脱水、興奮といったものを表象している。そうすると、動機づけを、感情価をもつ身体状態の表象と定義したくなる。だが残念なことに、この定義は不適切である。さきほど示したように、痒みや痛みも感情価をもつ身体状態の表象だが、これらは日常的には動機づけのカテゴリーに分類されない。そのため、「身体に関することである」という点は動機づけであるための十分条件ではない。

また必要条件でもない。動機づけのクラスは、感情価をもつ身体状態のクラスを横切るものである。つまり、身体的でない動因や衝動を含むまで広がっているのだ。われわれが「欠乏（wants）」と呼ぶ一般的な状態と飢えとのあいだには親類関係がある。人はあらゆるものを求めうる。食べ物やセックスだけでなく、友人関係、エンターテイメント、成功、知的な刺激、自由な時間、などなど。飢えと同じく、欠乏もわれわれを行為に駆り立てる。どちらも負の価をもつと解釈できる。欠乏は、それを満たすことをわれわれに強いることで、自らを破壊しようとしている。もし欠乏が動機づけであるなら、身体を必ずしも表象しない動機づけがあることになるだろう。動機づけを身体に向けられた状態に制限するのは、理論的なコストが高いかもしれない。というのも、飢えと欠乏の親類関係は説明を要する事柄だからである。必要なのは、動機づけが何であるかを定義しつつ、動機づけが他の感情的なものとどう違うかを特徴づけるより一般的な方法なのである。

プルチックは情動と動機づけを対比させる項目を提示している（Plutchik 1984, p. 214）。

1　動機づけは情動とは異なり、内因性の原因による引き起こされる。
2　動機づけは情動とは異なり、生存に関わる出来事が欠如しているときに引き起こされる（食べ物がなくて飢える、など）。
3　動機づけは情動とは異なり、ふつうは非常に狭い範囲の対象に向けられる（食べ物や水など）。
4　動機づけは情動とは異なり、評価の後ではなく、探索過程の前に生じる。

5　動機づけは情動とは異なり、ランダムに生じる環境の出来事の後ではなく、周期的に生じることが多い。

このリストは、動機づけは身体についてのものであるという主張より進んでいる。飢えなどの原初的な動機づけの典型例は、一般的にこの項目のすべてを満す。だがそれでも、プルチックのリストは、情動と動機づけの明確な境界を引き損なっている。

第一の区別、すなわち、動機づけは内因性の原因によって引き起こされるということは、必ずしも正しくない。セックスパートナーになりそうな人を見たときに性的に惹かれる感じが引き起こされうるし、みずみずしい果物を見ると飢えが生じうる。また、新しい記憶を蓄えられない前向性健忘症の人は、自分はまた食べていないと思っているとき、実際には食べた後であっても喜んで食事する（Rozin, Dow, Moscovitch, & Rajaram 1998）。この点は第二の基準への反論になるとも言える。つまり、動機づけは、われわれの生存に関わる出来事との遭遇によって生じうるのだ（たとえば、食べ物が急に目の前に出てきて飢えが突発的に生じる）。ここで、動機づけは欠如を表象できると言っても助けにはならない。というのも、悲しんでいる家族の情動も欠如を表象するからである。

プルチックの第三の基準、動機づけは範囲が狭い、ということにも反論の余地がある。情動も動機づけも、個体発生的には狭い範囲のものとして始まるが、大幅に範囲が広がりうるだろう。もし動機づけに衝動や切望、出来心が含まれるなら、その範囲は極めて限りない。この点はプルチックの五番目の基準にも同様に疑いを投げかける。衝動や欠乏の多くは、一定の周期で生じるものではない。実際のところ、いくつかの原初的な動機づけも周期的ではない。人間の性衝動はそれを示す格好の例かもしれない。

プルチックの第四の基準は二つの部分に分けられる。動機づけは評価に続くものではないという部分と、動機づけは探索を促すという部分である。どちらの点も問題含みである。動機づけは評価に続きうるし（「これはおいしそうだ！」と判断した後でそれが食べたくなる、など）、また、必ずしも探索を促さない（自分が欲しい対象がすでに目の前にある場合など）。ここで、探索基準を弱めるために、動機づけが探索を駆り立てるのは、目的となる対象がない場合のみである、と言われるかもしれない。確かにこれは動機づけの必要条件かもしれないが、十分条件には程遠い。同じことは多くの情動にもあてはまる。恐怖は安全がないときに安全を求めるように駆り立て、愛情は愛する対象となる人がいないときにその人を求めさせる。

どれもうまくいかないので、情動と動機づけの境界は曖昧だと認めてしまう人もいるかもしれない。ひょっとすると、欠乏などいくつかの動機づけは境界をまたいでいるかもしれない。また、ひょっとしたら、情動はどれも、感情価をもち、感情価マーカーが行為に駆り立てるかぎりで、実際には動機づけとみなされるかもしれない。こうした結論はひどく不適切だというわけではないだろう。

それでも私は、情動と動機づけを区別する理論的に有用な方法があると考えている。情動と動機づけを分ける前に、まず、動機づけ（motivation）と動機（motive）を分けておこう。動機は行為の理由を与えるものであり、動機づけはわれわれを行為に駆り立てるものである。私は、情動はすべて動機だと考えている。怒りは、他の条件が同じであるなら、攻撃する理由を与える。恐れは、他の条件が同じであるなら、逃げる理由を与える。だが、情動は必ずしも動機づけになるわけではない。情動は、必ずわれわれを行為に駆り立てるわけではないのである。たとえば、復讐を傾向づけられずに怒ることは可能であるようにみえるし、逃避を傾向づけられることなく怖がることは可能である。対照的に、摂食を傾向づけられることなく飢えることはできない。行為の傾向と情動の結びつきは、行為と動機づけの結びつきより弱いのである。

この違いは、情動と行動の関係をさらに考えてみると明らかになる。何人かの研究者は、情動は行為の傾向にすぎないと考えてきた。こうした伝統は、アリストテレスからフライダなどの現代の研究者まで続いている。だが私は、情動と行動の結びつきは、こうした研究者たちが信じているものよりもいくらか緩いと考えている。たとえば怒りを考えてみよう。侮辱されたとき、肌がほてり、鼓動が速くなり、筋肉が緊張するかもしれない。こうした変化は攻撃的な反応を容易にするが、復習する傾向性とまではいかない。むしろこれらは、行為を可能にする変化とみなす方がいいだろう。情動の身体的要素は行為を備えさえ、感情価マーカーはわれわれを行為に傾けさせる。怒りの場合、身体は攻撃の準備をしており、感情価マーカーは、（正の場合）その状態を維持すべきだと告げるか、（負の場合）その状態を変化させろと告げる。こうした過程のなかで、どんな行為も選択されていないし、どんな戦略も決定されていない。また、どんな計画も抱かれていない。身体状態と感情価マーカー〔の情報〕は、反応を選択する心的システムに送り込まれているはずである。そして、怒りの源泉に対する暴力的な復讐が可能になっている。怒りの状態はこの反応の確率を上げるが、怒りがこの反応を構成しているわけではない。復讐しようという決定は、怒りに続いて生じる選択である。そうした選択がひとたびなされると、行為の傾向が働いていると言うことができる。だが、行為の傾向それ自体は、行為の動機ではない。それは動機づけである。復讐しようという能動的な計画は、衝動または欠乏であり、飢えに近いものなのだ。この分析では、情動は動機だということになる。情動を動機づけとして記述することもできるのは、情動が一連の行為を選択するようにわれわれを駆り立てるからである。言い換えれば、情動は動機づけを導くのである。しかし、情動は動機づけと同一ではない。私が思うに、T・S・エリオットが自身の詩「バーント・ノートン」の愛について次のようにコメントしたとき、このことを理解していたはずだ。すなわち、「愛それ自体は動かない。愛は運動の原因か終わりでしかない。」

次に、飢えを検討しよう。以前に私が述べた暫定的な提案は、飢えは負の感情価をもつ栄養不足の表象だ、というものである。これが正しければ、飢えは動機づけではなく動機とみなされるだろう。だが、さらに考えてみると、飢えにはこれ以上のものを含んでいることがわかる。飢えは実際にわれわれに食べろと命令する。これは、摂食行動を制御する外側視床下部の細胞応答と関連している。この領域への刺激は摂食を引き起こし、この領域が損傷すると食べなくなってしまう。だがわれわれは、空腹の不快な感覚といった負の感情価をもつ栄養不足の表象を単にもっているだけの人を、必ずしも「飢えている」と言うわけではない。この場面でも「飢え」という用語を用いるなら、それは「飢え」を異なる意味で使っている。つまり、動機づけを指していないのである。日常的には「飢え」は、負の感情価をもつ栄養不足の表象に、食べる衝動が合わさったものを指している。

別の言い方をすれば、飢えには三つのものが含まれている。身体状態の表象、感情価マーカー、行為指令である。感情価マーカーは身体表象に適用される。それは「これを減らせ！」と告げる。すると、この指令に答える課題が何らかのサブシステムに割り当てられる。そのサブシステムは、通常の条件下では、それに答えるために「食べろ！」という別の命令を出す。こうした複合的な状態が飢えなである。ひとたび飢えが始まると、他のサブシステムは、「食べ物を探せ！」「冷蔵庫に向かえ！」「売店へ行け！」といった行動指令に答える戦略を探すのである。

これらのポイントをまとめると、情動と動機づけは指令の構造が異なるということになる。情動に含まれる感情価マーカーは、内的状態を変化ないし維持させる指令を出す。われわれはふつう、行動を制御することで内的状態を制御する。他方で、動機づけはこのようには働かない。動機づけは内的状態の目標ではなく行為の目標を定める。感情価はわれわれがどのように感じるかを変化させろと言うが、動機づけはわれわれがどのように行為するかを変化させろと言う。また、動機づけが発するこうした指令は非常に抽象的であることが多い。成功にが欠乏しそれを望んでいる場合、その動機づけは「成功を求めろ！」という指令から成り立っているかもしれない。以前の章の言葉を使えば、この指令は目標階層のうちの高いレベルに属している。こうした指令が実際の行動に変換される前に、他にさまざまな決定がなされる必要がある。

情動と動機づけを分離させるのは難しい。なぜなら、二つは一緒になる傾向があるからである。情動は多くの場合動機づけを生じさせ、動機づけは多くの場合情動によって生じさせられる。怒りは攻撃の動機づけを生じさせうる。飢えは食べ物の欠如による苦悩によって引き起こされうる。感情と行為の結びつきは緊密であるが、とはいえ、分けられないわけではない。ベレッジは、飢えの感情的要素と行為を駆り立てる要素は切り離せるという証拠を提示している（Berridge 1996）。彼は感情的要素を「好み（liking）」と呼び、行為を駆り立てる要素を「望み（wanting）」と呼んでいる。ほとんどの場合われわれは、われわれが好むものを望み、そして、われわれが望むものを好む。食べ物を食べることにした動物は、また、食べることは快いと発見するだろう。しかしベレッジは、好みと望みは実際には分離可能であり、少なくとも、飢えの場合、それらは異なる神経システムに属していることを示した。

ネズミの好みシステムには、側坐核シェル領域、腹側淡蒼球、脳幹が関わっている。他方で、望みシステムには、中脳から側坐核へのドーパミン投射系が関わっている。ネズミの望みシステムに損傷を与えると、餌を食べなくなり、やがて餓死してしまう。だが、ネズミが好む食べ物（たとえば甘いもの）を食べるよう強制すると、その経験を楽しんでいることを示唆する行動をみせる。そのネズミは、食べ物は好きなのだが、食べ物を望んではないのである。これとは反対に、好み抜きで望みだけ働くように望みシステムを刺激することもできる。この条件におかれたネズミは、たとえ嫌いなものがあっても、与えられたものを何でも食べでしまう。噛むたびに嫌悪反応を引き起こしている食べ物も腹一杯食べてしまうのだ。ベレッジはこれを中毒になぞらえている。麻薬中毒者はしばしば、麻薬がもはや快楽を引き起こさなくなった後でも、麻薬を求めるのだ。

ベレッジの発見が示しているのは、感情と行為は切り離せるということである。これは驚くことではない。というのも、われわれの行為の多くは、直接的な報酬や罰なしに遂行されるからである。歩いているときに特定の仕方で足を動かすといった自動的な行動は、その格好の例である。われわれは、片方の足をもう一方の足より前に出すたびに快の発作を経験しているのではない。快や不快について考えることで動機づけられる行為は特定の種類のものだけである。私は、そうしたケースにこそ「動機づけ」という用語が最も適していると考えている。

動機づけは感情的に動機を与えられた行為指令である。「感情的に動機を与えられた」ということで私が意味しているのは、動機づけは必ず感情的状態への反応として始まるということである。そうした感情的状態が情動である必要はない。正または負に価値づけられた身体表象があればよいのだ（たとえば、脱水や栄養不足）。感情的状態とは、何であれ感情価マーカーを含んだ状態である。飢えが動機づけであるのは、栄養不足に対してなされる、感情価をもつ反応によって駆動されるものだからである。

もし動機づけが感情的な原因を必要とするなら、ベレッジの用語法には正しくないところがあることになる。彼は、望みと好みの乖離について言及している。また、望みは動機づけだとされる。だが、私の分析では、望みは必ず快に関する帰結が生じる文脈（好み、願い、恐れ、など）で生じるものである。食べろという指令が快や苦悩といった感情的状態から切り離されるとき、それはもはや動機づけではないのだ。したがって私は、ベレッジのネズミは食べるのを望んでいなかったと言うことになる。ネズミは強迫観念で食べていた、つまり、望んでいないのに食べていたのだ[＊5]。

感情的に動機づけられた行為指令は二種類に分けられる。一つは、指令が発せられる前に有機体が経験している感情的状態によって駆り立てられるものである。たとえば、栄養不足からの苦悩に続く「食べろ」という指令がそうである。もう一方の動機づけられた行為指令は、予期された感情的帰結によって発令される。食べろという指令は、おいしい食べ物を見ることで発令されるかもしれない。こうした二種類の動機づけはときにそれぞれプッシュ／プルと呼ばれる。われわれの行為は、自身の内的状態から押し出される、あるいは、環境の特徴によって引き出されるものである。われわれの行為の多くは、どちらの種類の動機づけによっても駆動させられる。人が食事をするのはたいてい、飢えたときか、おいしそうな食べ物に誘われたときである。そして、プッシュ／プルの区別を使うと、プルチックがどこで間違ったのかを理解しやすくなるだろう。彼が挙げたリストにある特徴の多くはプッシュ型の動機づけに典型的なものであるが、プル型の動機づけにはそうではない。他方で、私が主張してきた理論にはより大きな幅がある。この理論では、飢えや渇き（原始的な動機づけ）とともに衝動や単純な欠乏も組み込める。

ここまでくると、情動と動機づけを原理的に区別する方法は明らかだろう。情動は感情価をもつ身体性の評価であるが、動機づけは感情的状態によって押し出される／引き出される行為指令である。そして、動機づけは情動によって押し出されたり引き出されたりすることが多い。だが、情動が動機づけを引き起こすとき、引き起こされた動機づけは情動を構成する部分とは決してみなされない。したがって、二つの構成物は密接に絡み合っているものの、独立なものなのだ。

### 欲求についての結語

結語として、欲求（desire）についていくらかコメントしておきたい。欲求は哲学において重要な位置を占めている。哲学者は、人間の行為はふつう信念と共同して働く欲求に突き動かされると想定することが多い。Xが欲しいと思い、XはYをすれば手に入ると信じているなら、Yをするのだ。欲求は行為理論の中心にあるが、にもかかわらず、あまりよく理解されていない。欲求とは何かについて、広く受け入れられている説明はない。だが、ここまでの議論で、この問題に取り組むための道具がそろっている。

私は、欲求は統一的なものではないと考えている。何かを欲することは、それを手に入れる動機づけであることが多い。さきほど提案した説明にしたがうと、このことが意味するのは、欲求は行為指令だということである。もしあなたが良い食べ物を食べることを欲しているなら、良い食べ物を食べることは、あなたの行動を導くサブシステムに目標となる状態として入力されるだろう。それを妨害するものがなければ、次に、その目標を果たすための補助的な指令が複数とりまとめられる。たとえば、一番近くの高級フランス料理屋に行くかもしれない。

だが、すべての欲求が行為指令だというわけではない。ときに「欲求」という用語は、自分ではどうにもならないものに向けられた態度として記述されることがある。たとえば、「良い天気であって欲しい」と言うかもしれない。だが、天気を良くするために何かできるわけはない（祈祷師であったり、良い天気のところまで移動したりするなら別だが）。そのため、この欲求は動機づけではない。ここでの「欲求」は「希望（hope）」と同義である。この意味での希望や欲求は、ふつう情動である。より正確に言えば、態度的情動、つまり、何らかの個別的対象ないし出来事を表象するために備わった情動である。また、状態的情動に分類される欲求もある。恋人の豊満な体の曲線は、あなたを欲求でいっぱいにするかもしれない。さらに、こうした性欲を意味する場合には、気分に分類される欲求もある。それは、物事は全体として極めて官能的であるという一般的な評価、言い換えると、世界に向けて性的特色を付与するような種類の姿勢である。

また、心情に分類される欲求もある。それは、欲されている事態が実現したときにさまざまな情動を感じる傾向性である。この意味では、たとえば、裕福さを欲すると言える。実際に裕福になったら喜ぶだろうし、なれなかった場合には失望するか、あるいは、よりつらい思いをすることになるだろう。

欲求はどのようにして行為の決定に関わるかを理解するためには、まず、どの種類の欲求を念頭に置くかを決めなければならない。それを明確にせずに欲求に関わる行為の理論を作るのは危険だ。情動として解釈した場合、欲求は動機づけではなく動機である。そして、動機としての欲求は行為の理由を与える。それは決定を促すものである。他方で、動機づけとしての欲求は、直接的に行為を駆り立てる。情動としての欲求は、動機づけの動機だと言えるかもしれない。熟慮から行為への移行には、情動としての欲求から動機づけとしての欲求への移行が必要とされるかもしれない。

私がここで述べたことは注意書きである。われわれが感情的なものを記述するために用いる多くの語は多義的なのである[＊6]。そうした語を用いるときには、感情領域内の区別を気にかける必要がある。情動はそうした領域のなかで特権的な位置を占めている。情動は、私が議論してきたすべての感情的なものの原因であるか、その核となるものである。本書の残りの章では再び情動に焦点を合わせるが、そこでの議論は明らかに、情動と親戚関係にある感情的なものにも関わってくる。

原注

＊1　さらに、行動の傾向性はヘビの恐怖の必要条件でもない。ヘビの恐怖に対してどう行動するかについて何の考えももたずにヘビを怖がることは可能である。

＊2　ド・スーザは、情動の対象をより細かく分類している（de Sousa 1987）。たとえば彼は、個別的対象について語るのではなく、情動の標的（情動が向けられている対象）と、その標的がもつ情動にとりわけ関与する性質を区別している。彼はまた、いくつかの情動はふつう個々の対象ではなく命題に向けられると述べている。態度的情動についての私の議論は、後者のクラスに最もわかりやすく関わっているが、容易に拡張することができる。

情動がどのようにして他の心的状態と結びつくかについての適切な理論は、さまざまな表象タイプとのバインディングを説明できるはずである。対象の多様性は情動が結びつけられる表象の多様性によって説明できるだろう。たとえば、ある人の政治的見解について怒っているとき、その怒りは、その人についての表象や、攻撃的な見解についての表象と結びついているかもしれない。こうした結びつきは偶然的なものであるかもしれない。たとえば、その人に向けられた怒りは、その見解が変わればおさまるかもしれない。態度同士がどのように関係しているかについての完全な理論をつくるうえでは、こうしたことを詳しく説明できる必要がある。

＊3　気分について議論のなかで、これから私は、気分の例として情動障害を定期的に引き合いにだす。私は、憂鬱と不安を気分とみなしている。とはいえ、何が気分を障害にするのかについて複数の説明がある。どういった気分が障害とみなされるかは、状況での不適切さ、有害さ、生物学的な機能不全の兆候、といったもので決まるだろう。

＊4　フライダは非志向性テーゼを擁護しているが、ときおりその代案として次の考えを示唆している（Frijda 1994）。それは、気分はあらゆるものを指し示していると解釈できる、という考えだ。彼は、情動はあらゆるものを指し示すという考えと、情動は何も指し示していないという考えを、似た精神に基づく二つの極端な考えとみなしている。気分はあらゆるものを指し示す考えは、表面上はラザルスの提案と似ているように聞こえるかもしれない。だが、この二つを混同すべきではない。ラザルスは気分を、生活におけるわれわれの一般的な立ち位置を記録する機能をもつと考えており、気分があらゆるものを表象するとは言っていない。

＊5　私はベレッジの「好み」という用語にも不満がある。彼は「好み」を心情ではなく状態であるかのように使っている（前の議論を参照）。

＊6　私が動機づけの名前として扱った「欠乏（want）」は「欲求（desire）」と同じくらい多義的である。

# 第9章　情動の意識

## 隠れた感じ

### 無意識の情動への反例

われわれが自分の情動を最もよく知るための方法は、それを感じることである［＊1］。激怒、歓喜、絶望を経験するとき、それぞれ特定の感じがする。何人かの人たちは、情動は感じにすぎず、それ以上のものは情動には含まれないと考えている。こうした考えが情動研究でとりわけ人気になったことはないのだが、その考えは多くの前理論的な直観からするとしっくりくる。しかし、現代の研究者の主流派は、情動と感じを単純に同一視しない。むしろ、思考や行為の傾向、生理的反応を強調するのである。私が擁護してきた見解では、情動は身体変化を記録することで中心的関係テーマを表象する状態である。私も主流派に加わり、情動は感じにすぎないという考えを拒否する。

とはいえ、情動は感じられうるものだという点を拒否するのは愚かだろう。単純な感じ説に反対する人は、この点についてほとんど何も言わないことが多い。これまで私は情動について多くのことを語ってきたが、情動の感じについては何も言っていなかった。そのため私の理論はまだ不完全である。情動の感じは説明されなければならないが、それが情動研究にさまざまな問題を提示する。どのようにして脳は情動の現象学［★1］を生じさせるのか。われわれが情動を感じるとき、何を感じているのか。そもそもなぜ情動は感じられるのか。情動は感じられることなく生じうるのか、言い換えると意識的になることなしに生じうるのだろうか。本章で私はこれらの問題をすべて扱うが、まずは最後のものから取り上げよう。

情動が無意識的に生じうるという主張は、人によっては奇妙に聞こえるかもしれない。たとえば、意識的に経験されていない激怒の状態にあることを想像するのは難しい。だが、想像するのが難しいということは、そうした状況が不可能であることの決定的な証拠にはならない。ここ一〇〇年のあいだに、無意識の活動に中心的な役割を与える心の理論が現れるようになった。こうした動向の出発点はフロイトにあるかもしれない。フロイトの影響により、ほとんどの人は、われわれの行為のうちのいくつかは無意識の願望に動機づけられていると信じるようになった。フロイト以来、認知科学者は無意識的状態の範囲をより問題の少ない領域に拡張させてきている。無意識の過程は、知覚、記憶の符号化、運動制御など、たくさんある。実際に、脳活動の大半は意識的に利用できないと広く信じられている。情報は舞台裏で処理されているのだ。意識に含まれるのは情報処理の結果だけだと言われている（Nisbett & Wilson 1977）。意識はレストランの食堂のようなものだ。客は最終産物である料理しか目にしないが、それはドアの向こう側の調理場で作られたものである。経験というご馳走がどのようにして作られているかは、推測するしかない。

舞台裏でいろんなことが起こっていることを考えると、情動は無意識的にも生じうるのではないかと考えずにはいられない。情動が意識的になると、行動に影響を与えるようになる。突発的な怒りで口汚い言葉を叫んでしまうかもしれない。だが同様に、無意識の情動によって行動が駆り立てられることも可能である。フロイトに戻って、次の例を想像してみよう。エドという男性は、自分の母親を思い起こさせる女性と結婚した。その説明は次のようになされる。エドは母親を愛しているが、その愛は実現しない。彼は近親相姦の愛を抑圧しているが、それでも、その愛は彼の結婚の選択に影響してしまっている。これは無意識の情動なのだろうか。

エドは隠れた愛情によって突き動かされていると言いたくなるが、別の解釈も可能だろう。エドの愛は完全に意識的である。隠れているのは、愛が向けられている個別的対象なのだ。エドは、自分が母親を愛していることを知らない。しかし確かに彼は、自分が愛の状態にあることを知っている。そうでなければ彼は結婚しなかっただろう。この解釈では、抑圧されているのは情動そのものではなく情動の原因だということになる。

この提案は、フロイト自身の所見の多くと整合的である。たとえば、フロイトは浮動性不安に関する議論のなかで、不安は意識的であり、ときに圧倒的なほどに意識的であるが、その源泉は自分の視点からは隠されていると述べている（Freud 1915/1984）。フロイトは無意識という考えの先導者であるが、彼は情動を無意識という隠れた領域に置くことを渋っている。彼は次のように書いている。

> われわれに気づかれるべきものだということは、情動にとって本質的であることは確かだ。つまり、情動は意識的に知られなければならないのだ…［だが］感情ないし情動の衝動が知覚されたのだが、それが誤って解釈されることがあるかもしれない。本当の表象が抑圧されているために、その衝動が別の観念と結びつけられてしまうのである。（p. 179）

フロイトは二つの要素を区別している。情動を導く判断と、情動そのものである。さきほどの引用で彼は、前者は無意識的でありうるが後者は無意識的ではありえないと言っているようにみえる。無意識の情動に対する懐疑は現在まで続いている。クロアは、情動は感じられなければならず、そして、感じは定義により意識的であると主張している（Clore 1994a）。彼もフロイトと同じように、見かけ上は無意識の情動があるようにみえるケースを、情動を誘発する無意識の判断に訴えることで説明し、無意識の情動を否定している。ルドゥーも、無意識の「情動処理」のみがあることを認め、無意識の情動はありえないと主張している（LeDoux 1994）。そう主張するうえでルドゥーは、無意識の判断ではなく、人間と他の動物に共通の、情動反応に寄与する脳構造が行う原初的な前意識的処理に訴えている

　無意識の情動の存在を擁護する何人かの研究者でさえ、われわれが情動をもつときには何らかのものが意識的になっていなければならないと暗に述べているようにみえる。ザイアンスは無意識の情動の存在を信じていると公言しているが（Zajonc 1994）、彼の見解はクロアやルドゥーの見解とはまったく違うというわけではない。彼は無意識の情動を擁護するために、感情的反応（選好や好み）は閾値下で知覚された刺激の影響を受けうると主張している。これは情動が無意識的に誘発されることを支持する良い証拠にはなるが、無意識の情動を支持するものではない。無意識の情動があることを示すためには、ザイアンスは、感情的反応も無意識的であることを示さなければならない。だが、彼が行った実験では、感情的反応は被験者の言語報告と選好評価によって計られており、そうした反応が意識的であることを示唆している。また、グリーンスパンはときおり無意識の情動があると信じていると述べるが（Greenspan 1988）、彼女の立場もクロアに近いようにみえる。彼女は情動を、原初的な感情（痛みと快）と一緒になった評価的思考と定義している。彼女は無意識の評価的要素はありうると述べているのだが、痛みや快は必ずわれわれに感じられるものである[＊2]。彼女が下すべき結論を厳密に言うと、情動は部分的に無意識的でありうる、となるだろう。

　これほど多くの研究者が、情動は完全には無意識的になりえないと強調しているのはなぜだろうか。一つの可能性は、感じ説の強い確信を振り払えなかったから、というものである。感じ説は、情動は意識的な感じにすぎないと主張する。一見したところこの説は、痒みや痛み、残像といった、他のさまざまな心的状態にも同様に適用できるようにみえる。前理論的な直観にしたがえば、無意識の突然の痛みや無意識

の緑の残像というものが可能であるというのは理解できない。これらの例にはすべて議論の余地があるのだが、原理的には、心的用語のいくつかは必ず意識的な状態を指すというのはもっともに思える。そして、情動用語もこのカテゴリーのものなのかもしれない。だが、本当にそうだろうか。

クロアは興味深い議論を提示している（Clore 1994a）。彼は、情動は定義により意識的であると言い切ってしまうのではなく、情動は、それがわれわれの心的生活において果たす主要な役割からすると意識的なものでなければならないと主張している。クロアによれば、情動はわれわれに警戒を促すものである。情動は心的な赤旗なのである。もし情動が無意識的であるなら、情動はこの役割を果たせない。完全な暗闇で赤旗が振られていると想像してみよう。見えない旗は注意を引きつけられない。

クロアの議論には魅力があるが、いくつか不確かな前提に基づいている。第一に、情動は注意を引きつけるものとして働くというのは明らかではないし、かりに情動がそうした機能をもつとしても、個々の情動がすべてそのように働いているのかは明らかではない。情動は注意を引きつけることなく行動に影響を与えうるかもしれない。実際に、クロア自身の分析は注意を引きつける機能についての疑問を呼び起こす。フロイトと同じくクロアも、情動を誘発する条件が無意識的でありうることを認めている。エドの愛情は意識的でなければならないが、ひょっとすると彼は、その愛をまずもって誘発したのが彼の母親であるという事実には気づいていないかもしれない。ここで、情動はわれわれの注意を引きつけるために設計されたものであるとしてみよう。この機能の利点は何だろうか。明らかな答えは、情動はわれわれの注意を引きつけて、情動を誘発した状況にその注意を向けさせる、というものだろう。たとえば恐怖は、目の前のヘビに注意を向けさせるだろう。たとえヘビが現れたのが別のことをしている途中であっても、注意をそこに向けさせるのだ。そのため、クロアの提案の最も理にかなった解釈は、情動はそれを誘発したものにわれわれの注意を向けさせる機能をもつ、というものだろう。だが、この結論は無意識の情動に反対する彼の議論を台無しにしてしまう。その議論によれば、情動が意識的でなければならないのは、情動の本来の機能が無意識的には果たされえないからである。それと同時に彼は、情動を誘発したものについての知識は抑圧されうると認めている。もし情動の機能が、情動を誘発したものにわれわれの注意を向けさせるというものであるなら、誘発したものが抑圧されている場合、情動はその機能を果たせないということになるだろう。そうするとクロアは、情動は本来の機能を果たすことなく生じうるという主張にコミットしていることになる。もしこれが正しければ、彼には、情動が無意識的に生じうることを否定する理由がないことになってしまうだろう。

クロアの議論には他にも問題がある。彼は、情動は注意を引きつけるものであるという前提から、すぐさま、情動は意識的でなければならないという結論に移行している。だが、この推論がうまくいくと考える理由はない。うまくいかせようとするなら、クロアは次の補助的な前提を置くが必要である。すなわち、心的状態が注意を引きつけるのは、それが意識的である場合のみだ、というものである。しかし、これが正しいとは限らない。たとえば、問題を探知し警戒を促す無意識の警報システムを考えることができるだろう。その警報システムからの産出物は意識的な状態であるかもしれないが、警告それ自体は意識の外で生じているかもしれない。これは無意識の情動を考える際の一つのモデルになる。情動を、暗闇で振られている赤い旗として理解するのではなく、暗闇のなかでオンにできる電気スイッチとみなせるかもしれない。そのスイッチがオンになっているときは、通常、われわれはスイッチ自体（情動）もそのスイッチをオンにした手（誘因）も、両方見ることができる。だが、ライトがスイッチを照らしていないこともあるかもしれない。

## 無意識の情動を擁護する

私は、無意識の情動に反対する議論が疑わしいことを示した。しかし、だからといって無意識の情動がありうることを示したことにはまったくならない。無意識の情動というアイディアは奇妙に聞こえるかもしれない。一体なぜそうした状態があると考えるのか疑問に思われるかもしれないのだ。情動を無意識の領域まで拡張する理由は何なのか。本節では、いくつかの議論を提示しよう。

哲学では、これに関連した問題がかなり議論されてきた。それは無意識の痛みの可能性である。無意識の痛みは無意識の情動よりもありそうにないと思われるかもしれない。だが、何人かの哲学者は〔それを支持する〕もっともらしい議論を提示している。たとえばローゼンソールは、馴染みのあるケースを考えてみるよう促している（Rosenthal 1991）。激しい頭痛がしているときに、たまたま別のものに注意を向けるとする。たとえば、とても面白い小説を読むとしよう。すると、ほんのすこしの間、頭痛に気づかなくなるようにみえる。そのときには痛くないのだ。このケースは二通りに解釈できる。一つは、少しのあいだ痛みはなくなっていたというものであり、もう一つは、痛みは止んでいなかったが一時的に意識の外にいってしまっていた、というものである。そして、次の点を考えると二つめの解釈の方が勝っているだろう。まず、この出来事のあいだあなたはずっと、痛みがあるかのように、自分の指でこめかみを押したり、顔をしかめたりしていると想像してみよう。言い換えれば、痛みがあることと整合的な明白な行動をとっているのである。さらに、小説を読んでいるあいだ、痛みの原因に関わるものは何も変わらなかったとしよう。頭痛は、筋肉の緊張、頭をぶつけたこと、二日酔いのせいで生じたかもしれないが、こうした病因的要素はすべてそのままなのである。そうすると、頭痛の原因や行動的結果がそのままであるのに、頭痛が消えてしまったと主張する理由はないように思える。

無意識の痛みは、さらに、痛みとは何であるかについての最も良い理論を考えてみると支持される。痛みが特徴的に感じられているあいだ、痛みは感じ以上のものを含んでいる。痛みは、身体的病理を心的に記録する方法である。たとえば、緊張性頭痛は、頭、顔、頭皮の筋肉の収縮を記録している。偏頭痛は血管の拡張を記録しているだろう。痛みはすべて、特定の身体状態についての情報を担っている。小説を読んでいて痛みから解放されている場合、心はそうした身体状態を表象しなくなるわけではない。病理的状態は引き続き表象されている（そのため、痛みに関わる行動も続く）。もし、痛みが身体の病理的状態を表象するために進化した心的状態であり、そして、心的状態は意識の外にある身体の病理的状態を表象しうるなら、そうした心的状態を無意識の痛みと呼ぶのに十分な理由がある。

こうした議論は情動にも当てはまる。自分が特定の恐怖症をもっていると想像してみよう。たとえば飛行が怖いとする。自分が乗った飛行機が大陸間飛行に向けて離陸したとき、自分がひどく不安な状態にあると気づく。鼓動が速まり、肘掛を握りしめ、まるで重力にひっぱられているかのように体を座席に押しつけてこわばっている。一緒に旅行に行く友人はあなたが苦しんでいるのを察知し、自分が行った禿げた床屋の面白い話を始める。しばらくのあいだ、あなたはその馬鹿話に夢中になる。その短いあいだ、あなたは自分の恐怖に気づいていない。むしろ楽しさを経験しているのだ。だが、自分がどこにいるかを思い出すと、すぐさま恐怖が舞い戻ってくる。あなたは、話を聞いているあいだもずっと同じ強さで肘掛を握りしめていたと気づく。床屋の面白い話を夢中になって聞いているあいだも、恐怖の身体的サインは示され続けていたのだ。この場合、面白い話を聞いていた短いあいだ恐怖はおさまっていたと言うべきだろうか。それとも、無意識的に持続していたと言うべきだろうか。後者の選択肢が不合理なものに聞こえないのは確かである。

無意識の痛みの存在を支持する議論で重要になっているのは、痛みの主要な機能（病理学的状態についての情報を担うこと）は意識的でなくとも働きうるという考えである。同じことが情動にもあてはまる。そ私は、情動はまずもって中心的関係テーマについての情報を担うために設計されたものだと主張した。そして、中心的関係テーマは無意識的には表象されえないと考えるべき理由はない。また情動は、無意識的に生じうる別の役割も果たすと考えられてもいる。情動は、行動反応の準備をさせたり、思考過程を開始させたりすることができ、そして、道徳的な行いを動機づけうる。こうした影響はどれも、本来的に意識と結びついているというわけではない。私がクロアへの返答のなかで述べたように、情動は感じられることなしにわれわれの注意を方向づけることさえも可能である。たとえば、ちょっとしたゴミをさりげなく道に捨てる人を見たと想像してみよう。そのとき、それに対応する感じを伴うことなく、思わずその道徳違反者を軽蔑的に一瞥するかもしれない。

これらの議論は、一貫した根拠とみなしうる。情動は意識の閾値下でも生じうると主張しても、われわれの情動概念にそれほど多くの負担はかからない。だが、一貫しているからといって、それが事実であるということにはならない。仮説として挙げたケースや逸話を、実験によって確証する必要がある。それを目指してベレッジは、無意識の情動の存在を支持する、決定的ではないとしても示唆的なさまざまな実験的発見を概説している（Berridge 1999）。たとえば、アルンツによる実験では、クモ恐怖症の女性たちが一連の課題を行うのだが、課題ごとにクモとの距離がだんだんと近くなる（Arntz 1993）。テストの前、何人かはオピオイド拮抗薬〔エンドルフィンを阻害して鎮静や多幸感を抑制するナルトレキソン〕が与えられ、別の人たちには偽薬が与えられる。オピオイド拮抗薬を摂取したグループは、他方のグループの人と比べると、課題の多くを完遂できないが、どちらのグループも報告した主観的な恐怖の量は同じだった。この実験は主観的な報告は同じであるが、行動の違いは両グループで情動に違いがあることを示唆している。また、フィッシュマンとフォルティンの実験では、コカイン中毒者に二つの点滴が取り付けられる、そのうちの片方には塩水が、もう片方にはさまざまな分量のコカインが入っている（Fischman and Foltin 1992）。中毒者はボタンを押して、どちらの点滴も投与することが可能である。コカインの分量がとても少ないとき、被験者は両方の点滴に主観的な差はないと報告するが、自分でも気づかないうちにコカイン投与のボタンの方を多く押している。中毒や恐怖症に関するこうした発見は、健康な被験者を使った実験と比較することができる。ストラハンとスペンサーとザナは、閾値下で〔サブリミナルに〕提示された悲しい顔を見た後では、アップビートな音楽を選択する傾向にあることを示した（Strahan, Spencer, & Zanna 2002）。被験者の行動は〔音楽によって〕気分が変えられたことを明らかにしているのだが、被験者に尋ねてみても、主観的な経験として気分が変化したとは報告されなかった。これまでにみたどの実験でも、顕在化している情動の報告と情動に突き動かされた行動に食い違いがある。それが示唆しているのは、被験者は自身の本当の情動状態に気づかなかったかもしれない、ということである。

無意識の過程を示そうとする実験が批判されないわけではない。私が挙げた実験では、意識は言語報告によって測られている。そして、実験の被験者が二つの経験は同じだと報告したら〔二つの経験に同じ数的な格付けを割り当てるなど〕、そこでの意識状態は同じだと結論されている。だが、この方法はネッド・ブロックが提示した反論の餌食になる（Block 1995）。ブロックは、意識は一種類ではないと主張し、情報への意識的なアクセスである「アクセス意識」と、意識的な質的経験である「現象的意識」を区別している。心的状態がアクセス意識的であるのは、その心的状態が言語報告や合理的な熟慮に用いられる準備ができている場合である。そして、現象的に意識的であるのは、〈その状態にあるとはこういうものだ〉というものがある場合だ。ブロックは、現象的に意識的であるがアクセス意識的ではない状態がありうる（その逆もありうる）と考えている。その例として彼は次のケースを挙げている。遠くでドリルの騒音がしているが、〔最初は〕それに気づいていない。しかし突然〔その音に気づき、そして気づいていないあいだも〕その騒音をずっと聞いていたのだとわかる、というものである。この場合、騒音はずっと現象的に意識的であったがアクセス意識的ではなかった、というのである。この例で決定的に重要なのは、自身がドリルの音に気づくまで主体はその音について自由に報告できないことだ。これが示唆しているのは、言語報告は、アクセス意識があることの十分な証拠となるが、現象的意識があることについては限定的な証拠にしかならないということである。

もしブロックが正しければ、われわれは、言語報告できない現象的意識を頻繁にもっていることになる。このことは、無意識の情動を支持する証拠のすべてに疑問を投げかける。コカイン中毒者が二つの点滴はどちらも快楽の高まりを生じさせないと報告しても、そこから結論できるのは、感情的な違いへのアクセス意識がないということだけである。しかし、現象的な経験は異なっているかもしれないのだ。

だが私は、この反論は言い過ぎだと考えている。言語報告が信頼できないとしたら、現象的意識を測るのは非常に困難になるだろう。現象的意識を測るために非言語的な行動に頼ると想定してみよう。そうすると、コカイン中毒者は、コカインのボタンをより押していたので、微妙ではあるが薬に誘発される幸福感をもっていたと言えるかもしれない。ここでの問題は、心的状態は何であれ潜在的に行動に影響しうるということである。もし非言語的行動が現象的意識の証拠になるなら、心的状態はすべて意識的であると結論せざるをえなくなるかもしれない。そして、どの非言語的行動が〔現象的意識があることの〕証拠となってどれがならないかを決定する原理的な方法はないようにみえる。すると、われわれは懐疑的状況に追いやられることになるだろう。現象的意識は、一人称的な視点からしか調べられないからだ。実験に参加していたコカイン中毒者だけが現象的な違いがあるかどうかを知ることができるが、彼らはそれを報告できないので、違いがあるかどうかを信じていいか怪しい。ブロックは、報告できない現象的意識が生じると述べた点で正しいかったかもしれないが、それを確証する手段はまったくない。

あるものの存在を確証する手段がないことは、それが存在していないことを立証するわけではない（そう主張するのは雑な検証主義だろう）。しかし他方で、確証が不可能であってもそれが存在すると信じるのは、そう信じるための独立の根拠がある場合に限るべきである。目下の問題での独立の根拠は、ドリルの音のように、現象的意識とアクセス意識が分かれると言う例から与えられると想定されている。だが、注意しなければならないのは、ドリルの例の主体は現象的経験を遡って言語化しているということである。つまり、「ドリルの音はずっと聞こえていたんだなあ」と言うのである。そして、この現象には相反する二つの説明が可能である。一つめは、遡及的な報告は誤った記憶だというものであり、このケースは、アクセスされていない現象的意識があることの証拠にはならない。二つめは、その報告は正しい記憶だというものであり、その場合、このケースはアクセス意識と現象的意識の関係に関する一般原理を示しているだろう。脳の損傷などの障害を除けば、主体が試みれば、どんな現象的状態にもアクセス可能なのである。この原理は内観からかなりの支持を得られる。われわれには現象的経験を完全に記述する語彙が不足していることも多いが、立ち止まって反省した場合には常に、現象的経験を記述しようと試みることが可能な状況にあるように思われる。通常の条件下では、現象学にまったくアクセス不可能な部分があると信じる理由はない。背景的にドリルの騒音がしているとき、それをアクセス意識にもっていき、それについて報告するために、ほとんどどんな労力もいらない。

では、コカイン中毒者とクモ恐怖症の例はどうだろう。どちらの実験でも、被験者は、自身の経験の内容を調べるように言われている。つまり、どのように感じたかを報告するように言われているのである。ドリルの例では、より注意を向けている対象があるために、遠くの騒音には注意が向けられていなかったかもしれないが、この点は上記の実験とは異なっている〔実験では経験に注意が向けられている〕。そうした実験の被験者が自身の現象的経験を報告できないはずだと考える理由はないし、脳の損傷（たとえば、言語中枢の損傷）もないのに、報告できない現象的経験がずっとあったと考える独立の理由もない。したがって、意識には現象的意識とアクセス意識の二つがあり、それらは分離しうるということを認めたとしても、上記の実験で両者が分離していると考える理由はないのである。そのため私は、無意識の情動があると考える理にかなったよい根拠があると結論する。

ここで頑なな批判者は、われわれが実際に無意識の感情的状態をもつことは認めつつも、そうした感情的状態は情動と呼ぶに値しないと言うかもしれない。こうした応答に惹かれる人は、本当のところ、まだ感じ説に捕らわれている。これに対する最善の応答は、私が最初に述べたポイントを繰り返すことである。もし、情動が何のためにあるのかについての最善の理論が、情動は中心的関係テーマ（危険や目標の達成など）を表象するためにあることを示唆しており、そして、無意識的状態がその役割を果たすのであれば、そうした無意識的状態を情動と呼ぶべき方法論的な根拠がある。ベレッジが概説した実験が有用であるのは、またに、それらがこの議論を支持するからである。無意識的状態が与えるクモ恐怖症の被験者の行動への影響は危険探知機による調節であり、コカイン中毒者の行動への影響は目標の達成を表象する状態による調節である。これらの実験は、意識的な情動と同じ情報機能をもつ無意識的な状態があると主張するための具体的な証拠となる。したがって、われわれはそうした状態を無意識の情動と呼ぶべきなのである。

私が思うに、無意識の情動についての懐疑を最も簡単に弱める方法は、かつては無意識の知覚が疑われていたことを思い出すことである。たとえば、以前は、何かに気づくことなくそれを見ることができるという主張は奇妙に聞こえていた。その理由は単純である。われわれが気づく視覚の実例は、当然のことながら、意識的な視覚状態だからである。われわれは無意識の視覚状態に直接気づくことはできない（そうでなければ矛盾である）。経験できないものが存在していると考える理由はなかったのだ。だが、理由がなかったのは、視覚の科学者が証拠を提示する前の話である。現在では閾値下の知覚を示す証拠はとても馴染み深くなっており、無意識の視覚は完全に自然なものに聞こえる（Dixon 1981）。盲視患者のように経験なしに正確さが保たれている例は［★2］、無意識の視覚の存在を確証する手助けになる（Weiskrantz 1986）。

これと同じように、意識的な情動を支えている過程に非常によく似たものが意識なしに働きうるということが認められるにしたがって、無意識の情動という考えは完全に自然なものとして聞こえるようになるだろう。無意識の知覚とのアナロジーはとくにうってつけである。というのも、情動は脳の知覚システムに住み込んでいるからである。この主張を以下で詳しく説明しよう。

## 情動的意識の神経機能基盤

### 情動の意識と身体の意識

私は、情動は意識なしに存在しうると主張してきた。言うまでもないだろうが、私は、情動は決して意識的にならないと主張しようというわけではない。実際のところは、情動はほとんどの場合に意識的であるかもしれない。情動についての理論が完全であるためには、情動的意識を説明できなければならないだろう。われわれが意識的な情動を経験するとき、われわれは何を感じているのだろうか。どのようにして情動は感じられるようになるのだろうか。これらの問題を順に検討しよう。

以前の章で私は、情動的意識は身体状態の変化についての意識であるというウィリアム・ジェームズの想定（James 1884）を支持していた。ジェームズはこの主張を思考実験から支持している。彼は、まず意識的な情動を想像してみて、次にそこから身体的感じを取り去ってみる想像をしてみようと述べている。恐れの感じから、身震い、汗ばんだ手のひら、筋肉の緊張、ゆがんだ顔、激しい鼓動、息切れといったものの感じを取り去る想像をしてみよう。すると、内観的には何も残っていないように思われる。私はこの議論に納得しているが、疑念を抱く人が必ずいるだろう。

私が第8章で態度的情動と呼んだものに感銘を受けた人は、以下のような疑いをもつかもしれない。へビを見ることでもたらされるパニックなどの態度的ではない情動の場合、そこには身体が密接に関わっているようにみえる。パニックの意識的経験はほぼ間違いなく感じられた身体変化だろう。だが、「～ということ（that）を怖がる」という態度的情動の言い回しを用いる場合、必ずしも身体は関わらない。たとえば、判決がひっくりかえることを恐れる場合、しかめ面や身震いが伴わないこともある。同じことは、「によって（by）」や「について（about）」といった語を用いて帰属させられる情動の多くの実例にもあてはまる。国の状態について怒ったり、最新の世論調査によって驚かされたり、権力の濫用によって嫌悪させられたり、最近の選挙結果について喜んだりする場合があるが、どれも身体的兆候を伴わない場合がある。

これに対する返答は、第4章と第8章の議論から予期されるものである。私は、嫉妬などの高次認知的情動が身体的兆候なしに生じる場合、それは傾向的状態であると主張した。身体的兆候なしに自分の恋人に嫉妬する場合はあるが、身体的兆候を感じる傾向性がない場合はない。恋人の浮気現場を目撃しても顔が紅潮したり身がすくんだりしないなら、嫉妬していたのではないだろう。そして、傾向性〔的な情動〕のことを言うつもりで態度的情動を挙げているなら、そこで挙げられているのは意識的な状態ではない。そうした傾向性が顕在化すると、ジェームズ流の理論から予測されるように、情動は身体変化を通して意識の領域に現れてくる。あなたは長年にわたって嫉妬の状態にあるかもしれないが、その嫉妬を感じるのは傾向性が腹の底から湧き上がったときである。

反例と目される別のケースは対処が難しいかもしれない。ときに態度的情動は身体的兆候を何も伴わず顕在的かつ意識的であるようにみえる。その例としてとくにもっともらしいのは驚きだろう。たとえば、あなたが最新の世論調査に驚かされたと真摯に証言する場合を想像してみよう。事前の予想とは全然違っていたのかもしれない。結果の数字を見て驚きを表明するとき、あなたは単なる反応の傾向性を報告しているのではない。何しろ、あなたは驚きの源泉にまさに直面しているからである。にもかかわらず、たとえば宝くじに当たったという予期せぬ報告を聞いて驚いたときのような、鼓動の高鳴りを感じないかもしれない。このケースは身体的兆候なしの意識的な情動ではないだろうか。

これに対して少なくとも二つの返答が可能である。第一に、人が身体変化なしに驚きを経験できるかどうかは経験的な問題である。実際には不可能かもしれない。予期せぬものに遭遇したときに生理的変化を抑制することは不可能であるかもしれないのだ。第二に、「情動」という用語が情動ではないものを指すために用いられることがある。驚きは、予想が裏切られたときに生じる情動である。だからといって、予想が裏切られるたびに情動が生じているわけではない。予期せぬものに冷静な判断を下すこともあるだろう。われわれは、〔予期せぬものという〕中心的関係テーマについての身体性の評価は生じていないが、それについての判断が形成されている場合にも「驚き」という用語を拡張して用いているかもしれない。最新の世論調査に冷静に驚いているというのは、別の結果を予測していたということの表現なのかもしれない。この場合の「驚き」を情動とみなす強い直観はない。他の情動用語にも冷静な態度的用法がある。決まりきった比喩はそのようにして使われているだろう。たとえば、「白ワインが足りなくなるおそれがある」、「パーティーに出席できないと伝えるのは残念だ」、「彼の行動を恥ずかしく思う」、「今夜ここにいられるのは幸せだ」と言われたりする。こうした決まり文句はまったく情動がなくても言えるだろう。

見かけ上の反例をもう一つ検討しよう。一年の心理療法の後、あなたは、自分は成功を怖がっていると信じるようになるとする。そしてあるとき、昇進につながる仕事を断ったとする。するとあなたは、自分の行動を振り返ってみて、自分は恐怖からチャンスを拒否したのだという結論に達する。しかし、あなたは手に汗をにぎっているわけでもなく、鼓動が速くなっているわけでもない。あなたは自分が怖がっていることを意識しているが、身体は平静であるように感じられる。この例は、情動が身体的兆候なしに意識的になりうることを示しているのではないだろうか。

この反論に応答するために、ブロックのアクセス／現象的の区別に訴えることができる。目下のケースでは、あなたは現象学なしに恐怖へのアクセス意識をもっているのかもしれない。あなたは自分が恐怖していることを知っているが、恐怖の質的経験はもっていない。私は、情動についてのジェームズ流の分析を現象的意識のみに制限したい。それは情動的感じについての理論であり、自分に帰属される思考についての理論ではない。さきほどの状況にいる人は「私は自分が怖がっているのを知っているが、恐怖を感じてはいない」と言うだろう。心理療法の例は、現象的に意識的な恐怖と感じられた身体状態が分かれることを示す証拠にはならない。私は、そうした解離をしめす証拠は今後も出てこないと予測している。

## 知覚的意識の一般理論

情動の意識的経験が本当に身体変化の経験であるなら、情動はいかにについて意識的になるのかについての説明は、知覚的状態はいかにして現象的な意識（以下では単に「意識」と表記する）になるのかについての一般的説明に包摂されるだろう。私は、意識的になりうるのは知覚状態のみであると考えている。私はここでこの主張を擁護するわけではないが、多くの人が同意してくれるだろう。意識的な思考でさえも、われわれの頭で鳴り響いている語〔内語〕や心的イメージの意識経験にすぎないように思われる（Jackendoff 1987）。私はまた、知覚状態はどれも同じ仕方で意識的になると考えている。だが、この主張は論争を呼ぶものである。異なる種類の意識経験には異なる説明が与えられるだろうと考えている研究者も多い（たとえば、Churchland 1992; Flanagan 1997; Wilkes 1988）。彼らの懐疑論は、脳には意識中枢がないという事実に由来している（Dennett & Kinsbourne 1992）。意識的であるときの脳状態とそうでないときの脳状態には明白な違いがない。目印が何も見つけられないなら、意識のどの側面も同じ仕方で現象的になっているという確証はもてない。懐疑論者たちはむしろ、それぞれの側面を別個に分析すべきであると主張し、意識について単一の理論ではなく複数の理論を与えようと努力している。

意識には多種多様な説明が可能かもしれないが、私は、統一性を作業仮説とすべきだと考えている。こうした楽観主義をとる理由は、さまざまな形態の意識にかなり多くの共通点があるからである。ここでは共通点を四つ挙げておこう。第一に、以前にも言及したように、脳損傷などの障害がない限り、意識状態はどれも、やろうと思えば報告可能だという点である。第二に、すべての意識状態、そして意識的状態だけが、エピソード記憶に加わる候補であるように思われる。あなたが過去に起こった特定の出来事の記憶をもっている場合、その記憶は、意識的に経験された出来事についての記憶だろう。第三に、意識状態はどれも注意に影響されうる。もし何かによって気が散らされれば、別のものについての意識的気づきを失うだろう。そして最後に、どの意識状態も何かに感じられる。さまざまな状態が現象学をもつというまさにその事実は、説明を強く必要としている。私は、統一理論の見通しを立てるべきだと結論する。さらに私は、そうした理論の概要はすでに与えられていると考えている。そうした理論は別のところで擁護した(Prinz 2005やそこで参照されているもの)。私はここでこの理論を擁護する議論全体を繰り返しはしないが、その理論がどのようにして情動に拡張されうるかを示そう。

意識の統一理論を発見するために、私は次の戦略を勧める。まず、最も理解されている感覚モダリティである視覚の探求から始める。そして視覚的意識はどのように生じるかについての理論ができたら、他の感覚モダリティがそれと同じ原理にしたがっているかどうかを検討する。したがっているなら、意識の統一理論を手にしたことになる。ここから先はしばらく、視覚的意識の理論の概説し、それを情動的意識に拡張する作業を行う。

私が支持している意識の理論は、レイ・ジャッケンドフの洞察に基づいて作られたものである

(Jackendoff 1987)。ジャッケンドフの意識の分析は、感覚システムは階層的に組織化されているという所見から始まる。最もよく知られているのは、視覚はおおよそ、低レベル、中間レベル、高レベルの三つのレベルの処理に分けられるということだろう。この構造を最も影響力のある仕方で提示したのはデヴィッド・マー(Marr 1982)であり、マーはジャッケンドフの見解の主要な源泉であるが、当該の構造は最近の認知神経科学で洗練されてきたものである。低レベルの視覚は、一次視覚野(V1)と結びついており、局所的な特徴の探知に関わっている。小さい受容野のうちにある傾いた線分や小さい色の断片が細胞によって探知されるのである。この段階では、探知されたものは一貫した全体に統合されていない。統合を行うのは、外線条皮質(V2-V5)と結びついた中間レベルの視覚である。その段階では、複数の線分がまとめられて輪郭が形成され、複数の色が周囲の環境に応じて混合され、運動や影によって奥行きや面の知覚が促進される。そして高レベルの視覚は、下側頭皮質(TE、TEO)と結びついており、ここで視点に依存しない認識ができあがる。つまり、同一の対象が、さまざまな方向から、視覚野の異なる位置で、異なる距離で知覚されても、この領域の同じ細胞が発火するのである。高レベルの視覚は詳細を捨象し、一定の範囲の対象や観察条件の共通点を見えるようにする。

ジャッケンドフによれば、三つのレベルのうち経験の内容に対応するのは中間レベルだけである。低レベルの視覚はあまりにばらばらで、高レベルの視覚は抽象的すぎる。それに対し、意識的な視覚によって提示される世界は、一定の境界で区切られた三次元的な対象からできている。その対象は、視覚的環境において、一貫した輪郭、環境の影響を受けた色、かなり特定された位置や傾きをもっている。ただし、ジャッケンドフは、自身の理論を展開する際に神経解剖学的な根拠を挙げていなかった。中間レベルの視覚の座が脳のどこに位置するかについての推察も行っていない。だが今では、意識の内容と最も相関する情報を担っている細胞が外線条皮質にあることを示す非常によい証拠がある(Koch & Braun 1996)。外線条皮質の下位領域の損傷は、視覚的特徴への意識的気づきを選択的に駄目にしてしまうのである。他方で、高次の視覚脳領域の損傷は、視覚経験は損なわせないが再認を不可能にする（Farah 1990）。また、低次領域の損傷は盲を生じさせるが、視覚的イメージは残っていると報告される（Seguin 1886）。これらはすべて、視覚的意識は中間レベルの処理で生じるというジャッケンドフの推測を支持している。

ジャッケンドフはさらに、中間レベルは階層的に組織化された他の知覚システムの意識の座にもなっていると主張している。これは意識の統一原理である。私はジェッケンドフが正しいと考えているが、彼の考えにはまだ欠けた部分がある。中間レベルは意識の座であるが、中間レベル領域が単に活動するだけでは意識には十分ではない。ビジャッキは、半側空間無視の患者の研究からこの結論を引き出している（Bisiach 1992）。注意と関連する脳中枢を損傷した患者は、視野の左側の意識経験を欠いたり、視覚的に提示された対象の左側部分についての意識経験を欠いていたりするようにみえる。だが、左側に提示されたものを無意識に認識しているようにみえる場合もある。もし認識さているのであれば、視覚的階層の全体を通した情報処理が行われているはずである。なぜなら、認識は一番上のレベルで行われるからだ。ここからビジャッキは、ジャッケンドフのストーリーは不完全だと結論している。中間レベルの活動が意識的になるためには、さらに何かが必要なのである。

私は、欠けた材料は注意だと考えている。注意は、半側無視の患者にまさに欠けているものである。注意が働くときに現象的意識が伴うように思われる。この点は健常な脳の人で確かめられている。マックとロックは次のような実験を行った（Mack and Rock 1998）。そこでは健常な被験者に多くの注意を必要とする視覚的な課題が与えられるが、そのなかで、予期せぬ対象を短いあいだだけ視野の中心に提示される。すると、被験者の半分はその対象を経験しそこなったのである。視野を精査するだけの注意が残されていなかったので、被験者は「不注意盲」になったのだ。したがって、視覚的意識には中間レベルの処理に注意が加わることが必要なのである。私はこれの考えを「注意を向けられた中間レベル表象（Attended Intermediate-level Representations）」を略して、意識のＡＩＲ説と呼ぶことにする。

だが、注意に適切な説明を与えなければＡＩＲ説は不完全である。ひょっとすると、注意を使って意識を定義するのは循環にみえるかもしれない。というのも、注意の方が意識的気づきを使って定義されることが多いからである。だが幸いにも、心理学と認知神経科学では注意の別の定義が展開されている。私が支持している分析は、オルスハウゼン、アンダーソン、ファン・エッセンによって提案されたものである（Olshausen, Anderson, and van Essen 1994）。彼らによれば、注意は脳内の情報の流れを調整する過程である。われわれが注意を働かせるとき、ある脳領域の細胞が別の脳領域へ信号を送れるようになるのだ。そして、私が思うに、知覚的な注意（特定の対象に焦点を合わせたもの、知覚野全体に広がったもの、その両方）で可能になっている情報の流れは、脳の知覚中枢と外側前頭前皮質のワーキングメモリ中枢のあいだのものである。視覚の場合、ワーキングメモリへの経路は主に高レベルの知覚領域に始まる。そのため、中間レベルは高レベル領域を介してワーキングメモリに情報を送ることになる。私の推測では、ワーキングメモリには、高レベルの視覚表象の一時的な記録と、その記録が高レベルに現れる前にどのようにして中間レベルから派生してきたのかという記録が、ともに含まれている。これら二つの情報があり、ワーキングメモリ領域から中間レベル領域へ情報が送り返されることで、脳は中間レベル表象を再生産できるようになる。この考えが正しければ、ワーキングメモリには中間レベル表象のコピーは含まれていないが、そうした表象を遡って再生産させる指令が含まれていることになる。こうした指令はダマシオが「潜在的表象（dispositional representation）」と呼んだものである（Damasio 1989, 1994）。まとめると、注意とは、ワーキングメモリに潜在的表象を形成させるような仕方で、中間レベル表象が高レベルの知覚処理領域に投射される過程である。この考えが正しければ、意識は、知覚、注意、ワーキングメモリがいっしょになって働

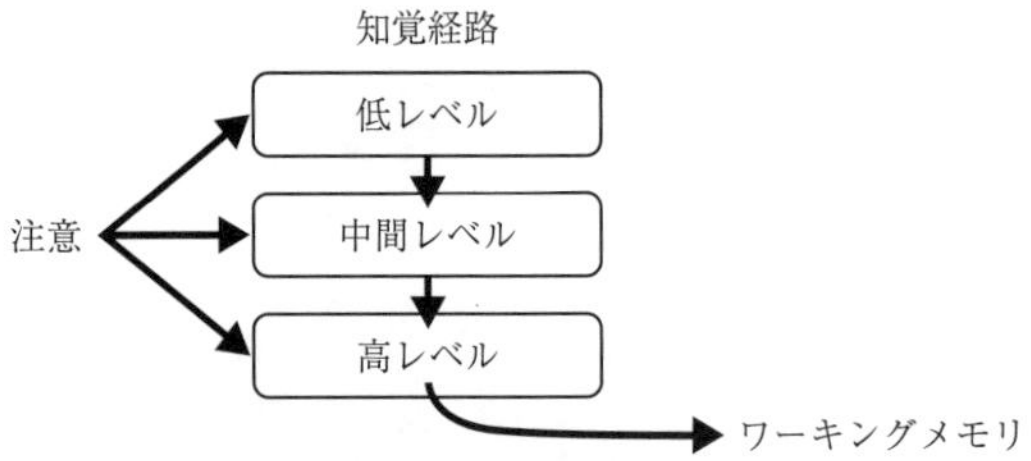


図9.1　意識のAIR説

くことで生じるということになる（Rees 2001と比較せよ）。ここから得られる理論は図9・1に示した。

私は、意識がワーキングメモリで生じると示唆しているわけではない。私の考えは、意識が生じるのは、中間レベル知覚システテがワーキングメモリへの「ドアを開く」ときだ、というものである。この比喩は、最終的には神経に関わる用語で置き換えられる必要がある。細胞の活動における何らかの変化が、知覚領域に残っている活動と、潜在的表象が形成されうるワーキングメモリで生じていることのあいだに、差異をもたらしているだろう。こうした細胞活動の変化が意識の神経基盤である。現段階では、この変化が正確に何であるかということはわかっていない。知覚領域の細胞は、ワーキングメモリ領域の気をひくような何らかの仕方で発火することが可能なのだろう。もしノーベル賞が欲しければ、この発火パターンが何なのかを突き止めるのもいいだろう。

意識のＡＩＲ説は視覚的意識を説明する理論である。だが私は、この理論で他の感覚モダリティも説明できると考えているし、これから説明するように、情動にも当てはまると考えている。ＡＩＲ説は、以前に私が導入した意識状態に共通の四つの側面のそれぞれに説明を与えることができるということから、さらに確証を得られる。まず、私が挙げたリストのなかの第三の共通点がこの理論に取り込めるのは自明である。意識状態がどれも注意の影響を受け得るのは、注意はある状態を意識的にするメカニズムだからである。では、残り三つの共通点はどうだろうか。

まず検討するのは、意識状態はどれも、やろうと思えば報告できるという点である。ＡＩＲ説では、意識的になる状態はどれもワーキングメモリに信号を送っていることになる。そして、内観の言語報告はワーキングメモリに探りを入れることで行なわれているというのはかなり正しそうだ。ワーキングメモリは、感覚器官同士のあいだの情報やりとりを可能にし、そして、その近くにある言語生産中枢へ感覚器官からの情報送信を可能にする中継基地である。もしワーキングメモリに情報が送られることで意識が生じるなら、意識状態は、やろうと思ったときに報告可能な状態にあるはずだ。

また、意識とワーキングメモリとの結びつきは、意識とエピソード記憶との結びつきも説明するだろう。エピソード記憶の符号化の分析には時間分解能に優れたｆＭＲＩ技術が用いられているが、バックナーとケリーとピーターセンは、エピソード記憶に関連する（海馬の周辺の）内側後領域が活動する前にワーキングメモリに関連する脳領域の活動がみられることを発見した（Buckner, Kelly, & Petersen 1999）。そして彼らは、エピソード記憶は情報がワーキングメモリに一時的に蓄えられた後で初めて符号化されると結論した。もし意識がワーキングメモリへの入口であるなら、エピソード記憶は意識経験の記憶であるということは驚くことではない。

私が挙げたリストのなかで残った共通点は、意識状態はどれも何かに感じられる、というものである。つまり、意識状態は現象的だということだ。だが実のところ、ＡＩＲ説はこの事実を説明できない。ＡＩＲ説は意識の神経機能に関する理論である（Prinz 2001）。この立場は機能主義に属する。というのも、ある状態が意識的になるのは特定の機能的役割を果たすときのみであると主張しているからだ。意識状態は、ワーキングメモリに出力を送信する状態である。意識は、ワーキングメモリ、注意、知覚がダイナミックに関わる入出力のために生じる。そして、ＡＩＲ説が神経機能理論であるのは、特定の細胞活動が意識にとって不可欠の役割を果たすと主張しているからである。意識は、細胞の反応におけるまだ確認されていない変化の帰結として信号がワーキングメモリに送られた後で初めて生じる。そして、神経機能主義は唯物論の一形態である。というのも、意識を物理的な観点から特徴づけているからだ。だが、どの唯物論的理論にも、ジョセフ・レヴァインが「説明ギャップ」と呼ぶ次の疑問が生じる（Levine 1993）。すなわち、なぜ物理的／機能的プロセスが意識を生じさせるのだろうか。〔特定の意識を生じさせる脳の事象と〕まったく同じ脳の事象が別種の経験を生みだしたり、あるいは、そもそも何の経験も生み出さなかったりすることは可能ではないのか。一見したところ、唯物論的理論はこうした疑問に答えられないために台無しになってしまうようにみえる。

私はこの懸念をここで十分に扱うことはできない。意識をめぐる哲学的難問は困難なものであり、それに答えるには非常に長い議論が必要とされる。ここでは答えを指し示すだけにとどめたい。ＡＩＲ説は他の多くの唯物論的理論と同じく同一性仮説である。つまり、現象的経験はＡＩＲとまさに同一であると述べているのだ。同一性仮説としてのＡＩＲ説は多くのことを説明する（たとえば、意識状態に共通の三つの状態についてはすでに議論した）。しかしこの説は、なぜ特定の物理的状態が何かに感じられるのかは説明しない。また、説明すべきでもない。それを理解するために、水は$H_2O$であるという仮説を考えてみよう。その仮説は、なぜ水は室温で液体なのかといったことを説明するが、なぜ特定の化合物が水であるのかは説明しない。むしろ、「なぜ$H_2O$が水なのか」という問いは意味をなさないだろう。それは「なぜヌーはワイルドビースト〔ヌーの別名〕なのか」と問うようなものである。唯一理解可能な問いは、$H_2O$が水だと信じさせるものは何か」というものである。その答えは、われわれは水がある場所とまったく同じ場所に$H_2O$があることを発見し、また、$H_2O$は水がもつさまざまな性質を説明するから、というものである。それと同じように、「ＡＩＲが現象的な意識状態だと信じさせるものは何か」と問うことができる。そして、その答えも同じようになるだろう。すなわち、われわれが意識的である場合にはＡＩＲ

を発見することができ、ＡＩＲは意識状態がもつさまざまな特徴を説明するから、なのだ。

私は、ＡＩＲ説によって意識状態がすべて現象的に経験されるという事実に説明が与えられると考えている。なぜなら、この理論は、意識状態が共通にもつ他の特徴を説明するからだ。このことは、意識状態はＡＩＲに他ならないと考える根拠となる。ＡＩＲが現象的であるという事実は、なまの事実[★3]なのだ。他の同一性の主張と同じように、それがなぜなのかが説明される必要はない。必要なのは、圧倒的に多くの証拠から支持されることだけである。

## 情動処理の階層

情動的意識がＡＩＲ説で説明されるものだとすれば、まず、情動システムが階層的に組織化されていることを確証する必要がある。ここまでのところ私は、この主張を支持することは何も言っていない。情動が階層的に組織化されているという主張は何を意味するのだろうか。そのレベル分けはどうなっているだろうか。

幸いにも、すでにあたりはついている。もし情動的意識が身体状態の意識であるなら、情動の階層は、身体知覚と結びついた脳領域にあるはずだ。身体感覚は視覚ほど十分に理解されていないが、認知神経科学者は、身体についての情報の処理に関わる脳領域を前からよく知っている。そうした領域には、脳幹構造物（網様体、中脳水道周囲灰白質、橋背側の傍小脳脚核、孤束核）、一次体性感覚皮質、二次体性感覚皮質、島皮質、帯状皮質の一部、などがある。そしてダマシオは、これらの領域は階層的に組織化されているのではないかと推察している（Damasio 1999）。そして彼は、二つのレベルを仮定している。一次身体表象と二次身体表象である。まず、（橋、体性感覚皮質、島皮質と結びついていた）一次身体表象は自己調節の役割を果たすと想定されている。そして二次身体表象は、経験を通して調節され、行動のガイドとして利用できる統合されたフィードバックを与えるために、一次表象を再表象すると考えられている。ダマシオはこうした図式を前帯状皮質に位置づけているが、それには島皮質や二次体性感覚皮質も関わっているだろう。それらは一次体性感覚皮質から入力を受け取ることで身体反応パターンを表象することが可能になる（Augustine 1996）。

ダマシオはまた、一次・二次身体表象は情動的意識の基礎となるのではないかと推察している。この仮説は、クリッチリーとマサイアスとドーランによるニューロイメージング研究の証拠と整合的である（Critchley, Mathias, and Dolan 2001）。それによると、純粋自律神経不全症と呼ばれる神経状態の患者はそうした領域の活動に異常があるが、その病気の症状には、自律的変化の知覚の機能障害と、情動経験の減退の両方が含まれている。クリッチリーらは、自分たちのニューロイメージングの結果はダマシオの仮説と整合的であると結論している。

情動が違えば私が挙げた解剖学的構造物の活動パターンも違っている可能性が高い。また、情動が違えばそうした構造物うちの関わっている領域も違っているだろう。たとえば、嫌悪には内臓の表象が関わるが、怒りには心臓の表象が関わる、というように。神経科学者はそれぞれの情動に特有の神経反応パターンを特定しているわけではないが、それぞれパターンが異なることを示唆する研究はある。さまざまな情動が関わる経験を思い出している人たちの脳をスキャンしたダマシオらの実験では、それぞれの情動で、身体反応と結びついた脳領域に異なる活動パターンがみられることが発見された（Damasio et al. 2000）。

一次身体表象と二次身体表象の区別は示唆的である。それは、視覚における低レベル表象と中間レベル表象の区別を思い起こさせる。二次身体表象は、中間レベルの視覚状態と同じように、一次身体表象を統合したものである。ひょっとすると、一次身体表象は身体における局所的な変化の表象とみなせるかもしれない。ある領域は内臓の変化を探知し、別の領域は骨格筋の変化を、また別の領域はホルモンレベルの変化を探知する、等々、となっているかもしれない。こうした変化のそれぞれを探知する脳領域は、最初は互いに独立して働くと考えるのは理にかなっている。また、それらの領域はより局所的な変化を探知する下位領域に分割できると考えるのも理にかなっている。たとえば、内臓の変化を探知する領域には、腸に反応する下位領域や心臓に反応する下位領域を含んでいるかもしれない。これは、一次視覚野における小さい受容領域に相当するだろう。そして、より高次の領域は、そうした局所的な変化を統合しているのだろう。つまり、さまざまな内臓、筋肉、化学物質の変化をまたぐパターンを表象している。このことは、視覚線条外領域が探知しているのは分離された線分ではなく全体の輪郭であることに相当する。

ここまでは身体経験の階層の二つのレベルにしか言及していないが、第三のレベルも存在するだろう。視覚処理の高レベルは認識において役割を果たしているのだった。そのレベルでは、視点に依存した特異性が捨象される。身体表象の場合にそれに相当するのは、前のレベルでの処理で表象されていた複数のパターン化された身体表象の共通点を探知する処理だろう。低レベルのシステムは局所的な身体変化を探知し、中間レベル身体システムは身体変化のパターンを探知し、仮説上の高レベルシステムは、いくつかの一定のパターンを似たものとして扱い、そうしたパターン同士の差異を捨象するのである。もしこうした身体的階層が存在し、そして、情動的階層も存在しているなら、最高レベルは情動の認識が行われる処理だと予想される。では、そうした高レベルの存在を支持する証拠はあるのだろうか。

確固たる証拠ではないが、示唆的な例はある。たとえば恐怖を考えてみよう。以前に述べたように、恐怖にはさまざまな異なる身体状態が結びついている。恐ろしい状況には、逃走を駆り立てるものもあるし、硬直させるものもある。これよりもずっと多くのバリエーションを生む状況があるかもしれない。主体の現在の身体状態や位置に応じて、逃走と硬直とでは微妙に異なった変化が必要とされる。私の仮説では、局所的変こうした差異はすべて低レベルと中間レベルの両方で捉えられる。身体的恐怖状態が異なれば、局所的変化と身体的変化のパターンを探知する脳領域で生じる活動も異なるのだ。にもかかわらず、われわれは、どちらの状態も同じ情動の実例だとみなす。つまり、両方とも恐怖とみなされるのだ。こうした認識能力は、異なるパターンを似たものとして扱う高レベルの処理があると仮定すると、最もよく説明されるだろう。その処理は、一定の範囲内で視点が変わっても〔反応は〕同じままである視覚細胞に相当する身体的処理である。

もし高レベルの情動処理システムが存在するなら、それを解剖学的に位置づけることができるはずだ。それがどこに位置するのかについて、二つの推測を述べておこう。そのシステムが備わる場所の第一の候補は、前頭前皮質腹内側部（VMPFC）である。思い出して欲しいが、これはダマシオが情動に敏感な意思決定と結びつけていた領域である。そこは、フィネアス・ゲージや、彼と同様の現代の患者が損傷している箇所である。ダマシオの考えによれば、前頭前皮質腹内側部は、将来の行為の感情的コストと利益を予期するために必要な、トップダウンに制御された情動の再活性化において役割を果たしている。この機能は、高レベルの認識機能と整合的である。再び、視覚とのアナロジーを考えてみよう。たとえば、意識的な視覚イメージを形成する場合には、視覚階層の前の領域を再活性化させるために、高レベルの視覚表象が用いられている（Kosslyn 1994）。これと同様に、推論に際して再活性化される情動は本質的には情動イメージである。イメージは、ボトムアップではなくトップダウンに生み出された感覚システムの状態である。もし前頭前皮質腹内側部の一部が情動イメージの生成に関与しているなら、その領域は、情動階層の高レベル処理を構成しているものの候補としてふさわしいだろう。

検討すべきもう一つの領域は、前帯状皮質吻側部（rACC）である。レイン、フィンク、チャン、ドーランの研究では、この領域にレインが「再帰的情動意識」と呼ぶものがあることが示唆されている（Lane, Fink, Chan, and Dolan 1997）レインはニューロイメージングを用いて、情動を誘発する画像を見たときに情動的でない判断を下す（画像に描かれているものが屋内の光景か屋外の光景かを判断する）被験者の神経活動と、経験が快か不快かを報告するために自身の情動に焦点を合わせる被験者の神経活動を比較した。すると、自分の情動を報告するように言われた場合、被験者の前帯状皮質吻側部の活動の増大がみられた。このことは、前帯状皮質吻側部は自分の情動を認識するうえで重要であると考えれば説明できる。ひょっとすると、自分がもった情動の感情価を報告するように言われた被験者は、まず自分が感じている情動が何であるかを特定する必要があり、それが前帯状皮質吻側部の発火を引き起こしたのかもしれない。もしこの解釈が正しければ、前帯状皮質吻側部は高レベルの情動処理に関わっていることになるだろう。残念ながらレインの実験では、自分が経験しているのがどの情動なのかを被験者に報告してもらっていないので、この実験で情動の認識が生じているかについて確信はもてない。というのも、情動を特定することなしにそれがもつ感情価を特定できる可能性があるからだ。したがって、さらなる研究が必要とされる。

以前に私は、二次身体表象は情動階層の中間レベルと同一視できると述べ、さらに、二次身体表象は、帯状皮質、二次体性感覚皮質、島皮質に備わっている可能性があると述べていた。こうした文脈のなかで最も広範囲に研究されているのは帯状皮質であり、私もここでそれに焦点を合わせたい。帯状皮質は、多くの下位領域に分割可能な大きな構造物である。もし前帯状皮質吻側部が高レベル処理の一部を担っているなら、中間レベルもどこかになければならない。興味を引く領域は（ブロードマン24野を含む）背側前帯状皮質（dACC）だろう。すでに述べた通り、レインの研究グループは、被験者が情動的な意味合いを帯びた画像や動画を見たり情動の記憶を思い出したりしているとき、この領域が活動するのを発見している（Lane 2000; Lane et al. 1997）。

さらに多くの研究が必要とされるのは確かだが、私は暫定的に次のような情動階層が存在すると結論したい。すなわち、橋と一次体性感覚皮質、そこから島皮質と二次体性感覚皮質と背側前帯状皮質、そこか

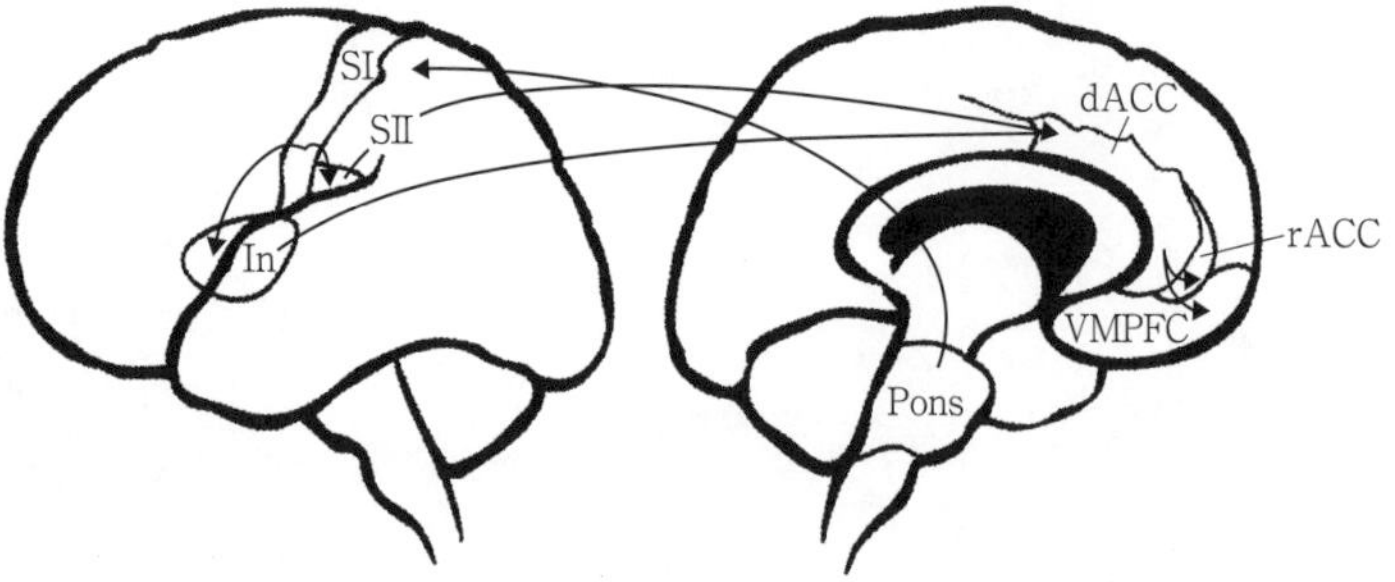


図 9.2　情動階層に関わる脳構造

SI：一次体性感覚皮質（primary somatosensory cortex）、SII：二次体性感覚皮質（secondary somatosensory cortex）、In：島皮質（insula）、dACC：背側前帯状皮質（dorsal anterior cingulate cortex）、rACC r：前帯状皮質吻側部（rostral anterior cingulate cortex）、VMPFC：前頭前皮質腹内側部（ventromedial prefrontal cortex）

ら前帯状皮質吻側部と前頭前皮質腹内側部、である（図9・2）。ＡＩＲ説では、情動的意識はこの階層のうちの中間レベルで生じると予測される。二次体性感覚皮質と島皮質はこうした文脈で体系的に研究されてきたわけではないが、示唆的な発見がある。多くのニューロイメージング研究で、どちらの構造物も意識的な情動が誘発される場合に活動することがみられている。また、島皮質の損傷は痛みがもつ負の影響を排除しうる（Berthier, Starkstein, & Leiguarda 1988）。そして、嫌悪を経験しない何人かのハンチントン病の患者には、前島皮質の活動の減退がみられる（Phillips et al. 1997）。さらには、背側前帯状皮質が関わるより直接的な証拠もある。レインらの実験は、この領域は情動的意識にとって重要であるという予測が待ち望んでいた裏付けを与えている（Lane et al. 1997）。彼らは、自分の情動により気づいているようにみえる被験者では背側前帯状皮質の活動が増大していることを発見した。彼らは、そうした人は情動をより強く経験しているのではないかと考えている。そうすると、活動が増大しているところを情動的意識の座とみなすのだがもっともだだろう。レインは、背側前帯状皮質は「情動の現象的気づき」の座であると結論している。この結論は、ＡＩＲ説の予測と美しいまでに整っている。

また、脳損傷の研究からは、前帯状皮質が情動的意識に貢献していることを支持するさらなる証拠が得られる。前帯状皮質の損傷はさまざまな情動障害に結びつく。人間以外の動物の場合、前帯状皮質の損傷は、感情によって調整される発声や自律反応に障害をもたらすだけでなく、攻撃性、他者への関心、痛みに対する嫌悪、回避学習、母性行動、分離苦悩、に障害をもたらす（概説としては、Vogt, Finch, & Olson 1992を参照）。人間の場合、前帯状皮質の損傷は、無動無言症を引き起こす。この病状の患者は、世界を知覚したり言語を理解したりする能力は維持されているにもかかわらず、動機づけが深刻なほどになくなってしまう。患者は、何らかの行為をとることはないし、話しかけられてもほぼ反応しない。無動無言症から回復したある患者は、その病気のあいだ「何がどうなってもいい」と感じていたと報告している（Damasio & Van Hoesen 1983, p. 98）。

無動無言症の患者の証言は、前帯状皮質が情動的意識の座だという推察と整合的である。患者は情動経験に深刻な障害を抱えているようにみえる。無動無言症と、視覚における統覚型失認は類比的に扱えるだろう。統覚型失認は、中間レベルの視覚システム領域の損傷で生じる。この病態の患者は、対象を認識することができないし、対象を模写することもできない。患者は形を知覚することが不可能であるようにみえる。それと同様に、無動無言症の患者は情動を経験することが不可能であるようにみえるのだ。

またＡＩＲ説からは、低レベル知覚領域の損傷も意識を阻害しうるという予測が出てくる。低レベル領域は中間レベルに不可欠な入力を与えており、それによって知覚が可能になるのだ。視覚の場合、この予測は実証されている。初期知覚の中枢である一次視覚野の損傷は、盲を引き起こすのである。情動の場合も、初期処理の中枢の損傷によって、視覚の場合に相当する影響が出ると思われる。身体状態を記録する脳幹領域の損傷は（何らかの形態の麻痺として）、実際に無動無言症の影響をもたらしうるのである（概説としてはDamasio 1999を参照）。

視覚とのアナロジーを完全にするには、高レベル処理の中枢が損傷しているケースも検討しなければならない。視覚システムの高レベルが損傷した場合、連合型失認が生じる。統覚型失認と同じく、連合型失認の患者も視覚的に呈示された対象を認識できない。だが、統覚型失認とは異なり、連合型失認の患者は、対象をうまく模写することができる。したがって、患者は形が見えていないわけではないことがわかる。患者は輪郭を見分けているのだが、それが何であるかを理解することができない。形そのものではなく形がもつ意味について盲であるのだ。そして、情動にも、連合型失認とみたところ対応するものがある。失感情症（アレキシサイミア）と呼ばれる病態は、臨床的には、自分の情動を言語報告できないものとして定義されている（American Psychological Association 1994）。この定義からすると、この病態は言語障害であるようにみえるだろう。だが実際には、情動を認識できない障害と言う方がふさわしい。失感情症の人は自分がどのように感じているのかを言うのに困難があるが、それは自分がどのように感じているかを認識できないからである。このことは、彼らが情動をもたないことを意味しているのではない。失感情症の人は異常な量の説明できない身体的異変を報告することが多い（Shipko 1982）。これに対する一つの説明は、彼らは通常の情動を構成する身体的動揺を経験しているが、それを情動と認識できないというものである。形を理解することなく経験する連合型失認の患者と同じく、失感情症の患者は情動を理解することなく経験しているのである。ＡＩＲ説はその原因を説明できる。失感情症は高レベル情動中枢の機能不全から生じるものだと考えられるのだ[＊3]。

ここまで挙げてきた障害は、意識のＡＩＲ説にとって好ましい支持を与えるだろう。もし意識が中間レベルで生じるなら、中間レベル以前の中枢の損傷は経験に障害を生じさせるはずであり、そして、高レベル中枢の損傷は認識の障害をもたらすはずである。視覚における特徴的な障害はこうした予測と整合的であり、そして、予備的な証拠は、そうした障害に相当するものが情動にもあることを示唆している。この対応関係はきわめて印象深い。

情動的意識のＡＩＲ説を擁護するうえで必要な、まだ扱っていない論点がもう一つある。もしＡＩＲ説が正しければ、情動的意識にも注意が必要とされるはずである。情動が注意に影響することを示す良い証拠は多数あるが（たとえば、Oilman, Flykt, & Esteves 2001）、注意が情動へ与える影響はほとんど探求されていない。だが、日常的な経験が十分な証拠になるだろう。説得的な例はすでに挙げていた。飛行機の恐怖を思い出そう。大陸間弾道飛行のあいだの飛行機恐怖症の発作は、友達の話を聞いているあいだは散ってしまう。その話は注意を引きつける疑似餌の役割を果たしている。その話に焦点が合わせられ、それによって情動経験から注意が逸らされるのだ。こうしたことは実際に試せる。たとえば、次にあなたが怒る機会があるとき、まず、その怒りに完全に焦点を合わせ、次に、小さい紙をとって複数桁の掛け算問題をやってみよう。そして注意を必要とする計算を行うと怒りの経験が静まっていくか確かめてみよう。確かにこうした注意の影響は間接的であることが多い。情動経験が鎮まるのは、情動を誘発したものについて考えるのをやめるからである。だが、直接的なケースも同じくらいありうる。たとえば気分について考えてみよう。気分は、それを誘発したものがなくなったかなり後までも持続することが多い。さらには、化学的に誘発されたときのように、誘因をまったく欠く気分もある。また、友達の話を聞いたり、算数の計算をしたり、映画を観たり、クロスワードパズルを解いたりするといったことで、少しのあいだ気分の意識経験から気をそらすことができる（ものすごく強烈な気分でなければ）。こうした例から私は、感情的状態は視覚状態と似ていると確信している。つまり、注意が別のものに向けられていると、感情は意識的に経験されないのである。

私は、ＡＩＲ説は情動的意識にもあてはまると楽観的になっていい理由があると考えている。もちろん、ここで挙げられた証拠は非常に予備的なものであるが、これから研究をすすめる十分な根拠となる。

## 意識は何のためにあるのか

私は、情動はときに意識的でありときに無意識的であると主張してきた。この主張は次の疑問を呼び起こすだろう。すなわち、なぜ情動は常に無意識的ではないのだろうか。情動は意識的にならずともその役割〔中心的関係テーマの探知〕を果たせるなら、わざわざ意識的になる理由などないように思われる。これはより一般的な疑問の特殊例である。すなわち、意識は一体どのような機能を果たしているのだろうか。

意識のＡＩＲ説は答えの候補を指し示す。意識は情報がワーキングメモリに送られたときに生じるものであるなら、ワーキングメモリに行くことが意識状態の機能であるかもしれない。ワーキングメモリは、単なる一時的な貯蔵場所ではない。そこでは、統制された推論や問題解決が行われる場所である。統制された過程は、事前準備がなされていない、文脈に応じた反応を編成するものである。そうした反応は「熟慮」と呼べるだろう。他方でかなり準備された反応は、熟慮なしに遂行されうる。それらはワーキングメモリを必要としない。このことは、なぜ馴染みのある活動〔歩行、読書、食事〕が完全な意識を必要としないのかを説明する。もちろんわれわれは、自分が歩いている道路、読んでいる文字、食べている食べ物〔活動ではなくその対象〕については意識的である。というのも、それらはどれも新しい情報を担っているからである。

意識と熟慮反応の結びつきは、なぜ中間レベルが特別であるのかも説明する。低レベルの知覚表象は熟慮反応中枢にとってとくに有用ではない。たとえば、視覚における縁〔エッジ〕探知機を考えてみよう。熟慮された行為や推論は単独の縁にはほとんど関わらない。その情報は、縁を集めて輪郭にする中間レベル視覚領域よりも先に送られる必要はないのである［＊4］。もうすこし熟慮された反応に寄与する。高レベルは認識のレベルであることが多い。たとえば、近づいてくる熊から走って逃げるとき、あなたが走って逃げるのは、近づいてくるものを熊と同定しており、そして、熊は危険だと知っているからである。だが、高レベル表象はそれ自体では不十分である。というのも、反応を決めるうえで決定的な情報が捨象されているかもしれないからだ。たとえば、熊の高レベル表象では詳細な位置や視点が捨象されている。熊の高レベル表象は、逃げる必要があると決断する手助けをするだろうが、位置の情報がなければ、どっちに逃げればいいのかを決められない。それを手助けするのにふさわしいのが中間レベルの視覚である。というのも、それは、特定の視点から対象を表象しているからである。中間レベルが特別であるのは、それが視点的だからなのだ。中間レベルは、世界のなかでの自分の位置をふまえた反応を促進する。高レベルの視知覚は、自分どんな状況にいるか（たとえば、どういった対象に直面しているのか）を伝えるものであり、中間レベルは自分がどのようにしてそうした状況に置かれているか（たとえば、その対象は近くにあるか遠くにあるか）を伝える。意識は中間レベルにおいてのみ生じるものなので、視覚的意識の役割は、熟慮反応を編成するワーキングメモリ構造に視点が除去されていない表象を利用可能にすることだと結論できるだろう［＊5］。

同様のことが情動にも言える。情動階層の低レベルは身体変化をそれぞれ別個に切り離して記録する［＊6］。中心的関係テーマを探知するために自身の身体を用いようとする場合、切り離された反応はほとんど役にたたない。鼓動の速まりは、高揚、恐怖、激怒のどの信号にもなりうる。こうした異なる情動を区別するためには、パターン全体を記録できなければならない。パターンは、仮説的に導入された中間レベルで記録されている。そして高レベルは、パターン同士の差異を捨象し、逃走も硬直も同じ（どちらも恐怖）であるように扱う。このレベルは有用であるかもしれないが（自分が怖がっているのかどうかを知るのは価値があるだろう）、このレベルだけでは不十分である。適切な行為が何かを熟慮するためには、身体が事前に選んでおいた反応を考察することがとりわけ手助けになる。自分の身体が硬直のモードに入っているとわかったら、逃走ではなくじっとしているかもしれない。ここでもまた、中間レベルはこの目的に最適化されている。情動階層の高レベルはそれとは少し異なり、主体がある状況にどのように置かれているかを伝えることなく、主体が置かれた状況についての情報を伝える。高レベルの恐怖状態は自分が身の危険にさらされていることを表示し、中間レベルの恐怖状態は、恐怖の源泉は特定の種類の身体反応を要求するような仕方で自分と関わっていることを表示する（小さい／大きい、近い／遠い、動いている／止まっている、逃げられる／逃げられない、など）。どちらのレベルも身の危険（中心的関係テーマ）を表象しているが、中間レベルは、迫っている特定の種類の危険に対処するためになされる特定の行為の準備状態を捨象することなく、危険を表象しているのだ。

　まとめると、中間レベルも高レベルも熟慮反応に貢献している。このことは、どちらのレベルも潜在的表象を介してワーキングメモリに符号化されているという、私が以前に述べた所見と整合的である。だが、中間レベルと高レベルは、それぞれ異なる種類の情報に特化している。片方は視点的で、もう片方はより抽象的なのである。そして、視点的な表象だけが意識に現れる。このことが示唆しているのは、意識は、視点的な表象を熟慮反応に利用可能にする機能をもつ、ということである。

　ここで、なぜ高レベルの心的表象も意識的ではないのか疑問に思われるかもしれない。この疑問に対する答えは細胞レベルの話になる。脳が中間レベルをワーキングメモリ中枢に利用可能する仕方には、一方は感じられもう一方は感じられないという違いをもたらすような何かがある。そうした脳の処理が何であれ、そうしたものは中間レベルに特有のものである。いつの日かそれを特定できるだろう。それが特定できれば、哺乳類の脳の意識の物理的基礎が理解されることになる。すると、なぜ意識は中間レベルでしか生じないのかもわかるようになるだろう。ひょっとすると、意識の基礎となっている細胞の活動は、中間レベル表象はワーキングメモリに完全に送られているのかという問題への有効な回答を与えるかもしれない。ひとたびその細胞活動が記述されれば、その処理がもつ利点も査定できるだろう。だが、たとえそのときでも、答える必要のあるいくらかの問題が残されるだろう。それに意識に必須とされる細胞活動がそもそもなぜ特定の仕方で感じられるのかについて疑問に思われるかもしれないのだ。単なる脳事象がどのようにして苦しみや恍惚を経験させるのだろうか。私は、この疑問に満足のいく答えがあるとは思わない。以前に述べたように、特定の種類の（まだ特定されていない）細胞活動と意識のあいだに成り立つ同一性は、なまの事実である。もし、われわれの先祖の脳が遠い昔に別の処理法をあみだしていたら、世界はわれわれ［のような意識をもつ存在］ではなく、何も感じない自動機械であふれていたかもしれない。

原注

＊1　本章で取り上げるテーマはPrinz（2003d）でも扱われている。

＊2　痛みと快は正または負の感情価を捉えたものであると考えられているなら、グリーンスパンの見解は、私が第7章で擁護した見解とは正反対だということになる。私は、感情価は無意識的であると主張した。

＊3　レイン、カズニアック、アハーン、シュワルツは、失感情症にまったく異なる説明を与えている（Lane, Kaszniak, Ahern, & Schwartz 1997）。彼らは、失感情症を情動版の盲視として記述している。こうした結論に到達した理由は、失感情症の患者は情動をうまく認識できないが、情動能力は残されているのではないかと考えたからである。だが、こうした兆候は、失感情症が連合型失認に相当すると考えても同じくらい十分に説明できる。決着をつけるためには、失感情症の患者に情動が何らかの仕方で感じられるかどうかを突き止める、という方法が使えるだろう。盲視とのアナロジーでは、彼らは何も感じないという予測が出てくる。だが私は、患者に説明できない身体的異変がよくみられる点は、連合型失認とのアナロジーに有利に働くと考えている。

＊4　だからといって、縁についての意識をもてないわけではない。注意の焦点を縁に絞れば縁の表象を形成でき、

その表象は視覚階層のどこでも繰り返し用いられることが可能である。

＊5　ミルナーとグッデイルの研究（Milner and Goodale 1995）に詳しい読者は、私が述べたストーリーに反論するかもしれない。彼らは、視覚的意識と視覚的にガイドされた行為は、脳の異なるシステム（腹側経路と背側経路）によって支えられていると主張している。そして私が述べてきた中間レベル表象は腹側経路に備わっている。もし行為を駆動させる背側経路が無意識的であるなら、意識は情報を熟慮反応に利用可能にする機能をもつという主張は信じがたく思えるだろう。ある種の熟慮反応（たとえば、視覚的にガイドされた意図的行為）は、一見したところ意識とは独立である。これに対する応答として、私は、ミルナーとグッデイルの結果は、最後の点〔ある種の熟慮された反応は意識とは独立であること〕を立証していないと主張する。無意識の背側経路は、意識的な腹側経路と、腹側経路の情報にアクセスできるワーキングメモリ中枢から、入力を受け取っている。したがって、たとえ視覚的に行為をガイドするシステムに視覚的意識が位置づけられなくとも、そのシステムは、熟慮された制御のもとで行為をガイドする場合には、意識状態に依存しているだろう。ミルナーとグッデイルの研究は、この可能性と整合的であるので、私がこれまで述べてきたストーリーとも整合的である。

＊6　情動階層のより上のレベルとは異なり、こうした低レベルの状態は、単に身体的変化を記録するだけでなく、身体的変化を表象すると言えるかもしれない。

訳注

★1　第2章訳注★1を参照。

★2　盲視（blindsight）とは、一次視覚野の損傷により意識的な視覚経験をもてなくなったにもかかわらず、提示された視覚刺激について推測を求めると、偶然以上の正答率がみられる現象である。この現象は、視覚的な情報処理と意識的な視覚経験が独立である可能性を示唆している。

★3　他の何かによって説明されることのない、基礎的なものとして受け入れるべき事実。

# 第10章　怒ることは赤さを見るようなことなのか

## 知覚としての情動

心は複数の種類の情報誌処理システムに分割される。入力を与える知覚システム、出力を生み出す行為・運動システム、そして、反射的反応以上の出力を生み出す場合に入力と出力を仲介する推論・計画・問題解決といった心的操作に従事する高次認知システムに分けられるかもしれない。では、情動はこの描像のどこに入ってくるのだろうか。一つの可能性は、情動は独特の種類のものだということである。言い換えると、情動は、知覚や行為指令、高次の認知には還元できない特別なクラスの状態かもしれないのだ。第二の可能性は、情動は、上記の異なるシステムに属している部分から成り立っている複合的な状態だというものである。そして第三の可能性は、情動はどれか一つのカテゴリーに還元できるというものである。情動は、知覚、行為指令、高次認知のどれかと同一であるのかもしれない。本章で私は、情動は知覚であるという考えを探求する。

情動が知覚である可能性はさまざまな点で興味深い。もし情動が知覚に還元できるなら、情動は独特の種類の心的状態ではないということになる。すると、心的なものの存在論は他の想定よりも小さくなる。また、情動が知覚であった場合に導かれる認識論的帰結もある。信念とは異なり、知覚〔および知覚としての情動〕が正当化されると言うのは奇妙だろう。さらに、もし情動が知覚であるなら、情動の研究は知覚心理学の研究から知見を得ることができる。第9章で展開した情動的意識についての私の説明は、まさに知覚研究に基づいている。実際のところ、情動は知覚であるという主張は、これまでの章を通じてずっと背後にあった。この主張は、私がこれまで述べてきた多くのことを包摂する。私がこれまで擁護してきた見解では、情動をもつことは、世界のなかでの自分の立ち位置を知覚する方法である。もし、情動と知覚は似ていないということが示されれば、本書の中心的な主張のいくつかは誤っていることになるかもしれない。

情動は知覚であるという主張は何を意味するのだろうか。それに答えるためには、知覚的状態の典型例について考える必要がある。視覚や聴覚、嗅覚といったお馴染みの感覚システムだ。もし情動が知覚であるなら、情動は、形を見たり、音を聞いたり、香りを嗅いだりすることと共通の本質的特徴をもっていなければならない。そうすると問題は、見え、聞こえ、におい、を知覚的にしているものは何なのか、ということになる。

最初の試みとして、第2章で挙げた認知の定義が使えるかもしれない。認知的状態がトップダウンの制御のもとで生じるものだとすると、知覚的状態はボトムアップの制御で生じるものだと考えられるのではないか。おおまかに言うと、知覚は脳の外にあるものに引き起こされる、ということである。これは良い出発点だ。確かに、ボトムアップに作動させられる状態から成るということは、知覚的状態の必要条件だと思われる。自発に行われる心的作用によってのみ生じさせられる心的状態は知覚的とは言えないだろう。だが、ボトムアップ制御は知覚的状態の本質ではない。まず、自発的に行われる心的作用によって生じさせられる知覚的状態は多くある。たとえば、心的イメージは、トップダウンに作動させられる知覚的状態と定義できる。さらに、知覚的でない状態もボトムアップに作動させられうる。ある種の強制的な思考はそうしたものかもしれない。また、何十年も文化的教育を受けたアメリカの愛国主義者は、国旗を見ると反射的に心のなかで「アメリカに神のご加護を」とつぶやくかもしれない。こうした思考は、少なくとも理論的には、非知覚的でありボトムアップに作動させられたである可能性が残されている。そうすると、ボトムアップに作動させられることは、知覚的であることの十分条件ではないだろう。

私が提案する知覚的状態の定義は、「専門入力システムの状態」である（Prinz 2002ではこの定義をより詳しく擁護した）。専門入力システムとは、特定の優先されるクラスの変換器や内的表象を介して、身体ないし世界からの情報を受け取る機能をもつ心的システムである。知覚的モダリティないし感覚器官は、そうした専門入力システムである。そうすると、知覚的とみなされる心的状態は、そうした感覚器官に基づいた状態であるということになるだろう。視覚、聴覚、嗅覚は専門入力システムであり、それぞれに特有の神経経路や表象がある。もし情動が文字通り知覚的なものであるなら、情動はそのようなシステムに備わっているものでなければならない。この定義は、目下の問題である情動の知覚説が、本当に知覚説の名に値するかどうかを判定する助けになる。

まず、ド・スーザが推し進めている理論を検討してみよう（de Sousa 1978, 1987）。ド・スーザは、情動を知覚の一種とみなすのが良いと主張している。そしてこの主張は、情動と知覚に複数の共通点があるということに基づいている。たとえば、どちらも感じられうるものであり、どちらも視点的であり（実際に情動をもつことなしに情動をもつ状態になりえない）、どちらも幻覚が可能である（実際に存在しない対象を表象しうる）。こうした共通点を挙げているにもかかわらず、ド・スーザの明確な情動理論は知覚説になっていない。彼は情動を推論や探求の方向性を暗示する「顕著さのパターン」と定義している。また彼は、情動は、それを特徴的に誘発する「典型シナリオ」を観察することで学習されると述べている。情動は、目下の出来事が典型シナリオに十分似ていると認識したときに生じるというのである。典型シナリオの表象がひとたび思い起こされると、目下の状況に備わる特徴に注意が引きつけられ、特定の推論を行うように傾向づけられる。怒りは、他人の行動を侮辱的だと認識したときに生じ、そして、その人の性格について特定の結論を引き出させるのだ。

私は、典型シナリオについてのド・スーザの考えは正しいと思う。そうしたシナリオは、較正ファイルに含まれる表象とみなすことができ、情動の誘発において重要な役割を果たしていると言えるだろう。だがド・スーザの理論は知覚説になっていない。というのも、知覚的入力システムの活動を関係づけていないからである。彼の理論が知覚説のようにみえるのは、顕著さという考えが知覚と結びついているからだろう。たとえば、対象に視覚的な注意を向ける場合、一部の特徴は別の特徴よりも顕著になる。顕著な特徴は注意を引く。だが、顕著さは非知覚的な文脈にも適用されるものである。たとえば、スミスは共和党員であるという信念を私が形成すると、財政政策や人権、社会的福利に対する彼の態度は、私にとってより顕著になるだろうし、そこから私は特定の推論を行いがちになるかもしれない。

ド・スーザは、情動が信念であることを明確に否定し、情動は知覚の一種であるとも示唆している。また彼は、情動を「知覚のモード」と呼んでいる。だが、知覚のモードは、ド・スーザの理論では比喩として使われていると考えるのが一番いいだろう。情動は、明示的な判断なしに行われる対象の解釈なのである。同じことは知覚的状態にも言えるだろう。黄色いサングラスをしている場合、世界が黄色に見えるが、本当に黄色だとは判断しない。だが、一見したところ知覚的でない多くの状態もこうした性格をもっている。子供は、動物のぬいぐるみを生き物として「見る」かもしれない。路上強盗は襲うと決めた通行人を獲物として「眺める」だろうし、芸術家はモデルをビーナスやアドニスとして見るだろう。これらは文字通りの意味の知覚ではない。すると、ド・スーザが情動は文字通りの知覚ではないと結論するに至ったことも驚きではない。情動は、知覚の類似物なのだ。

文字通りの知覚説は別の場所に求めるべきだろう。たとえば、ヒュームは知覚説を支持していたとみなされることが多い。第1章で述べたように、ヒュームは、情動を二次的な印象とみなしているである（Hume 1739/1978）。ヒュームが言う「印象」は、知覚的状態を指すと解釈されることが多い。そして二次的な印象は、別の印象ないし観念によってもたらされたものである（ヒュームにおける観念は、印象の弱まったコピーである）。ヒュームの考えでは、情動は本来的な意味をもたず、外的な意味しかもたない。つまり、情動には特徴的な原因と結果があるということだ。たとえば誇りは、自分の所有物や成果について反省することで引き起こされる感じであり、また、自己についての思考を引き起こすものである。

だが、ヒュームの理論でなぜ情動が知覚とみなされているかは完全には明らかではない。そう取り決めてしまう以外に、情動を印象とみなせる理由はあるのだろうか。ヒュームはこの疑問に対してとくに明らかな答えを与えていない。彼は、情動が専門入力システムの状態とみなされることを示していない。また、視覚・聴覚・嗅覚といった知覚的状態の典型例と情動のアナロジーも挙げていない。現象的に経験されるということは情動と典型的な感覚状態とに共通しているが、それが「情動は知覚的である」という主張の根拠になるためには、さらに、知覚的状態だけが感じられうることを示す議論が必要となる。そして、そうした議論はヒュームにはまったく見出せない。おそらく解釈学的には、ヒュームが知覚説を擁護していたという想定を放棄するのが一番いいだろう。「印象」という用語を知覚的状態と同義とみなすべきではない。印象は二つの異なるタイプの状態を含む寄せ集めのカテゴリーなのだ。たとえばヒュームは感覚の印象と反省の印象を挙げている。前者は知覚的状態と同一視できるかもしれないが、後者はそれとは完全に異なるクラスのものであり、そして、情動は後者に含まれている。

真の知覚説の萌芽はデカルトに見出せる（Descartes 1649/1988）。デカルトの場合、情動は、身体を流れる「動物精気」の運動に対する反応として生じる魂の状態である。彼はときに、情動はそうした身体変化の「知覚」であると述べている。だがデカルトは、情動は知覚システムの状態だということを意味してはいない。むしろ彼は、情動を、世界の何らかの特徴に注意を向けさせ、それに対する反応として行為を強いるような快ないし不快の感じとみなしている。たとえば、デカルトによる愛情の定義は、動物精気によって引き起こされ、好ましく思える対象と一緒になることを駆り立てる、魂の状態である。愛情には願望（自分以外の対象と一緒になりたい）と評価（その対象は好ましい）を含んでいるようにみえる。だが、どちらの要素も知覚的状態とみなすのはもっともらしくない。とはいえデカルトは、身体の変化と情動を関係づけている点で、真の知覚説を育む助けになっている。

その成果を収穫したのはジェームズとランゲである。ジェームズ－ランゲ説は、身体変化の感じと情動を同一視する。そして、問題となっている身体変化は、動物精気の運動ではなく、内臓の動揺や骨格筋の調整である。これは明らかに知覚説である。情動は、体性感覚システムの状態なのである。

私が擁護してきた身体性評価説は、ジェームズとランゲの著作に由来するものである。身体性評価説は、まさに同じ理由で知覚説とみなせる。情動は、身体変化を探知することに専門化されたシステムの状態である。意識ついての議論のなかで（第9章）私は、情動の処理経路の機構には、視覚などの入力システムの経路に相当するものがあると主張した。情動は三つのレベルの階層に備わっており、そのなかの中間レベルが意識経験に対応する。私はまた、情動には、視覚システムの障害と対応するような、特徴的な障害があると主張した。情動の階層は、より広い体性感覚システムにおける特別なサブシステムとみなすことができる。

だが、ここまでは話の半分しか述べられていない。情動が知覚であるという主張は、どんな身体説からも当たり前に導かれるものである。情動は専門入力システムに備わっている。もし、情動が身体的基礎をもつという私の議論がうまくいっていれば、本章の中心的な主張はすでに確証されたことになる。しかし、この主張には別の側面がある。知覚は、二通りの仕方で定義できる。一つめの定義は、私がこれまで主張してきたように、実装のされ方に関わるものである。知覚は、知覚システムにおいて生じていなければならないということだ。他方で、二つめの定義は情報的性質に関わるものである。知覚は独特の仕方で情報を拾い上げる。知覚は、何かを知覚する〔知る〕手段として用いられる状態である。すると、情動は知覚なのかという疑問も二つに分けられるだろう。一つは、情動は知覚的状態か、ということである。そしてもう一つは、情動をもつことは、何かを知覚する手段なのか、というものである。一つめの疑問は、身体説が正しければ当然そうである。二つめの疑問も、ある解釈では当然そうだと言えるようにみえる。身体説によれば、情動は身体変化を知覚する手段だということになるだろう。身体性評価説にはさらなる疑問が生じる。私は、情動は中心的関係テーマを表象していると主張した。身体変化は情動の名目的内容であり、中心的関係テーマが実質的内容なのだ。私の理論では、どういった点で情動は名目的内容の知覚でありうるのかを理解するのは容易であるが、実質的内容はどうだろうか。中心的関係テーマが知覚されていると言えるのだろうか。私は、言えると答えたい。視覚システムが、色、形態、運動、位置を探知する階層的な経路に分割されるように、体性感覚システムも、肌理、形、温度、損傷、そして、中心的関係テーマを探知する経路に分割できるのである。

一見したところ、この主張は非常に奇妙にみえる。中心的関係テーマは、感覚器官が拾い上げている他の特徴と同じようにして存在しうるものなのだろうか。中心的関係テーマは、色や肌理とはかなり違ったものにみえる。表向きには、それが知覚されうるという主張は意味をなさない。私はこの懸念に答えなければならないだろう。さらに、実を言えば、情動の知覚説は他にも多方面からプレッシャーをかけられる。情動と知覚にはいくつも違いがあるようにみえる。ある違いは情動が知覚的状態ではないことを示しているようにみえるし、別のものは、情動は中心的関係テーマの知覚とはみなせないことを示しているようにみえる。これから私は、こうした違いを検討し、それらは見かけのものにすぎないと主張する。情動は知覚であり、世界とわれわれとの関係を知覚するために用いられるものである。

## 見かけ上の違い

### 観察不可能性

情動は知覚であると主張するとすぐさま中心的関係テーマは観察不可能だと反論されるだろう。中心的関係テーマは、においもしなければ味もしない、まして触ることはできない（情動の体性感覚説はテーマが触れることを含意するようにみえる）。われわれが文字通り中心的関係テーマを知覚しているなら、中心的関係テーマは観察可能な性質でなければならないだろう。だがそれは正しくない。

この反論は直観的にいくらか惹きつけられるが、よく検討してみるとうまくいかないことがわかる。こうした反論を行うためには、まず、観察可能であるとはどういうことかについての理論がなければならない。一つの定義は、「観察可能な性質とは、何であれ感覚器官を通じてわれわれが知覚するもの」である。そして私は、中心的関係テーマは感覚器官を通して知覚されうると主張している。もし体性感覚システムに中心的関係テーマを表象する状態を含が含まれているなら、中心的関係テーマは観察可能な性質だということになる。この主張を議論なしに否定するのは論点先取である。そうすると、上記の反論には、観察可能な性質についての別の理論が必要とされることになる。

このように簡単に返答されないために、反対者は、「観察可能な性質とは推論なしに探知される性質である」と定義しようとするかもしれない。侮辱的な攻撃や喪失や危険といった性質を探知できるようになる前に、主体は多くの心的作業を行わなければならないだろう。そうした性質が知覚可能でないのは、おそらく、それらは推論されたものだからである。だが、改訂されたこの反論にも問題がある。それは、典型的な知覚も多くの心的作業を必要とすることである。たとえば、現在のところの最良の視覚理論では、眼球に与えられた明るさの配列から高レベルの視覚に与えられる三次元的構造の記述に進むためには、いくつもの推論が必要であるとされている。そのため、中心的関係テーマは推論抜きには探知されないということは、それが観察不可能であることを示してはいない（より詳しい議論は、〔後で扱う〕間接性の項を参照）。

この反論を救うために、観察可能な性質は観察されるものとして外界に存在していなければならないと主張する人がいるかもしれない。ある意味で、中心的関係テーマは外界に存在していない。それはわれわれに依存したものであり、関係的なものである。たとえば、悲しみは喪失の表象であるが、喪失したとみなされるのは価値づけられたものだけである。喪失は必ず、私にとっての喪失である。〔それとは反対に〕知覚が拾い上げるのは、外界に実際に備わりうるような対象、つまり、非関係的性質だけかもしれない。

観察可能性にこうした制限を加えるのは、知覚に関する過去三百年の哲学的議論に精通している人からすれば、説得的には聞こえないだろう。多くの哲学者は、二次性質も知覚可能だと考えている。ロックによれば、二次性質は、われわれに特定の心的状態を生じさせる、外的対象に備わった力である（Locke 1690/1979）。たとえば、赤さをもつことは、通常の観察者に通常の観測条件のもとで〔われわれが「赤」と呼ぶような〕特定の経験を生じさせる力をもつことと分析される。私は情動が二次性質だとは考えていないのだが（第3章を参照）、二次性質は、関係性質が観察可能なものの典型例であることを示している。われわれに影響を与える力は知覚可能であるのだ。

知覚可能な関係的性質は他にもたくさんある。たとえば、一〇フィートほど離れているという性質を考えてみよう。これは特によい例である。というのも、一〇フィート離れているものはおよそこういう見え方をするといったことはないからだ。情動と同じく、距離の知覚もかなり多様な観測条件と関わりうる。

一〇フィート離れていることは同じでも、対象が異なれば、それらによって生じさせられる網膜上の配列はきわめて異なっている。そうした配列には、〔一〇フィートという〕距離の知覚を可能にするような共通のものは何もないかもしれない。そこで視覚システムは距離を探知するためにさまざまな策略を用いる。画家はそうした策略を昔から知っていた。たとえば、対象の重なり、視野のなかでの高さ、色の彩度、線の鋭さ、両眼視差、短縮法、線遠近法などは、距離に関する情報を伝える手がかりである。

対象が一〇フィートほど離れているという知覚が成り立つためには、他にもさまざまな断片的情報が使われているだろう。それと同様に、侵害の知覚には、侮辱、にらみ、パーソナルスペースへの侵入、物理的攻撃といったものの知覚が関わりうる。情動システムはこうしたさまざまなものを身体という手段を用いて対処する。怒りの誘因になりうる候補に際限はないが、怒りの誘因はすべて似たような身体反応を引き起こす。そのため、状況としては似ていないものでも、似たように感じられることになる。身体は、すべての侵害をまとめる公分母となるのだ。こうした点からすると、侵害（などの中心的関係テーマ）の知覚は、距離の知覚よりも容易であるかもしれない。

以上のことから私は、中心的関係テーマが観察可能な性質であることを否定する明白な理由はないと結論する。知覚するために推論を必要とする観察可能な性質は多くあるし、関係的であるものも多い。もし中心的関係テーマが、私が述べてきたようにして知覚システムの状態によって表象されているなら、それらは観察可能な性質だと結論すべきである。外界の出来事の侵害性は、われわれ自身の身体の共鳴を通して、感じられるのである。

### 持続時間

情動と知覚の見かけ上の違いとして他に挙げられるのは、情動はそれを生じさせた原因よりも長続きするということである。赤いトマトが目の前にあるとき、そのトマトについての視覚経験は、トマトが目の前になくなった後も持続するものではない。トマトから目をそらしてしまえば、赤さは消えてなくなる。他方で、他人から侮辱されたときに何が起こるかを考えてみよう。侮辱自体は数秒のあいだだけだろうが、怒りはなかなか消えない。ひょっとすると数時間も続くかもしれない。もし気分が情動とみなされるなら（第8章を思い出そう）、情動が数ヵ月も続くことも可能である。情動は、それを生じさせた原因から奇妙な仕方で独立しているのだ。

これに対する私の返答は三つある。第一に、侮辱的な発言は、言われた人につきまとう。侮辱された場合、何度も心のなかでその侮辱を繰り返すことも多い。こうしたことが起こっている場合、情動を生じさせた出来事は再発している。もともとの侮辱は短いあいだのものだが、その影はわれわれの想像のなかに残り続けるのである。

第二に、怒りはその原因よりも長続きするという印象は、個別的対象と形式的対象を区別しそこなっているために生じているのかもしれない。情動の個別的対象は束の間のものであることが多い。怒りの場合、その個別的対象は侮辱的な発言であるかもしれない。そうした発言は束の間のものであるかもしれないが、形式的対象はそうではない。怒りの形式的対象は侮辱的な侵害である。そして、侵害は出来事ではなく、出来事がわれわれとの関係においてもつ性質である。ひとたび侮辱的な発言が発せられれば、その発言は侵害的であるという性質をもち続ける。発言が終わった後でも、その発言は侵害的であり続けるのだ。過去の出来事は、現在においても、われわれにとって侵害でありうる。このことは、長続きする怒りが過去の知覚であるということを意味しているのではない。すべての知覚と同じく、情動は現在の対象・出来事・性質を表象する。むしろ侵害性が現在にも備わっているのだ。

第三に、むしろ怒りの個別的対象が怒りそのものより長続きする場合がある。侮辱的な発言に続いて怒りが生じるとき、怒りは発言それ自体に向けられているかもしれない。つまり、一連の語に怒っているかもしれないのだ。しかし、むしろ普通は、怒りはそうした語を発した人に向けられるだろう。侮辱は怒りを生じさせるが、怒りは侮辱した人を捕まえている。すると、侮辱した人が存在している限り、怒りの個別的対象が存在することになるだろう。しかし怒りは、怒りを引き起こした人について考えているあいだだけ続くものである。そのため、情動はその対象より長続きすると言うのは間違いである。

頑固な反対者はこれまでの返答では納得しないかもしれない。そうした人は、長続きする情動が何も捉えていない場合もあるように思われる、と言うかもしれない。第2章と第4章で挙げた女性の例を考えてみよう。それは、夫に対して怒ったが、後で、夫が何も悪いことをしていなかったと気づく、というものだった。すると、侵害もなかったし悪いことをした人もいなかったということになるのだが、それでも彼女の怒りは残り続けるだろう。こうした例からわかるのは、情動の時間的プロフィールは、それを引き起こした状況とそれが表象している性質に拘束されない場合があるということだ。この点は情動と知覚の典型例との重要な違いであるようにみえる。

だが、この違いを無効にするのは簡単である。というのも、典型的な知覚表象も、その原因に拘束されない場合があるからだ。残像や幻覚はそうした例だろう。網膜に刻まれた像は、刺激がなくなった後も少しのあいだ残りうる。またここで、次のような生物を想像してみよう。その生物の視覚システムは人間とは異なる仕方で働き、何らかの対象を見るときにはいつも、網膜に像が数分間残り続ける。その生物に特定の網膜像を生じさせた対象をどかし、それとは別の対象をその場所に置いた場合でも、その生物は最初の対象を知覚し続ける。情動はこれに近いかもしれない。危険や侵害といった中心的関係テーマを探知したとき、われわれは一定のあいだそれを表象し続けるのである。情動が長続きすることには非常によい理由がある。情動は生存に関わる性質を表象しており、その性質は探知するのが難しいことも多い。引っ込めることのできない偽陽性反応も、中心的関係テーマを探知するために設計されたシステムにとっては有用なのだ。知覚の典型例の多くは持続時間が短いという事実は、知覚的状態は必ず短期間のものだということを示していない。網膜像も、もしそれが長続きすることに生存上の利点があったなら、長続きしていただろう。

## 行為

行為との結びつきを考えた場合も、情動は知覚の典型例と似ていないと思われるかもしれない。私は、情動は〔行為の〕動機となると主張した。情動は行為を駆り立てる。たとえば、恐怖によって逃走したくなったり、怒りによって戦いたくなったりするだろう。それとは対象的に、赤いパッチを見たりある音色を聴いたりすることは、とりわけ何かを駆り立てるわけではない。典型的な知覚の場面で〔行為の〕動機となるのは、ふつうそこに情動反応を誘発する要因が含まれているためである。たとえば、惨殺死体を見ると目を覆いたくなるが、その行為は嫌悪によって動機づけられている。嫌悪をもつための能力に障害がある場合、まったく同じ死体を見てもそのように反応しないだろう。こうした点からすると、情動システムは実際には産出システムであり、知覚説が示唆しているような入力システムではないと思えてくる。

最初の返答として、情動は動機づけではなく動機だという点に注目するのがいいかもしれない。第8章で主張したように、情動は直接的に行為を強いるわけではない。情動は適切な行為の模索を促す。情動は、行為を強要するものではなく行為を請うものなのだ。したがって、情動は実際のところ出力システムではない。情動は行動指令ではないのである。とはいえ、情動は、行為のための身体的準備の知覚である。情動の名目的内容は、適切な仕方での行動を可能にする身体状態である。この意味で、情動をギブソン心理学的な観点から考えたくなる人もいるかもしれない。ギブソンによれば、通常の知覚において、主体は、自身の周りに存在する対象にアフォードされる行為を知覚している（Gibson 1979）。たとえばわれわれは、椅子が座ることをアフォードするのを見たり、ハンマーが握れることをアフォードするのを見たりするというのだ。情動はこの意味でのアフォーダンスの知覚である。情動は、身体変化を記録することによって、ある状況が一定の範囲の行動反応をアフォードすることを文字通りに知覚可能にする。このように適切に理解したなら、情動と行為の結びつきは、情動と知覚の類似性を台無しにするどころかむしろ支持するだろう。

行為からの反論には別の返答も可能だ。まず注意すべきなのは、知覚の典型例のいくつかは行為に影響を与えうるということである。煙は目を細めさせ、周辺視野に映った何かの動きはその方向へ頭を向けさせるだろう。近年では知覚がさまざまな運動反応との結びついていることを示し、入力システムと出力システムを明確に分断する考えに反対する動向が流行りつつある（たとえばNoë & O'Regan 2001）[＊1]。

行為からの反論に対するこれら二つの応答で、情動と典型的な知覚の残りの違いも難なく扱える。情動と行為との関係の一部は感情価マーカーに支えられている。情動の別の構成要素である身体性の評価は、行為を可能にする身体変化の記録という点で行為と関係している。身体変化の記録はストレートな意味で知覚的活動である。だが、感情価マーカーには別の説明が必要とされる[＊2]。感情価マーカーは身体状態を記録してはいない。その内容はよく言って指令的なものである。正のマーカーは「これを増やせ」という指示として表せるものであり、負のマーカーは「これを減らせ」と表せるものである。感情価マーカーは、適切な行為を選択することで身体状態を維持させたり止めさせたりする内的な指令である。そして、感情価マーカーは知覚的状態ではない。それは体性感覚システムの状態ではないのである。感情価マーカーは身体性の評価から切り離されうるし、別種の心的状態に付属しうるものである。こうした意味では、情動は非知覚的な要素を含むことを譲歩的に認めよう。

とはいえ、そう譲歩しても応答を諦めたことにはならない。そのように譲歩しても、情動は感情価をもつ知覚だという留保を加えれば、情動は知覚だという主張は完全に受け入れられる。ただし、感情価をもつ知覚のすべてが情動であるわけではない。感情価をもつ知覚の他の例として、かゆみやくすぐったさ、贅沢な味わい、濃い煙に対する感覚的反応が挙げられるだろう。確かに、情動は、赤色の断片を見ることや何の変哲もない音色を聴くことよりも、行為を駆り立てそうなものである。だが、目も眩むような明るさの赤い断片を見たり、耳障りな騒音を聴いたりする場面を考えてみよう。情動と同じく、こうした強烈な知覚は、われわれに行為を請う。知覚は行為の動機を与えうるのである。

### 間接性

情動と典型的な知覚の最も目立った違いは、情動反応は間接的だということである。情動は知覚や思考に対する反応なのだ。情動に関連する対象に遭遇したりそれについて考えたりした後で初めて情動が生じる。たとえば、恐怖はふつう危険なものの経験への反応として生じる。大きな騒音を聞いたり、不審な影を見たり、差し迫った経済危機について考えたりした後で恐怖が生じるだろう。だからこそヒュームは、情動は印象の印象だと述べたのだ。だが、典型的な知覚は間接的ではない。赤色の断片を見るために、それより前の知覚や思考は必要とされない。赤色の断片の視覚経験は、赤色の断片以外の何かに対する反応ではない。視覚経験は、視覚的処理の初期に生じている表象状態以外の何らかの表象状態に媒介されてはいないのである。

この違いは情動と知覚の類似性を台無しにするように思われる。たとえ情動が体性感覚の装いをしていても、情動はスタンダードな知覚とはまったく似ていない条件のもとで生じるのである。この反論は、知覚的状態と知覚作用の区別として定式化できる。知覚的状態は、以前に私が与えた定義の通りである。それは知覚的入力システムに含まれる表象である。もし身体性評価説が正しければ、情動はこの意味で知覚である。だが、知覚的状態はどれも知覚作用に伴っているというわけではない。知覚作用には、感覚的変換器を通した情報の直接的な流れが含まれている。熟れたトマトを見たときの赤さの経験は、知覚的状態でもあり、知覚作用の結果でもあるのだ。トマトによって反射された光が網膜によって拾い上げられ、それが視神経を通過し、脳の視覚経路に記録される。このことと、熟れたトマトの心的イメージを比較してみよう。イメージは知覚的状態であるが、知覚作用によって生み出されたものではない。心的イメージは、ある意味では知覚的であるが、別の意味ではそうではない。心的イメージと知覚を同一視するのはミスリーディングである。そして、同じことが情動にも言えるだろう。情動は〔感覚器官による情報の〕変換から直接生み出されるものではく、別の内的状態によって媒介されている。情動は知覚作用によって生み出されていない。この意味では情動は知覚ではない。

だが、この反論に応答できないわけではない。情動は間接的であるという主張には、正しいところと間違っているところがある。確かに情動はふつう別の心的状態の帰結として生じる。このことは否定しがたい。だが、情動が生じるとき、それは身体変化に対する直接的な反応として生じている。情動は体性感覚システムの状態である。情動は、パターン化された身体変化のすぐ後に生じるものである。そうした変化は、内臓、筋肉、〔内分泌系の〕化学レベルの動揺を記録する初期体性感覚探知機によって変換されているのだ。したがって、情動は知覚作用によって生み出されていないという主張は誤っている。情動は身体が知覚されたときに生じるのだ。情動は、前述のどちらの意味でも知覚である。情動は、知覚作用によって作動させられる知覚的状態なのである。ヒュームの説明は、厳密に言えば誤っている。情動は印象の印象〔二階の印象〕ではなく、一階の印象なのである。実際に、情動は二つの意味で一階の印象である。情動は内的世界、つまり、われわれの身体の世界の特徴を記録する。さらに、外界の関係的特徴、つまり中心的関係テーマを表象するのである。

だがそれでも、これら二つの内容における知覚のされ方の違いを対比させて、やはり間接的だという反論があるかもしれない。情動は身体変化を直接的に記録しているが、情動が中心的関係テーマを表象する能力には、先行する心的状態が媒介として働くことが必要である。情動は身体状態の知覚ではあるが、中心的関係テーマの知覚ではない。情動は、直接的な変換によって中心的関係テーマを表象しているのではないだろう。

この再反論に答えるために、情動以外のケースをいくつか考えてみよう。最初は共感覚である。共感覚をもつ人々は、ある感覚モダリティが刺激されたときに、いつも決まって別のモダリティの感覚も経験する。たとえば、シトーウィックが報告しているマイケル・ワトソンという共感覚者は、味を感じるときに形の経験をもつという（Cytowic 1993）。ある食べ物の味は丸く、別のものはとがっているというのである。ひょっとすると、彼は風味を触覚的に感じていると言った方が正確かもしれない。とがった触覚経験がある味を表象し、丸さの経験は別の味を表象しているのである。また、作曲家のマイケル・トーキーは音楽を聞いたときに色が見えるという（Berman 1999）。たとえば、Gシャープを聞いたときにはオレンジ色を経験し、Dメジャーでは青色を経験する。直観的には、音楽に誘発された彼の色経験を知覚とみなすのは十分理解できる。彼は音を見ているのである。

次に、補助視覚装置を考えてみよう。バック・イ・リタ、コリンズ、サンダース、ホワイト、スカードンが開発した装置は、周りを中継しているビデオ・イメージを触覚的印象に変換して背中に感じさせ、盲目の人が世界を「見る」のを手助けする（Bach-y-Rita, Collins, Saunders, White, and Scadden 1999）。ここで、目が見える人がこの装置でかなりの訓練をつんだ場合を考えてみよう。その人は、触覚的配列によって形の印象が生じたときに視覚イメージを形成すると考えられるかもしれない。さらに、その視覚イメージは、るかもしれない。

自動的に形成される、かなり信頼できるものとなり、その装置を使えば目隠しをしてもしっかり行動できるようになるかもしれない。こうしたことが本当に起こりうるなら、その人の視覚的状態は触覚によって間接的に生じさせられたものであるにもかかわらず、その人は自分のまわりにある対象を見ていると言えるかもしれない。

以上の事例どれも普通のものではないが、ある感覚が別の感覚によって作動されられうることを示している。より重要なことは、こうした事例を使えば、間接性が知覚を排除するかどうかについてのわれわれの直観のテストできることである。私の直観では、共感覚と補助装置による視覚経験は、それを引き起こした対象についての知覚である。それらは、直接的な知覚でないとしても、音色や形についての知覚なのだ。間接性はこれらの事例を非知覚的なものにしてしまわないように思われる。この点を強調するには、単一の感覚モダリティのうちで何が起こっているかについて考えてみるのもいいかもしれない。すべての感覚はさまざまなサブシステムに分割できる。たとえば、通常の視覚経験の場合、三次元的な形の情報を得るには、網膜に記録された二次元的スペクトルのパターンから形の情報が初期視覚中枢で復元される必要がある。この意味では、高レベルの視覚は間接的である。だからと言って形は決して知覚されるものではないと結論するのはおかしい。そうすると、間接性は知覚における例外ではなく、通例であるということになるだろう。情動の場合、唯一の違いは、一つ以上の感覚モダリティが関わっているという点である。この点で情動は変わったものになっている。しかし、間接性はひっかけにすぎないだろう。

私が本当に重要だと思っているのは、間接性ではなく受容性（receptivity）である。感覚器官は対象に反応するものである。感覚器官はボトムアップな仕方で自動的に働き、有機体に利用可能な情報を拾い上げる。そして、知覚の内容は（おおよそ）そうした反応を体系的に開始させるものによって決定される。マイケル・トーキーは交響曲を聴いているあいだに色を経験するが、経験されている色はこうした意味で受容的であり、それらは特定の音によって体系的に引き起こされる。だからこそ、トーキーは色を通して音を知覚していると言うのが適切にみえるのである。そして、同じことが情動にも当てはまる。ヘビを見た後で恐怖を経験する人を考えてみよう。恐怖は受容的な反応であり、危険によって体系的に引き起こされる。どれほど間接的であろうが、それがもつ基礎的なプロフィールは知覚である。実際のところ、情動は共感覚よりも知覚であると主張するのがふさわしい。共感覚の場合、結果として生じる感覚的状態は対応する感覚モダリティが刺激されることなしに生じている。トーキーの視覚的状態は眼が刺激されることなしに引き起こされている。これに対して、情動の場合、感覚器官は刺激されている。ヘビを見た場合、身体変化が生じ、その変化は体性感覚変換器を用いて拾い上げられているのだ。

まとめよう。情動は、典型的な視覚・聴覚・嗅覚よりもいくぶん直接的でないかもしれない。情動反応は一般的に、先行する思考や知覚に依存している。だが、こうした間接性は、情動は一種の知覚であるという主張と申し分なく両立する。さらに、中心的関係テーマは、情動が受容するものであり、また、情動と体系的に結びついている原因とみなせる。間接性よりも、こうした体系性こそが、知覚にとって重要である。このことは、情動は中心的関係テーマの知覚であるという結論を支持する。

### モジュール性

知覚の典型例と情動の他の違いとして、高次認知と相互作用するレベルが挙げられるだろう。情動は、心のなかでも最も洗練された部分から深くしつこい影響をうけている。情動は、注意深く、そして、確かな見識に基づいた反省によって引き起こされうる。それに加えて、われわれがもつ情動のレパートリーは遺伝的に決定されてはいない。較正という過程を通して新しい情動が生じうるが、較正は判断や信念の影響をうけるものである（第4章）。また情動は、文化的影響で新たなものが生じたり、既存のものが変形したりする（第6章）。こうした事実は、広く受け入れられた知覚についての見解と緊張関係にある。

広く受け入れられている理論によると、知覚システムはモジュールである。フォーダーは、モジュール性についての最も影響力のある理論を展開している（Fodor 1983）。彼によると、モジュールは以下のような独特の性質をもつ。

1　局所性：モジュールは専門の神経機構によって実現されている。
2　特定の障害：モジュールには固有の障害がある
3　強制性：モジュールは自動的に働く。
4　速さ：モジュールは素早く出力を生み出す。
5　浅さ：モジュールからの出力は比較的単純である。
6　アクセス不可能性：より高レベルの処理がアクセスできるモジュールの表象は限られている。
7　情報遮断性：モジュールはより高レベルの処理の情報によってガイドされえない。
8　個体発生的な決定性：モジュールの発達には特有のペース、順序がある。
9　領域特異性：モジュールは限定されたクラスの入力を処理する。

知覚システムはフォーダーが言う意味でのモジュラーではないと主張する人もいる（たとえば、視覚についてはChurchland 1988、言語についてはBates 1994を参照）。私もそうした批判にいくから共感している（Prinz 2006）。とはいえ私は、フォーダーの理論には正しいところもあると考えている。彼のリストに挙げられている特徴のほとんどは、多くの状況下でのほとんどの知覚システムに特徴的なものである。私は、モジュール性はクラスター概念とみなすのがよいと考えている。知覚システムはふつう、1から9のうちの多数の特徴を示すのである。知覚システムは、こうしたフォーダー流の意味で、近似的なモジュールである。もし情動がこうした特徴のうちの多数をもっていなければ、情動と知覚のアナロジーは駄目になるだろう。

情動システムがフォーダーのリストにあるいくつかの性質をもつことは確かである。情動は、特有の障害があるような専門の神経経路に備わっている（第9章）。また、情動システムの出力は浅い。それはパターン化された身体変化を表象するが、そうした変化は非常に複雑な処理なしに探知されうる。また、情動システムは比較的アクセス不可能であるようにみえる。つまり、身体変化を探知する操作は意識的にアクセスできないのだ。だが、情動が素早く強制的であるという主張には反対する人がいるかもしれない。確かに、この記述に合う情動反応もあるが（金切り声を聴いた後の恐怖）、合わないものもある。たとえば、他者への愛情が次第に育まれていくケースを考えてみよう。だがこれは例外として許容できるかもしれない。多くの知覚的技能、たとえば、視覚によるヒヨコの雌雄鑑定の学習も、成熟するまで時間がかかる。だが、ひとたび獲得されると、その技能は自動で素早く行使される。同様に、ひとたび愛情をもてば、愛する人の外見は直接的に鼓動の高鳴りを引き起こしうる。

残った三つの基準はより困難な難題を提示する。一見したところ、情動は情報的に遮断されていない。情動は思考や別の感覚モダリティの表象に導かれるものである。また、文化な情報を含んだ信念や価値も、情動を支える身体的状態に影響しうる。また、情動は個体発生的に可塑的である。基本情動は一定の順序で生じるだろうが（Lewis 2000）、基本的でない情動は生涯のうちのさまざまな時点で生まれるものである。基本的でない情動は個人的・文化的歴史の影響を受けることも多い。最後に、情動は領域特異的かという深刻な問題がある。情動反応の引き金となりうる心的状態の範囲は決まっていない。視覚は網膜に入った光に反応するのに対して、情動はほとんどどんなものにでも反応する可能性がある。

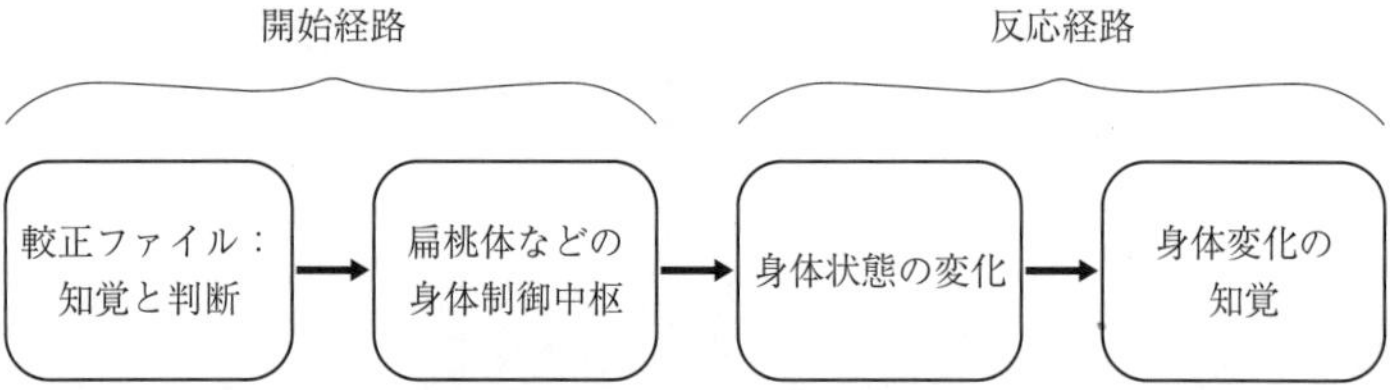


図10.1　情動の開始経路と反応経路

こうした反論を無効にするには、フォーダーのモジュール性の定義を単に拒否すればいいと思われるかもしれない。すでに示した通り、彼の基準は制限がきつすぎる可能性がある。フォーダー自身も認めているように、モジュール性には程度があるだろう。彼が挙げた基準のすべては満たさないシステムや、いくつかしか満たさないシステムも、相対的にはモジュールに分類されるかもしれない。あるいは、私が以前に示唆したように、モジュールをクラスター概念とみなし、そして、情動はふつうそのクラスターのたいていの項目を満たすと言えばいいかもしれない。

こうした応答戦略で十分かもしれないが、反論に正面から取り組むこともできる。問題となっている情動システムとフォーダー流のモジュールの違いは、よく検討すれば消えてしまうだろう。まず、情動は領域特異的でないという論点から検討しよう。どんなものでも情動反応を引き起こす対象となりうるようにみえるかもしれないが、情動への入力は二つの意味できわめて制限されている。第一に、情動は必ずパターン化された身体変化への反応であり、第二に、情動は必ず中心的関係テーマへの反応である。身体変化は近刺激として、中心的関係テーマは遠刺激として考えることができる。視覚が光を通して対象を探知するように、情動は身体を通して中心的関係テーマを探知するのだ。

情動は領域特定的でないという印象は、情動処理に関わる二種類の経路を区別し損なっているために生じるのかもしれない（図10・1を参照）。片方に、情動の「開始経路」がある。それは、さまざまな心的状態からパターン化された身体変化を導く。扁桃体は、恐怖、嫌悪、悲しみの開始経路において中心的な役割を果たしているだろう（Anderson & Phelps 1998）。扁桃体はさまざまな脳領域から入力を受け取り、あるパターンの身体的出力を開始させる。その出力が上記の情動を生じさせるのだ。別の情動では他の構造物が寄与しているだろう。そしてもう一方に、情動の「反応経路」がある。この経路は顕在化された情動が生じるところである。その経路は、身体から、身体変化を記録する脳中枢につながっている。情動開始経路への入力は劇的なほどにさまざまなものがありうるし、また、入力は学習や経験を通して変化しうる。扁桃体とそれに関連する構造物は領域特異的ではない。だが、情動反応経路は領域特異的である。それは身体変化と中心的関係テーマに反応するのだ。

また、モジュール性についての返答としては、まず、モジュール性はある程度の可塑性と両立すると指摘できるかもしれない。フォーダーは、通常の知覚システムが発達のなかで反応のパターンを変える可能性を認めている。たとえば、ミュラー・リヤー錯視は、角張っているものを多く見る文化圏の人にしか生じないというグレゴリーの主張を考えてみよう（Gregory 1966; Deregowski, 1974も参照）。立方体状の建物に囲まれた環境に住んでいる場合、端が合わさって角になっている線分は、その角の向きの違いに応じて、近いものとして知覚されたり遠いものとして知覚されたりする。もし角が丸いものばかりの環境で育っていたら、視覚システムはこうした推論を学習せず、ミュラー・リヤー図形の線分の長さは同じに見えるだろう。だが、そうした環境からミース・ファン・デル・ローエ〔建築家〕の超高層ビルがある環境へ引っ越したら、視覚システムは次第に調整され、ミュラー・リヤー錯視に陥るようになるだろう。こうしたことからわかるのは、視覚システムは不変ではなく、そして、その変化はあらかじめプログラムされていた発達の順序の外で生じうるものだということである。だがフォーダーは、視覚がモジュールであるという仮説にとってこれが問題となるとは考えていない。彼は、環境が視覚に影響を与えうることを認めている。

だが、そうした影響は徐々に出てくるはずだと強調している。それと同様に、情動は徐々に調整されるものであると主張できる。その調整は、文化によって新しい身体の習慣が発達させられることに応じて行われる。情動反応におけるこうした予定外の変化は、フォーダーが念頭においているような個体発生的決定性とおおむね両立する。

可塑性からの反論には、開始経路と反応経路の区別に訴えた応答も可能である。いくつかの情動は遺伝的に決められたスケジュールで生じないことの主な原因は情動開始経路の可塑性にある。情動開始経路には較正ファイルがおさめられている。較正ファイルは、経験の機能を変更させたり、〔新たな〕機能を獲得させたりすることが可能である。これがあるために、人間の情動反応にはとてつもない個体発生的差異があるように見えてしまうが、この見かけはミスリーディングである。情動反応経路は比較的不変であり、発達の過程を予測できるかもしれない。

似たような考察で、情動は情報的に遮断されていないという反論を無効にすることができる。確かに、より高次の認知的状態、たとえば、文化的な情報を含んだ判断や価値は、情動に影響を与えうる。しかし、アケディアを思い出してみよう。それは、単調な宗教的実践にあきあきした人が経験するものだった。そうした情動は、情動が高次認知によって影響されうるということを示しているのではないのか。おそらく、そうではない。アケディアのような情動は、既存の情動が新しいクラスの誘発条件（教会に行くなど）に較正されることで作られる。そして、較正ファイルは開始経路の一部である。教会に行くことの単調さについての信念が、情動そのものを構成している身体表象と直接相互作用するとは限らない。較正ファイルに含まれた情報と、それによって較正される情動には、直接的な相互作用はないかもしれない。較正ファイルは身体反応を引き起こし、そして、身体反応は情動を引き起こす。脳の体性感覚領域と、社会的実践についての評価的判断の住処となっている領域に、直接的な話し合いは必要ないのである。

こうした考察は、情動が情報的に遮断されている可能性を示唆している。しかし、実際そうであると考える理由はあるのだろうか。フォーダーによれば、情報的遮断は知覚的な錯覚によって証明される。知覚的な錯覚だとわかった後でも錯覚に陥り続けるなら、その錯覚の原因は知識から直接影響をうけない処理システムにあることになる。ミュラー・リヤー錯視はまさにこうしたものである。その図の二本の線分が同じ長さだとわかった後でも、線分は依然として異なった長さに見える。もし知覚システムと高次認知とのあいだ直接的なやりとりがあるなら、二本の線部の長さを測った後には、ミュラー・リヤー錯視はなくなるか、あるいは少なくとも弱まるだろう。

情動システムにも、それと同等の拭い去れない錯覚がある。ここで再び、夫に怒り続けている女性を考えてみよう。彼女は、夫を非難する余地はないと明確に強い判断を下しているにもかかわらず、怒り続けている。分別のある人にさえもこうしたケースが起こりうる。また、別の拭い去れない情動として、精神医学的病態に由来するものが挙げられるだろう。最も明白なのは恐怖症のケースである。飛行機が怖い人は、車よりも飛行機の方が安全だと知っているかもしれないが、それでも、飛行機に乗るときにはいつも死の恐怖を感じる（Greenspan 1988）。別の例としては鬱が挙げられる。鬱の人は、恐ろしいことは何も起こっていないと知っているが、深刻な悲しみを感じるだろう。同様に、悲劇の小説を読んだときに悲しみを感じるが、われわれはその物語がフィクションだと知っている（Walton 1978を参照）。あるいは、ボーカルが入っていない曲から歓喜される悲しみを考える方がわかりやすいかもしれない。すばらしい作曲家の手にかかれば、Dマイナーのコードは聴取者を悲しみのどん底に突き落とすものになる。聴取者は何の喪失もないとわかっているが、それでも絶望の洪水が自分のなかから溢れ出してしまう。パンクセップによると、ある種の曲が悲しみを引き起こすのは、その曲が乳幼児の泣き声がもつ聴覚的性質と同じものをもっているからである（Panksepp 1995）。しかし、ミュラー・リヤー図形と同じく、こうしたものが錯覚だと理解しても錯覚は無効にならない。

こうした例をたくさん挙げるのは簡単だ。それらは情動がフォーダー流のモジュラーであることを強く示唆する。ひとたび情動が引き起こされると、判断などの高次の認知状態はその情動を取り消すことに関して比較的無力である。もちろん、判断はいくらかの影響を与えうる。判断が情動を引き起こることもあるし、判断によって情動が変化することもある。だが、判断が情動を引き起こす場合、判断は情動反応システムと直接的に相互作用しているわけではない。判断は、情動反応の前段階となる身体変化を引き起こしているだけである。判断が情動を変化させる仕方も同じだろう。判断はある身体反応のパターンを別のパターンに変えさせるのだ。どちらの場合でも、影響は間接的なものである。また、判断の影響力は、以下の第二の要因によってさらに制限される。較正ファイルは、明らかに低レベルの処理である知覚的な原因を含みうる。たとえば飛行機恐怖症の人の場合、飛行機の視覚表象と扁桃体に結びつきがあるだろう。この結びつきは視覚システムの内部から働くため、飛行機での旅行は安全だという信念は、恐怖の反応を打ち消せない。言い換えれば、開始経路における、情動の誘因の知覚表象と身体反応を編成するメカニズムのあいだの結びつきには、情報的遮断性があるのだろう。これにより情動は高次認知の制御を二重に受けつけないようになっている。

グリフィスが指摘しているように、情動のモジュール性は、情動が受動的であることについてうまい説明を与える（Griffiths 1997）。人は自分の情動を制御できないようにみえる。情動はわれわれに単に生じるものなのだ。これが一般的な考えであることは「パッション」という語の語源に明記されている〔passion 情念／passive 受動的〕。そして、これに相当する受動性は知覚の典型例にもみられる。熟れたトマトを見るときには赤色を見ざるをえない。どんな判断や願望もトマトから網膜への道筋を妨害できない。同じく、どんな判断や願望も身体から感情への道筋を妨害できない。どちらの場合の受動性も、モジュール性によるものである。

だが、情動はみかけほど受動的ではないと主張している人もいる。たとえばソロモンは、情動の選択は可能だと主張している（Solomon 1976）。似たような考えは、情動の訓練を強調するアリストテレスにもみられる（Aristotle 1985）。だが、情動は受動的であるという主張と、情動は制御できるという主張は、矛盾するものではない。情動は二つの意味で自発的である。何かについて適切な仕方で考えることは確かに情動に影響するし、較正ファイルは教育や経験を通して修正されうる。われわれは、何について考えるべきかを選択することによって、そして、較正ファイルをはぐくむことによって、情動を制御できるのだ。だが同時に、情動は二つの意味で自発的ではない。第一に、確立された較正ファイルに含まれる思考やイメージは自動的に情動を作動させるだろう。自らの選択あるいは偶然によって較正ファイルに含まれた表象が作動させられれば、結果として情動が生じるだろう。第二に、ひとたび情動が開始されたなら、直接的な介入によってその情動を変更することは不可能である。開始経路も反応経路も高次の制御なしに作動するのだ。

## 保　証

情動と知覚の典型例のもう一つの違いと言われるものを検討しよう。かつては、情動は非合理的なものだという合意があった。アレキサンダー・ポープは、「理性が編み上げるものを情念が元に戻す」と述べている（Pope 1733-1734）。情動は、人間の心理の最も原初的な部分である動物性と結びついている。それとは対照的に、理性は、最上級の認知的機能を反映しており、情動を抑えるものとして最もうまく働く。カント的な考えでは、われわれは情動を抑制するように試みるべきだと言われ、ルソー的な考えでは、〔情動によって〕理性の束縛を外すことが望まれると言われる。どちらの立場も同じ基本的な二分法に基づいている。だが今では、理性と情動には密接な結びつきがあると言われている（たとえば、Damasio 1994; de Sousa 1987; Elster 1996; Frank 1988; Greenspan 2000）。情動は、高次の認知的状態と同じく、申し分なく合理的でありうるのだ。

このように態度が変わった理由の一つとして、われわれは情動を規範的な基準として掲げることが多いという考えが挙げられるだろう。情動には、適切なものと不適切なもの、良いものと悪いもの、気高いものと卑しいもの、さらには、正当化されているものと正当化されていないものがあると考えられている。たとえば、不運な犠牲者を笑う人は非難を免れない。そうした情動反応は非合理的だと言われることさえある。他方で、こうした規範的基準が知覚の典型例に適用されることはそれほど多くない。たとえば、スミスがラバを馬に見間違えたとしよう。この場合にスミスは非合理的であるとは言われない。スミスが不適切なことをやったとか、その知覚は正当化されていないと言ったりもしない。確かに、知覚も情動も正確性条件をもっている〔正誤の判定基準がある〕。ラバを馬として視覚的に表象するのは誤りである。同じく、無害なものを恐怖することは誤りである。というのも、恐怖が表象するのは危険だが、無害なものは危険ではないからだ。だが、恐怖はさらに非合理的でもありうる。たとえば、外国人だからという理由だけで外国人を怖がるのが非合理的だろう。規範性は正確性以上のものであり、感情の領域には視覚や触覚の領域にはないものが備わっているのだ（Pitcher 1965 を参照）。なぜこうした違いがあるのだろうか。

それに答えるためには、情動を一旦脇に置き、論証の場面で規範性に関する評価がどのように働くかを考えるのがいいだろう。論証の間違いには二通りのものがある。間違った前提に基づいているか、間違った推論に基づいているか、である。そして、論証を規範的に評価する場合、その議論を行った人が非難あるいは賞賛されることになる。また、非難あるいは賞賛に値するのは、その人が論証の責任をもっている場合のみである。責任とは何かに関して大量の文献があるのだが、話を簡潔にするために、ここでは責任を直観的なレベルで理解しておこう。さて、われわれは、間違った前提や間違った推論に基づいて論証を作る人を非難する。その人にはそうした誤りの責任があると言うのだ。もし、間違った前提が、論証をした人にすぐに利用できた情報をみていれば避けられるものだったら、その人は非難されたままだろう。また、正しい前提に基づいていたとしても、その前提を信頼のおける手段を通して獲得していない場合、その人は非難されるだろう。このように前提が支持されておらず、そして、そのことについて論証した人に責任がある場合は、「前提の保証」がないと言えるだろう。同様に、避けることができた間違った推論を行う人も責められるだろう。推論が間違っているとは、その結論がその前提から導かれる傾向がないような場合である。推論が間違っており、論証している人がその誤りに対して責任がある場合、それを「推論の保証」がないと言えるだろう。

こうした構図は情動の領域にも言える。情動を論証の結論とみなすことができるのだ。まず、開始経路で用いられている心的表象は前提とみなせる。それは情動が基づいている根拠である。そして較正ファイルは、前提を用いて情動反応を引き起こすメカニズムである。それは、どのような種類の情報が情動の引き金として機能しうるかを特定する。この点からすると、これは推論規則の集まりのようなものである(「もしヘビを見たならば、恐怖を経験する」など)。また、情動の誘因の表象から情動への移行は推論として理解できる。それは、あるグループの意味のある心的状態(誘因の表象)から別のグループのもの(情動)への移行であり、前者を後者の理由として記述することができる。誘因の表象が情動を引き起こすのは、まさに、そうした誘因が成り立った場合に情動が正しい可能性がより高いからである。たとえば、恐怖が正しい可能性が高い(つまり、危険にさらされている可能性が高い)のはヘビを見たときである。以上のように、情動が引き起こされる過程は気まぐれではなく、むしろ推論に近いのである。

だが、情動を論証の結論とみなせるからといって、情動が規範的評価にしたがうことが示されるわけではない。規範的評価には責任が必要とされる。そして、自身の情動に対して責任をもちうるには、少なくとも二通りの仕方がある。それらは、前提の保証と推論の保証に対応している。たとえば、ジョーンズが、自分はスミスより可愛いと思っているために、誇りを感じるとしよう。しかし、実際に見た目がいいのはスミスの方であり、ジョーンズは単に自分の美しさを適切に評価し損なっているとする。ジョーンズの独りよがりの喜びは、正しくもなければ適切な仕方で支持されてもいない思考から生じたものである。その情動には前提の保証がないのだ。次に、身体的な魅力は誇るものではないと想定してみよう。魅力はある程度は、遺伝子構造の機能や集団に共有された趣味に依存すると考えられる。そのどちらも個人が簡単に制御できるようなものではない。そうすると、魅力の大部分は、達成されるものではなく幸運な偶然で身につくものである。ここで、もし誇りが達成によってもたれるものであるなら、自分の容姿について誇りをもつのは一般的に不適切だということになる。ジョーンズが、遺伝的に決定された自分の容姿に誇りを感じており、そして、較正ファイルから容姿を除外する情報や技能を彼女が利用できるなら、彼女は自分がもった情動のために批判されうるということになる。この場合、推論の保証が欠けていることになる。

二番目の例について、魅力は誇りうるものであるはずだと反論されるかもしれない。というのも、誇りは魅力によって信頼のおける仕方で誘発されるからである。もし誇りの内容がその原因によって決定されるなら、魅力は適切な原因である。この点を一般化して、情動が較正ファイルに含まれたものに対する反応として生じる場合には絶対に不適切にはなりえない、と主張する人がいるかもしれない。というのも、較正ファイルは情動が何についてのものであるかを決定しているからである。だがこの反論は、整合性の基準に訴えることで答えられる。ここで、誇りの作動を制御している較正ファイルの内容の大半は達成に関わるものだと考えてみよう。そうすると、誇りは信頼のおける仕方で達成を探知するものであり、達成の表象とみなすことができる。だが、もしそのファイルに達成に基づかない誘因がわずかに含まれているなら、そのファイルは不整合だということになる。つまり、誇りが信頼のおける仕方で探知する性質をもたない誘因を含んでいることになるのだ。こうした不当な原因が較正ファイルに入り込んだのは、不注意の結果だとしてみよう。たとえば、不整合だと気づかずに、自分の容姿を誇る習慣を身につけてしまったのかもしれない。そうすると、その原因によって誇りの感じが生じる場合には非難されるかもしれない。

まとめると、規範性が情動反応に足場を作れる場所は二つある。第一に、間違った前提に基づいて情動をもつことに責任があり、第二に、間違った推論に基づいて情動をもつことに責任がある（そうした前提や推論に対する責任が自分にある場合に限られるが）。このことは以前に挙げた二つの見解と結びつく。情動の規範的評価は、情動は部分的にわれわれの制御下にあるということ、そして、情動は間接的であるということと相関しているのだ。このことは最初の疑問への答えとなる。つまり、情動が知覚の典型例と異なるのは、まさに、こうした二つの要因においてなのである。スミスがラバを馬と見間違えたとしても、その観察条件下での視覚システムはその見間違いを生み出すように働いてしまうものなら、スミスは非難されないだろう。彼女の知覚的状態は、自分で制御できる前提や推論規則にまったく基づいていない（彼女は初期視覚処理を制御できない）。視覚には開始経路は必要とされない。通常の条件下における視覚は、視覚システム外の心的状態に媒介されていない。つまり、自分が責任をもてる心的状態に媒介されていないのである。

こうした所見は、情動と知覚の典型例の対比がすべての状況で成り立つわけではないことも示している。視覚的判断が規範的基準をもつ条件もあるのだ。たとえば、スミスはいつもラバを馬と見間違えてしまうが、特定のラバを見つける仕事についていたとしよう。そうすると、彼女は知覚の正確さを向上させるよう義務づけられるかもしれない。また、スミスが向精神薬を飲んでいたためにラバと馬を見間違えたと想像してみよう。どちらのケースでも、われわれは彼女に責任があるとみなすだろう。これは、自分の反応をいくらか制御できる場合には規範的基準が適用されるようになることを示す一事例である。

それとは反対に、自分の情動に対して責任がないケースもある。他人が生じさせた化学的変化のために幸福感を経験している場合、その人は自分の反応に対して責任をもたないかもしれない。たとえばスミスがジョーンズに幸福感を生み出す薬を注射し、その後で、ジョーンズに以前のソビエト連邦の強制労働キャンプのドキュメンタリーを見せるとする。ジョーンズがその映画を見ているあいだずっと幸せそうにはしゃいでいたとしても、彼女は非難されないだろう。同様のことは、顔面フィードバックや恐怖症、感情障害からもたらされる情動にも言える。

ここで、二つの暫定的な結論が引き出せる。一つめは、情動と典型的な知覚的状態との対比は鮮明ではないということである。どちらも、ある場合には規範的に評価され、別の場合にはされない。二つめは、情動に対する規範的評価は、一般的に、情動がもつ開始経路という特徴のために生じるということである。

二つめの点が示唆しているのは、情動そのものは、それ自体の観点からすると、決して規範的に評価されるものではない、ということである。ヒュームは、「情念は、いかなる意味でも、不合理だと呼びうるものではないが、誤った想定に基づく場合がある」と述べている（Hume 1739/1978, II. iii. 3）。言い換えれば、情動の規範的な身分はすべて情動を引き起こす心的状態に由来するものだろうということである。もし情動が基づく心的状態がそれ自体で規範的な評価を問えるものであり、そして、その心的状態が保証されていないなら、情動も保証されていないかもしれない。また、情動が較正ファイルに含まれるある要素によって引き起こされ、そして、その要素が、その情動がふつう表象する性質と折り合いのつかない関係にある場合、その情動は保証されていないかもしれない。もし情動はつねに保証された前提と推論によって引き起こされるということが確証できたら、情動から規範的な非難を切り離すことができるだろう。

同様の点は、保証の問題を情動誘発過程の別の段階に置き換えることによっても指摘できる。まず、他人の災難を前にして笑うのは不適切だと考えてみよう（とはいえ、ホッブズは、他人の災難こそ笑うべきものだと考えている［Hobbes 1650/1994］）。そして、他人の不幸を前に笑ってしまった人を考えてみよう。その人の楽しみに関する較正ファイルには、他人の不幸の表象が含まれているのだろう。ある意味で、そうしたファイルをもつことは間違っているかもしれない。だがここで次のことを考えてみよう。すなわち、そうした較正ファイルがすでに存在している場合、他人の災難を前にして笑うのは間違っているのだろうか。このように述べると、答えはノーになるかもしれない。楽しみファイルの内容と一致するものに遭遇した場合に楽しみを感じるのは間違いではないのだ。だが、正しくもない。ひとたび較正ファイルが備わると、人はその内容に反応せざるをえない。これは情動の受動性の一つの源泉である。較正ファイルに含まれる要素に対する反応は自動的であり、規範的評価の埒外にある。こうした観点からすると、情動は本当のところ無合理的（arational）である〔合理的でも非合理的でもない〕。

情動の規範的身分は、情動反応に受動的な側面と能動的な側面の両方があることで複雑になっている。情動は典型的な知覚よりも規範的評価の対象になりやすい。というのも、情動の誘発は先行する心的状態や規則により依存しているからである。たとえそうだとしても、ある意味では常に、情動反応はわれわれの制御が及ばないと言える。たいていの悪質な情念も、ある意味では、残像を見るのと同じように、罪がないと言えるのだ。

私は、情動は知覚の一種だと結論する。情動をもつことは、文字通りに、われわれの世界との関係を知覚することなのである。知覚と同じく情動も、私が説明したような意味で、間違っていたり、さらには正当化されなかったりする。だが、情動はまた啓示的でもある。言い換えると、われわれがどうすればうまくやっていけるかを見極める手助けとなる情報を伝えうるのだ。情動はこうした情報を、どのような適切な判断よりも先に拾い上げさせることが多い。うまく調整された較正ファイルは、身体的動揺を生み出す微妙な手がかりを拾い上げることができる。多くの場合われわれは、自分が置かれた状況について反省する前に身体的動揺を知覚する。情動は、それを誘発した微妙な手がかりについての意識的なアクセスをわれわれがもつ前に、意識に現れることとさえも可能である。だからこそわれわれは、情動を内臓反応（gut reaction）として記述するのだ。情動は、懸念材料についての注意を呼びかける身体的なレーダーである。自分の情動にしたがうとき、われわれは意味をもたない感じに揺さぶられているのではない。また、複雑な判断の冷静な命令を聞いているわけでもない。われわれは、世界のなかでの自分の立ち位置を知覚するために自身の身体を用いているのである。

原注

＊1　知覚と行動反応の両方に関わるニューロンがいくつかあることが知られている。最も有名なのはF５にあるミラーニューロンだ。それは、他人の身体的行為を観察したときと自分が行為を遂行しているときに発火するものであり、ここから、ミラーニューロンは入力と出力の両方に関わることが示唆される（Rizzolatti, Fadiga, Gallese, & Fogasi 1996）。情動にも、このようにして働くニューロンが前帯状皮質などで発見されるかもしれない。たとえば前帯状皮質などは、身体知覚と身体制御の両方に関わることが知られている。また、ひょっとすると、両方のタスクを行っている個別の細胞があるかもしれない。あるいは、入力の細胞と出力の細胞を結びつける小さいネットワークがあるかもしれない。いずれの場合でも、知覚と行為の結びつきは非常に緊密である可能性が高い。

＊2　興味深いことに、ギブソンはアフォーダンスの知覚は評価的であると示唆している（Gibson 1979, p. 137）。われわれは対象を、使えるもの、誘惑するもの、忌避させるもの、等々として見ているというのだ。

第1章で私は、情動理論を構築する際に直面する二つの相補的な問題を挙げていた。一つは部分の問題である。情動が経験されるすべての心的エピソードには、多くのさまざまな要素が含まれている。思考の形成、身体変化、行為の準備、情報処理のモードの変化、意識的な感じの経験、があるのだ。これらの要素のうちのいくつかは情動を構成する部分であり、他のものは偶然的に情動に付随するものにすぎないかもしれない。情動理論の構築には取捨選択が必要となるのだ。そして、理論構築に際しての二つめの問題は多数の問題である。さまざまな要素はどれも情動の構成要素だという可能性に直面すると、包括戦略をとるかもしれない。ひょっとすると、そうした要素はすべて重要なのかもしれないし、情動はさまざまな異なる部分がたくさん集まってできたものかもしれない。この戦略に惹かれたなら、これらすべての要素がどのようにしてまとまっているのかを説明しなければならなくなる。本書の結論として、身体性の評価説ではこれらの相補的な問題がどう扱われるかを概説しよう。

確かに、情動を非常に複雑なものとみなしたくなる誘惑はある。情動エピソードのなかのさまざまな要素はどれも情動にとって本質的であるようにみえ、そして、そうした要素は異なる種類の心的事物であるようにみえる。すると、情動はさまざまな心的事物の寄せ集めにみえてくるのだ。だが、この結論は次の風刺を考えると払いのけられる。意識的な視覚状態の理論を作ろうとしているとしよう。たとえば、意識的な赤さの経験とは何なのか、という問題を立てるとする。この問題を扱うなかで、赤さの意識経験には多くの要素があると気づくかもしれない。まず、網膜の細胞の反応といった生理的変化がある。さらに、意識それ自体、つまり、赤さの現象的な感じがある。また、赤さの経験は判断を引き起こすようにもみえる。また、普通の人は、赤さを経験すると、「これは赤い！」という発言で表されるような思考を形成せずにはいられない。それに加えて、注意の調整も起こりそうだ（赤い対象に注目する）。また、行動の傾向も生じるだろう（赤い対象の方を向いたり、それに手を伸ばしたりするように傾向づけられるかもしれない）。さらには、他の赤い対象の記憶が呼び起こされるかもしれない。

こうした複雑さを扱うために、意識的な赤さの経験はさまざまな部分をもつと言うかもしれない。感じ、思考、行動傾向、注意の制御、想起の引き金、などである。また、それぞれに対応する心的事物（あるいは神経相関項）を特定しようとするかもしれない。そして、これらのうちのどれが赤さの経験なのか指摘しろと言われた場合、これらの事物の集合全体を挙げるかもしれない。つまり、赤さの経験は多くの要素をもつと言うかもしれないのである。

だが、この複雑さは不必要なものだろう。むしろ、意識的な赤さの経験は単一の心的事物だが、複数の機能、性質、影響をもつと言う方がよい。そうした心的事物は何かに感じられ、情報を担っており（これは赤い！）、特定の生理的条件のもとで生じ、注意を引きつけ、行為の動機となり、記憶を呼び起こす、等々。こうした影響の多くは、他の心的状態・操作の複雑さに依存しているが、それらと赤さの経験を混同すべきではない。赤さの経験は部分をもたないだろう。

同様の教訓が情動にも当てはまる。情動エピソードのなかのさまざまな要素をより注意深くみてみよう。私は、情動にとって身体状態がとりわけ重要だと主張した（第3章）。デカルト、ジェームズ、ランゲ、より最近ではダマシオの伝統にならい、私は、情動は身体変化に対する反応として生じる内的状態だと考えている。だが、情動には身体変化が不可欠だというわけではない。ジェームズやダマシオが指摘しているように、たとえ身体変化が実際に生じなくとも、身体変化と結びついた脳領域が活動すれば情動が生じうる。身体変化は情動状態の標準的な原因であるが、不可欠な原因ではないのだ。

身体変化は行為を促進する。怒ったときに血がたぎるのは、血液循環の増大が攻撃的な反応を可能にするからである。しかし、だからといって、それぞれの情動はわれわれに特定の行動の準備をさせるというわけではない（第8章）。また、情動が行為を引き起こすということにもならない。むしろ、情動はさまざまな行動的反応を可能にするのである。情動は感情価マーカーという手段によって動機となる力を行使する。情動によってわれわれは、その情動を誘発した状況を維持させたり終わらせたりするためにふさわしい反応の選択に駆り立てられる。そのため、情動と行為の結びつきは強力であるが間接的なのである。情動はわれわれに行為を駆り立てるが、情動そのものは行為の傾向性ではない。

情動と感じの関係はより直接的である。ある情動が感じられるとき、その感じは文字通りに情動である。感じは知覚システムに含まれる脳領域の状態である。情動が意識的になる仕方は、他の知覚的状態が意識的になる仕方とまったく同じである（第9章）。情動的な感じはワーキングメモリに送信されている身体性の評価であって、身体性の評価の脇にあってその評価とは独立な状態なのではない。とはいうものの、私は感じ説を擁護しているわけではない。なぜなら、まず、情動は無意識的にも生じるからである。さらに、情動はどれも情報を担っているからだ。情動は決して単なる感じではない。

では、情動に伴う思考はどうなったのか。認知説の擁護者によれば、情動は命題的態度に基づいている。命題的態度は、構造化された概念負荷的な心的表象とみなされ、情動と結びついた身体状態とは同一視されないと考えられている。私は、命題的態度によって引き起こされる情動もあると考えているし、さらには、命題的態度は情動の重要性を決めるうえで貢献しているとも考えている（第4章と第7章）。だが私は、情動は命題的態度なしに生じうると主張した。われわれがもつ情動のなかで最も高等なものでさえ、何の判断もなしに引き起こされうる（第4章）。それと同時に私は、情動はそれ自体で思考とみなせると主張した。情動は、命題的な構造をもっていないにもかかわらず、中心的関係テーマを表象するのである。情動は記述ではなく探知を行う（第3章）。情動は、評価に身体性の表象が加わったものではない。むしろ、評価とみなせる身体性の表象なのである。簡潔に言えば、情動は身体性の評価なのだ。

最後に、情動に伴う心的操作・処理の変化を取り上げよう。私はこの話題を第1章で導入した。ここでは、その説明方針を指し示すだけにとどまる。注意や記憶、推論様式と情動の相互作用を探求する文献は大量にあり、さらに増え続けている。たとえば、幸福はクリエイティブな思考を促進する傾向にあることが発見されている（Isen, Daubman, & Novicki 1987）。また、恐怖によってリスクを多めに見積もってしまったり、怒りによってリスクを軽めに見積もってしまったりする（Lerner & Keltner, 2000）。さらに、悲しみによって思考が後ろ向きになり、自分の欠点に目がいきやすくなる（Alloy & Abrahamson 1988）。また、情動はどれも、それと同じ情動が経験された以前の出来事の想起を促すようにみえる（Bowe 1981）。こうした発見に感銘をうけたオートリーとジョンソン-レアードは、彼らが「処理モード」と呼ぶ心的操作の変化とある種の情動とを同一視するにいたっている（Oatley and Johnson-Laird 1987）。だが私はこうした方針が必要だとは思わない。

こうした実験結果のいくつかは、心の働き方の一般的特徴に訴えることで対応できる。たとえば、現在経験している情動と同じ情動を経験した過去の出来事を思い出す能力は、プライミングと確証バイアスによって説明できる。プライミングは記憶検索における一般的な現象であり、現在の状態がそれと関連する状態の想起を促進するというものである。たとえばプードルを見ることで過去のプードルとの遭遇が呼び起こされるが、それと同じく、現在の悲しみは過去の悲しみを呼び起こすと言えるのだ。そして確証バイアスは、正しいものとしてすでに信じていることを確証するような情報を求めてしまうという一般的な傾向である。たとえば、怒っている人は、自分の怒りを正当化し推奨する根拠を求めるだろう。そのなかで、現在の感じの先例となりそうな別の怒りのエピソードが思い出されるのだろう。さらに確証バイアスは、情動から注意への影響や、情動と認知的処理との相互作用を説明する手助けにもなる。悲しみは欠点に注意を向けさせ怒りは侮辱に注意を向けさせるが、その理由は、注意を向けられた対象が、当該の情動が適切だと考えるためのさらなる根拠を提供するからである。恐怖によってリスクを高く見積もってしまうのは、その見積もりが恐怖の維持に寄与するからである。また、悲しみが分析を促進するのは、分析的な思考が欠点の見極めに役立つからだろう。そして、幸福がクリエイティブな思考を促進するのは、クリエイティブな思考はさらなる幸福を刺激しうる新しい発見に導いてくれるものだからだろう。

当然ながら、情動と認知的操作の相互作用についてのこの解釈は、さらに発展させなければならないし、支持する根拠をさらに挙げなければならない。私が強調したかったのは、情動にかなり特有の認知への影響〔と思われているもの〕は、原理的には、心のより一般的な特徴に由来する可能性があるということだ。私が提示した説明を支持するものとして、興味深い実験結果を二つ挙げておこう。確かに、幸福の認知的影響についての実験では、幸福はうまくいく問題解決を促す傾向にあることが示されている。だが、反対の結果を得ている実験もいくつかある。幸福な人は推論がうまくいかない場合があるのだ。イーセンの提案によると、こうした結果の食い違いが生じるのは、幸福な人々は自分が興味をもった問題を解決するのが得意だからである（Isen 2000）。ある人を幸福な状態にしたとしても、与えられた問題をその人がつまらないと思っていたら、解決するための労力をあまり払わず、成果は良くないものになるのだ。この見解は、情動は特定の情報処理モードとまさに同一だという（あるいは、それが情動の不可欠な原因だという）見解と折り合いがつかない。むしろ情動は、自分自身を持続させるためなら、われわれにあらゆる処理モードを使わせるようにみえる。この解釈からは、情動を持続させない独立の理由がある場合、情動は心的操作に特有の影響を与えないという予測が出てくる。そして、情動から記憶への影響に関するいくつかの実験は、この予測を支持する。情動は通常、以前に同じ情動をもったときの記憶を復元するよう促す。だが、情動を抑制したいと思っている場合には正反対のことが起こる。たとえば、高揚したくない場合、幸福状態は実際に不幸な記憶を思い起こさせる。情動と情報処理の関係は固定的ではない。その関係は通常、プライミングや確証バイアスといった初期設定として備わるメカニズムやバイアスに影響されるが、文脈に応じた要請に答えるために再調整されうる。私の結論は、情動がどのようにして心的操作と相互作用するかを説明するために情動に何かを組み入れる必要はない（特別な部分やメカニズムはいらない）というものである。

私のより一般的な結論は、情動は比較的単純な事物だということである。情動を構成する部分は二つだけ、身体性の評価と感情価マーカーだけなのだ。だが、この二つで非常に多くのことが説明できる。それらは、行為の要請、身体による記録、記憶・注意を促進する思考であり、意識的に経験されるものなのだ。私の考えは多要素説である。というのも、情動は二つの部分から成っていると主張しているからだ。だが同時に多機能説でもある。というのも、二つの部分のうちの少なくとも片方は、さまざまな異なる役割を果たすと主張しているからである。身体性の評価は、思考と感じである。それは、行為のための身体の準備を記録し、一致する記憶の呼び水となる。手短かに言って、身体性の評価は、さまざまな情動理論が説明しようとしていたことほとんどを説明するのだ。これにより、情動がもつさまざまな特徴がなぜまとまっているのかも容易に説明できるようになる。情動は、ばらばらの部分が安定せずに集まったものではない。情動は、意味、感じ、行動傾向を、心的な接着剤で一緒にくっつけたものではない。情動は、行為を可能にする身体変化を記録している、意味をもった感じられる全体である。

多くの研究者は、情動にあまりにも多くのものを詰め込もうとするか、詰め込むものが少なすぎるかのどちらかである。多く詰め込もうとする人は、身体変化、命題的態度、行動傾向、感じを、情動の本質ないし前提条件とみなしている。だが私は、これらはすべて情動に付帯するものでしかないと主張した。それらは情動の原因または結果なのである。こうした原因や結果が研究に値するものであることは確かだが、これらを情動そのものと混同すべきではない。他方で、詰め込みが少なすぎる人は、情動を、複数の機能をもてない単純な事物とみなしている。そうした人は、情動の身体説の擁護者が使える資源を低く見積もっている。ジェームズでさえも、鼓動の高鳴りの知覚に豊かな資源があることを理解しそこなっている。これに対して、身体性評価説は、さまざまな異なる機能の集まりがどうやって比較的単純にまとめられるのかを示している。この重要性は心躍るものだ。

# 訳者解説

源河　亨

本書はJesse Prinz, *Gut Reactions: A Perceptual Theory of Emotion*（Oxford University Press 2004）の全訳である。

本書は、情動／感情に関する研究書である。情動は人の生活で最も重要なものであり、そのため人間が研究対象となりうるほとんどの領域で扱われている。本書は哲学書に分類されるものだが、心理学・認知科学・脳神経科学・文化人類学・生物学といった多分野の知見が包括的に扱われており、さらに、情動の身体性と認知性（第2章と第3章）、基本情動と情動の統一性（第4章）、情動の生得性と文化依存性（第5章と第6章）、感情価（第7章）や感情の分類（第8章）、情動の意識（第9章）、情動とモジュール性・合理性（第10章）など、情動研究の重要なトピックが取り上げられている。そのため、本書を理解するだけで情動研究の動向や知見を一通り知ることができるだろう。その点で本書は、哲学研究者だけでなく、情動に興味をもった人が初めて手にする情動研究の入門書としても申し分ないものである。たとえば第1章では、さまざまな分野の情動理論が見事に分類されており、そこを読むだけでも、こういったタイプの情動理論にはこんな利点・欠点がある、等々を知ることができるだろう。

初めに訳語の方針を説明しておきたい。日常表現では、怒り・悲しみ・喜びといったエモーション（emotion）を「感情」と呼ぶ方が一般的だろうが、本書はエモーションを「情動」と訳し、「感情」はアフェクト（affect）の訳語とした。この方針は第8章で取り上げられる次の論点を反映させたものである。

アフェクトは、エモーションだけでなく、気分（mood）、動機づけ（motivation）、心情（sentiment）などを含む上位のカテゴリーであり、そして、こうしたさまざまな心的状態がアフェクトとしてまとめられるのは、それらがすべて正／負の「感情価（valence）」をもつからである。「感情価」は訳語としてかなり定着しているので、感情価によってまとめられるアフェクトに「感情」を当てる方が適切だと判断した。怒りや悲しみといった情動と憂鬱や気だるさといった気分は負の感情としてまとめられ、喜びや楽しさといった情動と陽気さなどの気分は正の感情としてまとめられるのである。また、感情価はカタカナでポジティブ／ネガティブと訳されることもあるが、本書では正／負と訳した。その理由は、第7章で説明されているように、著者が行動主義心理学の「強化子」と感情価を結びつけているためである。強化子の場合、正の強化子／負の強化子という訳語が定着しているので、それに合わせて感情価も正／負にした。

本書の翻訳方針は以上のようなものだが、エモーションに関する研究書では、エモーションが「感情」と訳されたり、本書が「感じ」と訳したフィーリング（feeling）が「感情」と訳されたりすることもある。翻訳にあたっては、本書で言及されている論者の既存の邦訳（エクマン、ダーウィン、ダマシオ、ジェームズ、フランク、ルドゥーなど）を参考にさせていただいたが、前述の方針で訳語を選択したため、そうした論者の著作の邦訳とは訳語が異なっている場合もある。情動研究に関する他の著作を読む際には、どの単語にどの訳語があてられているか、また、どういった方針で訳語が選択されているかについて注意されたい。

## 著者について

次に、著者であるジェシー・プリンツを紹介しよう。彼はニューヨーク市立大学大学院センターの特別教授であり、現代の心の哲学、それも「心の自然化」をテーマにした研究を代表する研究者である。心の自然化を簡単に言えば、自然科学で扱われる世界のなかに心を位置づける試みであり、こうした動向のなかでは、本書のように、心理学や認知科学、脳神経科学、生物学などの知見を積極的に取り入れた議論が行われている。むしろ最近では、そうした科学的知見を無視した心の哲学研究はもはや不可能であると言えるような局面を迎えつつあるかもしれない。本書をはじめとして、彼の著作はどれも心に関する非常に多くの分野の知識が用いられており、その意味で彼は、現在の心の哲学のお手本となる研究者だと言えるだろう。とくに彼は伝統的なイギリス経験論の見解を現代の認知科学を使って復活させるということに研究人生を捧げており、その方針を「認知経験論」と呼んでいる。人がもつさまざまな心的状態の基礎に知覚などの経験を据える経験論を現代の認知科学によって強化させるという研究手法は、情動を文字通り知覚の一種とみなすジェームズ＝ランゲ説を認知科学によって復活させることを試みた本書でも十分に見て取ることができる。

また、彼はこれまでに数多くの論文や著作、編著を発表しており、現在でもコンスタントに成果を発表し続けている。二〇一六年現在、単著としては以下のものがある。

*Furnishing the Mind: Concepts and Their Perceptual Basis*, Cambridge, MA: MIT Press 2002.
*Gut Reactions: A Perceptual Theory of Emotion*, New York: Oxford University Press 2004.（本書）
*The Emotional Construction of Morals*, Oxford: Oxford University Press 2007.
*Beyond Human Nature*, London: Penguin / New York: Norton 2012.
*The Conscious Brain*, New York: Oxford University Press 2012.

最初の著作 *Furnishing the Mind* では知覚と概念が扱われており、その成果を応用して情動に取り組んだのが本書である。その次の著作 *The Emotional Construction of Morals* では、本書の情動研究を下敷きとした道徳の情動主義が展開されている。概念・情動・道徳を扱った最初の三つの著作は、デイヴィッド・ヒュームの『人間本性論』の三つの篇（知性・情念・道徳）対応する三部作だという。

さらにここ数年の彼は、本書で提示された情動理論を応用した美／感性（aesthetic）についての情動主義に力を入れている。彼自身はハードコアパンクやノイズミュージックが好きらしく、「パンクロックの美学」という論文も執筆している（"The Aesthetics of Punk Rock", *Philosophy Compass* Vol. 9 Issue 9, 2014）。その論文の要旨は「哲学者はパンクロックを聴くべきである」という非常にセンセーショナルな文から始まっており、本文では初期パンクに関するかなりマニアックな知識が披露されている。ネットで彼の画像検索をすると、緑、青、赤、など、さまざまな髪の色をしている写真が見られるだろう。ちなみに、二〇一六年の四月にプリンツ氏が来日したときの髪はピンク色だった。

## 本書について

では、本書の解説に取り掛かろう。原著のタイトル Gut Reactions を直訳すると「内臓の反応」になる。ガット（gut）といえば、テニスラケットの網や楽器の弦を思い浮かべる人もいるかもしれないが、それらはもともと羊などの腸から作られていた。また、焼肉屋で「ガツ」を注文すると胃腸などの消化器官が出てくる。このようにガットはまずもって内臓を意味しているのだが、思考などの知性的な働きとの対比で、直感や本能、そして、情動／感情という意味をもっている。

本書で提示される情動理論は、ガットと情動の結びつきを文字通りに受け取り、情動は内臓をはじめとする種々の身体反応の知覚であると主張するものである。たとえば、危険にさらされているときは恐怖を感じ、好ましいことが起きたときには喜びを感じるが、そうした情動は、主体が置かれた状況を主体に伝える手段の一つ、それも、冷静な思考や判断といった高度な認知ではなく、身体反応を使って状況を主体に伝える手段だというのである。(ちなみに邦題の『はらわたが煮えくり返る』だと内臓反応が怒りに限定されてしまうが、内臓を生かした日本語の慣用句では最もインパクトがあると思われ、また、プリンツ氏にも了承いただいたので、この邦題にした。)

本文でも述べられている通り、身体反応を強調する理論が情動研究で主流派になったことはない。だからこそ、あえて情動の身体性を強調する本書では、他の著作にはない興味深い主張や、それを裏づけるための慎重な議論をみることができる。以下では、本書のなかでもとくに重要な、プリンツ自身が提示している二つの理論を概説しよう。

**身体性評価説**

本書の一番の目玉は、もちろん、プリンツ自身の情動理論、「身体性評価説(embodied appraisal theory)」である。

身体性評価説の源流は、「悲しいから泣くのではない、泣くから悲しいのだ」というフレーズが有名なジェームズ－ランゲ説にある。常識的には、悲しいという心的状態がまず生じ、それが涙や体の震えといった身体状態を引き起こすと考えられるだろうが、ジェームズとランゲは、涙を流すことや体が震えるといった身体状態がまずあり、その身体状態を知覚する状態が悲しみだと主張したのである。この立場は次のような思考実験から支持されると言われている。まず、何らかの情動を想像してみよう。たとえば、悲しみを感じる場面を考えてみよう。次に、その場面から、悲しみに伴っている身体反応をすべて取り去る想像をしてみよう。涙も流さず、顔も強張らず、体が脱力することもなく、喉が詰まったりすることもない。では、この状態は悲しみだと言えるだろうか。こうした身体状態なしの悲しみというものは想像し難いように思われる。この点からジェームズとランゲは、情動から身体状態を取り除くと後には何も残らないと考えた。情動は、身体状態が意識的に知覚されたものだと主張しているのである。

ジェームズ－ランゲ説は、情動に関する本や講義ではかなり最初の方に取り上げられる立場である。だが、取り上げられた途端に、本書にも出てくるウォルター・キャノンの批判（Canon 1927）の餌食になってしまう。その批判とは、身体状態ではそれぞれの情動を、そして、情動と情動でないものを区別できないというものだ。たとえば、恐怖でも激怒でも発熱でも、鼓動が早くなったり筋肉が緊張したりするといった身体状態が伴っているだろうが、前者二つは異なる情動であり、発熱は情動ではない。情動の身体性を強調する立場には、これらを区別する手段がないと考えられているのである。

こうした批判は、身体状態をより細かく特徴づければ回避できるかもしれない。ジェームズとランゲは身体状態ということで内臓や血管の状態、表情、行動などを考えているが、プリンツと同じくジェームズ－ランゲ説の復活を試みている神経科学者のダマシオは、ジェームズやランゲ、キャノンが考えていなかった、脳状態やホルモンレベルの変化といったものも身体状態に組み込んでいる。身体状態を計測する手法、装置が発展すれば、それに応じて、情動ごとに異なった身体状態があるということが発見されるかもしれない。さらにダマシオは、情動が生じるために、特定の身体反応が実際に生じる必要はないとも主張している。ダマシオによると、通常は身体状態を記録している脳領域は、実際に身体状態が生じなくとも、生じているときと同じ状態になりうる。脳は、特定の身体変化があたかも生じたかのように活動しうるというのだ。そしてダマシオは、その脳領域が活動すれば、たとえ身体状態の変化が実際になくとも、情動が生じていると十分みなせると主張している。この考えが正しければ、かりに脳以外の身体状態が同じであっても、脳状態が異なれば、異なる情動をもっていると主張できるだろう。

だが、情動の身体説にはさらに深刻な問題がある。それを理解するために、まず、情動の対象とは何かを考えてみよう。情動は二つの意味で対象をもつと言える。たとえば、牙をむき出しにしてうなり声をあげている犬を見て恐怖を感じるとしよう。その犬は、そのときの恐怖を生み出した原因となった具体的な対象、本文中の用語で言えば、「個別的対象」である。だが、情動の対象はこれだけではない。というのも、恐怖を引き起こすのは犬だけではないからだ。近づいてくる毒ヘビやクマ、目の前の断崖絶壁も恐怖を引き起こすだろう。犬と毒ヘビと断崖絶壁は異なる個別的対象だが、ある意味では、どれも恐怖の対象である。そして、それに対応するように、これらの異なる個別的対象に共通する性質がある。それは、どれも身の危険をもたらすということである。この〈身の危険をもたらす〉という性質が情動のもう一つの対象、「形式的対象」である。心理学者のラザルスの用語を使えば、「中心的関係テーマ」だ。さらに注目すべきなのは、〈身の危険をもたらす〉という性質には、主体と個別的対象との関係が含まれていることである。たとえば、小さい子供は小型犬が吠えているのを見て怖がるかもしれないが、その犬を簡単にあしらえるくらいの大人は怖がらないだろう。小さい子供には小型犬も脅威をもたらしうるが、大人にはそうではないからだ。こうした点で情動の形式的対象である中心的関係テーマは、個別的対象が主体の福利〈よきあり方 well-being〉にどのような影響を与えるか、という価値的要素を含んでいるのである。この点はすべての情動にあてはまる。悲しみは、友人の死でも自分が買っていた株の大暴落でも、何であれ自分が大切にしていたものの喪失に向けられている。同様に、怒りは自分に対する侵害に、喜びは自分の目標との一致に向けられているだろう。

　情動の身体説の問題は、身体反応は中心的関係テーマに向けられうるのか、ということである。身体説によれば、情動とは筋肉の緊張などの身体状態を知覚する状態である。だが、身体状態を知覚してわかるのは、せいぜい、その身体状態だけではないだろうか。筋肉の緊張を感じてわかるのは筋肉が緊張しているということであって、自分の身に危険が迫っていることの把握には到底いたらないように思われる。そのため身体説では、情動にとって重要な中心的関係テーマと情動との関係が説明できないと考えられるのである。

むしろ、中心的関係テーマを捉えるためには、思考や判断といった認知的状態が必要とされると考えられるかもしれない。思考や判断は明らかに「危険が迫っている」といった価値を捉えることが可能な心的状態である。また、「危険が迫っている」という思考は「侵害されている」という思考とは異なる内容をもっている。そのため、こうした認知的内容を使えば、異なる情動（ここでは、恐怖と怒り）を区別できるだろう。また、発熱にはそうした評価的な認知的内容は関わらないと言うことで、情動と情動でないものを区別することもできる。こうした点から、哲学でも心理学でも、情動には判断のような評価的な認知的状態が含まれると考えられることが多い。確かに、われわれが情動をもつときには、鼓動が早くなったり筋肉が緊張したりするといった身体変化が生じているが、情動にとって重要なのはこうした認知的状態だと考えられるのである。

プリンツは認知説に反対する議論も行っているが（第2章）、ここでは、身体説が答えられないとされる問題、つまり、身体状態はどのようにして中心的関係テーマを捉えられるか、という問題をプリンツがどのように乗り越えるかに焦点を合わせたい。この問題を解決するためにプリンツが用いるのが、ドレツキの表象理論、そして、情動の名目的内容／実質的内容の区別である（第3章）。ここではとくに、プリンツ独自の主張である後者の情動の二つの内容について概説しておこう。ドレツキの理論については、本書第3章、さらに詳しくは、フレッド・ドレツキ『心を自然化する』（鈴木貴之訳、勁草書房、二〇〇七年）を参照されたい。

名目的内容と実質的内容の違いを理解するために、一旦情動から離れて、目の前にいる生き物が犬であると認識する場合について考えてみよう。ある生き物が犬であることにとって本質的なのは、特定のゲノムをもっているとか、特定の系統樹に位置づけられるといったことだろう。ゲノムや系統樹は感覚器官を通じて知ることができるようなものではない。だが、ゲノムや系統樹にとって何の知識がなくとも、人はおおよそ犬を認識できる（さらには、ゲノムや系統樹といった概念が発明される前の時代の人も犬を認識できていただろう）。それは、犬ゲノムという本質的特徴と、いかにも犬っぽいとされる観察可能な特徴のあいだに、信頼できる因果関係が成り立っているからである。犬ゲノムをもっている生き物は、おおよそ、毛が生えており、四足歩行で、よく舌を出したり吠えたりする、といった観察可能な特徴をもっている。また、犬ゲノムをもたないものは、通常こうした特徴の組み合わせもたないだろう。犬ゲノムは、これらの観察可能な特徴をもたらすような影響力をもっているのである。こうした因果関係が成り立っている場合、われわれは、対象がもつ観察可能な特徴を捉えることを介して、その対象が犬であることを認識することができる。犬ゲノムそのものは観察不可能でも、毛が生えているなどの観察可能な表面的特徴を介して、対象の犬性を捉えることができるのだ。この場合、犬ゲノムなどの犬にとって本質的特徴が、犬を認識する状態の実質的内容であり、観察可能な表面的特徴が名目的内容である。

この区別を念頭に置き、情動を考えてみよう。プリンツによれば、情動の実質的内容は中心的関係テーマであり、名目的内容が身体状態である。向かってくるクマを見たとき、鼓動の早まり、筋肉の緊張、脳状態やホルモンレベルの変化といったさまざまな身体状態が生じる。それらは情動の名目的内容となっており、そうした名目的内容があることによって、〈身の危険をもたらす〉という中心的関係テーマが捉えられるというのである。また、情動の実質的内容である中心的関係テーマと、特定の身体状態という名目的内容のあいだには、前者が後者を生じさせるという因果的な影響がある。人間は、自分の福利に関わる重要な状況の直面したときに特定の身体状態になるような仕組みを進化的に獲得したと考えられるのだ。この考えによれば、情動とは、思考や判断といった高度な認知とは別の手段で、つまり、身体状態を介して中心的関係テーマを捉える心的状態だということになる。

身体性評価説の最大のポイントは、真っ向から対立すると考えられてきた情動の身体説と認知説を調停させることにある。片方は情動における身体反応の重要性が強調され、もう片方では情動と中心的関係テーマとの関係が強調されていた。身体性評価説は、中心的関係テーマを捉える評価的状態は身体状態を利用していると主張する、いいとこどりの理論なのだ。情動は、高度な認知なしに、主体が置かれた状況に評価を下す心的状態だというのである。

## 意識のＡＩＲ説

本書で展開されているもう一つのプリンツ独自の理論は、意識のＡＩＲ説である。

プリンツは、無意識的な情動が存在するという主張を擁護している（第９章）。身体性評価説によれば、情動は中心的関係テーマを捉える身体状態の知覚であり、文字通り知覚の一種である。一方で、視覚などの典型的な知覚には無意識的な知覚状態があると考えられている。そうであるなら、身体状態の知覚、つまり、情動にも無意識的なものがあると考えておかしくない。情動が果たしている第一の役割は中心的関係テーマを捉えることだが、一見したところ、それは意識的にしか捉えられないと主張する必要はなさそうだ。実際に、無意識の情動を示唆する実験はいくつかある。たとえば、悲しい顔の写真をサブリミナルに呈示された被験者は、自分の情動や気分が変わったとは思わないが、その後でアップビートな音楽を選択する傾向にある（Strahan, Spencer, & Zanna 2002）。この傾向は、被験者が気づかない（無意識の）悲しみが誘発されており、それが選択を促している、と説明されるだろう。

だが、無意識の情動を認めたとしても、依然として意識的な情動が存在することは確かである。頭に血がのぼる感じをともなう怒りや、天にものぼるように感じる喜びがあることは否定できない。そうすると、次の二つの問題が浮かび上がってくるだろう。一つめは、無意識的にも成り立ちうる情動は、どのようにして意識的に経験されるようになるか、というものである。二つめは、無意識的にも可能な情動状態がわざわざ意識的になる理由は何か、というものだ。

この問題に答えるためにプリンツが提示するのが意識のＡＩＲ説である。ＡＩＲ説は、視覚的意識に関するレイ・ジャッケンドフの洞察（Jackendoff 1987）をもとに作られたものであり、本書では文字通り知覚の一種とみなされた情動にこの理論が応用されている。（実際のところプリンツは、意識経験はすべて知覚的なものであると考えているので、意識はすべてＡＩＲ説によって説明されるものだということになる。）

視覚システムは、低レベル、中間レベル、高レベルの三つに分けられることが知られている。一次視覚野（Ｖ１）が関わる低レベルでは局所的な特徴（短い線分や色の断片）が捉えられる。こうした局所的特徴を統合して対象の輪郭や色などを捉えるのが、外線条皮質（Ｖ２－Ｖ５）に関わる中間レベルである。そして、下側頭皮質（ＴＥ、ＴＥＯ）と関連した高レベルでは、視点に依存しない認識ができあがる。つまり、同じ対象がさまざまな方向から、異なる距離で知覚されても、同一の対象だという認識が成立するのだ。そしてジャッケンドフによれば、これらのうち中間レベルが意識に対応している。低レベルはばらばらすぎ、高レベルは抽象的すぎるが、中間レベルはわれわれが視覚的に経験している世界のあり方に最も合っていると考えられるのである。

だが、ジャッケンドフの提案には足りない部分がある。たとえば、ある種の盲（半側空間無視）を患った患者には、呈示された対象についての意識経験を欠いているにもかかわらず、その対象を認識しているようにみえる場合がある（Bisiach 1992）。対象の認識は高レベルで成立するため、それより前の過程である中間レベルでも視覚的処理が行われているはずである。そうすると、中間レベルの処理が行われているだけでは意識経験は成立しないということになる。その処理を意識的にする何かがあるはずなのだ。

プリンツによれば、中間レベルを意識的にするのは注意である。前述の盲患者が損傷していたのは、まさに、注意と関連する領域だった。また、健常者に「不注意盲」と呼ばれる現象を引き起こす実験でも、注意を向けられていない対象は意識的に経験されないことが示唆されている（Mack and Rock 1998）。このように、意識を「注意を向けられた中間レベル表象（Attended Intermediate-level Representations）」として主張するのが意識のＡＩＲ説である。

注意にもいろいろな定義があるが、プリンツが用いている注意は、「脳における情報の流れを調整する過程」というものである。知覚的注意における情報の流れは、中間レベルから高レベル、そして高レベルからワーキングメモリへとつながるものである。さらに、ワーキングメモリをもち出すことで、意識は何のために生じるのかも説明できるようになる。ワーキングメモリでは推論や問題解決、いわゆる「熟慮」が行なわれている。熟慮は、事前に準備されたり反射的なものではない反応、言い換えると、環境や文脈に合わせた臨機応変な反応を決定する過程である。そして、中間レベルはこうした熟慮のためにふさわしい情報を与えている。まず、低レベルの情報は断片的すぎて熟慮に使えない。他方で、高レベルの情報は熟慮に利用可能ではあるものの、不十分であると考えられる。というのも、高レベルでは視点依存的な情報が捨象されているからだ。高レベルの情報は何らかの対象があることを認識させるが（たとえば、「クマがいる」など）、その対象がどこにあるのかについての情報が落とされている。そのため、その対象に対する反応を決める（どこに逃げるかを決める）うえでは高レベルの情報は抽象的すぎるのである。むしろ、熟慮の過程で最も利用価値があるのは、視点依存的な情報を含んだ中間レベルの情報なのである。以上のことからすると、意識は、熟慮に必要な視点依存的な情報をワーキングメモリに利用可能にするためにある、ということになるだろう。

視覚についてのＡＩＲ説は以上である。次に、これを情動（身体状態の知覚）に応用しよう。ＡＩＲ説にしたがうなら、まず、情動にも三つのレベルがあると考えられるだろう。プリンツは以下のような階層を提案している。まず低レベルには一次体性感覚皮質（SI）と橋（pons）が関わり、そこでは身体の局所的変化（内臓・骨格筋・ホルモンレベルなどの変化）を捉えられている。中間レベルには島皮質（insula）、二次体性感覚皮質（SII）、背側前帯状皮質（dACC）が関わり、そこでは局所的変化が統合され、身体パターンができあがる。そして高レベルには吻側前帯状皮質（rACC）あるいは前頭前皮質腹内側部（VMPFC）が関わるという予測が立てられており、そこでは、中間レベルで探知された複数のパターンの差異が捨象され、情動の認識が成立すると考えられている。たとえば、恐怖によって硬直する場合と恐怖から逃避する場合では異なる身体パターンが関わっているが、高レベルではどちらも恐怖としてまとめられるのだ。

ＡＩＲ説が正しければ、情動的意識にも注意が必要とされるはずである。それを示唆する実験は挙げられていないが、プリンツによると、注意の必要性は日常的な経験から十分納得できるものである。たとえば飛行機恐怖症の人が飛行機に乗っていても、隣にいる友人が話した面白い話に夢中になっているあいだは、恐怖は感じられないだろう（だが、身体は依然として硬直したままであり、無意識の恐怖はあると考えられている）。また、計算などの作業に夢中になっているあいだは、怒りや悲しみといった情動を感じなくなるかもしれない。注意が身体パターンから別のものに向けられると、情動は無意識的なものになり、感じられなくなるのだ。

さらに、情動が意識的になることにどのような意味があるのかも、視覚の場合と同様に説明される。情動の低レベルが捉えているのは局所的な身体変化であり、熟慮の役には立たない。他方で高レベルでは、さまざまな身体パターンの差異が捨象されている。たとえば、硬直反応と逃走反応の違いがなくなり、単に恐怖と認識されるのである。そして、この認識はさらなる反応を決定するうえでは抽象的すぎる。たとえば、体が硬直しているならじっとしている方が好ましく、逃げ出す準備ができているなら逃げ出した方が得策かもしれないが、高レベルの認識ではどちらの反応を取った方がよいかを決めるための身体パターンの情報が捨象されているのである。ここでも、熟慮のうえさらなる反応を決定するためにふさわしい情報を与えるのは中間レベルなのである。情動が意識的になることには、熟慮に必要な情報を利用可能にするという意義があるのだ。

あとがき

「心」と聞いてまっさきに思い浮かぶのは、喜び、悲しみ、怒りといった情動のことではないだろうか。少なくとも、かなり早い段階で連想されるものだろう。だが、心について興味をもった人が「心の哲学」と銘打った本や講義に触れてみて目にするのは、心身問題、意識（クオリア）、志向性、といったもので、情動については何も触れられないまま終わってしまうことも少なくない。確かにこうしたトピックは心の哲学の王道であり、心という領域を追求して行って最終的に直面するような根本的な問題である。だが、それに負けず劣らず、情動も哲学的考察の対象としてかなり興味深いものである。解説の冒頭でも述べた通り、情動は人間の生活の中心にあり、さまざまな領域で研究されている。そのため、さまざまな分野の知見を利用した包括的な考察が可能であり、また、情動についての哲学的考察は関連する分野の研究に影響を与える可能性がある（実際にプリンツは、自身の情動理論を倫理学や美学に応用している）。そうした意味で、情動は哲学のなかでもっと注目されてもいいテーマである。

とはいえ、最近では国内でも情動の哲学が盛り上がる兆しを見せており、次のような著作が刊行されている。

信原幸弘・太田紘史編著『シリーズ 新・心の哲学Ⅲ 情動篇』勁草書房、二〇一四年。

戸田山和久『恐怖の哲学――ホラーで人間を読む』NHK出版新書、二〇一六年。

前者に収録されている服部裕幸「情動の本性」では本書の原著が取り上げられており、他の論文では、合理性、自己制御、自己欺瞞といったものと情動/感情に関わる話題が扱われている。後者は、プリンツの身体性評価説をフィクションの哲学や美学（なかでもホラー映画の鑑賞）に応用したものである。本書を読んで情動に関してさらに掘り下げたいと思った読者は、まずこの二つを読んでみるのがいいだろう。

最後に謝辞を述べたい。この仕事は、ウィリアム・フィッシュの『知覚の哲学入門』を共同で翻訳した際に監訳をしていただいた山田圭一さんが勁草書房に推薦してくださったことで実現した。前回と今回の翻訳、また、知覚の哲学に関連する企画について、山田さんには感謝してもしきれないほどお世話になっている。次に、『はらわたが煮えくりかえる』という邦題をご提案いただいた植村玄輝さんに感謝したい。当初は副題の『情動の身体知覚説』を主題にしようと思っていたが、そんなつまらないタイトルはダメだと言ってこの邦題を考えてくださった。また、慶應大学で心の哲学勉強会を開催していたときに訳稿の一部をチェックしていただいた、伊藤均、土屋一幾、永野景瑚の各氏にも感謝したい。また、帯文を書いてくださった戸田山和久先生にも感謝する。最後に、本書の翻訳を提案いただき、編集を担当していただいた渡邊光さんに感謝したい。

**著者経歴**

ジェシー・プリンツ（Jesse Prinz）

ニューヨーク市立大学大学院センター哲学部特別教授．シカゴ大学にて博士号を取得．専門は，心理学の哲学，心の哲学，意識研究，認知科学，道徳心理学，美学．本書の他の著作としては，*Furnishing the Mind*（MIT Press, 2002），*The Emotional Construction of Morals*（OUP 2007），*Beyond Human Nature*（Penguin/Norton, 2012），*The Conscious Brain*（OUP, 2012）がある．

**訳者経歴**

源河 亨（げんか とおる）

1985 年，沖縄県生まれ．2015 年，慶應義塾大学文学研究博士課程科単位取得退学．2016 年，同大学にて博士号（哲学）を取得．現在は日本学術振興会特別研究員 PD（東京大学），慶應義塾大学非常勤講師．専門は，心の哲学，分析美学．翻訳に，デイヴィッド・チャーマーズ『意識の諸相』（春秋社，2016 年，共訳），ウィリアム・フィッシュ『知覚の哲学入門』（勁草書房，2014 年，共訳）など．著作に，「芸術鑑賞と知覚的カテゴライズ―ウォルトンの「芸術のカテゴリー」をめぐって」，小熊正久・清塚邦彦（編著）『画像と知覚の哲学：現象学と分析哲学からの接近』（東信堂，2015 年，共著）など．

# 人名索引

＊ア
アーヴィン Irvin, W. | 54, 280
アーノルド Arnold, M. | 18-20, 23, 24, 26, 175
アーモン-ジョーンズ Armon-Jones, C. | 11, 41, 73, 230, 231, 239, 315
アベリル Averill, J. | 229, 231, 235, 236
アリストテレス Aristotlēs | 13, 15, 25, 30, 156, 333, 405
アルファート Alfert, E. | 48, 49
イザード Izard | 71, 149, 181, 192
ヴィエルジュビッカ Wierzbicka, A. | 135, 155, 227, 242, 261, 271
ウォルハイム Wollheim, R. | 10, 310-312
エイベルソン Abelson, R. | 229
エクマン Ekman, P. | 24, 26, 63, 124, 140, 141, 149-151, 174, 175, 181, 182, 191, 193-196, 223, 233, 238, 248, 260, 268, 270, 272, 317
エルスター Elster, J. | 31, 406
エルスワース Ellsworth, P. | 22, 30, 49
オートニー Ortony, A. | 84, 149-151, 155, 160, 175, 189, 190, 262, 283, 306
オートリー Oatley, K. | 9, 87, 102, 149, 159, 289, 322, 416

＊カ
ギブソン Gibson, J. J. | 72, 391, 412
キャノン Cannon, W. | 119
グッデイル Goodale, M. | 378
グリーンスパン Greenspan, P. | 15, 36, 40, 283, 344, 377, 403, 406
グリフィス Griffiths, P. | 31, 45, 137-145, 147, 148, 158, 160, 161, 164, 167, 174, 175, 178, 210, 211, 224, 232, 235, 321, 404
クリプキ Kripke, S. | 138
グレイ Gray, J. | 264, 265, 292, 293-297, 307
クロア Clore, G. | 63, 64, 84, 306, 343-346
クロニンジャー Cloninger, R. | 199
クワーリッチ Chwalisz, K. | 96, 97
ゲージ Gage, P. | 100, 368
ケニー Kenny, A. | 105, 106, 154
ゴードン Gordon, R. | 10, 23, 44, 63, 154

＊サ
ザイアンス Zajonc, R. | 53, 54, 56-60, 63, 65-68, 71, 83, 84, 127, 344
ジェームズ James, W. | 3-6, 14, 29, 30, 93-98, 101, 116, 118, 157, 354, 384, 414
シェーラー Scherer, K. | 50, 51, 72, 73, 162
シャクター Schachter, S. | 15-17, 26, 40, 41, 52, 65, 119-121
ジャッケンドフ Jackendoff, R. | 357-360
シャンク Schank, R. | 229
ジョンソン - レアード Johnson-Laird, P. | 9, 87, 102, 149, 159, 160, 232, 289, 322, 416
シンガー Singer, J. | 15-17, 26, 40, 41, 65, 119-121
スキナー Skinner, B. F. | 7
スタンペ Stanpe, D. | 12
スピノザ Spinoza, B. | 15, 149
スミス Smith, C. | 49-52
ゼキ Zeki, S. | 164
セラーズ Sellars, W. | 43, 67
ソロモン Solomon, R. | 10, 161, 313, 405

＊タ
ダーウィン Darwin, C. | 6, 181, 183, 185, 186, 282, 285
ターナー Turner, W. | 149-151, 155, 175, 189, 190, 262, 283
ターンブル Turnbull, C. | 177
ダマシオ Damasio, A. | 4-6, 29, 77, 96, 97, 100, 101, 122, 127, 164, 180, 232, 299, 361, 365, 366, 368, 371, 406, 414
ディーナー Diener, E. | 96, 200, 203, 278, 307
デヴィッドソン Davidson, R. | 54, 280, 315

デカルト Descartes, R. | 13-15, 81, 148, 149, 285, 383, 384, 414
ドーキンス Dawkins, R. | 206
ドーラン Dolan, R. | 279, 280, 366, 368
ド・スーザ de Sousa, R. | 136, 339, 381, 382, 406
トムキンス Tomkins, S. | 149, 181, 229, 291
トリヴァース Trivers, R. | 186, 213, 216, 217, 219
ドレツキ Dretske, F. | 88-92, 110, 169

*ナ
ナッシュ Nash, R. | 12, 15
ニスベット Nisbett, R. | 200, 257, 258, 342
ヌスバウム Nussbaum, M. | 10, 39, 58
ノエ Noë, A. | 392

*ハ
ハーレ Harré, R. | 161, 230, 240, 241, 256, 257
ハイト Haidt, J. | 242, 243, 267
バス Buss, D. | 186, 206, 207, 209-211
ハッキング Hacking, I. | 228, 261
バック・イ・リタ Bach-y-Rira, P. | 395
パトナム Putnam, H. | 154
ハリス Harris, C. | 208, 209
パンクセップ Panksepp, J. | 2, 150, 152, 264, 269, 288, 290, 295, 403
ビジャッキ Bisiach, E. | 360
ピッチャー Pitcher, G. | 30, 42, 43, 105, 406
ヒューム Hume, D. | 14, 15, 26, 87, 383, 394, 410
ピンカー Pinker | 204, 236
フォーダー Fodor, J. | 37, 88, 91, 140, 398-402, 404
フライダ Frijda, N. | 22, 24, 27, 175, 232, 233, 289, 308, 315, 325, 333, 340
フライドランド Freidlund, A. | 190, 191
フランク Frank, R. | 143, 144, 186, 187, 205, 213-219, 406
フリーセン Friesen, W. | 63, 124, 141, 181, 182, 191, 193, 238, 248
プリンツ Prinz, J. | 37, 75, 77, 88, 90, 92, 114, 116, 222, 358, 363, 377, 381, 398
プルチック Plutchik, R. | 152, 157, 158, 180, 279, 330, 331
フロイト Freud, S. | 300, 342, 343, 345
ブロック Block, N. | 68, 350, 351, 357
ベッドフォード Bedford, E. | 10, 42
ベレッジ Berridge, J. | 295, 335, 336, 340, 349, 353
ベン-ゼイブ Ben-Ze'ev, A. | 26, 39
ボイド Boyd, R. | 138, 139, 145, 167

*マ
マー Marr, D. | 21, 22, 69, 359
マクダウェル McDowell, J. | 43, 84
マクレーン MacLean, P. | 183, 197, 285, 290
マラニョン Marannon, G. | 119
ミード Mead, M. | 177
ミリカン Millikan, R. | 92
ミルナー Milner, D. | 378

*ラ
ライゼンザイン Reisenzein, R. | 30, 121
ライル Ryle, G. | 7, 310
ラザルス Lazarus, R. | 19-24, 26, 27, 38-40, 48-53, 57-63, 65, 67, 71, 72, 83, 84, 110-112, 114, 147, 159, 160, 289, 315, 317, 320, 340
ラッセル Russell, J. | 191-195, 278
ランゲ Lange, K. | 3, 4, 29, 30, 93-95, 98, 101, 116, 118, 384, 414
ルッツ Lutz, C. | 227, 254, 261
ルドゥー LeDoux, J. E. | 54, 55, 60, 62, 164, 183, 289, 295, 344
レイン Lane, R. D. | 280, 368, 369, 370, 377
レヴァイン Levine, J. | 364
レベンソン Levenson, R. | 63, 124, 125
ローゼンソール Rosenthal, D. | 347
ロールズ Rolles, E. | 8

ロジン Rozin, P. | 242, 243, 267, 331
ロック Locke, J. | 103, 128, 387
ロバーツ Roberts, R. | 11
ロビンソン Robinson, J. | 11

*ワ
ワーナー Warner, R. | 10
ワトソン Watson, J. B. | 7, 8, 262

## 事項索引

# 参考文献


Alloy, L., & Abrahamson, L. (1988). Depressive realism. In L. B. Alloy (Ed.), *Cognitive processes in depression* (pp. 441-485). New York: Guilford Press.

Amaral, D. G., Price, J. L., Pitkanen, A., & Carmichael, S. T. (1992). Anatomical organization of the primate amygdaloid complex. In I. Aggleton (Ed.), *The amygdala: Neurobiological aspects of emotion, memory, and mental dysfunction* (pp. 1-66). New York: Wiley-Liss.

American Psychiatric Association. (1994). *Diagnostic and statistical manual of mental disorders* (4th ed.). Washington, DC: Author.

Amorapanth, P., LeDoux, J. E., & Nader, K. (2000). Different lateral amygdala outputs mediate reactionand actions elicited by a fear-arousing stimulus. *Nature Neuroscience*, 3, 74-79.

Anderson, A. K., & Phelps, B.A. (1998). Intact recognition of vocal expressions of fear following bilateral lesions of the amygdala. *NeuroReport*, 9, 3607-3613.

Anisman, H., zalcman, S., & Zacharko, R. (1993). The impact of stressors on immune and central neurotransmitter activity: Bidirectional communication. *Reviews in Neurosciences*, 4, 147-180.

Aristotle. (1961). *De anima.* (W. D. Ross, Trans.). Oxford: Clarendon Press. (アリストテレス, 『魂について』, 中畑正志訳, 京都大学学術出版会, 2001 年.)

Aristotle. (1984). *Rhetoric.* (W. R. Roberts, Trans.). In The rhetoric and poetics of Aristole. (E. P. J. Corbett, Ed.). New York: Modem Library. (アリストテレス, 『弁論術』, 戸塚七郎訳, 岩波書店, 1992 年.)

Aristotle. (1985). *Nicomachean ethics.* (T. Irwin, Trans.). Indianapolis: Hackett. (アリストテレス, 『二コマコス倫理学〈上・下〉』, 渡辺邦夫, 立花幸司訳, 光文社.)

Armon-Jones, C. (1986). The thesis of constructionism. In R. Harré (Ed.), *The social construction of emotions* (pp. 32-56). Oxford: Blackwell.

Armon-Jones, C. (1989). *Varieties of affect.* Toronto: University of Toronto Press.

Arnold, M. B. (1960). *Emotion and personality.* New York: Columbia University Press.

Arntz, A. (1993). Endorphins stimulate approach behavior, but do not reduce subjective fear: A pilot study. *Behaviour Research and Therapy*, 31, 403-405.

Augustine, J. R. (1996). Circuitry and functional aspects of the insular lobe in primate in eluding humans. *Brain Research Reviews*, 22, 229-244.

Averill, 1. R. (1980). A constructivist view of emotion. In R. Plutchik & H. Kellerman (Eds.), *Emotion: Theory, research and experience: Vol. 1. Theories of emotion* (pp. 305-339). New York: Academic Press.

Averill, J. R. (1985). The social construction of emotion: With special reference to love. In K. Gergen & K. Davis (Eds.), *The social construction of the person* (pp. 89-109). New York: Springer-Verlag.

Averill, J. R., & Boothroyd, P. (1977). On falling in love in confonnance with the romantic ideal. *Motivation and Emotion*, 3, 235-247.

Bach-y-Rita, P., Collins, C. C., Saunders, F., White, B., & Scadden, L. (1969). Vision substitution by tactile image projection. *Nature*, 221, 963-964.

Barkow, J., Cosmides, L., & Tooby, J. (Eds.). (1992). *The adapted mind: Evolutionary psychology and the generation of culture.* New York: Oxford University Press.

Bartels, A., & ZeD, S. (2000). The neural basis of romantic love. *NeuroReport*, 11, 3829-3834.

Bates, E. (1994). Modularity, domain specificity and the development of language. *Discussions in Neuroscience*, 10, 136–149.

Bedford, E. (1957). Emotions. *Proceedings of the Artistotelian Society*, 57, 281–304.

Beirce, A. (1911/1999). *The devil's dictionary*. Oxford: Oxford University Press. (アンブローズ・ビアス,『悪魔の辞典〈上・下〉』, 筒井康隆訳, 講談社, 2009 年.)

Benedict, R. (1946). *The chrysanthemum and the sword*. Boston: Houghton Mifflin. (ルース・ベネディクト,『菊と刀』, 角田安正訳, 講談社, 2008 年.)

Ben-Ze'ev, A. (2000). The subtlety of emotions. Cambridge: MIT Press.

Berlin, B., & P. Kay (1969). *Basic color terms: Their universality and evolution*. Berkeley: University of California Press. (ブレント・バーリン, ポール・ケイ,『基本の色彩語：普遍性と進化について』, 日高杏子訳, 法政大学出版局, 2016 年.)

Berman, G. (1999). Synesthesia and the arts. Cambridge: MIT Press.

Berridge, K. C. (1996). Food reward: Brain substrates of wanting and liking. *Neuroscience and Biobehavioral Reviews*, 20, 1–25.

Berridge, K. C. (1999). Pleasure, pain, desire, and dread: Hidden core processes of emotion. In D. Kahneman, E. Diener, & N. Schwarz (Eds.), *Well-being: The foundations of hedonic psychology* (pp. 525–557). New York: Russell Sage Foundation.

Berthier, M., Starkstein, S., & Leiguarda, R. (1988). Asymbolia for pain: A sensory-limbic disconnection syndrome. *Annals of Neurology*, 24, 41–49.

Bisiach, E. (1992). Understanding consciousness: Clues from unilateral neglect and related disorders. In A. D. Milner & M. D. Rugg (Eds.), *The neuropsychology of consciousness* (pp. 113–139). London: Academic Press.

Blair, R. (1995). A cognitive developmental approach to morality: Investigating the psychopath. *Cognition*, 57, 1–29.

Bless, H., Schwarz, N., & Kemmelmeier, M. (1996). Mood and stereotyping: The impact of moods on the use of general knowledge structures. *European Review of Social Psychology*, 7, 63–93.

Block, N. (1995). On a confusion about a function of consciousness. *Behavioral and Brain Sciences*, 18, 1995.

Boucher, J. D., & Carlson, O. E. (1980). Recognition of facial expression in three cultures. *Journal of Cross-Cultural Psychology*, 11, 263–280.

Bower, G. H. (1981). Mood and memory. *American Psychologist*, 36, 129–148.

Bowlby, J. (1973). *Attachment and loss: Vol. 2. Separation*. New York: Basic Books. (ジョン・ボウルビィ,『母子関係の理論 II 分離不安』, 黒田実郎・岡田洋子・吉田恒子訳, 岩崎学術出版社, 1995 年.)

Boyd, R. (1989). What realism implies and what it does not. *Dialectica*, 43, 5–29.

Boyer, P. (2001). *Religion explained: The evolutionary origins of religious thought*. New York: Basic Books. (パスカル・ボイヤー,『神はなぜいるのか』, 鈴木光太郎, 中村潔訳, NTT 出版, 2008 年.)

Briggs, J. L. (1970). *Never in anger: Portrait of an Eskimo family*. Cambridge: Harvard University Press.

Buckner, R. L., Kelley, W. M.t & Petersen, S. E. (1999). Frontal cortex contributes to human memory formation. *Nature Neuroscience*, 2, 311–314.

Burge, T. (1986). Individualism and psychology. *Philosophical Review*, 95, 3–45.

Buss, D. M. (2000). *The dangerous passion*. New York: Free Press. (デヴィッド・M・バス,『一

度なら許してしまう女 一度でも許せない男：嫉妬と性行動の進化論』，三浦彊子訳，PHP研究所，2001年.）

Buss, D. M., Larsen, R. J., & Westen, D. (1996). Sex differences in jealousy: Not gone, not forgotten, and not explained by alternative hypotheses. *Psychological Science*, 7, 373–375.

Buss, D. M., Larsen, R. 1., Westen, D., & Semmelroth, 1. (1992). Sex differences in jealousy: Evolution, physiology, and psychology. *Psychological Science*, 3, 251255.

Buunk, B. P., Angleitner, A., Oubaid, V., & Buss, D. M. (1996). Sex differences in jealousy in evolutionary and cultural perspective: Tests from the Netherlands, Germany, and the United States. *Psychological Science*, 7, 359–363.

Cacioppo, J., BernstoD, G., Larson, J., Roehlmann, K., & Ito, T. (2000). The psychophysiology of emotion. In M. Lewis & J. Haviland-Jones (Eds.), *Handbook of emotions* (2nd ed., pp. 173–191). New York: Guilford Press.

Camras, L. A. (1992). Basic emotions and expressive development. *Cognition and Emotion*, 6, 269–284.

Camras, L. A. (1994). Two aspects of emotional development: Expression and elicitation. In P. Ekman & R. J. Davidson (Eds.), *The nature of emotion: Fundamental questions* (pp. 347–352). New York: Oxford University Press.

Cannon, W. B. (1927). The James-Lange theory of emotion: A critical examination and an alternative theory. *American Journal of Psychology*, 39, 106–124.

Carroll, N. (1990). *The philosophy of horror, or paradoxes of the heart*. New York: Routledge.

Chagnon, N. A. (1968). *Yanomamö: The fierce people*. New York: Holt, Rinehart, and Winston.

Chevalier-Skolnikoff, S. (1973). Facial expression of emotion in nonhuman primates. In P. Ekman (Ed.), *Darwin and facial expression* (pp. 11–98). New York: Academic Press.

Chu, C. G. (1985). The changing concept of self in contemporary China. In A. J. Marsella, G. DeVos, & F. L. K. Usu (Eds.), *Culture and self: Asian and Western perspectives* (pp. 252–277). New York: Tavistock.

Churchland, P. M. (1988). Perceptual plasticity and theoretical neutrality: A reply to Jerry Fodor. *Philosophy of Science*, 55, 167–187.

Churchland, P. S. (1992). Reduction and the neurobiological basis of consciousness. In A. J. Marcel & E. Bisiach (Eds.), *Consciousness in contemporary science* (pp. 273–304). Oxford: Clarendon Press.

Chwalisz, K., Diener, E., & Gallagher, D. (1988). Autonomic arousal feedback and emotional experience: Evidence from the spinal cord injured. *Journal of Personality and Social Psychology*, 54, 820–828.

Cloninger, C. R. (1994). Temperament and personality. *Current Opinion in Neurobiology*, 4, 266–273.

Clore, G. (1994a). Why emotions are never unconscious. In P. Ekman & R. J. Davidson (Eds.), *The nature of emotion: Fundamental questions* (pp. 285–290). New York: Oxford University Press.

Clore, G. (1994b). Why emotions require cognition. In P. Ekman & R. J. Davidson (Eds.), *The nature of emotion: Fundamental questions* (pp. 181–191). New York: Oxford University Press.

Cosmides, L. (1989). The logic of social exchange: Has natural selection shaped how humans reason? Studies with the Wason selection task. *Cognition*, 31, 187–276.

Cowie, F. (1998). *What's within? Nativism reconsidered*. New York: Oxford University Press.

Creighton, M. (1990). Revisiting shame and guilt cultures: A forty-year pilgrimage. *Ethos*, 18, 279-307.

Crespo, E. (1986). A regional variation: Emotions in Spain. In R. Harré (Ed.), *The social construction of emotions* (pp. 209-217). Oxford: Blackwell.

Critchley, H. D., Mathias, C. J., & Dolan, R. J. (2001). Neural correlates of first- and second-order representation of bodily states. *Nature Neuroscience*, 4, 207-212.

Cross-National Collaborative Group. (1992). The changing rate of major depression. *Journal of the American Medical Association*, 268, 3098-3115.

Cytowic, R. E. (1993). *The man who tasted shapes*. Cambridge: MIT Press. (リチャード・E・シトーウィック，『共感覚者の驚くべき日常：形を味わう人、色を聴く人』，山下篤子訳，草思社，2002 年.)

Damasio, A. (1998). The somatic marker hypothesis and the possible functions of the prefrontal cortex. In A. Roberts, T. Robbins, & L. Weiskrantz (Eds.), *The prefrontal cortex: Executive and cognitive function* (pp. 36-50). Oxford: Oxford University Press.

Damasio, A., & Van Hoesen, G. W. (1983). Emotional disturbances associated with focal lesions of the limbic frontal lobe. In K. M. Heilman & P. Satz (Eds.), *Neuropsychology of human emotion* (pp. 85-110). New York: Guilford Press.

Damasio, A. R. (1989). Time-locked multiregional retroactivation: A systems-level proposal for the neural substrates of recall and recognition. *Cognition*, 33, 25-62.

Damasio, A. R. (1994). *Descartes' error: Emotion, reason and the human brain*. New York: Putnam. (アントニオ・R・ダマシオ，『デカルトの誤り：情動、理性、人間の脳』，田中三彦訳，筑摩書房，2010 年.)

Damasio, A. R. (1999). *The feeling of what happens: Body and emotion in the making of conscious-ness*. New York: Harcourt Brace. (アントニオ・R・ダマシオ，『無意識の脳自己意識の脳：身体と情動と感情の神秘』，田中三彦訳，講談社，2003 年.)

Damasio, A. R., Grabowski, T. J., Bechara, A., Damasio, H., Ponto, L. L. B., Parvizi, J., & Hichwa, R. D. (2000). Subcortical and cortical brain activity during the feeling of self-generated emotions. *Nature Neuroscience*, 3, 1049-1056.

D'Andrade, R. G. (1992). Schemas and motivation. In R. G. D'Andrade & C. Strauss (Eds.), *Human motives and cultural models* (pp. 23-44). Cambridge, UK: Cambridge University Press.

Darwin, C. (1872/1998). *The expression of the emotions in man and animals* (P. Ekman, Ed.), (3rd ed.). New York: Oxford University Press. (ダーウィン，『人及び動物の表情について』，浜中浜太郎訳，岩波書店，1931 年.)

Davidson R. J. (1992). Emotion and affective style: Hemispheric substrates. *Psychological Science*, 3, 39-43.

Davidson, R. J. (1994). On emotion, mood, and related affective constructs. In P. Ekman & R. J. Davidson (Eds.), *The nature of emotion: Fundamental questions* (pp. 5155). Oxford: Oxford University Press.

Davidson, R. J., & Irwin, W. (1999). The functional neuroanatomy of emotion and affective style. *Trends in Cognitive Sciences*, 3, 11-21.

Davis, M. (1998). Are different parts of the extended amygdala involved in fear versus anxiety? *Biological Psychiatry*, 44, 1239-1247.

Davitz, J. (1969). *The language of emotion*. New York: Academic Press.

Dawkins, R. (1976). *The selfish gene*. Oxford: Oxford University Press. (リチャード・ドーキン

ス,『利己的な遺伝子』, 日高敏隆, 岸由二, 羽田節子, 垂水雄二訳, 紀伊國屋書店, 2006年.)
Dennett, D., & Kinsboume, M. (1992). Time and the observer: The where and when of consciousness in the brain. *Behavioral and Brain Sciences*, 15, 183-247.
Dennett, D. C. (1991). *Consciousness explained*. Boston: Little, Brown. (ダニエル・C・デネット,『解明される意識』, 山口泰司訳, 青土社, 1998年.)
Deregowsky, J. B. (1974). Illusion and culture. In·~R. Gregory & E. H. Gombrich (Eds.), *Illusion in nature and art* (pp. 160-191). New York: Scribner.
De Rivera, J. A. (1984). The structure of emotional relationships. *Review of Personality and Social Psychology*, 5, 116-145.
Descartes, Rene (1649/1988). *The passions of the soul*. In J. Cottingham, R. Stoothoff, & D. Murdoch (Trans. and Eds.), Selected philosophical writings of Rene Descartes. Cambridge, UK: Cambridge University Press. (デカルト,『情念論』, 谷川多佳子訳, 岩波書店, 2008年.)
De Sousa, R. (1978). The rationality of emotions. *Dialogue*, 18, 41-63.
De Sousa, R. (1987). *The rationality of emotions*. Cambridge: MIT Press.
D'Esposito, M., Postle, B. R., Ballard, D., & Lease, J. (1999). Maintenance versus manipulation of information held in working memory: An event-related fMRI study. *Brain and Cognition*, 41, 66-86.
DeSteno, D. A., & Salovey, P. (1996). Evolutionary origins of sex differences in jealousy? Questioning the "fitness" of the model. *Psychological Science*, 7, 367-372.
Devinsky, O., Morrell, M. J., & Vogt, B. A. (1995). Contributions of anterior cingulate cortex to behaviour. *Brain*, 118, 279-306.
De Waal, F. B. M. (1996). *Good natured: The origins of right and wrong in humans and other animals*. Cambridge: Harvard University Press. (フランス・ドゥ・ヴァール,『利己的なサル、他人を思いやるサル:モラルはなぜ生まれたのか』, 西田利貞, 藤井留美訳, 草思社, 1998年.)
Dick, L. (1995). "Pibloktoq" (Arctic hysteria): Aconstruction of European-Inuit relations? *Arctic Anthropology*, 32, 1-42.
Diener, E., Sandvik, E., Seidlitz, L., & Diener, M. (1992). The relationship between income and subjective well-being: Relative or absolute? *Social Indicators Research*, 28, 253-281.
Diogenes Laertius (1925). *Lives of eminent philosophers* (R. D. Hicks, Trans.). New York: Loeb Classical Library.
Dion, K. L., & Dion, K. K. (1988). Romantic love: Individual and cultural perspectives. In R. J. Sternberg & M. L. Barnes (Eds.), *The psychology of love* (pp. 264-289). New Haven: Yale University Press.
Dixon, N. F. (1981). *Preconscious processing*. Chichester, UK: Wiley.
Doi, T. (1973). *The anatomy of dependence*. Tokyo: Kodansha International. (土居健郎,『「甘え」の構造』, 弘文堂, 1971年.)
Dretske, F. (1981). *Knowledge and the flow of information*. Cambridge: MIT Press.
Dretske, F. (1986). Misrepresentation. In R. Bogdan (Ed.), *Belief: Form, content and function* (pp. 17-36). Oxford: Oxford University Press.
Dretske, F. (1988). *Explaining behavior*. Cambridge: MIT Press. (フレッド・ドレツキ,『行動を説明する:因果の世界における理由』, 水本正晴訳, 勁草書房, 2005年.)
Dunning, D., & Story, A. L. (1991). Depression, realism, and the overconfidence effect: Are the

sadder wiser when predicting future actions and events? *Journal of Personality and Social Psychology*, 61, 521–532.

Dupré, J. (2001). *Human nature and the limits of science.* Oxford: Oxford University Press.

Efran, J. S., & Spangler, T. J. (1979). Why grown-ups cry: A two-factor theory and evidence from *The Miracle Worker. Motivation and Emotion*, 3, 63–72.

Ekman, P. (1972). Universals and cultural differences in facial expressions of emotion. In J. Cole (Ed.), *Nebraska Symposium on Motivation*, 1971 (vol. 19, pp. 207–283). Lincoln: University of Nebraska Press.

Ekman, P. (1977). Biological and cultural contributions to body and facial movement. In J. Blacking (Ed.), *Anthropology of the body* (pp. 34–84). London: Academic Press.

Ekman, P. (1992a). Are there basic emotions? A reply to Ortony and Turner. *Psychological Review*, 99, 550–553.

Ekman, P. (1992b). An argument for basic emotions. *Cognition and Emotion*, 6, 169–200.

Ekman, P. (1993). Facial expression and emotion. *American Psychologist*, 48, 384–392.

Ekman, P. (1994). Moods, emotions, and traits. In P. Ekman & R. J. Davidson (Eds.), *The nature of emotion: Fundamental questions* (pp. 56–58). New York: Oxford University Press.

Ekman, P. (1997). Should we call it expression or communication? *Innovations in Social Science Research*, 10, 333–344.

Ekman, P. (1999a). Basic emotions. In T. Dalgleish & T. Power (Eds.), *Handbook of cognition and emotion* (pp. 45–60). New York: Wiley.

Ekman, P. (1999b). Facial expressions. In T. Dalgleish & M. Power (Eds.), *Handbook of cognition and emotion.* New York: Wiley.

Ekman, P. (2003). *Emotions revealed: Recognizing faces and feelings to improve communication and emotional life.* New York: Times Books. (ポール・エクマン，『顔は口ほどに嘘をつく』，菅靖彦訳，河出書房新社，2006年.)

Ekman, P., & Friesen, W. V. (1971). Constants across cultures in the face and emotion. *Journal of Personality and Social Psychology*, 17, 124–129.

Ekman, P., & Friesen, W. V. (1986). A new pan-cultural facial expression of emotion. *Motivation and Emotion*, 10, 159–168.

Ekman, P., Sorenson, E. R., & Friesen, W. V. (1969). Pan-cultural elements in facial displays of emotions. *Science*, 164, 86–88.

Elliott, R., Friston, K. J., & Dolan, R. J. (2000). Dissociable neural responses in human reward systems. *Journal of Neuroscience*, 20, 6159–6165.

Ellsworth, P. C. (1994). William James and emotion: Is a century of fame worth a century of misunderstanding? *Psychological Review*, 101, 222–229.

Elster, J. (1996). Rationality and the emotions. *Economic Journal*, 106, 1386–1397.

Elster, J. (1999). *Alchemies of the mind: Rationality and the emotions.* Cambridge, UK: Cambridge University Press.

Emery, N. J., & Amaral, D. G. (2000). The role of the amygdala in primate social cognition. In R. D. Lane & L. Nadel (Eds.), *Cognitive neuroscience of emotion.* New York: Oxford University Press.

Eysenck, H. J. (1967). *The biological basis of personality.* Springfield, IL: Thomas.

Fanselow, M. S., & LeDoux, 1. E. (1999). Why we think plasticity underlying Pavlovian fear conditioning occurs in the basolateral amygdala. *Neuron* 23, 229–232.

Farah, M. J. (1990). *Visual agnosia: Disorders of object recognition and what they tell us about*

*normal Vision*. Cambridge: MIT Press.

Feleky, A. M. (1914). The expression of the emotions. *Psychological Review*, 21, 33–41.

Fernández-Dols, J. M., & Ruiz-Belda, M. A. (1995). Are smiles a sign of happiness? Gold medal winners at the Olympic Games. *Journal of Personality and Social Psychology*, 69, 1t 13–1119.

Fessler, D. M. T. (1999). Toward an understanding of the universality of second order emotions. In A. L. Hinton (Ed.), *Biocultural approaches to the emotions* (pp. 75116). Cambridge, UK: Cambridge University Press.

Finck, H. T. (1887). *Romantic love and personal beauty: Their development, causal relations, historic and national peculiarities*. London: Macmillan.

Fischman, M. W., & Foltin, R. W. (1992). Self-administration of cocaine by humans: A laboratory perspective. In G. R. Bock & J. Whelan (Eds.), *Cocaine: Scientific and social dimensions* (Vol. 166, pp. 165–180). Chichester, UK: Wiley.

Flanagan, O. (1997). Prospects for a unified theory of consciousness or, what dreams are made of. In N. Block, O. Flanagan, & G. Guzeldere (Eds.), *The nature of consciousness: Philosophical debates*. Cambridge: MIT Press.

Fodor, J. A. (1987). *Psychosemantics*. Cambridge: MIT Press.

Fodof, J. A. (1990). A theory of content, I and ll. In *A theory of content and other essays* (pp. 51–136). Cambridge: MIT Press.

Fodor, J. A. (1983). *The modularity of mind*. Cambridge: MIT Press.（ジェリー・A・フォーダー，『精神のモジュール形式：人工知能と心の哲学』，伊藤笏康，信原幸弘訳，産業図書，1985 年.）

Fodor, I. A. (1998). *Concepts: Where cognitive science when wrong*. Oxford: Oxford University Press.

Frank, R. H. (1988). *Passions within reason: The strategic role of the emotions*. New York: Norton.（R・H・フランク，『オデッセウスの鎖：適応プログラムとしての感情』，大坪庸介監訳，サイエンス社，1995 年.）

Freud, S. (1915/1984) The unconscious. In A. Richards (Ed.), *The Pelican Freud library: Vol. 11. On metapsychology: The theory of psychoanalysis* (pp. 159–222). Harmondsworth, UK: Penguin.（フロイト，「無意識」，『フロイト全集〈14〉症例「狼男」；メタサイコロジー諸篇：1914–15 年』，新宮一成ほか訳，岩波書店，2010 年.）

Freud, S. (1920/1922). *Beyond the pleasure principle*. (C. Hubback, Trans.). London: International Psycho-Analytical Press.（フロイト，「快原理の彼岸」，『フロイト全集〈17〉不気味なもの、快原理の彼岸、集団心理学』，須藤訓任ほか訳，岩波書店，2006 年.）

Fridlund, A. (1994). *Human facial expression. An evolutionary view*. San Diego, CA: Academic Press.

Friesen, W. V. (1972). Cultural differences in facial expressions in a social situation: An experimental test of the concept of display rules. (Doctoral dissertation, University of California, San Francisco, 1972).

Frijda, N. H. (1986). *The Emotions*. Cambridge, UK: Cambridge University Press.

Frijda, N. H. (1993). Moods, emotion episodes, and emotions. In M. Lewis & J. M. Haviland (Eds.), *Handbook of emotions* (pp. 381–404). New York: Guilford Press.

Frijda, N. H. (1994). Varieties of affect: Emotions and episodes, moods, and sentiments. In P. Ekman & R. J. Davidson (Eds.), *The nature of emotion: Fundamental questions* (pp. 56–58). Oxford: Oxford University Press.

Frijda, N. H., & Mesquita, B. (1994). The social roles and functions of emotions. In S. Kitayama & H. Markus (Eds.), *Emotions and culture: Empirical studies of mutual influence* (pp. 51-87). Washington, DC: American Psychological Association Press.

Frois-Wittman, J. (1930). The judgment of facial expression. *Journal of Experimental Psychology*, 13, 113-151.

Galati, D., Scherer, K. R., & Ricci-Bitti, P. E. (1997). Voluntary facial expression of emotion: Comparing congenitally blind with normally sighted encoders. *Journal of Personality and Social Psychology*, 73, 1363-1379.

Geary, D. C, Rumsey, M., Bow-Thomas, C. C., & Hoard, M. (1995). Sexual jealousy as a facultative trait: Evidence from the pattern of sex differences in adults from China and the United States. *Ethology and Sociobiology*, 16, 355-384.

Geertz, C. (1973). *The interpretation of cultures: Selected essays*. New York: Basic Books. (C・ギアーツ，『文化の解釈学〈1・2〉』，吉田禎吾，中牧弘允，柳川啓一，板橋作美訳，岩波書店，1987年.)

Gibson, J. J. (1979). *The ecological approach to visual perception*. Boston: Houghton Mifflin. (J・J・ギブソン『生態学的視覚論』，古崎敬，古崎愛子，辻敬一郎，村瀬旻訳，サイエンス社，1985年.)

Gigerenzer, G., & Hug, K. (1992). Reasoning about social contracts: Cheating and perspective change. *Cognition*, 43, 127-171.

Goldie, P. (2000). *The emotions*. New York: Oxford University Press.

Gordon, R. (1987). *The structure of emotions*. Cambridge, UK: Cambridge University Press.

Gray, J. A. (1982). *The neuropsychology of anxiety*. New York: Oxford University Press.

Gray, J. A. (1987). *The psychology of fear and stress* (2nd ed.). Cambridge, UK: Cambridge Univer-sity Press. (J・A・グレイ，『ストレスと脳』，八木欽治訳，朝倉書店，1991年.)

Gray, J. A. (1991). The neuropsychology of temperament. In J. Strelau & A. Angleitner (Eds.), *Explorations in temperament* (pp. 105-128). New York: Plenum Press.

Greenspan, P. (1980). A case of mixed feelings: Ambivalence and the logic of emotion. In A. Rorty (Ed.), *Explaining emotions* (pp. 223-250). Berkeley: University of California Press.

Greenspan, P. (1988). *Emotions and reasons*. New York: Routledge.

Greenspan, P. (2000). Emotional strategies and rationality. *Ethics*, 110, 469-487.

Gregory, R. (1966). *Eye and brain: The psychology of seeing*. London: Weidenfeld and Nicholson. (リチャード・L・グレゴリー，『脳と視覚：グレゴリーの視覚心理学』，近藤倫明，中溝幸夫，三浦佳世訳，ブレーン出版，2001年.)

Grice, H. P. (1957). Meaning. *Philosophical Review*, 64, 377-388.

Griffiths, P. E. (1989). Folk, functional, and neurochemical aspects of mood. *Philosophical Psychology*, 2, 17-30.

Griffiths, P. E. (1997). *What emotions really are*. Chicago: University of Chicago Press.

Griffiths, P. E. (2002). What is innateness? *Monist*, 85, 70-85.

Gross, J. J., Fredrickson, B. L., & Levenson, R. W. (1994). The psychophysiology of crying. *Psychophysiology*, 31, 460-468.

Hacking, I. (1999). *The social construction of what?* Cambridge: Harvard University Press. (イアン・ハッキング，『何が社会的に構成されるのか』，出口康夫，久米暁訳，岩波書店，2006年.)

Haidt, J., Koller, S., & Dias, M. (1993). Affect, culture, and morality, or is it wrong to eat your dog? *Journal of Personality and Social Psychology*, 65, 613-628.

Haidt, J., Rozin, P., McCauley, C. R., & Imarla, S. (1997). Body, psyche and culture: The relationship between disgust and morality. *Psychology and Developing Societies*, 9, 107–131.

Hájek, A., & Philip, P. (2004). Desire beyond belief. *Australasian Journal of Philosophy*, 8, 77–92.

Hare, R. D. (1993). *Without conscience: The disturbing world of the psychopaths among us*. New York: Simon and Schuster.

Harré, R. (1986). The social constructivist viewpoint. In R. Harré (Ed.), *The social construction of emotions* (pp. 2–14). Oxford: Blackwell.

Harris, C. H. (2000). Psychophysiological responses to imagined infidelity: The specific innate modular view of jealousy reconsidered. *Journal of Personality and Social Psychology*, 78, 1082–1091. .

Harris, C. R., & Christenfeld, N. (1996). Jealousy and rational responses to infidelity across gender and culture. *Psychological Science*, 7, 378–379.

Hatfield, E. (1988). Passionate and companionate Jove. In R. I. Sternberg & M. L. Barnes (Eds.), *The psychology of love* (pp. 191–217). New Haven: Yale University Press.

Hauser, M. D. (2002). *Wild minds: What animals really think*. New York: Penguin.

Heelas, P. (1986). *Emotion talk across cultures*. In R. Harré (Ed.), The social construction of emotions (pp. 234–266). Oxford: Blackwell.

Heller, W., Nitschke, J. B., Etienne, M. A., & Miller, G. A. (1997). Patterns of regional brain activity differentiate types of anxiety. *Journal of Abnormal Psychology*, 106, 376–385.

Hill, K., & Hurtado, A. M. (1996). *Aché life history: The ecology and demography of a foraging people*. Chicago: Aidine Press.

Hobbes, Thomas. (1650/1994). Human nature, or, the fundamental elements of politic. In J. C. A. Gaskin (Ed.), *The elements of law, natural and politic*. New York: Oxford University Press. (トマス・ホッブズ，『法の原理：自然法と政治的な法の原理』，高野清弘訳，行路社，2016 年．)

Hohmann, G. W. (1966). Some effects of spinal cord lesions on experienced emotional feelings. *Psychophysiology*, 3, 143–156.

Holden, K. C., & Smock, P. J. (1991). The economic costs of marital dissolution: Why do women bear a disproportionate cost? *Annual Review of Sociology*, 17, 51–78.

Howell, s. (1981). Rules not words. In P. Heelas & A. Lock (Eds.), *Indigeneous psychologies* (pp. 134–144). London: Academic Press.

Hsu, F. L. K. (1975). *Iemoto: The heart of Japan*. New York: Wiley.

Hsu, F. L. K. (1981). *Americans and Chinese: Passage to difference*. Honolulu: University of Hawaii Press.

Hume, D. (1739/1978). *A treatise of human nature*. (P. H. Nidditch, Ed.). Oxford: Oxford University Press. (デイヴィッド ヒューム，『人間本性論〈1-3〉』，木曾好能，石川徹，中釜浩一，伊勢俊彦訳，法政大学出版局，2011 年．)

Hupka, R. B. (1991). The motive for the arousal of romantic jealousy: Its cultural origin. In P. Salovey (Ed.), *The psychology of jealousy and envy* (pp. 252–270). New York: Guilford Press.

Ikemoto, A., & Panksepp, J. (1999). The role of nucleus accumbens dopamine in motivated behavior: a unifying interpretation with special reference to reward-seeking. *Brain Research Reviews*, 31, 6–41.

Isen, A. M. (2000). Positive affect and decision making. In M. Lewis & J. Haviland-Jones (Eds.), *Handbook of emotion* (2nd ed., pp. 417–435). New York: Guilford.

Isen, A. M., Daubman, K. A., & Novicki, G. P. (1987). Positive affect facilitates creative problem solving. *Journal of Personality and Social Psychology*, 52, 1122–1131.

Izard, C. E. (1971). *The face of emotion*. New York: Appleton-Century-Crofts.

Izard, C. E. (1994). Answer-None: Cognition is one of four types of emotion activating systems. In P. Ekman & R. J. Davidson (Eds.), *The nature of emotion: Fundamental questions* (pp. 203–207). New York: Oxford University Press.

Jackendoff, R. (1987). *Consciousness and the computational mind*. Cambridge: MIT Press.

James, W. (1884). What is an emotion? *Mind*, 9, 188–205.

James, W. (1890). *The principles of psychology*. New York: Dover.

James, W. (1894). The physical basis of emotion. *Psychological Review*, 1, 516–529.

lang, K. L., Livesley, W. J., Vernon, ~ A., & Jackson, D. N. (1996). Heritability of personality disorder traits: A twin study. *Acta Psychiatrica Scandinavica*, 94, 438444.

Johnson-Laird, P., & Oatley K. (2000). Cognitive and social construction in the emotions. In M. Lewis & 1. Haviland-Jones (Eds.), *Handbook of emotions* (2nd ed. pp. 458475). New York: Guilford Press.

Keil, F. C. (1989). *Concepts, kinds, and cognitive development*. Cambridge: MIT Press.

Kendler, K. S. (1993). Twin studies of psychiatric illness: Current status and future directions. *Archives of General Psychiatry*, 50, 905–915.

Kenny, A. (1963). *Action, emotion and will*. London: Routledge & Kegan Paul.

Kleinman, A. (1980). *Patients and healers in the context of culture*. Berkeley: University of California Press.（アーサー・クラインマン，『臨床人類学：文化のなかの病者と治療者』，大橋英寿，作道信介，遠山宜哉，川村邦光訳，弘文堂，1992 年.）

Kleinman, A. (1988). *Rethinking psychiatry: From cultural category to personal experience*. New York: Free Press.（アーサー・クラインマン，『精神医学を再考する：疾患カテゴリーから個人的経験へ』，江口重幸，下地明友，松澤和正，堀有伸，五木田紳訳，みすず書房，2012 年.）

Koch, C., & Braun, 1. (1996). Towards the neuronal correlate of visual awareness. *Current Opinion in Neurobiology*, 6, 158–164.

Konner, M. (1976). Maternal care, infant behavior and development among the !Kung. In R. B. Lee & I. DeVore (Eds.), *Kalahari hunter-gatherers* (pp. 218–245). Cambridge: Harvard University Press.

Kosslyn, S. M. (1994). *Image and brain: The resolution of the imagery debate*. Cambridge: MIT Press.

Kraut, R. E., & Johnston, R. B. (1979). Social and emotional messages of smiling: An ethological approach. *Journal of Personality and Social Psychology*, 37, 15391553.

Kripke, S. A. (1980). *Naming and necessity*. Cambridge: Harvard University Press.（ソール・A・クリプキ，『名指しと必然性：様相の形而上学と心身問題』，八木沢敬，野家啓一訳，産業図書，1985 年.）

Kunst-Wilson W. R.t & Zajonc, R. B. (1980). Affective discrimination of stimuli that can not be recognized. *Science*, 207, 557–558.

Lanet R. D. Kaszniak, A., Ahern, G., & Schwartz, G. (1997). Is alexithymia the emotional equivalent of blindsight? *Biological Psychiatry*, 42, 834–844.

Lane, R. D., Chua, P., & Dolan, R. (1999). Common effects of emotional valence, arousal and attention on neural activation during visual processing of pictures. *Neuropsychologia*, 37, 989–997.

Lane, R. D. (2000). Neural correlates of conscious emotional experience. In R. D. Lane & L. Nadel (Eds.), *Cognitive neuroscience of emotion* (pp. 345-370). New York: Oxford University, Press.

Lane, R. D., Fink, G. R., Chau, P. M. L., & Dolan, R. J. (1997). Neural activation during selective attention to subjective emotional responses. *NeuroReport*, 8, 3969-3972.

Lang P. J., Bradley M. M. & Cuthbert, B. N. (1998). Emotion, motivation, and anxiety: Brain mechanisms and psychophysiology biological psychiatry. *Biological Psychology*, 44, 1274-1276.

Lange, C. G. (1885). *Om sindsbevaegelser: Et psyko-fysiologisk studie*. Copenhagen: Jacob Lunds. Reprinted in C. G. Lange & W. James (Eds.), I. A. Haupt (Trans.) The emotions, 1922, Baltimore: Williams and Wilkins.

Langfeldt H. S. (1918). Judgments of facial expression and suggestion. *Psychological Review*, 25, 488-494.

Larsen, R. J., & Diener, E. (1992). Problems and promises with the circumplex model of emotion. *Review of Personality and Social Psychology*, 13, 25-59.

Lazarus, R. S. (1984). On the primacy of cognition. *American Psychologist*, 39, 124129.

Lazarus, R. S. (1991). *Emotion and adaptation*. New York: Oxford University Press.

Lazarus, R. S. (1994). The stable and the unstable in emotion. In P. Ekman & R. J. Davidson (Eds.), *The nature of emotion: Fundamental questions* (pp. 79-85). Oxford: Oxford University Press.

Lazarus, R. S. (1999). The cognition-emotion debate: A bit of history. In T. Dalgleish & M. Power (Eds.), *Handbook of cognition and emotion*. Chichester, UK: Wiley.

Lazarus, R. S., & Alfert, E. (1964). Short-circuiting of threat by experimentally altering cognitive appraisal. *Journal of Abnormal and Social Psychology*, 69, 195-205.

Lazarus, R. S.t & Smith, C. (1993). Appraisal components, core relational themes, and the emotions. In N. Frijda (Ed.), *Appraisal and beyond* (pp. 233-270). Hillsdale, NJ: Erlbaurn.

LeDoux, J. E. (1994). Emotional processing, but not emotions, can occur unconsciously. In P. Ekman & R. J. Davidson (Eds.), *The nature of emotion: Fundamental questions* (pp. 291-292). New York: Oxford University Press.

LeDoux, J. E. (1996). *The emotional brain*. New York: Simon and Schuster. (ジョセフ・ルドゥー，『エモーショナル・ブレイン：情動の脳科学』，松本元，小幡邦彦，湯浅茂樹，川村光毅，石塚典生訳，東京大学出版会，2003 年.)

Leff, J. (1973). Culture and the differentiation of emotional states. *British Journal of Psychiatry*, 123, 299-306.

Lerner, J. S., & Keltner, D. (2000). Beyond valence: Toward a model of emotion-specific influences on judgment and choice. *Cognition and Emotion*, 14, 473-493.

Levenson, R. W., Ekman, P., & Friesen, W. V. (1990). Voluntary facial action generates emotion-specific autonomic nervous system activity. *Psychophysiology*, 27, 363384.

Levine, J. (1993). On leaving out what it's like. In M. Davies & G. Humphreys (Eds.), *Consciousness: Psychological and philosophical essays* (pp. 121-136). Oxford: Blackwell.

Levy, R. I. (1973). *Tahitians: Mind and experience in the society islands*. Chicago: University of Chicago Press.

Levy, R. I. (1984). The emotion in comparative perspective. In K. R. Scherer & P. Ekman (Eds.), *Approaches to emotion* (pp. 397-412). Hillsdale, NJ: Erlbaum.

Lewis, C. S. (1936). *The allegory of love*. Oxford: Oxford University Press. (C・S・ルーイス，

『愛とアレゴリー：ヨーロッパ中世文学の伝統』，玉泉八州男訳，筑摩書房，1972年．）
Lewis, D. (1988). Desire as belief. *Mind*, 97, 323–332.
Lewis, M. (2000). The emergence of human emotions. In M. Lewis & J. M. HavilandJones (Eds.), *Handbook of emotions* (2nd. ed., pp. 265–280). New York: Guilford Press.
Liberman, N., & Klar, Y. (1996). Hypothesis testing in Wason's selection task: Social exchange, cheating detection or task understanding. *Cognition*, 58, 127–156.
Liotti, M., Mayberg, H. S., Brannan, S. K., McGinnis, S., Jerabek, P., & Fox, P. T. (2000). Differential limbic-cortical correlates of sadness and anxiety in healthy subjects: Implications for affective disorders. *Biological Psychiatry*, 48, 30–42.
Locke, J. (1690/1979). *An essay concerning human understanding* (P. H. Nidditch, Ed.). Oxford: Oxford University Press.（ジョン・ロック，『人間知性論〈1-4〉』，大槻春彦訳，岩波書店，1972–1977年．）
Lormand, E. (1985). Toward a theory of moods. *Philosophical Studies*, 47, 385–407.
Lucas, R. E., Diener, E., Grob, A., Suh, E. M., & Shao, L. (2000). Cross-cultural evidence for the fundamental features of extraversion. *Journal of Personality and Social Psychology*, 79, 452–468.
Lutz, C. (1988). *Unnatural emotions: Everyday sentiments on a Micronesian atoll and their challenge to Western theory*. Chicago: University of Chicago Press.
Luu, P., Collins, P., & Thcker, D. M. (2000). Mood, personality, and self-monitoring: Negative affect and emotionality in relation to frontal lobe mechanisms of error monitoring. *Journal of Experimental Psychology: General*, 129, 43–60.
Lyon, M. (1999). Emotion and embodiment: The respiratory mediation of bodily and social processes. In A. L. Hinton (Ed.), *Biocultural approaches to the emotions* (pp. 182–212). Cambridge, UK: Cambridge University Press.
Lyons, W. (1980). *Emotion*. Cambridge, UK: Cambridge University Press.
Mack, A., & Rock, I. (1998). *Inattentional blindness*. Cambridge: MIT Press.
Maclean, P. D. (1952). Some psychiatric implications of physiological studies of frontotemporal portion of limbic system (visceral brain). *Electroencephalography and Clinical Neurophysiology*, 4, 407–418.
MacLean, P. D. (1993). Cerebral evolution of emotion. In M. Lewis & J. M. Haviland (Eds.), *Handbook of emotions* (pp. 67–83). New York: Guilford Press.
MacLeod, C., & Mathews, A. (1991). Biased cognitive operations in anxiety: accessibility of information or assignment of processing priorities? *Behavioral Research and Therapy*, 29, 599–610.
Malt, B. C. (1994). Water is not $H_2O$. *Cognitive Psychology*, 27, 41–70.
Marañon, G. (1924). Contribution à l'étude de l'action émotive de l'adrenaline. *Revue Française d'Endocrinologie*, 2, 301–325.
Markus, H., & Kitayama, S. (1991). Culture and the self: implications for cognition, emotion, and motivation. *Psychological Review*, 98, 224–253.
Marr, D. (1982). *Vision: A computational investigation into the human representation and processing of visual information*. New York: Freeman.（デビッド・マー，『ビジョン：視覚の計算理論と脳内表現』，乾敏郎，安藤広志訳，産業図書，1987年．）
Marrow, L. P., Overton, P. G., & Brian, P. F. (1999). A reevaluation of social defeat as an animal model of depression. *Journal of Psychopharmacology*, 13, 115–121.
Matsumoto, D. (1994). *People: Psychology from a cultural perspective*. Prospect Heights, IL:

Waveland Press.
Matsumoto, D., Kudoh, T., Scherer, K., & Wallbott, H. (1988). Antecedents of and reactions to emotions in the United States and Japan. *Journal of Cross-Cultural Psychology*, 19, 267–286.
McDougall, W. (1908). *An introduction to social psychology*. London: Methuen. (ウイリアム・マクドーガル,『社會心理学概論』, 宮崎市八訳, アテネ書院, 1925年.)
McDowell, J. (1996). *Mind and world*. Cambridge: Harvard University Press. (ジョン・マクダウェル,『心と世界』, 神崎繁, 河田健太郎, 荒畑靖宏, 村井忠康訳, 勁草書房, 2012年.)
Mead, M. (1928). *Coming of age in Samoa*. New York: William Morrow. (M・ミード,『サモアの思春期』, 畑中幸子, 山本真鳥訳, 蒼樹書房, 1976年.)
Meltzoff, A. N., & M. K. Moore. (1983). Newborn infants imitate adult facial gestures. *Child Development*, 54, 702–709.
Melzack, R., & Casey, K. L. (1968). Sensory, motivational, and central control determinants of pain: A new conceptual model. In D. Kenshalo (Ed.), *The skin sense* (pp. 223–243). Springfield, IL: Thomas.
Menon, U., & Shweder, R. A. (1994). Kali's tongue: Cultural psychology and the power of shame in Orissa, India. In S. Kitayama & H. Markus (Eds.), *Emotion and culture* (pp. 241–284). Washington, DC: American Psychological Association Press.
Meyer, G. J., & Shack, 1. R. (1989). Structural convergence of mood and personality: Evidence for old and new directions. *Journal of Personality and Social Psychology*, 57, 691–706.
Millenson, J. R. (1967). *Principles of behavioral analysis*. New York: Macmillan.
Miller, R. S. (1996). *Embarrassment: Poise and peril in everyday life*. New York: Guilford Press.
Millikan, R. G. (1993). *White Queen psychology and other essays for Alice*. Cambridge: MIT Press.
Milner, A.D., & Goodale, M.A. (1995). *The visual brain in action*. Oxford: Oxford University Press.
Mineka, S., Davidson, M., Cook, M., & Keir, R. (1984). Observational conditioning of snake fear in rhesus monkeys. *Journal of Abnormal Psychology*, 93, 355–372.
Minsky, M. (1986). *The society of mind*. New York: Simon and Schuster. (マーヴィン・ミンスキー,『心の社会』, 安西祐一郎訳, 産業図書, 1990年.)
Miyake, K., Campos, J., Kagan, J., & Bradshaw, D. L. (1986). Child development in Japan and the United States: Prospectives on cross-cultural comparisons. In H. Stevenson, H. Azurna, & K. Hakuta (Eds.), *Child development and education in Japan* (pp. 239–261). New York: Freeman.
Morris, D. (1994). *Bodytalk: The meaning of human gestures*. New York: Crown.
Morris, J. A., Ohman, A., & Dolan, R. J. (1999). A subcortical pathway to the right amygdala mediating "unseen" fear. *Proceedings of the National Academy of Science*, 96, 1680–1685.
Morsbach, H., & Tyler, W. J. (1986). A Japanese emotion, Amae. In R. Harré (Ed.), *The social construction of emotions* (pp. 289–307). Oxford: Blackwell.
Moscovitch, M. (1995) Confabulation. In D. Schacter (Ed.), *Memory distortion: How minds, brains, and societies reconstruct the past* (pp. 226–254). Cambridge: Harvard University Press.
Murphy, D., & Stich, S. (2000). Darwin in the madhouse: Evolutionary psychology and the classification of mental disorders. In P. Carruthers & A. Chamberlain (Eds.), *Evolution and the human mind* (pp. 62–92). Cambridge, UK: Cambridge University Press.
Nash, R. A. (1989). Cognitive theories of emotion. *Nous*, 23, 481–504.

Nasser, M. (1988). Culture and weight consciousness. *Journal of Psychosomatic Research*, 32, 573-577.

Nemeroff, C., & Rozin, P. (1992). Sympathetic magical beliefs and kosher dietary practice: The interaction of rules and feelings. *Ethos*, 20, 96-115.

Nesse, R., & G. Williams (1997). Are mental disorders diseases? In S. Baron-Cohen (Ed.), *The maladapted mind* (pp. 1-22). Hove, UK: Psychology Press.

Nesse, R. M. (1998). Emotional disorders in evolutionary perspective. *British Journal of Medical Psychology* 71. 397-415.

Newman, P. L. (1965). *Knowing the Gururumba*. New York: Holt, Rinehart and Winston.

Nisbett, R., & D. Cohen. (1995). *The culture of honor: The psychology of violence in the south*. Boulder, CO: Westview Press. (R・E・ニスベット，D・コーエン，『名誉と暴力：アメリカ南部の文化と心理』，石井敬子，結城雅樹編訳，北大路書房，2009 年.)

Nisbett, R. E., & Wilson, T. D. (1977). Telling more than we can know: Verbal reports on mental processes. *Psychological Review*, 84, 231-259.

Noë, A., & O'Regan, J. K. (2001). A sensorimotor account of vision and visual consciousness. *Behavioral and Brain Sciences*. 24. 883-917.

Northoff, G., Richter, A., Gessner, M., Schlagenhauf, F., Stephan, K., Fell, J., Baumgart, F., Kaulisch, T., Kotter, R., Leschinger, A., Bargel, B., Witzel, T., Hinrichs, H., Bogerts, B., Scheich, H., & Heinze, H.-J. (2000). Functional dissociation between medial and lateral orbitofrontal cortical spatiotemporal activation in negative and positive emotions: A combined FMRVMEG study. *Cerebral Cortex*, 10, 93-107.

Nussbaum, M. C. (2001). *Upheavals of thought: The intelligence of the emotions*. Cambridge, UK: Cambridge University Press.

Oatley, K., & Jenkins, J. M: (1996). *Understanding emotions*. Oxford: Blackwell.

Oatley, K., & Johnson-Laird, P. N. (1987) Towards a cognitive theory of emotions. *Cognition and Emotion*, 1, 29-50.

Ohman, A., Flykt, A., & Esteves, F. (2001). Emotion drives attention: Detecting the snake in the grass. *Journal of Experimental Psychology: General*, 130, 466-478.

Olshausen, B. A., Anderson, C. H., & van Essen, D. C. (1994). A neurobiological model of visual attention and invariant pattern recognition based task. *Journal of Neuroscience*, 14, 6171-6186.

Ortony, A., Clore, G. L., & Collins, A. (1988). *The cognitive structure of emotions*. Cambridge, UK: Cambridge University Press.

Ortony, A., & Turner, W. (1990). What's basic about basic emotions? *Psychological Review*, 97, 315-331.

Panksepp, J. (1995). The emotional sources of "chills" induced by music. *Music Perception*, 13, 171-207.

Panksepp, J. (2000). Emotions as natural kinds within the mammalian brain. In M. Lewis & J. Haviland-Jones (Eds.), *Handbook of emotions* (2nd. ed., pp. 137-156). New York: Guilford Press.

Panksepp, J., & Burgdorf, J. (2000). 50-kHz chirping (laughter?) in response to conditioned and unconditioned tickle-induced reward in rats: Effects of social housing and genetic variables. *Behavioural Brain Research*, 115, 25-38.

Paradiso, S., Johnson, D. L., Andreasen, N. C., O'Leary, D. S., Watkins, G. L., Boles Ponto, L. L., & Hichwa, R. D. (1999). Cerebral blood flow changes associated with attribution of emotional

valence to pleasant, unpleasant, and neutral visual stimuli in a PET study of nonnal subjects. *American Journal of Psychiatry*, 156, 1618-1629.
Parkinson, B. (1995). *Ideas and realities of emotion*. London: Routledge.
Phillips, M. L., Young, A. W., Senior, C., Brammer, M., Andrew, C., Calder, A. J., Bullmore, E. T., Perrett, D. I., Rowland, D., Williams, S. C. R., Gray, J. A., & David, A. S. (1997). A specific neural substrate for perceiving facial expressions of disgust. *Nature*, 389, 495-498.
Pinker, S. (1994). *The language instinct: How the mind creates language*. New York: William Morrow.（スティーブン・ピンカー，『言語を生みだす本能〈上・下〉』，椋田直子訳，日本放送出版協会，1995 年.）
Pinker, S. (1997). *How the mind works*. New York: Norton.（スティーブン・ピンカー，『心の仕組み：人間関係にどう関わるか〈上・中・下〉』，椋田直子，山下篤子訳，日本放送出版協会，2003 年.）
Pitcher, G. (1965). Emotion. *Mind*, 74, 324-346.
Ploghaus, A., Narain, C., Beckmann, C. F., Clare, S., Bantick, S., Wise, R., Matthews, P. M., Rawlins, J. N., & Tracey, I. (2001). Exacerbation of pain by anxiety is associated with activity in a hippocampal network. *Journal of Neuroscience*, 21, 9896-9903.
Plutchik, R. (1980). *Emotion: A psychoevolutionary synthesis*. New York: Harper and Row.
Plutchik, R. (1984). Emotions: A general psychoevolutionary theory. In K. Scherer & P. Ekman (Eds.), *Approaches to emotion* (pp. 197-220). Hillsdale, NJ: Erlbaum.
Plutchik, R. (2001). The nature of emotions. *American Scientist*, 89, 344-350.
Pope, A. (1733-1734/1997). *An essay on man* (F. Brady, Ed.). New York: Macmillan.
Price, J., Sloman, L., Gardner, R., Gilbert, P., & Rohde, P. (1994). The social competition hypothesis of depression. *British Journal of Psychiatry*, 164, 309-315.
Prinz, J. J. (2000). The duality of content. *Philosophical Studies*, 100, 1-34.
Prinz, J. J. (2001). Functionalism, dualism and the neural correlates of consciousness. In W. Bechtel, P. Mandik, J. Mundale, & R. Stufflebeam (Eds.), *Philosophy and the neurosciences: A reader*. Oxford: Blackwell.
Prinz, J. J. (2002). *Furnishing the mind: Concepts and their perceptual basis*. Cambridge: MIT Press.
Prinz, J. J. (2003a). Consciousness, computation, and emotion. In S. C. Moore & M. Oaksford (Eds.), *Emotional cognition: From brain to behaviour*. Amsterdam: John Benjamins.
Prinz, J. J. (2003b). Imitation and moral development. In S. Hurley & N. Chater (Eds.), *Perspectives on imitation: From cognitive neuroscience to social science*. Cambridge: MIT Press.
Prinz, J. J. (2005). A neurofunctional theory of consciousness. In A. Brook & K. Akins (Eds.), *Cog-nition and the Brain: The Philosophy and Neuroscience Movement* (pp. 381-396), Cambridge University Press.
Prinz, J. J. (2006). Is the mind really modular? In R. Stainton (Ed.), *Contemporary Debates in Cognitive Science* (pp. 22-36). Oxford: Blackwell.
Prinz, J. J. (2007). *The emotional construction of morals*. Oxford: Oxford University Press.
Provine, R. R. (2000). *Laughter: A scientific investigation*. New York: Viking Press.
Putnam, H. (1975). The meaning of “meaning.” In *Philosophical Papers: Vol. 2. Mind, language and reality*. Cambridge, UK: Cambridge University Press.
Rainville, P., Carrier, B., Hofbauer, R. K., Bushnell, M. C., & Duncan, G. H. (1999). Dissociation of pain sensory and affective dimensions using hypnotic modulation. *Pain*, 82, 159-171.

Raleigh, M., McGuire, M., Brammer, G., Pollack, D., & Yuwiler, A. (1991). Serotonergic mechanisms promote dominance acquisition in adult male vervet monkeys. *Brain Research*, 559, 181–190.

Ralph, M. R. (1996). Circadian rhythms: Mammalian aspects. *Seminars in Cell and Developmental Biology*, 7, 821–830.

Read, K. (1967). Morality and the concept of the person among the Gahuku-Gama. In J. Middleton (Ed.), *Myth and cosmos* (pp. 185–230). New York: Natural History Press.

Rees, G. (2001). Neuroimaging of visual awareness in patients and nonnal subjects. *Current Opinion in Neurobiology*, 11, 150–156.

Reisenzein, R. (1983). The Schachter theory of emotion: Two decades later. *Psychological Bulletin*, 94, 239–264.

Reisenzein, R., Meyer, W.-D., & Schtitzwohl, A. (1995). James and the physical basis of emotion: A comment on Ellsworth. *Psychological Review*, 102, 757–761.

Reynolds, S. M., & Berridge, K. C. (2001). Fear and feeding in the nucleus accumbens shell: Rostrocaudal segregation of GABA-elicited defensive behavior versus eating behavior. *Journal of Neuroscience*, 21, 3261–3270.

Rhudy, J. L., & Meagher, M. W. (2000). Fear and anxiety: Divergent effects on thermal pain thresholds in humans. *Pain*, 84, 65–75.

Rizzolatti, G., Fadiga, L., Gallese, V., & Fogassi, L. (1996). Premotor cortex and the recognition of motor actions. *Cognitive Brain Research*, 3, 131–141.

Roberts, R. C. (1988). What an emotion is: A sketch. *Philosophical Review*, 97, 183–209.

Robinson, J. (1983). Emotion, judgment, and desire. *Journal of Philosophy*, 80, 731741.

Roethke, T. (1953). The waking. In *The waking*: Poems 1933–1953. Garden City, NY: Doubleday.

Rolls, E. T. (1999). *The brain and emotion*. Oxford: Oxford University Press.

Rorty, A. O. (1980). Introduction. In *Explaining emotions*. Berkeley: University of California Press.

Rosaldo, M. (1980). *Knowledge and passion*. Cambridge, UK: Cambridge University Press.

Rose, H., & Rose, S. (Eds.). (2000). *Alas poor Darwin: Arguments against evolutionary psychology*. New York: Vintage Books.

Roseman, I. J. (1984). Cognitive determinants of emotions: A structural theory. In P. Shaver (Ed.), *Review of Personality and Social Psychology* (Vol. 5, pp. 11–36). Beverly Hills: Sage Publica-tions.

Roseman, I. J. (1994). Phenomenology, behaviors, and goals differentiate discrete emotions. *Journal of Personality and Social Psychology*, 67, 206–221.

Roseman, I. J., Spindel, M. S., & Jose, P. E. (1990). Appraisals of emotion-eliciting events: Testing a theory of discrete emotions. *Journal of Personality and Social Psychology*, 59, 899–915.

Rosenblatt, P. C., Walsh, R. P., & Jackson, D. A. (1976). *Grief and mourning in crosscultural perspec-tive*. New Haven: Human Relation Area Files Press.

Rosenthal, D. (1991). The independence of consciousness and sensory quality. In E. Villanueva (Ed.), *Consciousness: Philosophical issues* (Vol. 1, pp. 15–36). Atascadero, CA: Ridgeview.

Ross, L., Lepper, M. R., & Hubbard, M. (1975). Perseverance in self-perception and social perception: Biased attributional processes in the debriefing paradigm. *Journal of Personality and Social Psychology*, 32, 880–892.

Ross, L., & Nisbett, R. E. (1991). *The person and the situation*. New York: McGraw-Hill.
Rozin, P., Dow, S., Moscovitch, M., & Rajaram, S. (1998). What causes humans to begin and end a meal? A role for memory for what has been eaten, as evidenced by a study of multiple meal eating in amnesic patients. *Psychological Science*, 9, 392–396.
Rozin, P., Haidt, J., & McCauley, C. (1993). Disgust. In M. Lewis & J. Haviland (Eds.), *Handbook of emotions* (pp. 575–594). New York: Guilford Press.
Rozin, P., Markwith, M., & Stoess, C. (1997). Moralization: Becoming a vegetarian, the conversion of preferences into values and the recruitment of disgust. *Psychological Science*, 8, 67–73.
Rozin, P., Millman, L., & Nemeroff, C. (1986). Operation of the laws of sympathetic magic in disgust and other domains. *Journal of Personality and Social Psychology*, 50, 703–712.
Rozin, P., & Singh, L. (1999). The moralization of cigarette smoking in America. *Journal of Consumer Behavior*, 8, 321–337.
Russell, J. A. (1980). A circumplex model of affect. *Journal of Personality and Social Psychology*, 39, 1169–1178.
Russell, J. A. (1993). Forced-choice response format in the study of facial expression. *Motivation and Emotion*, 17, 41–51.
Russell, J. A. (1994). Is there universal recognition of emotion from facial expression? A review of cross-cultural studies. *Psychological Bulletin*. 115, 102–141.
Russell, J. A. (1995). Facial expressions of emotion: What lies beyond minimal universality. *Psychological Bulletin*, 118, 379–391.
Ryle, G. (1949). *The concept of mind*. Chicago: University of Chicago Press. (ギルバート・ライル,『心の概念』, 坂本百大, 宮下治子, 服部裕幸訳, みすず書房, 1987 年.)
Sabini, J., Siepmann, M., Stein, J., & Meyerowitz, M. (2000). Who is embarrassed by what? *Cognition and Emotion*, 14, 213–240.
Sabini, J., & Silver, M. (1998). Emotions, responsibility, and character. In *Emotion, character, and responsibility*. Oxford: Oxford University Press.
Schachter, S., & Singer, C. (1962). Cognitive, social, and physiological determinants of emotional state. *Psychological Review*, 69, 379–399.
Schank, R., & Abelson, R. (1977). *Scripts, plans, goals and understanding*. Hillsdale, NJ: Erlbaum.
Scher, S., & Rauscher, F. (2002). *Evolutionary psychology: Alternative approaches*. Dordrecht: Kluwer,
Scherer, K. (1993). Studying the emotion-antecedent appraisal process: An expert system approach. *Cognition and Emotion*, 7, 325–356.
Scherer, K., Matsumoto, D., Wallbott, H., & Kudoh, T. (1988). Emotional experience in cultural context: A comparison between Europe, Japan, and the USA. In K. Scherer (Ed.), *Facets of emotion. Recent research* (pp. 5–30). Hillsdale, NJ: Erlbaum.
Scherer, K. R. (1984). On the nature and function of emotion: A component process approach. In K.R. Scherer & P. Ekman (Eds.), *Approaches to emotion* (pp. 293–317). Hillsdale, NJ: Erlbaum.
Scherer, K. R., & Wallbott, H. G. (1994). Evidence for universality and cultural variation of differential emotion response patterning. *Journal of Personality and Social Psychology*, 66, 310–328.
Seguin, E. G. (1886). A contribution to the pathology of hemianopsis of centeal origin (cortex-

hemianopsia). *Journal of Nervous and Mental Diseases*, 13, 1–38.

Sellars, W. (1963). Philosophy and the scientific image of man. In *Science, perception and reality*. London: Routledge & Kegan Paul.

Shaver, P., Hazan, C., & Bradshaw, D. (1988). Love as attachment: The integration of three behavioral systems. In R. J. Sternberg & M. L. Barnes (Eds.), *The psychology of love* (pp. 68–99). New Haven: Yale University Press

Shin, L. M., Dougherty, D. D., Orr, S. P., Pitman, R. K., Lasko, M., Macklin, M. L., Alpert, N. M., Fischman, A. J., & Rauch, S. L. (2000). Activation of anterior paralimbic structures during guilt-related script-driven imagery. *Biological Psychiatry*, 48, 43–50.

Shipko, S. (1982). Alexithymia and somatization. *Psychotherapy and Psychosomatics*, 37, 193–201.

Simons R. C. (1996). *Bool Culture, experience, and the startle reflex*. New York: Oxford University Press.

Simons, R. C., & Hughes, C. C. (1993). Culture-bound syndromes. In A. C. Gaw (Ed.), *Culture, ethnicity, and mental illness* (pp. 75–93). Washington, DC: American Psychiatric Press.

Singer, W., & Gray, C. M. (1995). Visual feature integration and the temporal correlation hypothesis. *Annual Review of Neuroscience*, 18, 555–586.

Sizer, L. (2000). Towards a computational theory of mood. *British Journal for the Philosophy of Science*, 51, 743–769.

Skinner, B. F. (1953). *Science and human behavior*. New York: Free Press. (B・F・スキナー，『科学と人間行動』，河合伊六，高山巖，園田順一，長谷川芳典，藤田継道訳，二瓶社，2003 年.)

Smith, C. A., & Ellsworth, P. C. (1985). Patterns of cognitive appraisal in emotion. *Journal of Personality and Social Psychology*, 48, 813–838.

Smith, C. A., & Lazarus, R. S. (1993). Appraisal components, core relational themes, and the emotions. *Cognition and Emotion*, 7. 233–269.

Smith, J. (1981). Self and experience in Maori culture. In P. Heelas & A. Lock (Eds.), *Indigenous psychologies* (pp. 145–159). London: Academic Press.

Solomon, R.C. (1976). *The passions*. New York: Doubleday.

Solomon, R. L. (1980). The opponent-process theory of acquired motivation. *American Psychologist*, 35, 691–712.

Sorenson, E. R. (1975). Culture and the expression of emotion. In T. R. Williams (Ed.), *Psychological anthropology* (pp. 361–372). Chicago: Aldine Press.

Spinoza, Benedict De. (1677/1994). *Ethics*. In A Spinoza reader (E. Curley, Trans. and Ed.). Princeton: Princeton University Press. (スピノザ，『エチカ〈上・下〉』，畠中尚志訳，岩波書店，1951 年.)

Stampe. E. (1987). The authority of desire. *Philosophical Review*, 96, 335–381.

Sroufe, L. A. (1984). The organization of emotional development. In K. Scherer & P. Ekman (Eds.), *Approaches to emotion* (pp. 109–128). Hillsdale, NJ: Erlbaum.

Stein, N. L., Trabasso, T., & Liwag, M. (1993). The representation and organization of emotional experience: Unfolding the emotion episode. In M. Lewis & J. M. Haviland (Eds.), *Handbook of emotions* (pp. 279–300). New York: Guilford Press.

Sternberg, R. J. (1986). A triangular theory of love. *Psychological Review*, 93, 119–135.

Stich, S. P. (1990). Rationality. In D. N. Osherson & E. E. Smith (Eds.), *Thinking: An invitation to cognitive science* (Vol. 3, pp. 173–198). Cambridge: MIT Press.

Stich, S.P., & Warfield, T. (1994). *Mental representation: A reader.* Oxford: Blackwell.

Strack, F., Martin, L. L., & Stepper, S. (1988). Inhibiting and facilitating conditions of facial expressions: A nonobtrusive test of the facial feedback hypothesis. *Journal of Personality and Social Psychology*, 54, 768–777.

Strahan, E., Spencer, S. J., & Zanna, M. P. (2002). Subliminal priming and persuasion: Striking while the iron is hot. *Journal of Experimental Social Psychology*, 38, 556–568.

Sullivan, P., Neale, M., & Kendler, K. (2000). Genetic epidemiology of major depression: Review and meta-analysis. *American Journal of Psychiatry*, 157, 1552–1562.

Sutton, S. K., & Davidson, R. J. (1997). Prefrontal brain asymmetry: A biological substrate of the behavioral approach and inhibition systems. *Psychological Science*, 8, 204–10

Tellegen, A., Lykken, D., Bouchard, T. J., Wilcox, K. J., Segal, N. J., & Rich, S. (1988). Personality similarity in twins reared apart and together. *Journal of Personality and Social Psychology*, 54, 1031-1039.

Thalberg, I. (1964). Emotion and thought. American Philosophical Quarterly I, 45–55. (Selection reprinted in C. Calhoun & R. Solomon, *What is an emotion?* [pp. 291304] 1970, New York: Oxford University Press.)

Tomkins, S. S. (1962). *Affect, imagery and consciousness.* New York: Springer.

Tomkins, S. S. (1979). Script theory: Differential magnification of affects. In H. E. Howe Jr., & R. A. Dienstbier (Eds.), *Nebraska Symposium on Motivation* 1978 (Vol. 26, pp. 201–236). Lincoln: University of Nebraska Press.

Tooby, J., & Cosmides, L. (1990). The past explains the present: Emotion adaptations and the structure of ancestral environment. *Ethology and Sociobiology*, 11, 375–424.

Triandis, H.C. (1988). Collectivism vs. individualism: A reconceptualization of basic concept in cross-cultural psychology. In G. Verma & C. Bagley (Eds.), *Cross-cultural studies of personality*, attitudes, and cognition (pp. 60–95). London: Macmillan.

Trimble, J. E., Manson, S. M., Dinges, N. G., & Medicine, B. (1984). American Indian concepts of mental health: Reflections and directions. In P. B. Pedersen, N. Sartorius, & A. J. Marsella (Eds.), *Mental health services: The cross-cultural context* (pp. 199–220). Beverly Hills, CA: Sage.

Trivers, R. L. (1971). The evolution of reciprocal altruism. *Quarterly Review of Biology*, 46, 35–57.

Tully, T., & Quinn, W. G. (1985). Classical conditioning and retention in normal and mutant Drosophila melanogaster. *Journal of Comparative Physiology*, A, 157, 263–277.

Turnbull, C. M. (1972). *The mountain people.* New York: Simon and Schuster. (コリン・M・ターンブル，『ブリンジ・ヌガグ：食うものをくれ』，幾野宏訳，筑摩書房，1974 年．)

Updike, J. (1965). The Bulgarian poetess. In *The music school: Short stories* (pp. 211231) New York: Knopf. (ジョン・アップダイク，『ミュージック・スクール』，須山静夫訳，新潮社，1970 年．)

Valins, S. (1966). Cognitive effects of false heart-rate feedback. *Journal of Personality and Social Psychology*, 4, 400–408.

Vogt, B. A., Finch, D. M., & Olson, C. R. (1992). Functional heterogeneity in cingulate cortex: The anterior executive and posterior evaluative regions. *Cerebral Cortex*, 2, 435–443.

Wallace, J., & Sadella, E. (1966). Behavioral consequences of transgression: The effects of social recognition. *Journal of Experimental Research in Personality*, 1, 187–194.

Walton, K. (1978). Fearing fictions. *Journal of Philosophy*, 75, 5–27. (ケンダル・ウォルトン，「フ

ィクションを怖がる」，森功次訳，西村清和編・監訳『分析美学基本論文集』，勁草書房，2015 年.）

Warner, R. (1980). Enjoyment. *Philosophical Review*, 89, 507–526.

Watson, D., & Tellegen, A. (1985). Toward a consensual structure of mood. *Psychological Bulletin*, 98, 219–235.

Watson, J. B. (1919). *Psychology from the standpoint of a behaviorist.* Philadelphia: Lippincott.

Weiner, B. (1985). An attributional theory of achievement motivation and emotion. *Psychological Review*, 92, 548–573.

Weiskrantz, L. (1968). Emotion. In L. Weiskrantz (Ed.), *Analysis of behavioural change* (pp. 50–90). New York: Harper and Row.

Weiskrantz, L. (1986). *Blindsight: A case study and implications.* Oxford: Clarendon Press.

White, G. (1993). Emotions inside out: The anthropology of affect. In M. Lewis & J. M. Haviland (Eds.), *Handbook of emotions* (pp. 29–39). New York: Guilford.

Wierzbicka, A. (1999). *Emotions across languages and cultures: Diversity and universals.* Cambridge, UK: Cambridge University Press.

Wilkes, K. V. (1988). —— , yishi, duh, urn, and consciousness. In A. J. Marcel & E. Bisiach (Eds.), *Consciousness in contemporary science* (pp. 16–41). Oxford: Clarendon Press.

Williams, B. (1973). Morality and the emotions. In *Problems of the self.* Cambridge, UK: Cambridge University Press.

Wimmer, H., & Perner, J. (1983). Beliefs about beliefs: Representation and constraining function of wrong beliefs in young children's understanding of deception. *Cognition*, 13, 103–128.

Wollheim, R. (1999). *On the emotions.* New Haven: Yale University Press.

Wood, L. A. (1986). Loneliness. In R. Harré (Ed.), *The social construction of emotions* (pp. 184–208). Oxford: Blackwell.

Woodworth, R. S. (1918). *Dynamic psychology.* New York: Columbia University Press.

Yap, P. M. (1965). Koro: A culture-bound depersonalization syndrome. *British Journal of Psychiatry*, 3, 43–50.

Yap P. M. (1974). *Comparative psychiatry: A theoretical framework.* Toronto: University of Toronto Press.

Young, A. M. J., Joseph, M. H., & Gray, I. A. (1993). Latent inhibition of conditioned dopamine release in rat nucleus accumbens. *Neuroscience*, 54, 5–9.

Zajonc, R. B. (1984). On the primacy of affect. *American Psychologist*, 39, 117–123.

Zajonc, R. B. (1994). Evidence for nonconscious emotions. In P. Ekman & R. J. Davidson (Eds.), *The nature of emotion: Fundamental questions* (pp. 293–297). New York: Oxford University Press.

Zajonc, R. B., Murphy, S. T., & Inglebart, M. (1989). Feeling and facial efference: Implications of the vascular theory of emotion. *Psychological Review*, 96, 395–416.

Zajonc, R. B., Murphy, S. T., & McIntosh, D. N. (1993). Brain temperature and subjective emotional experience. In M. Lewis & J. M. Haviland (Eds.), *Handbook of emotions* (pp. 209–220). New York: Guilford.

はらわたが煮えくりかえる
情動の身体知覚説

2016年11月20日　第1版第1刷発行

著　者　ジェシー・プリンツ
訳　者　源《げん》　河《か》　　亨《とおる》
発行者　井　村　寿　人

発行所　株式会社　勁《けい》　草《そう》　書　房
112-0005 東京都文京区水道2-1-1　振替 00150-2-175253
（編集）電話 03-3815-5277／FAX 03-3814-6968
（営業）電話 03-3814-6861／FAX 03-3814-6854
本文組版 プログレス・堀内印刷・松岳社



ISBN978-4-326-15439-5　Printed in Japan



http://www.keisoshobo.co.jp

ポール・グライス　論理と会話　A5判　四七〇〇円　10121-4

牧野智和　自己啓発の時代　四六判　二九〇〇円　65372-0

モリー・バームバウム　アノスミア　わたしが嗅覚を失ってからとり戻すまでの物語　四六判　二四〇〇円　75051-1

岸　政彦　街の人生　四六判　二〇〇〇円　65387-4

＊表示価格は二〇一六年十一月現在。消費税は含まれておりません。

勁草書房刊